Natural Language
Processing with
Spark NLP

스파크를 이용한 자연어 처리

| 표지 설명 |

표지 그림은 맷과에 속하는 갈색카라카라(학명: *Milvago chimango*)다. 남아메리카 관목 지대의 물가와 마을 근처에서 큰 무리를 이루며 서식한다. 공격적이고 텃새가 있으며 종종 본인보다 더 큰 맹금류를 쫓기도 한다.

수컷과 암컷 모두 함께 둥지를 짓고 새끼를 품고, 보호하며 먹이를 준다. 이 새들은 곤충, 척추동물과 썩은 고기를 먹으며 수면에서 물고기를 잡을 수 있다.

오라일리 표지에 있는 많은 동물은 멸종 위기에 처해 있다. 그들 모두는 세상에서 중요한 존재다.

표지 삽화는 『Encyclopédie d' Histoire Naturelle』의 흑백 판화를 기반으로 캐런 몽고메리가 그렸다.

스파크를 이용한 자연어 처리

대규모 텍스트를 다루는 가장 효율적인 딥러닝을 만나다

초판 1쇄 발행 2021년 08월 20일

지은이 앨릭스 토머스 / **옮긴이** 이창현 / **펴낸이** 김태헌
펴낸곳 한빛미디어(주) / **주소** 서울시 서대문구 연희로2길 62 한빛미디어(주) IT출판부
전화 02-325-5544 / **팩스** 02-336-7124
등록 1999년 6월 24일 제25100-2017-000058호 / **ISBN** 979-11-6224-465-4　93000

총괄 전정아 / **책임편집** 서현 / **기획 · 편집** 정지수 / **교정** 박지영
디자인 표지 윤혜원 내지 박정화 / **전산편집** 이경숙
영업 김형진, 김진불, 조유미 / **마케팅** 박상용, 송경석, 한종진, 이행은, 고광일, 성화정 / **제작** 박성우, 김정우

이 책에 대한 의견이나 오탈자 및 잘못된 내용에 대한 수정 정보는 한빛미디어(주)의 홈페이지나 아래 이메일로 알려주십시오. 잘못된 책은 구입하신 서점에서 교환해드립니다. 책값은 뒤표지에 표시되어 있습니다.
한빛미디어 홈페이지 www.hanbit.co.kr / **이메일** ask@hanbit.co.kr

지금 하지 않으면 할 수 없는 일이 있습니다.
책으로 펴내고 싶은 아이디어나 원고를 메일(writer@hanbit.co.kr)로 보내주세요.
한빛미디어(주)는 여러분의 소중한 경험과 지식을 기다리고 있습니다.

Natural Language Processing with
Spark NLP

스파크를 이용한 자연어 처리

O'REILLY® ⅡⅢ 한빛미디어
Hanbit Media, Inc.

지은이 · 옮긴이 소개

지은이 **앨릭스 토머스** Alex Thomas

와이즈큐브Wisecube의 데이터 과학자다. 자연어 처리NLP와 머신러닝에 임상 데이터, 신원 데이터, 고용주 및 구직자 데이터를 비롯해 현재는 생화학 데이터까지 사용하고 있다. 아파치 스파크 0.9 버전부터 UIMA와 OpenNLP를 포함한 NLP 라이브러리와 프레임워크로 작업해왔다.

옮긴이 **이창현** jamsuham75@naver.com

컴퓨터 공학을 전공하고 20여 년간 다양한 IT 산업 분야에서 애플리케이션을 개발했다. 최근에는 의료 영상 소프트웨어에 AI 기술을 적용한 솔루션을 개발했으며, 닷넷 코어 기반 기술에 관심이 있어 다양한 연구를 진행 중이다.

현재 이창현 코딩 연구소[1] 대표로 활동하면서 개발자를 꿈꾸는 청년들을 교육하는 업무에 주력하고 있다. 연구한 기술을 틈틈이 정리하고 공유하며 집필하거나 번역하고, 강의를 통해 타인과 소통하는 작업을 즐긴다. 『나혼자 파이썬』(디지털북스, 2020)을 비롯해 프로그래밍 관련 도서 8권을 집필했다. 늘 누군가에게 감동을 주는 일을 하면서 사는 게 꿈이다.

---

1 *blog.naver.com/jamsuham75*

옮긴이의 말

최근 빅데이터 플랫폼에서 스파크의 활용도는 점차 높아지는 추세입니다. 그중 Spark NLP는 아파치 스파크 및 스파크 ML에 기반을 두고 구축된 오픈 소스 자연어 처리 라이브러리입니다. 자연어 처리는 텍스트를 이해하거나 추론해야 하는 많은 데이터 과학 시스템의 핵심 구성 요소입니다. 따라서 NLP는 점점 더 많은 AI 애플리케이션에서 필수로 활용되고 있습니다.

최근 오라일리의 설문 조사 결과에 따르면 Spark NLP 라이브러리는 인공지능을 채택하는 기업들 사이에서 AI 프레임워크 및 도구 중 일곱 번째로 인기 있는 라이브러리로 선정되었습니다. 그만큼 NLP 분야에서는 널리 사용되는 라이브러리라는 것을 확인할 수 있습니다.

이 책의 내용은 크게 4개 부part로 나눕니다. 1부에서는 아파치 스파크의 기본 환경 설정, 언어학, 문자 체계 및 Spark NLP 라이브러리를 설명하고 딥러닝 기초로서 신경망을 다룹니다. 2부에서는 자체 NLP 기술을 구축하는 데 필요한 여러 가지 기술을 소개합니다. 이들 기술의 종류와 작동 방법을 이해하면 자신의 애플리케이션에 적용할 수 있습니다. 3부에서는 이전 내용을 바탕으로 NLP 애플리케이션을 구축합니다. 이때 소프트웨어 공학, 데이터 과학 그리고 언어학이라는 세 가지 관점을 염두에 두어야 합니다. 마지막으로 4부에서는 NLP 시스템 기반에서 제품으로 만들 때 고려할 여러 사항을 살펴봅니다.

이 책을 통해 Spark NLP의 기본 사항과 구성 요소, 언어학 기반의 여러 개념과 용어들 그리고 NLP 라이브러리 기반의 애플리케이션 프로젝트에 관해 쉽게 이해하고 구현할 수 있도록 하고자 노력했습니다.

자연어 처리 분야의 훌륭한 책을 번역하게 되어 매우 기쁘고 감사한 일입니다. 한편으로 걱정되는 부분은 이 책이 언어학에 관한 내용을 많이 다루는 만큼 언어학 전공자이기도 한 저자의 의도나 언어학의 일부 용어와 의미를 자칫 잘못 번역하지는 않았을까 하는 점입니다. 혹시 오역으로 보이는 부분이나 다르게 해석되는 부분이 있다면 이메일로 의견 보내주시면 감사하겠습니다.

감사한 분들이 있습니다. 좋은 책을 제안해주신 한빛미디어 서현 팀장님, 이 책의 처음부터 끝까지 꼼꼼하고 매끄럽게 교정해주신 정지수 편집자님, 번역서의 첫발을 딛게 해주신 책 쓰는 프로그래머 협회의 유동환 회장님 감사드립니다.

끝으로 매번 책을 탈고할 때마다 제가 한 것은 아무것도 없음을 고백할 수밖에 없습니다. 하나님께 모든 감사와 영광을 드립니다.

이창현

자연어 처리가 중요하면서도 어려운 이유

자연어 처리natural language processing(NLP)는 언어 정보 처리에 관한 연구 분야다. 이 책에서는 텍스트에 중점을 두고 설명하지만, 자연어 음성 데이터 또한 NLP의 일부다. 자연어 텍스트 데이터는 다루기 어렵다. 언어학, 소프트웨어 공학과 머신러닝 세 가지 연구 분야가 모두 필요하기 때문이다.

대부분의 NLP 기반 프로젝트에서 세 분야 모두의 전문 지식을 찾기란 쉽지 않다. 다행히 여러분의 애플리케이션 정보에 기반을 둔 결정을 내리기 위해서 세 분야 모두에서 세계적인 전문가가 될 필요는 없다. 몇 가지 기본 내용만 이해한다면 전문가가 만든 라이브러리로 여러분이 원하는 목적을 이룰 수 있다.

벡터와 행렬 연산을 위해 효율적인 알고리즘이 발전했다는 점을 생각해보자. 일반적인 선형대수학 라이브러리를 딥러닝 라이브러리에서 사용할 수 없었다면 딥러닝 혁명의 시작이 얼마나 더 힘들었을지 상상해보자. 이러한 라이브러리 덕분에 새로 시작하는 모든 프로젝트에서 캐시 인식cache-aware 행렬 곱셈을 구현할 필요는 없다. 하지만 여전히 선형대수학의 기초와 더불어 라이브러리를 가장 잘 활용할 수 있는 연산 구현 방법의 기초를 이해해야 한다. NLP와 NLP 라이브러리의 기능은 점차 같아지는 추세다.[2]

자연어(텍스트, 음성, 제스처)를 사용하는 애플리케이션은 활용하는 데이터가 다르다 보니 다른 애플리케이션들과는 다르다. 이러한 자연어 기반 애플리케이션의 장점은 얼마나 많은 데이터가 있는지에 따라 달라진다. 인간은 항상 자연어 데이터를 생산하고 조작한다. 여기서 어려운 부분은 인간은 자연어를 사용하는 과정에서 실수를 감지하도록 진화하지만 데이터(텍스트, 이미지, 음성, 영상)는 컴퓨터를 염두에 두고 만들어지지 않는다는 점이다. 이러한 어려움은 언어학, 소프트웨어 공학 그리고 머신러닝의 조합으로 극복할 수 있다.

---

2 옮긴이_ 필자는 NLP 라이브러리 기능이 확대되면서 NLP의 기능과 점차 같아지고 있다고 표현했다.

이 책은 텍스트 데이터를 다룬다. 컴퓨터는 텍스트를 염두에 두고 설계되었으므로 자연어 데이터 유형 중 텍스트를 사용하는 게 가장 쉽다. 그렇지만 우리는 여전히 명확하지 않은, 크고 작은 여러 세부 사항을 고려하고 싶어 한다.

배경

수년 전 필자는 오라일리의 튜토리얼을 작업하고 있었다. 아파치 스파크Apache Spark 기반 NLP 파이프라인 구축에 관한 튜토리얼이었다. 당시 아파치 스파크 2.0은 비교적 새로운 버전이었지만 필자는 아파치 스파크 1.6 버전을 주로 사용했다. 새로운 데이터프레임과 파이프라인으로 애너테이션annotation 라이브러리를 구축하는 것이 멋지다고 생각했지만, 튜토리얼에 필요한 라이브러리를 좀처럼 구현할 수가 없었다.

필자는 친구이자 튜토리얼 공동 발표자인 데이비드 탈비David Talby와 애너테이션 라이브러리 구축에 관해 이야기했고 디자인 문서를 만들었다. 라이브러리를 구축하는 데 필요한 시간이 부족했기에 데이비드가 프로젝트에 대비해 고용한 사이프 아딘Saif Addin과도 함께 상의했다. 프로젝트가 진행되고 발전하면서 필자는 또 다른 친구 겸 동료인 클라우디우 브란잔Claudiu Branzan과 데이비드와 함께 각종 회의와 모임에서 작업 중인 튜토리얼을 발표하기 시작했다. 대개는 라이브러리와 NLP를 더 많이 학습하는 방법에 관심이 많은 듯했다.

필자를 아는 사람들은 필자에게 호언장담하는 경향이 있다는 걸 안다. 실제로 NLP만큼 필자를 움직이게 하는 주제도 거의 없으며 NLP가 기술 산업에서 어떻게 사용되고 오용되는지 잘 안다고 자신한다.[3] 이는 필자의 성장 배경 덕분이다. 자라면서 언어학에 온전히 매료되었고 취미로 언어학을 공부했다. 대학교에 다닐 때는 수학에 집중했지만 언어학 강의도 수강했다. 졸업하기 직전에는 컴퓨터 과학도 배우겠다고 결심했고, 그동안 익힌 이론적인 개념을 토대로 무언가를 만들어낼 수 있었다. 업계에서 일을 시작하면서 필자는 이 세 가지 관심사를 NLP라는 하나의 키워드로 결합할 수 있다는 사실을 깨달았다. NLP의 구성 요소들부터 하나씩 개별적으로 연구

---

3 옮긴이_ 필자는 호언장담(rant-prone)이라는 다소 거친 표현을 사용하면서까지 자신의 NLP에 대한 관심과 전문성을 강조했다.

한 다음, 이들을 적절히 결합한 덕분에 NLP에 관한 필자만의 독특한 견해가 만들어진 셈이다.

이 책을 쓰게 되어 매우 기쁘다. 이 책이 여러분의 다음 NLP 애플리케이션을 만드는 데 도움이 되길 바란다.

철학

전반적인 라이브러리 제작 과정에서 중요한 점은 자신만의 모델을 만들어야 한다는 신념을 가지는 일이다. NLP에는 두루 적용되는 일률적인^{one-size-fits-all} 방법이 없다. NLP 애플리케이션을 성공적으로 구축하려면 데이터는 물론 제품을 이해해야 한다. 사전 제작된 모델은 초기 버전의 앱과 데모, 튜토리얼에 유용하다. Spark NLP를 성공적으로 사용하려면 NLP 작동 방식부터 이해해야 한다는 의미다.

따라서 이 책에서는 Spark NLP API 이상의 기능을 다룬다. Spark NLP를 사용하는 방법뿐만 아니라 NLP와 딥러닝이 작동하는 방법도 함께 짚어본다. NLP에 관해 여러분이 이해한 내용을 사용자 정의 목적으로 만들어진 라이브러리와 결합하면 목적에 부합하는 NLP 애플리케이션을 만들 수 있다.

예제 코드

이 책에서 사용하는 예제 코드는 다음 깃허브 저장소에서 내려받을 수 있다.[4]

github.com/jamsuham75/spark-nlp-book

....

4 옮긴이_ 원서의 깃허브 저장소는 다음과 같다. *github.com/alexander-n-thomas/spark-nlp-book*

감사의 말

오라일리 편집자인 니콜 타셰Nicole Taché와 게리 오브라이언Gary O'Brien의 도움과 지원에 감사를 전한다. 책 재구성에 큰 도움을 준 기술 감수자분들께도 감사드린다. 또한 이 프로젝트를 시작하는 데 도움을 준 마이크 루키데스Mike Loukides의 지도에도 감사를 전한다.

열정적으로 멘토링해준 데이비드 탈비David Talby에게도 감사를 전한다. 데이비드와 필자가 만들었던 초기 디자인을 성공적이고 범용적인 라이브러리로 만들어준 사이프 아딘Saif Addin, 마지야르 파나히Maziyar Panahi와 존 스노 랩실John Snow Labs의 모든 팀원에게 감사를 전한다. 또한 이 프로젝트를 진행하는 동안 지지와 조언을 아끼지 않은 비슈누 베트리벨Vishnu Vettrivel에게도 감사를 전한다. 마지막으로 가족과 친구들의 인내심과 격려에 고마움을 보낸다.

CONTENTS

지은이 ·옮긴이 소개 ·· 4

옮긴이의 말 ·· 5

이 책에 대하여 ·· 7

감사의 말 ·· 10

PART ❘ 기초

CHAPTER 1 시작하기

1.1 Spark NLP와 자연어 처리 ······································ 27

1.2 기타 도구 ·· 29

1.3 환경 설정 ·· 30

　1.3.1 전제 조건 확인하기 ·· 31

　1.3.2 아파치 스파크 시작하기 ······································ 31

　1.3.3 코드 확인하기 ·· 32

1.4 아파치 스파크에 익숙해지기 ······································ 33

　1.4.1 Spark NLP로 아파치 스파크 시작하기 ······················ 33

　1.4.2 아파치 스파크에서 데이터 로드하기 ························· 34

1.5 Spark NLP를 사용한 Hello World ······························ 38

CHAPTER 2 자연어 처리 기초

2.1 자연어 처리 정의 ·· 47

　2.1.1 언어의 기원 ·· 48

　2.1.2 구어 대 문어 ··· 49

CONTENTS

2.2 언어학 ·· **51**

    2.2.1 음성학과 음운론 ··································· **51**

    2.2.2 형태론 ··· **52**

    2.2.3 구문론 ··· **53**

    2.2.4 의미론 ··· **55**

2.3 사회언어학 ·· **55**

    2.3.1 형식 ·· **56**

    2.3.2 문맥 ·· **56**

2.4 화용론 ··· **57**

    2.4.1 로만 야콥슨 모델 ································· **57**

    2.4.2 화용론 사용 방법 ································· **58**

2.5 문자 ·· **58**

    2.5.1 기원 ·· **59**

    2.5.2 알파벳 ··· **60**

    2.5.3 아브자드 ··· **61**

    2.5.4 아부기다 ··· **62**

    2.5.5 음절문자 ··· **63**

    2.5.6 표어문자 ··· **64**

2.6 인코딩 ··· **64**

    2.6.1 ASCII ·· **64**

    2.6.2 유니코드 ··· **65**

    2.6.3 UTF-8 ··· **65**

2.7 연습 문제: 토큰화 ································· **66**

    2.7.1 영어 토큰화 ······································· **67**

    2.7.2 그리스어 토큰화 ································· **67**

    2.7.3 그으즈어 토큰화(암하라어) ················· **68**

2.8 참고 자료 ··· **69**

CHAPTER 3 아파치 스파크의 NLP 라이브러리

3.1 병렬처리, 동시성과 분산 컴퓨팅 ···················· **72**

　3.1.1 아파치 하둡 이전의 병렬화 ···················· **76**

　3.1.2 맵리듀스와 아파치 하둡 ···················· **76**

　3.1.3 아파치 스파크 ···················· **77**

3.2 아파치 스파크의 아키텍처 ···················· **78**

　3.2.1 물리적 아키텍처 ···················· **78**

　3.2.2 논리적 아키텍처 ···················· **79**

3.3 스파크 SQL과 Spark MLlib ···················· **86**

　3.3.1 변환자 ···················· **89**

　3.3.2 추정자와 모델 ···················· **93**

　3.3.3 평가자 ···················· **97**

3.4 NLP 라이브러리 ···················· **100**

　3.4.1 함수형 라이브러리 ···················· **100**

　3.4.2 애너테이션 라이브러리 ···················· **100**

　3.4.3 기타 라이브러리의 NLP ···················· **101**

3.5 Spark NLP ···················· **102**

　3.5.1 애너테이션 라이브러리 ···················· **102**

　3.5.2 스테이지 ···················· **102**

　3.5.3 사전 훈련된 파이프라인 ···················· **110**

　3.5.4 피니셔 ···················· **112**

3.6 연습 문제: 토픽 모델 구축 ···················· **115**

3.7 참고 자료 ···················· **116**

CONTENTS

CHAPTER 4 딥러닝 기초

4.1 경사 하강법 ··· **124**

4.2 역전파 ·· **126**

4.3 합성곱 신경망 ··· **139**

　4.3.1 필터 ··· **139**

　4.3.2 풀링 ··· **140**

4.4 순환 신경망 ·· **140**

　4.4.1 시간에 따른 역전파 ··· **140**

　4.4.2 엘먼 신경망 ·· **141**

　4.4.3 LSTMs ··· **142**

4.5 연습 문제 1 ··· **142**

4.6 연습 문제 2 ··· **143**

4.7 참고 자료 ·· **143**

PART II 빌딩 블록

CHAPTER 5 단어 처리

5.1 토큰화 ·· **148**

5.2 어휘 감소 ·· **152**

　5.2.1 어간 추출 ··· **153**

　5.2.2 표제어 추출 ·· **153**

　5.2.3 어간 추출 대 표제어 추출 ··· **153**

　5.2.4 맞춤법 교정 ·· **156**

　5.2.5 정규화 ·· **158**

5.3 단어 가방 ··· **159**

5.4 CountVectorizer ··· **161**

5.5 n-gram ·· **163**

5.6 시각화: 단어 및 문서 분산 ·································· **166**

5.7 연습 문제 ·· **171**

5.8 참고 자료 ·· **171**

CHAPTER **6** 정보 검색

6.1 역 인덱스 ·· **174**

6.1.1 역 인덱스 작성 ·· **175**

6.2 벡터 공간 모델 ··· **183**

6.2.1 불용어 제거 ·· **186**

6.2.2 역문서 빈도 ·· **188**

6.2.3 스파크에서의 벡터화 ······································· **191**

6.3 연습 문제 ·· **192**

6.4 참고 자료 ·· **193**

CHAPTER **7** 분류와 회귀

7.1 BoW 기능 ·· **199**

7.2 정규식 특성 ··· **200**

7.3 특성 선택 ·· **202**

7.4 모델링 ··· **207**

7.4.1 나이브 베이즈 ·· **207**

7.4.2 선형 모델 ··· **208**

CONTENTS

7.4.3 의사 결정과 회귀 트리 ··· 208

7.4.4 딥러닝 알고리즘 ·· 208

7.5 반복 ·· 209

7.6 연습 문제 ·· 211

CHAPTER 8 케라스를 사용한 시퀀스 모델링

8.1 문장 분할 ··· 216

8.1.1 은닉 마르코프 모형 ·· 217

8.2 섹션 분할 ··· 226

8.3 품사 태깅 ··· 226

8.4 조건부 무작위장 ·· 232

8.5 청킹 및 구문 분석 ·· 232

8.6 언어 모델 ··· 233

8.7 순환 신경망 ··· 234

8.8 연습 문제: 문자 n-gram ··· 243

8.9 연습 문제: 단어 언어 모델 ··· 243

8.10 참고 자료 ·· 243

CHAPTER 9 정보 추출

9.1 개체명 인식 ··· 245

9.2 상호 참조 해결 ·· 255

9.3 어서션 상태 감지 ·· 257

9.4 관계 추출 ··· 260

9.5 마치며 ··· 266

9.6 연습 문제 ·· 266

CHAPTER 10 주제 모델링

10.1 k-평균 ·· 270

10.2 잠재 의미 분석 ··· 275

10.3 음수 미포함 행렬 분해 ·· 279

10.4 잠재 디리클레 할당 ··· 284

10.5 연습 문제 ··· 287

CHAPTER 11 단어 임베딩

11.1 Word2Vec ·· 291

11.2 글로브 ·· 305

11.3 패스트텍스트 ·· 306

11.4 변환자 ·· 306

11.5 ELMo, BERT와 XLNet ··· 307

11.6 doc2vec ··· 309

11.7 연습 문제 ··· 310

CONTENTS

PART III 애플리케이션

CHAPTER **12 감성 분석과 감지**

12.1 문제 진술과 제약 ·· **314**

　12.1.1 해결할 문제 ·· **314**

　12.1.2 제약 조건 ·· **314**

　12.1.3 문제 해결 ·· **315**

12.2 프로젝트 계획 ·· **315**

12.3 솔루션 설계 ·· **319**

　12.3.1 모델 학습 및 측정 ·· **319**

　12.3.2 스크립트 작성 ·· **319**

12.4 솔루션 구현 ·· **320**

　12.4.1 데이터 호출 ·· **320**

　12.4.2 데이터 검토 ·· **320**

　12.4.3 데이터 처리 ·· **320**

　12.4.4 기능화 ·· **323**

　12.4.5 모델 ·· **323**

　12.4.6 평가 ·· **324**

　12.4.7 검토 ·· **325**

　12.4.8 배포 ·· **325**

12.5 솔루션 테스트와 측정 ·· **327**

　12.5.1 비즈니스 지표 ·· **327**

　12.5.2 모델 중심 지표 ·· **327**

　12.5.3 인프라 지표 ·· **328**

　12.5.4 과정 지표 ·· **329**

　12.5.5 오프라인 대 온라인 모델 측정 ·· **330**

12.6 검토 ……………………………………………………………………………… **330**

    12.6.1 초기 배포 ………………………………………………………………… **331**

    12.6.2 대체 계획 ………………………………………………………………… **331**

    12.6.3 다음 단계 ………………………………………………………………… **332**

12.7 마치며 ……………………………………………………………………………… **332**

CHAPTER 13 지식 베이스 구축

13.1 문제 진술과 제약 ……………………………………………………………… **334**

    13.1.1 해결할 문제 ……………………………………………………………… **334**

    13.1.2 제약 조건 ………………………………………………………………… **334**

    13.1.3 문제 해결 ………………………………………………………………… **335**

13.2 프로젝트 계획 ……………………………………………………………………… **335**

13.3 솔루션 설계 ………………………………………………………………………… **336**

13.4 솔루션 구현 ………………………………………………………………………… **337**

13.5 솔루션 테스트와 측정 …………………………………………………………… **347**

    13.5.1 비즈니스 지표 …………………………………………………………… **347**

    13.5.2 모델 중심 지표 …………………………………………………………… **348**

    13.5.3 인프라 지표 ……………………………………………………………… **349**

    13.5.4 과정 지표 ………………………………………………………………… **349**

13.6 검토 ……………………………………………………………………………… **349**

13.7 마치며 ……………………………………………………………………………… **350**

CONTENTS

CHAPTER **14 검색엔진**

14.1 문제 진술과 제약 조건 ································· 352

14.1.1 해결할 문제 ································· 352

14.1.2 제약 조건 ································· 352

14.1.3 문제 해결 ································· 352

14.2 프로젝트 계획 ································· 352

14.3 솔루션 설계 ································· 353

14.4 솔루션 구현 ································· 353

14.5 솔루션 테스트 및 측정 ································· 363

14.5.1 비즈니스 지표 ································· 364

14.5.2 모델 중심 지표 ································· 364

14.6 검토 ································· 365

14.7 마치며 ································· 366

CHAPTER **15 챗봇**

15.1 문제 진술 및 제약 ································· 368

15.1.1 해결할 문제 ································· 369

15.1.2 제약 조건 ································· 369

15.1.3 문제 해결 ································· 369

15.2 프로젝트 계획 ································· 369

15.3 솔루션 설계 ································· 370

15.4 솔루션 구현 ································· 371

15.5 솔루션 테스트 및 측정 ································· 383

15.5.1 비즈니스 지표 ································· 383

15.5.2 모델 중심 지표 ································· 383

15.6 검토 ··· **383**

15.7 마치며 ·· **384**

CHAPTER **16** 객체 문자 인식

16.1 OCR 작업의 종류 ··· **385**

　16.1.1 인쇄된 텍스트와 PDF에서의 텍스트 이미지 ················· **386**

　16.1.2 손으로 직접 쓴 텍스트에서의 이미지 ···························· **386**

　16.1.3 환경에서의 텍스트 이미지 ·· **387**

　16.1.4 대상 텍스트 이미지 ·· **387**

　16.1.5 다양한 문자 체계의 참고 사항 ······································ **388**

16.2 문제 진술 및 제약 ·· **389**

　16.2.1 해결할 문제 ··· **389**

　16.2.2 제약 조건 ·· **389**

　16.2.3 문제 해결 ·· **389**

16.3 프로젝트 계획 ··· **390**

16.4 솔루션 구현 ·· **390**

16.5 솔루션 테스트 및 측정 ·· **396**

16.6 모델 중심 지표 ·· **396**

16.7 검토 ··· **397**

16.8 마치며 ·· **397**

CONTENTS

PART IV NLP 시스템 구축

CHAPTER 17 다국어 지원

17.1 언어 유형 ·· **401**

17.2 시나리오: 학술 논문 분류 ····························· **402**

17.3 다양한 언어의 텍스트 처리 ·························· **403**

    17.3.1 합성어 ··· **403**

    17.3.2 형태학적 복잡성 ································· **404**

17.4 전이 학습과 다국어 딥러닝 ························· **405**

17.5 언어 간 검색 ··· **406**

17.6 체크리스트 ·· **407**

17.7 마치며 ·· **408**

CHAPTER 18 수동 레이블링

18.1 가이드라인 ·· **410**

18.2 시나리오: 학술 논문 분류 ····························· **411**

18.3 레이블러 간 동의 ······································ **412**

18.4 반복 레이블링 ·· **414**

18.5 텍스트 레이블링 ······································· **415**

    18.5.1 분류 ·· **415**

    18.5.2 태그 지정 ·· **415**

18.6 체크리스트 ·· **416**

18.7 마치며 ·· **417**

CHAPTER **19 NLP 애플리케이션 제작**

19.1 Spark NLP 모델 캐시 ··· **420**

19.2 Spark NLP와 텐서플로 통합 ··· **421**

19.2.1 스파크 최적화의 기본 ··· **422**

19.2.2 설계 수준의 최적화 ··· **424**

19.2.3 프로파일링 도구 ··· **425**

19.2.4 모니터링 ··· **425**

19.2.5 데이터 리소스 관리 ··· **426**

19.2.6 NLP 기반 애플리케이션 테스트 ·· **426**

19.2.7 단위 테스트 ·· **426**

19.2.8 통합 테스트 ·· **427**

19.2.9 기초 안정성 테스트와 정밀 테스트 ····································· **427**

19.2.10 성능 테스트 ·· **428**

19.2.11 사용성 테스트 ·· **428**

19.2.12 NLP 기반 애플리케이션 데모 ·· **429**

19.3 체크리스트 ··· **430**

19.3.1 모델 배포 체크리스트 ··· **430**

19.3.2 확장 및 성능 체크리스트 ·· **430**

19.3.3 테스트 체크리스트 ··· **431**

19.4 마치며 ·· **432**

찾아보기 ·· **433**

Part **I**

기초

1부에서는 아파치 스파크의 환경 구축 방법을 살펴보고, 자연어 처리 이해에 필요한 기본적인 언어학 개념과 NLP 라이브러리를 소개한다. 또한 NLP에 딥러닝을 적용하기 위한 딥러닝의 기초적인 개념도 알아본다.

Part I

기초

1장   시작하기

2장   자연어 처리 기초

3장   아파치 스파크의 NLP 라이브러리

4장   딥러닝 기초

시작하기

1.1 Spark NLP와 자연어 처리

Spark NLP란 아파치 스파크Apache Spark 위에 구축한 **자연어 처리**natural language processing (NLP) 라 이브러리다. 이 책은 기본적인 자연어 처리 주제와 Spark NLP의 사용 방법을 다루고, Spark NLP로 자연어 처리 애플리케이션을 구축하는 방법을 설명한다. 이 책을 읽고 나면 자연어와 Spark NLP를 다루는 새로운 소프트웨어 도구는 물론, 몇 가지 일련의 기술과 해당 기술들이 작동하는 방법을 이해할 수 있다.

먼저 이 책의 구조를 살펴보자. 1부에서는 책 전반에 걸쳐 Spark NLP와 함께 사용할 기법과 기술을 살펴본다. 2부에서는 NLP의 구성 요소를 살펴보고, 3부와 4부에서는 NLP 애플리케이션과 시스템 구축을 설명한다.

NLP가 필요한 애플리케이션을 구현할 때 염두에 두어야 할 세 가지 관점이 있다. 소프트웨어 개발자의 관점, 언어학자의 관점, 데이터 과학자의 관점이다. 소프트웨어 개발자의 관점은 애플리케이션이 수행해야 할 작업에 초점을 맞춘 것으로, 여러분이 만들려는 제품의 기초가 된다. 언어학자의 관점은 추출하려는 데이터의 내용에 중점을 두며, 데이터 과학자의 관점은 데이터에서 필요한 정보를 추출하는 방법에 중점을 둔다.

이 책의 자세한 개요는 다음과 같다.

1부 기초

- **1장 시작하기**: 이 책의 예제와 연습 문제를 따라 할 수 있도록 환경을 설정하는 방법을 설명한다.
- **2장 자연어 처리 기초**: NLP 기법이 작동하는 이유를 이해하고, NLP 기법으로 언어로부터 필요한 정보를 얻는 방법을 이해하는 데 도움이 될 언어 개념을 소개한다.
- **3장 아파치 스파크의 NLP 라이브러리**: 아파치 스파크와 더불어 가장 밀접하게 연관된 Spark NLP 라이브러리를 소개한다.
- **4장 딥러닝 기초**: 이 책에서 사용하는 딥러닝 개념을 소개한다. 이 책은 딥러닝 사용 튜토리얼은 아니지만 필요할 때는 몇 가지 기술을 설명한다.

2부 빌딩 블록

- **5장 단어 처리**: 고전적인 텍스트 처리 기법을 다룬다. NLP 애플리케이션에는 보통 변환 파이프라인이 필요하므로 초기 단계를 잘 이해해야 한다.
- **6장 정보 검색**: 검색엔진의 기본 개념을 다룬다. 정보 검색은 텍스트를 사용하는 애플리케이션의 전형적인 사례로, 다른 종류의 애플리케이션에 쓰이는 수많은 NLP 기법도 정보 검색에서부터 시작된다.
- **7장 분류와 회귀**: 분류 및 회귀 작업에 텍스트 기능을 사용하는 기술을 다룬다.
- **8장 케라스를 사용한 시퀀스 모델링**: 자연어 텍스트 데이터를 순서대로 모델링하는 기술을 소개한다. 자연어는 연속적sequence이므로 이러한 모델링 기술이 자연어 처리의 기초가 된다.
- **9장 정보 추출**: 텍스트에서 사실과 관계를 추출하는 방법을 소개한다.
- **10장 주제 모델링**: 문서에서 주제를 찾는 기법을 소개한다. 주제 모델링은 텍스트를 탐색하는 좋은 방법이다.
- **11장 단어 임베딩word embedding**: 텍스트에서 기능을 만드는 가장 인기 있는 최신 기술을 설명한다.

3부 애플리케이션

- **12장 감성 분석과 감지**: 텍스트 작성자의 감정(예를 들면 영화 평론이 긍정적인지 부정적인지 여부)을 식별하는 기본 애플리케이션을 소개한다.

- **13장 지식 베이스 구축**: 말뭉치^{corpus}[1]로부터 그래프와 같은 방식으로 구성된 사실과 관계의 집합체인 온톨로지^{ontology}[2]를 생성하는 과정을 탐색한다.

- **14장 검색엔진**: 검색엔진을 개선하는 방법을 자세히 알아본다. 검색엔진 개선은 단순히 랭커^{ranker}를 높일 뿐만 아니라 사용자가 패싯 검색^{facetsearch}[3]과 같은 기능을 쉽게 사용하도록 만든다.

- **15장 챗봇**^{chatbot}: 재미있고 흥미로운 챗봇 애플리케이션을 만드는 방법을 설명한다. 챗봇 애플리케이션은 점점 더 인기를 얻고 있다.

- **16장 객체 문자 인식**: 이미지로 저장된 텍스트를 텍스트 데이터로 변환하는 방법을 소개한다. 다만 모든 텍스트가 텍스트 데이터로 저장되지는 않으므로, 손 글씨와 오래된 텍스트는 이미지로 받아 처리해야 한다. 때로는 PDF 이미지나 인쇄된 문서를 스캔한 이미지에서 텍스트를 처리해야 할 때도 있다.

4부 NLP 시스템 구축

- **17장 다국어 지원**: 애플리케이션 개발자가 다국어 작업을 준비할 때 고려해야 할 주제를 살펴본다.

- **18장 수동 레이블링**^{human labeling}: 텍스트에 관한 데이터를 수집하고자 사람이 직접 레이블링하는 방법을 소개한다. 효율적으로 직접 레이블링해 데이터를 증강하면 다른 방법으로는 불가능한 프로젝트를 실제로 구현할 수도 있다.

- **19장 NLP 애플리케이션 제작**: 모델, Spark NLP 파이프라인과 텐서플로 그래프를 만들고 제작용으로 배포한다. 개발자가 텍스트를 사용하는 시스템을 설계할 때 유념해야 할 성능 문제와 NLP 애플리케이션 고유의 품질 및 모니터링 문제를 다룬다.

1.2 기타 도구

Spark NLP, 아파치 스파크와 텐서플로 외에도 다음과 같은 다양한 도구를 사용한다.

- 파이썬^{Python}[4]은 데이터 과학에서 가장 인기 있는 프로그래밍 언어다. Spark NLP는 스칼라에서 구현되지만, 여기서는 파이썬으로 구현하는 방법을 설명한다.

---

1 옮긴이_ 말뭉치 또는 코퍼스는 자연어 연구를 위해 특정한 목적을 가지고 언어의 표본을 추출한 집합이다(출처_ ko.wikipedia.org/wiki/말뭉치).

2 옮긴이_ 온톨로지란 컴퓨터가 어떤 객체를 이해하도록 다른 객체와의 관계나 객체만의 의미를 표현한 자료다.

3 옮긴이_ 패싯 검색은 사용자가 사용할 만한 검색 결과를 예측해서 미리 준비하고, 이를 노출하여 선택하도록 하는 방법이다. 예를 들면 사용자가 오픈 마켓에서 검색했을 때 미리 준비한 검색 결과 페이지를 보여주는 방식이다.

4 www.python.org

- 아나콘다[Anaconda][5]는 파이썬과 R(이 책에서 R은 사용하지 않음)의 오픈 소스 배포판이다. 아나콘다 패키지 매니저인 conda로 환경을 만든다.
- 주피터 노트북[Jupyter Notebook][6]은 브라우저에서 코드를 실행하는 도구다. 주피터 노트북을 사용하면 브라우저에 마크다운을 작성하고 모든 시각화를 표시할 수 있다. 실제로 이 책의 원서는 출판 가능한 형식으로 변환되기 전에 주피터 노트북으로 작성했다. 주피터 노트북은 대화형 데이터 과학 도구 지원을 전담하는 비영리 단체인 프로젝트 주피터[Project Jupyter]에서 관리한다.
- 도커[Docker][7]는 가상 머신을 쉽게 생성할 수 있는 도구로서 흔히 컨테이너라고 부른다. 아나콘다의 대체 설치 도구로 도커를 사용한다. 도커는 Docker.Inc에서 관리한다.

1.3 환경 설정

각 장에 연습 문제가 있으므로 처음부터 환경이 제대로 작동하는지 확인할 수 있다. 이 책에서는 주피터 노트북을 사용하며 커널은 파이썬 3.6 기반이다.

다음은 아나콘다를 사용한 파이썬 가상 환경 설정 방법이다. 이때 필요하다면 도커 이미지[8]를 사용할 수도 있다. 이 지시 사항은 우분투[Ubuntu] 설정 과정에서 작성되었으며 이 책의 깃허브 저장소[9]에 추가 설정 방법이 있다.

참고로 역자는 윈도우 10 운영체제 기반에서 아파치 스파크를 활용하여 실습했다. 구체적인 도구 및 버전 목록은 다음과 같다.

- 자바 SE 11 및 JDK 11
- 스파크 3.0.2
- 하둡 3.2
- 파이썬 3.9
- 주피터 노트북 6.3.0

---

5 www.anaconda.com
6 jupyter.org
7 www.docker.com
8 oreil.ly/iFqgI
9 github.com/jamsuham75/spark-nlp-book

1.3.1 전제 조건 확인하기

자바

- 스파크는 자바 가상 머신(JVM) 기반에서 동작하므로 자바가 미리 설치되어 있어야 한다.
- 자바 SE와 JDK를 설치한다.

파이썬

- 파이썬 3.x를 설치한다.

아나콘다

- 아나콘다를 설정하려면 다음 설명(*oreil.ly/8rbHS*)을 따르자.

아파치 스파크

- 아파치 스파크를 설정하려면 다음 설명(*oreil.ly/egGoQ*)을 따르자.
- SPARK_HOME이 아파치 스파크 설치 경로에 설정되어 있는지 확인하자.
  - 리눅스나 맥을 사용하는 경우 export SPARK_HOME="/path/to/spark"를 넣는다.
  - 윈도우를 사용하는 경우 시스템 속성에서 SPARK_HOME이라는 환경 변수를 "/path/to/spark"로 설정한다.
- 이 책은 아파치 스파크 2.4에서 작성되었다.

선택 사항

주피터 노트북 서버에 비밀번호를 설정하려면 다음 설명(*oreil.ly/yymsW*)을 따르자.

1.3.2 아파치 스파크 시작하기

먼저 터미널을 실행하고 다음과 같이 echo$SPARK_HOME 명령어를 입력하여 스파크가 설치된 경로를 출력 및 확인한다. 그 뒤에 spark-shell 명령어로 스파크를 실행한다.

```
$ echo $SPARK_HOME
/path/to/your/spark/installation

$ spark-shell
```

```
Using Spark's default log4j profile: org/apache/spark/log4j-defaults.properties
Setting default log level to "WARN".
To adjust logging level use sc.setLogLevel(newLevel). For SparkR, use setLogLevel
(newLevel).
...
Spark context Web UI available at localhost:4040
Spark context available as 'sc' (master = local[*], app id = ...).
Spark session available as 'spark'.
Welcome to

      ____              __
     / __/__  ___ _____/ /__
    _\ \/ _ \/ _ `/ __/  '_/
   /___/ .__/\_,_/_/ /_/\_\   version 2.3.2
      /_/

Using Scala version 2.11.8 (Java HotSpot(TM) 64-Bit Server VM, Java 1.8.0
_102)
Type in expressions to have them evaluated.
Type :help for more information.

scala>
```

1.3.3 코드 확인하기

① 이 프로젝트의 깃허브 저장소[10]로 이동한다.

② 코드를 확인하고 터미널에서 다음 예제 코드를 실행한다.

　a. 저장소를 복제|clone한다.

```
git clone https://github.com/jamsuham75/spark-nlp-book.git
```

　b. 아나콘다 환경을 만드는 다음 코드를 실행한다(작업 시간이 조금 걸린다).

```
conda env create -f environment.yml
```

　c. 새로운 가상 환경을 활성화한다.

```
source activate spark-nlp-book
```

----

10 github.com/jamsuham75/spark-nlp-book

d. 새로운 가상 환경을 위한 커널을 만든다.

```
ipython kernel install --user --name=sparknlpbook
```

e. 주피터 노트북 서버를 시작한다.

```
jupyter notebook
```

f. localhost:8888의 노트북 페이지로 이동한다.

1.4 아파치 스파크에 익숙해지기

이제 모든 설정이 완료되었으므로 Spark NLP를 사용해보자. 캘리포니아 어바인 대학교University of California, Irvine 머신러닝 저장소의 **20개 뉴스 그룹 데이터셋**20 Newsgroups Data Set[11]을 사용한다. 첫 번째 예제에서는 mini_newsgroups 데이터셋[12]을 사용한다. TAR 파일을 내려받고 이 프로젝트의 데이터 폴더에 압축을 푼다.

```
! ls ./data/mini_newsgroups

alt.atheism                 rec.autos               sci.space
comp.graphics               rec.motorcycles         soc.religion.christian
comp.os.ms-windows.misc     rec.sport.baseball      talk.politics.guns
comp.sys.ibm.pc.hardware    rec.sport.hockey        talk.politics.mideast
comp.sys.mac.hardware       sci.crypt               talk.politics.misc
comp.windows.x              sci.electronics         talk.religion.misc
misc.forsale                sci.me
```

1.4.1 Spark NLP로 아파치 스파크 시작하기

주피터 노트북에서 아파치 스파크를 사용하는 방법은 여러 가지가 있다. 특수한 커널을 사용할 수도 있지만 간단한 커널을 사용하는 게 좋다. 다행히 Spark NLP는 쉽게 시작하는 방법을

---

11 oreil.ly/gXmnY
12 oreil.ly/W1iwn

제공한다.

```
import sparknlp

import pyspark
from pyspark import SparkConf
from pyspark.sql import SparkSession
from pyspark.sql import functions as fun
from pyspark.sql.types import *

%matplotlib inline
import matplotlib.pyplot as plt

packages = ','.join([
    "JohnSnowLabs:spark-nlp:1.6.3",
])

spark_conf = SparkConf()
spark_conf = spark_conf.setAppName('spark-nlp-book-p1c1')
spark_conf = spark_conf.setAppName('master[*]')
spark_conf = spark_conf.set("spark.jars.packages", packages)
spark = SparkSession.builder.config(conf=spark_conf).getOrCreate()

%matplotlib inline
import matplotlib.pyplot as plt
```

1.4.2 아파치 스파크에서 데이터 로드하기

아파치 스파크로 데이터를 로드한 뒤에 어떤 방법으로 데이터를 볼 수 있을지 살펴보자.

```
import os

mini_newsgroups_path = os.path.join('data', 'mini_newsgroups', '*')

texts = spark.sparkContext.wholeTextFiles(mini_newsgroups_path)

schema = StructType([
    StructField('filename', StringType()),
    StructField('text', StringType()),
])
```

```
texts_df = spark.createDataFrame(texts, schema)

texts_df.show()
```

```
+--------------------+--------------------+
|            filename|                text|
+--------------------+--------------------+
|file:/home/alext/...|Path: cantaloupe....|
|file:/home/alext/...|Newsgroups: sci.e...|
|file:/home/alext/...|Newsgroups: sci.e...|
|file:/home/alext/...|Newsgroups: sci.e...|
|file:/home/alext/...|Xref: cantaloupe....|
|file:/home/alext/...|Path: cantaloupe....|
|file:/home/alext/...|Xref: cantaloupe....|
|file:/home/alext/...|Newsgroups: sci.e...|
|file:/home/alext/...|Newsgroups: sci.e...|
|file:/home/alext/...|Xref: cantaloupe....|
|file:/home/alext/...|Path: cantaloupe....|
|file:/home/alext/...|Newsgroups: sci.e...|
|file:/home/alext/...|Path: cantaloupe....|
|file:/home/alext/...|Path: cantaloupe....|
|file:/home/alext/...|Path: cantaloupe....|
|file:/home/alext/...|Xref: cantaloupe....|
|file:/home/alext/...|Path: cantaloupe....|
|file:/home/alext/...|Newsgroups: sci.e...|
|file:/home/alext/...|Newsgroups: sci.e...|
|file:/home/alext/...|Newsgroups: sci.e...|
+--------------------+--------------------+
only showing top 20 rows
```

데이터를 보는 것은 모든 데이터 과학 프로젝트에서 중요하다. 정형 데이터structured data, 특히 숫자 데이터로 작업할 때는 보통 집계 함수(또는 집약 함수)aggregate function[13]로 데이터를 탐색한다. 이 함수를 쓰면 데이터셋이 클 때나 적은 수의 예제를 살펴볼 때 데이터가 잘못 표시되는 일을 방지할 수 있다. 자연어 데이터는 이를 복잡하게 만든다. 한편 인간은 언어 해석에는 능숙하지만, 성급하게 결론을 내리거나 일반화하는 데도 정말 능숙하다. 따라서 우리는 큰 데이터셋의 대표 요약본을 만드는 데 여전히 어려움을 겪는다. 이후 10장과 11장에서 이 문제를 해결할 방법 몇 가지를 소개한다.

---

13 옮긴이_ 집계 함수는 데이터의 특정 열(column)을 기준으로 통계량을 구하는 함수다.

지금은 DataFrame에서 소량의 데이터를 확인하는 방법을 알아보자. 앞의 예제에서 볼 수 있듯이 .show()를 사용해 DataFrame의 출력을 표시한다.

먼저 인수argument를 살펴보자.

①n: 표시할 행의 개수다.

②truncate: True로 설정하면 기본적으로 20자보다 긴 문자열을 자른다. 1보다 큰 숫자로 설정하면 긴 문자열을 truncate 길이로 자르고 셀을 오른쪽으로 정렬한다.

③vertical: True로 설정하면 출력 행을 세로로 인쇄한다(열당 한 줄).

이제 다음 인수를 사용해보자.

```
texts_df.show(n=5,truncate=100,vertical=True)
```

```
-RECORD
0--------------------------------------------------------------
 filename ¦ file:/home/alext/projects/spark-nlp-book/data/mini_newsgroups/sci.
electronics/54165
 text    ¦ Path: cantaloupe.srv.cs.cmu.edu!magnesium.club.cc.cmu.edu!news.sei.cmu.
edu!cis.ohio-state.edu!zap...
-RECORD
1--------------------------------------------------------------
 filename ¦ file:/home/alext/projects/spark-nlp-book/data/mini_newsgroups/sci.
electronics/54057
 text    ¦ Newsgroups: sci.electronics
Path: cantaloupe.srv.cs.cmu.edu!magnesium.club.cc.cmu.edu!news.sei.cm...
-RECORD
2--------------------------------------------------------------
 filename ¦ file:/home/alext/projects/spark-nlp-book/data/mini_newsgroups/sci.
electronics/53712
 text    ¦ Newsgroups: sci.electronics
Path: cantaloupe.srv.cs.cmu.edu!das-news.harvard.edu!noc.near.net!how...
-RECORD
3--------------------------------------------------------------
 filename ¦ file:/home/alext/projects/spark-nlp-book/data/mini_newsgroups/sci.
electronics/53529
 text    ¦ Newsgroups: sci.electronics
Path: cantaloupe.srv.cs.cmu.edu!crabapple.srv.cs.cmu.edu!bb3.andrew.c...
-RECORD
4--------------------------------------------------------------
```

```
filename | file:/home/alext/projects/spark-nlp-book/data/mini_newsgroups/sci.
electronics/54042
text     | Xref: cantaloupe.srv.cs.cmu.edu comp.os.msdos.programmer:23292 alt.msdos.
programmer:6797 sci.elec...
only showing top 5 rows
```

.show() 메서드는 데이터를 빠르게 보기에는 적합하지만 데이터가 복잡하면 제대로 작동하지 않는다. 주피터 환경에서는 팬더스pandas[14]와 특별한 통합integration이 이루어지면서 팬더스 DataFrame이 다음 [표 1-1]처럼 조금 더 멋지게 표시된다.

```
texts_df.limit(5).toPandas()
```

표 1-1 주피터 노트북의 팬더스 DataFrame 출력

	filename	text
0	file:/home/alext/projects/spark-nlp-book/data...	Path: cantaloupe.srv.cs.cmu.edu!magne...
1	file:/home/alext/projects/spark-nlp-book/data...	Newsgroups: sci.electronics₩nPath: cant...
2	file:/home/alext/projects/spark-nlp-book/data...	Newsgroups: sci.electronics₩nPath: cant...
3	file:/home/alext/projects/spark-nlp-book/data...	Newsgroups: sci.electronics₩nPath: cant...
4	file:/home/alext/projects/spark-nlp-book/data...	Xref: cantaloupe.srv.cs.cmu.edu comp.o...

.limit() 사용에 주목하자. .toPandas() 메서드는 스파크 DataFrame을 메모리로 가져와 팬더스 DataFrame을 만든다. 팬더스 DataFrame은 파이썬 생태계ecosystem에서 널리 지원하므로, 팬더스로 변환하면 파이썬에서 사용 가능한 도구를 유용하게 쓸 수 있다.

다른 유형의 시각화에서는 주로 파이썬 라이브러리인 matplotlib과 seaborn[15]을 사용한다. 이 라이브러리를 사용하려면 팬더스 DataFrame을 만들어야 하므로 스파크 DataFrame을 관리 가능한 크기로 집계하거나 샘플링한다.

----

14 옮긴이_ 파이썬의 데이터 분석용 라이브러리로, 데이터셋을 이용하여 다양한 통계 처리 기능을 제공한다.
15 옮긴이_ matplotlib은 팬더스의 DataFrame을 바로 시각화할 때 내부적으로 사용하는 파이썬 라이브러리다. seaborn은 matplotlib을 토대로 다양한 색 테마, 차트 기능을 추가한 라이브러리다.

1.5 Spark NLP를 사용한 Hello World

데이터를 Spark NLP로 처리해보자. 먼저 `filename`에서 뉴스 그룹 이름을 추출한다. 뉴스 그룹은 `filename`의 마지막 폴더라고 볼 수 있다. 다음 [표 1-2]는 이를 추출한 결과다.

```
texts_df = texts_df.withColumn(
    'newsgroup',
    fun.split('filename', '/').getItem(7)
)

texts_df.limit(5).toPandas()
```

표 1-2 뉴스 그룹 열이 있는 표

	filename	text	newsgroup
0	file:/home/alext/projects/spark...	Path: cantaloupe.srv.cs.cmu.edu!mag...	sci.electronics
1	file:/home/alext/projects/spark...	Newsgroups: sci.electronics\nPath: ca...	sci.electronics
2	file:/home/alext/projects/spark...	Newsgroups: sci.electronics\nPath: ca...	sci.electronics
3	file:/home/alext/projects/spark...	Newsgroups: sci.electronics\nPath: ca...	sci.electronics
4	file:/home/alext/projects/spark...	Xref: cantaloupe.srv.cs.cmu.edu comp...	sci.electronics

다음 [그림 1-1]은 각 뉴스 그룹에 얼마나 많은 문서가 있는지를 막대 차트로 보여준다.

```
newsgroup_counts = texts_df.groupBy('newsgroup').count().toPandas()

newsgroup_counts.plot(kind='bar', figsize=(10, 5))
plt.xticks(
    ticks=range(len(newsgroup_counts)),
    labels=newsgroup_counts['newsgroup']
)
plt.show()
```

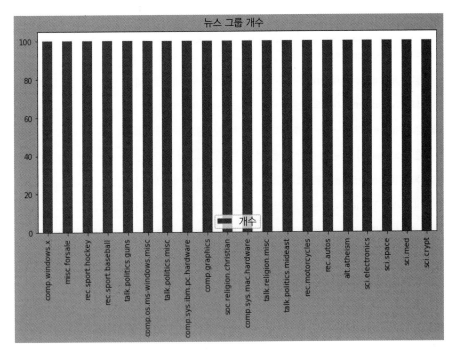

그림 1-1 데이터셋의 그룹별 문서 개수

mini_newsgroups 데이터셋은 **20개 뉴스 그룹 데이터셋**의 부분집합^{subset}이므로 각 뉴스 그룹이 같은 개수의 문서를 가진다. 이제 explain_document_ml[16]을 사용해보자.

```
from sparknlp.pretrained import PretrainedPipeline
```

explain_document_ml은 사전 훈련된 파이프라인으로, 기본 처리 단계를 수행하는 간단한 파이프라인으로 텍스트를 처리하는 데 사용할 수 있다. explain_document_ml이 무엇을 하는지 이해하려면 먼저 **애너테이터**^{annotator}가 무엇인지 간략하게 알아보자. 애너테이터는 특정 NLP 기술을 표현하는 단어로, 이후 3장에서 더 자세히 살펴본다.

애너테이터는 텍스트, 관련 메타데이터 혹은 이전에 검색된 애너테이션^{annotation} 문서에서 작업한다. 이러한 설계는 애너테이터가 이전 애너테이터의 작업을 재사용할 수 있도록 돕는다. 단점은 NLP 함수의 결합되지 않은 컬렉션인 NLTK 같은 라이브러리보다 더 복잡하다는 점이다.

---

16 *oreil.ly/8wH1V*

explain_document_ml에는 변환자transformer[17] 1개와 애너테이터 6개가 있다.

- **문서 어셈블러(DocumentAssembler)**: 문서를 포함하는 열을 생성하는 변환자
- **문장 분할기(Sentence Segmenter)**: 문서의 문장을 생성하는 애너테이터
- **토크나이저(Tokenizer)**: 문장의 토큰token을 생성하는 애너테이터
- **맞춤법 검사기(SpellChecker)**: 맞춤법이 교정된 토큰을 생성하는 애너테이터
- **어간 추출기(Stemmer)**: 토큰의 어간stem을 생성하는 애너테이터
- **표제어 추출기(Lemmatizer)**: 토큰의 표제어lemma를 생성하는 애너테이터
- **품사 분석기(POS Tagger)**: 연관된 토큰의 품사part of speech를 생성하는 애너테이터

여기에서 소개한 몇 가지 새로운 용어는 다음 장에서 조금 더 살펴본다.

```
pipeline=PretrainedPipeline('explain_document_ml',lang='en')
```

BasicPipeline의 .annotate() 메서드는 DataFrame뿐만 아니라 단일 문자열의 애너테이션에도 사용할 수 있다. .annotate() 메서드가 무엇을 만드는지 살펴보자.

```
pipeline.annotate('Hellu wrold!')
```

```
{'document': ['Hellu wrold!'],
 'spell': ['Hello', 'world', '!'],
 'pos': ['UH', 'NN', '.'],
 'lemmas': ['Hello', 'world', '!'],
 'token': ['Hellu', 'wrold', '!'],
 'stems': ['hello', 'world', '!'],
 'sentence': ['Hellu wrold!']}
```

이 결과는 충분한 추가 정보이며 애너테이션이 추가 데이터를 많이 생성할 수 있다는 사실을 확인했다. 우리는 이 점을 명심해야 한다.

원시 데이터raw data의 스키마schema를 살펴보자.

---

17 옮긴이_ 변환자는 2017년 구글이 발표한 논문인 「Attention is all you need」에서 나온 모델로 논문 이름처럼 어텐션(Attention)만으로 구현한 모델이다.

```
texts_df.printSchema()
```

```
root
 |-- filename: string (nullable = true)
 |-- text: string (nullable = true)
 |-- newsgroup: string (nullable = true)
```

이제 DataFrame을 애너테이트하고 새로운 스키마를 살펴보자.

```
procd_texts_df = basic_pipeline.annotate(texts_df, 'text')

procd_texts_df.printSchema()
```

```
root
 |-- filename: string (nullable = true)
 |-- text: string (nullable = true)
 |-- newsgroup: string (nullable = true)
 |-- document: array (nullable = true)
 |    |-- element: struct (containsNull = true)
 |    |    |-- annotatorType: string (nullable = true)
 |    |    |-- begin: integer (nullable = false)
 |    |    |-- end: integer (nullable = false)
 |    |    |-- result: string (nullable = true)
 |    |    |-- metadata: map (nullable = true)
 |    |    |    |-- key: string
 |    |    |    |-- value: string (valueContainsNull = true)
 |    |    |-- embeddings: array (nullable = true)
 |    |    |    |-- element: float (containsNull = false)
 |    |    |-- sentence_embeddings: array (nullable = true)
 |    |    |    |-- element: float (containsNull = false)
 |-- sentence: array (nullable = true)
 |    |-- element: struct (containsNull = true)
 |    |    |-- annotatorType: string (nullable = true)
...
```

이 스키마는 매우 복잡하다. 분석하려면 먼저 토큰 열을 살펴보자. 토큰 열은 배열array 타입이며 각 요소는 다음과 같은 구조체struct다.

- **annotatorType**: 애너테이션의 유형

- **begin**: 애너테이션의 시작 글자 위치

- **end**: 애너테이션의 마지막 글자의 다음 위치

- **result**: 애너테이터의 출력

- **metadata**: 애너테이션에 관해 잠재적으로 유용한 추가 정보를 포함하는 문자열에서 문자열로의 매핑

`.show()`를 사용해서 일부 데이터를 살펴보자.

```
procd_texts_df.show(n=2)
```

```
+--------------------+--------------------+----------------+---------
-----------+--------------------+----------------+---------
------+--------------------+----------------+---------
-+
|            filename|                text|       newsgroup|
  document|            sentence|           token|
 spell|              lemmas|           stems|          po
s|
+--------------------+--------------------+----------------+---------
-----------+--------------------+----------------+---------
------+--------------------+----------------+---------
-+
|file:/home/alext/...|Path: cantaloupe....|sci.electronics|[[documen
t, 0, 90...|[[document, 0, 46...|[[token, 0, 3, Pa...|[[token, 0, 3,
 Pa...|[[token, 0, 3, Pa...|[[token, 0, 3, pa...|[[pos, 0, 3, NNP,..
.|
|file:/home/alext/...|Newsgroups: sci.e...|sci.electronics|[[documen
t, 0, 19...|[[document, 0, 40...|[[token, 0, 9, Ne...|[[token, 0, 9,
 Ne...|[[token, 0, 9, Ne...|[[token, 0, 9, ne...|[[pos, 0, 9, NNP,..
.|
+--------------------+--------------------+----------------+---------
-----------+--------------------+----------------+---------
------+--------------------+----------------+---------
-+
only showing top 2 rows
```

결과를 읽기가 매우 어렵다. 이 데이터에서는 자동 포매팅^{automatic formatting}이 제대로 작동하지 않을 뿐만 아니라 애너테이션을 거의 볼 수 없다. 다른 인수를 사용해보자.

```
procd_texts_df.show(n=2, truncate=100, vertical=True)
```

```
-RECORD 0---------------------------------------------------------
-----------------------------------------------
 filename  ¦ file:/home/alext/projects/spark-nlp-book/data/mini_news
groups/sci.electronics/54165
 text      ¦ Path: cantaloupe.srv.cs.cmu.edu!magnesium.club.cc.cmu.e
du!news.sei.cmu.edu!cis.ohio-state.edu!zap...
 newsgroup ¦ sci.electronics

 document  ¦ [[document, 0, 903, Path: cantaloupe.srv.cs.cmu.edu!mag
nesium.club.cc.cmu.edu!news.sei.cmu.edu!ci...
 sentence  ¦ [[document, 0, 468, Path: cantaloupe.srv.cs.cmu.edu!mag
nesium.club.cc.cmu.edu!news.sei.cmu.edu!ci...
 token     ¦ [[token, 0, 3, Path, [sentence -> 0], [], []], [token,
4, 4, :, [sentence -> 0], [], []], [token,...
 spell     ¦ [[token, 0, 3, Path, [sentence -> 0], [], []], [token,
4, 4, :, [sentence -> 0], [], []], [token,...
 lemmas    ¦ [[token, 0, 3, Path, [sentence -> 0], [], []], [token,
4, 4, :, [sentence -> 0], [], []], [token,...
 stems     ¦ [[token, 0, 3, path, [sentence -> 0], [], []], [token,
4, 4, :, [sentence -> 0], [], []], [token,...
 pos       ¦ [[pos, 0, 3, NNP, [word -> Path], [], []], [pos, 4, 4,
:, [word -> :], [], []], [pos, 6, 157, JJ,...
-RECORD 1---------------------------------------------------------
-----------------------------------------------
 filename  ¦ file:/home/alext/projects/spark-nlp-book/data/mini_news
groups/sci.electronics/54057
 text      ¦ Newsgroups: sci.electronics
Path: cantaloupe.srv.cs.cmu.edu!magnesium.club.cc.cmu.edu!news.sei.c
m...
 newsgroup ¦ sci.electronics

 document  ¦ [[document, 0, 1944, Newsgroups: sci.electronics Path:
cantaloupe.srv.cs.cmu.edu!magnesium.club.c...
 sentence  ¦ [[document, 0, 408, Newsgroups: sci.electronics Path: c
antaloupe.srv.cs.cmu.edu!magnesium.club.cc...
 token     ¦ [[token, 0, 9, Newsgroups, [sentence -> 0], [], []], [t
oken, 10, 10, :, [sentence -> 0], [], []],...
 spell     ¦ [[token, 0, 9, Newsgroups, [sentence -> 0], [], []], [t
oken, 10, 10, :, [sentence -> 0], [], []],...
 lemmas    ¦ [[token, 0, 9, Newsgroups, [sentence -> 0], [], []], [t
```

```
oken, 10, 10, :, [sentence -> 0], [], []],...
 stems       ¦ [[token, 0, 9, newsgroup, [sentence -> 0], [], []], [to
ken, 10, 10, :, [sentence -> 0], [], []], ...
 pos         ¦ [[pos, 0, 9, NNP, [word -> Newsgroups], [], []], [pos,
10, 10, :, [word -> :], [], []], [pos, 12,...
only showing top 2 rows
```

앞서 출력된 결과보다 낫긴 하지만, 여전히 우리의 말뭉치를 일반적으로 이해하기에는 유용하지 않다. 하지만 적어도 파이프라인이 어떤 일을 하는지 엿볼 수는 있다.

이제 Finisher 변환자를 이용해 다른 프로세스에서 사용할 정보를 추출해야 한다. Finisher 는 애너테이션을 가져와 다운스트림downstream[18] 프로세스에서 사용할 데이터 조각을 꺼낸다. 이를 통해 일반 스파크에서 NLP 파이프라인의 결과를 사용할 수 있다. 일단 모든 표제어를 꺼내고 공백으로 구분해 문자열에 넣어보자.

```
from sparknlp import Finisher

finisher = Finisher()
finisher = finisher
# 표제어 열 가져오기
finisher = finisher.setInputCols(['lemmas'])
# 단일 공백으로 표제어 분리하기
finisher = finisher.setAnnotationSplitSymbol(' ')

finished_texts_df = finisher.transform(procd_texts_df)

finished_texts_df.show(n=1, truncate=100, vertical=True)
```

```
-RECORD 0------------------------------------------------------
-------------------------------------------------
filename        ¦ file:/home/alext/projects/spark-nlp-book/data/mini
_newsgroups/sci.electronics/54165
text            ¦ Path: cantaloupe.srv.cs.cmu.edu!magnesium.club.cc.
cmu.edu!news.sei.cmu.edu!cis.ohio-state.edu!zap...
newsgroup       ¦ sci.electronics
```

---

18 옮긴이_ 다운스트림은 사전 훈련(pre-train) 방식으로 학습을 진행하고, 그 뒤에 원하는 작업을 파인 튜닝(fine-tuning) 방식으로 모델을 업데이트하는 방법이다.

```
finished_lemmas | [Path, :, cantaloupe.srv.cs.cmu.edu!magnesium.club
.cc.cmu.edu!news.sei.cmu.edu!cis.ohio-state.edu...
only showing top 1 row
```

보통 .setOutputAsArray(True) 옵션을 사용하여 문자열 대신 배열이 출력되도록 한다.

첫 번째 문서의 최종 결과는 다음과 같다.

```
finished_texts_df.select('finished_lemmas').take(1)
```

```
[Row(finished_lemmas=['Path', ':', 'cantaloupe.srv.cs.cmu.edu!magnes
ium.club.cc.cmu.edu!news.sei.cmu.edu!cis.ohio-state.edu!zaphod.mps.o
hio-state.edu!news.acns.nwu.edu!uicvm.uic.edu!u19250', 'Organization
', ':', 'University', 'of', 'Illinois', 'at', 'Chicago', ',', 'acade
mic', 'Computer', 'Center', 'Date', ':', 'Sat', ',', '24', 'Apr', '1
993', '14:28:35', 'CDT', 'From', ':', '<U19250@uicvm.uic.edu>', 'Mes
sage-ID', ':', '<93114.142835U19250@uicvm.uic.edu>', 'Newsgroups', '
:', 'sci.electronics', 'Subject', ':', 'multiple', 'input', 'for', '
PC', 'Lines', ':', '8', 'Can', 'anyone', 'offer', 'a', 'suggestion',
 'on', 'a', 'problem', 'I', 'be', 'have', '?', 'I', 'have', 'several
', 'board', 'whose', 'sole', 'purpose', 'be', 'to', 'decode', 'DTMF'
, 'tone', 'and', 'send', 'the', 'resultant', 'in', 'ASCII', 'to', 'a
', 'PC', '.', 'These', 'board', 'run', 'on', 'the', 'serial', 'inter
face', '.', 'I', 'need', 'to', 'run', '*', 'of', 'the', 'board', 'so
mewhat', 'simultaneously', '.', 'I', 'need', 'to', 'be', 'able', 'to
', 'ho', 'ok', 'they', 'up', 'to', 'a', 'PC', '>', 'The', 'problem',
 'be', ',', 'how', 'do', 'I', 'hook', 'up', '8', '+', 'serial', 'dev
ice', 'to', 'one', 'PC', 'inexpensively', ',', 'so', 'that', 'all',
'can', 'send', 'data', 'simultaneously', '(', 'or', 'close', 'to', '
it', ')', '?', 'Any', 'help', 'would', 'be', 'greatly', 'appreciate'
, '!', 'Achin', 'Single'])]
```

여기서는 할 일이 별로 없어 보이지만, 여전히 풀어야 할 부분이 많다. 2장에서는 이러한 애너
테이터가 하는 일을 이해하는 데 도움이 되는 언어학 기초 몇 가지를 알아본다.

## CHAPTER 2

자연어 처리 기초

2.1 자연어 처리 정의

인류가 가진 중요한 기능 중 하나가 바로 언어다. 언어는 우리 사회가 운영되는 방식을 결정하는 필수 요소다. 다만 아직 완전히 이해되지 않는 현상이 있다.

우리는 주로 언어의 사용법과 병리학pathology을 관찰하고 연구한다. 또한 인지cognition, 사실truth 및 현실reality의 의미와 언어 간 관계를 탐구하는 철학적 작업도 꽤 많이 이루어졌다. 막상 언어를 이해하기 어렵게 만드는 부분은 우리가 늘 언어를 경험하고 있다는 점이다. 언어에서 말을 만들어내고 소비하는 행위는 언어 자체에 내재한 편견과 모호성을 포함한다.

다행히 이 책을 읽는 여러분은 그렇게 깊이 있는 철학을 탐구할 필요는 없다! 다만 필자는 이 책의 내용을 진행하는 동안, 방금 언급한 언어의 편견과 모호성에도 불구하고 흔들림 없이 단단하게 중심을 잡는 닻anchor[1]과 같은 존재로서 언어가 지니는 위대함과 신비로움을 마음에 새기고자 한다.

많은 동물이 복잡한 의사소통 시스템을 가졌고 어떤 동물들은 복잡한 사회까지 이루지만, 그 어떤 동물도 인간처럼 복잡한 추상적 개념을 주고받는 의사소통 능력을 보여주지는 못했다. 이러한 의사소통의 복잡성은 예를 들어 신석기 시대 사람이 생존을 모색하던 상황이나 당장 여러분이 피자를 주문하는 상황에서 특히 잘 나타난다. 하지만 언어를 처리하는 애플리케이션을 만

---

1 옮긴이_ 닻의 사전적 의미에는 '닻을 내리다', '고정시키다'라는 동사형 뜻도 있다. 여기서 필자가 해당 표현을 사용한 의도는 언어 자체에 내재한 편견과 모호성에도 불구하고 언어는 흔들리지 않은 채 중심을 잡고 있다는 걸 강조하려는 것이다.

들고 있는 상황에서 이러한 의사소통의 복잡성은 일을 더 어렵게 만들 수 있다. 인류의 언어는 다른 어떤 의사소통 시스템보다 훨씬 더 복잡해 보인다. 우리 인류의 언어 규칙은 무한한 고유 문장을 허용할 뿐만 아니라 믿을 수 없을 만큼 추상적인 표현을 만들어낼 수도 있다. 이 두 가지 측면 모두 또 다른 인류의 인지능력과 관련이 있다.

우리가 함께 살펴보게 될 이 현상을 이해할 수 있도록, 언어와 글쓰기의 기원부터 간략하게 알아보자.

2.1.1 언어의 기원

인류 언어의 기원을 둘러싼 많은 논쟁이 있다. 우리는 현대 인류의 언어가 언제 어디서 처음 발달했는지 알지 못하며, 언어가 유래된 장소와 시간이 있었는지조차 확신하지 못한다. 제스처 이론gestural theory에 따르면 수어sign language가 먼저 생겼고, 그다음 더 복잡한 소리를 만드는 데 필요한 생리적 특성과 함께 구어verbal language가 발전했다. 또 다른 흥미로운 논쟁은 언어가 단계별로 발전했는지 아니면 한꺼번에 발전했는지 여부다.

심지어 우리는 아이들이 언어를 습득하고자 사용하는 메커니즘조차 완전히 이해하지 못한다. 중세 시대에는 만약 아이들이 언어를 배우지 않는다면 '독창적인original' 또는 '천부적인natural' 언어를 말할 것이라 믿었다. 실제로 이와 관련한 의도적이거나 비의도적인 실험이 행해진 사례들이 있으며 다양한 결과들이 제시되고 있다. 현대에도 어린이가 언어에 노출되지 않으면 어떤 일이 일어나는지 관찰할 수 있었던 비극도 있었다. 아이들이 **결정적인**critical 시기가 지나도록 언어에 노출되지 않으면 복잡한 문법을 배우고 이해하는 데 심각한 어려움을 겪는다. 이처럼 어린아이들의 언어 습득 과정에는 우리의 복잡한 의사소통 시스템을 배울 수 있는 특별한 무엇인가가 있는 듯하다.

결정적인 시기에 아이들이 언어를 습득하지 못하는 이러한 비극적인 상황에서, 피해자들은 여전히 단어를 배울 수는 있지만 복잡한 구문을 배우는 데 어려움을 겪는다. 우리가 언어에 관해 알게 된 또 다른 비극은 FOXP2[2] 유전자와, 그 유전자의 돌연변이를 지닌 사람들에게 미치는 영향이다. 이 유전자의 일부 돌연변이는 **언어장애**verbal dyspraxia, 즉 말을 하기 어렵거나 아예 할

---

2 옮긴이_ FOXP2 유전자는 언어 유전자다. 언어를 잘 구사하지 못하는 유전병으로 'KE 가족'이라고 불리는 일가족을 연구하는 과정에서 발견되었다.

수 없게 만드는 듯하다. 이 언어장애를 가진 사람들이 겪는 어려움은 소리나 단어의 길고 복잡한 순서를 형성할 수 없다는 점이다. 복잡한 시퀀스를 만들 수 있게 해주는 이러한 FOXP2 유전자의 존재는 언어의 기원에 관한 의문을 제기한다. 만약 FOXP2 유전자가 진화하기 전에 우리에게 복잡한 언어가 없었다면, 해당 유전자가 선택되는 데에 어떠한 이점을 줄 수 있었을까?

1980년대 니카라과 공화국에는 청각장애 아동을 위한 여러 학교가 세워졌다. 처음에 이 아이들은 'home sign'[3]을 사용하거나, 가장 기본적이면서 높은 동기가 부여된 표현으로 의사소통을 했다. 여기서 **동기부여 표현**motivated sign은 형태가 결정되거나 적어도 영향을 받는 표현을 말한다. 예를 들면 음식을 표현하고자 입에 무언가를 넣는 행위를 흉내 내는 식이다. 시간이 지나면서 어린아이들은 이처럼 서로 다른 수어 체계를 점점 더 복잡하고 추상적인 수어로 결합했다. 결국 완전히 복잡한 문법과 **동기가 부여되지 않은 추상적인 표현**을 지닌 완전히 새로운 언어가 탄생했다.

결과적으로 언어가 언제 어디서 어떻게 시작되었는지와는 관계없이 우리는 기록의 형태가 훨씬 나중에 등장했다는 것을 알고 있다.

2.1.2 구어 대 문어

문어written language는 불과 수천 년 전에 만들어졌다. 문어는 말(구어) 또는 수어로 가능한 모든 어감nuance을 나타내지 않으며 나타낼 수도 없다. 언어란 일련의 소리 또는 몸짓 그 이상의 것으로, 표정과 소리 또는 몸짓의 생성 방식의 변화와 결합된다. 이것을 **반언어적 특징**paralinguistic feature이라고 한다.

반언어적 특징을 작성할 수 있는 몇 가지 방법은 다음과 같다. 이 방법들은 복잡한 의도에 접근하는 데 쓰일 수 있다.

혀 차는 소리는 종종 남부 아프리카에서 일부 언어의 이국적인 특징으로 비춰지지만, 일부 유럽 언어에서는 반언어적 특징으로 쓰인다. 영어로 "쯧쯧"하고 혀 차는 소리를 내는 'tsk tsk' 또는 'tut tut'이라는 소리는 실망, 짜증 또는 심지어 혐오감을 나타낸다. 비록 합의된 문자 표현이 있지만 이것은 진정한 단어가 아니다. 구어로 표현할 때 외에는 이러한 소리가 문자로 표현되는 경우를 거의 찾을 수 없다.

---

3 옮긴이_ 청각장애인이 개인적으로 사용하는 수어를 가리킨다.

어조^{tone}는 일부 언어에서는 언어적 특징, 다른 언어에서는 반언어적 특징으로 쓰이는 또 다른 소리다. 표준중국어^{Mandarin}는 4개의 어조를 사용하지만 영어는 어조를 반언어적 특징으로 사용한다. 중국어 표어문자^{logogram}[4]는 전체 단어를 나타내므로 별도로 어조를 표시할 필요는 없지만, 중국어를 발음대로 표현하는 데 사용하는 라틴어 기반 병음문자$^{Pinyin\ writing\ system}$[5]는 모음 위에 있는 표시로 어조를 나타낸다.

영어에는 이러한 종류의 반언어적 특징을 나타내는 몇 가지 방법이 있다. 다음 문장의 차이점을 살펴보자.

- You know the king.
- You know the king?

이들 두 문장의 차이점은 순전히 어조와 음높이^{pitch}뿐이다. 물음표는 문장이 질문으로 해석되어야 함을 나타내므로, 문장의 전반적인 어조와 음높이를 나타내기도 한다.

표정은 전통적인 텍스트로는 표현할 수 없는 반언어적 특징의 한 예다. 현대 글쓰기에서 표정은 대부분 이모티콘으로 표현하지만, 아직은 해석하기 어려운 어감이 많다.

예를 들어 친구와 점심 약속을 다시 잡는 시나리오를 가정해보자. 상대방은 다음과 같이 대답한다.

- OK:)

이 대답에서 여러분은 저 미소가 실제로 무엇을 의미하는지 알 수 없다. 상대방은 당신이 일정을 재조정하려 한다는 것을 알고 있으므로 유쾌한 반응으로 이모티콘을 사용할 수도 있고, 그저 습관적으로 사용할 수도 있다. 반면 다음과 같이 대답한다고 가정하자.

- OK...

이 대답에서 생략 부호는 해석하기가 훨씬 더 어렵다. 귀찮음을 나타낼 수도 있고, 또는 단순히 이어서 다른 메시지를 보내겠다는 표시일 수도 있다. 만약 이러한 대화를 직접 했다면 모호함은 덜했을 것이다. 이러한 표현은 표정과는 또 다른 반언어적 특징으로 인식될 수 있기 때문이다.

---

4 옮긴이_ 표어문자는 하나의 문자가 하나의 말이나 형태소를 나타내는 문자 체계다.
5 옮긴이_ 병음(Pinyin)은 중국어 발음을 로마자로 표기하는 발음 기호다.

다음으로 언어학 분야를 살펴보자. 언어 데이터를 살펴볼 때 이러한 고려 사항을 탐색하는 체계적인 방법을 제공할 것이다.

2.2 언어학

언어학linguistics은 인류의 언어를 연구하는 학문이다. 언어학의 하위 분야는 많지만 보통 다음과 같은 두 가지 유형으로 나뉜다. 하나는 언어의 요소에 초점을 맞춘 유형이고, 다른 하나는 언어의 사용법에 초점을 맞춘 유형이다. 언어학과 다른 분야를 연결하는 여러 학제 간 분야도 있다. 그럼 지금부터 몇 가지 하위 분야를 살펴보자.

2.2.1 음성학과 음운론

음성학phonetics은 구어verbal language에 쓰이는 소리를 연구하는 학문이다. 우리는 텍스트 데이터에 중점을 두고 학습하므로 이 하위 분야를 많이 사용하지는 않을 것이다. 기본 단위는 음phone[6] 또는 음소phoneme[7]다(이들은 서로 다른 종류의 분석에 쓰인다). 이 단위들은 **국제 음성 기호**International Phonetic Alphabet **(IPA)**를 써서 표현한다. IPA는 기호symbol를 사용하여 매우 다양한 소리를 나타낸다. 이 절에서는 별다른 설명 없이 사용하겠지만, IPA와 그 기호를 더 알고 싶다면 온라인에 좋은 자료가 많으니 참고하자.

언어에는 **음운론**phonology이 있는데, 이는 음소의 모음이며 음소를 사용하고 실현하는 방법의 규칙을 모아놓은 학문이다. 음소가 실현된 것이 음이다. 예를 들면 영어에서 /t/는 음소(/*/는 음소 작성 규칙이고 [*]는 음 규칙)이며 /t/로 여러 가지를 구현할 수 있다.

[tʰ]
    'team' 또는 'return'과 같은 단어의 강조 음절의 시작 부분

[t]
    'stop'과 같은 단어의 /s/ 뒷부분, 'pot'과 같은 단어의 끝부분, 일부 방언(영국, 인도)의 모음 사이, 'matter' 또는 'technique'와 같이 강세가 없는 음절의 시작 부분

6 　옮긴이_ 말의 소리로서 인간이 말하는 언어적 소리를 가리킨다.
7 　옮긴이_ 소리라는 단위를 추상화해서 개념화한 것이다.

[ɾ]

모음 사이의 일부 방언(북미, 호주, 뉴질랜드)에서 탄설음^{flap sound}[8]

[ʔ]

모음 사이의 일부 방언(영국)에서 성문 파열음^{glottal stop}[9]

일반적으로 텍스트 데이터로 작업할 때, 음성학과는 무관하지만 소리의 유사성을 사용하여 검색하려 할 때 유용할 수 있다. 예를 들어 우리는 캐서린(Katherine)이라는 사람 이름의 목록을 검색하고 싶을 수 있지만, 캐서린이라는 이름의 철자는 여러 가지 방식으로 쓸 수 있다(Katheryn, Catharine, Katharine 등). 이때 사운덱스^{Soundex}라는 음성 알고리즘^{phonetic algorithm}을 사용하면 발음대로 쿼리를 표현함으로써 유사한 소리의 이름을 검색할 수 있다.

2.2.2 형태론

형태론^{morphology}은 **형태소**^{morphemes}를 연구하는 학문이다. 형태소는 의미를 전달할 수 있는 가장 작은 요소다. **의존**^{bound}**형태소** 대 **자립**^{unbound}**형태소**, 그리고 **실질**^{content}**형태소** 대 **형식**^{functional}**형태소**의 4가지 종류로 정의할 수 있다.

- **자립실질형태소, 실질형태소 또는 어휘형태소**
  - 사물 또는 개념 자체를 나타내는 단어
  - 예: 'cat', 'remember', 'red', 'quickly'

- **자립형식형태소 또는 형식형태소**
  - 문장에서 기능을 수행하는 단어
  - 예: 'they', 'from', 'will'(미래 시제 생성에 사용할 경우)

- **의존실질형태소 또는 파생접사**^{derivational affix}
  - 한 단어를 다른 단어로 바꾸는 접사
  - 예: '-ty'('royal' + '-ty' = 'royalty'), '-er'('call' + '-er' = 'caller')

- **의존형식형태소 또는 굴절접사**^{inflectional affix}
  - 문장에서 단어의 기능을 나타내는 접사

---

8 옮긴이_ 혀끝을 치조에 가볍게 한 번만 두들기면서 공기의 흐름을 막는 순간적인 폐쇄를 만들어내는 소리다.

9 옮긴이_ 자음의 하나로 성문에서 조음하는 파열음이다.

- 예: '-(e)s'(복수형, 'cat' + '-(e)s' = 'cats,' 'pass' + '-(e)s' = 'passes'), '-ed' (과거 시제, 'melt' + '-ed' = 'melted')

일종의 형태소를 제거하거나 단순화하여 쉽게 설명할 수 있는 몇몇 텍스트 처리 알고리즘이 있다. 이러한 차이점을 이해하면 텍스트 데이터에서 정보를 찾을 위치를 이해하는 데 도움이 된다. 또한 이 정보는 언어별로 다르다. 일부 언어에서 **기능형태소**는 다른 언어에서 **굴절접사**이므로, 이러한 차이를 이해하면 다른 언어에 대한 기본 처리 결정에 도움이 될 수 있다.

형태학에서 한 가지 중요한 차이점은 언어가 **통합어**synthetic language인지 **분석어**analytic language인지 여부다. 이것은 **기능형태소**에 대한 **굴절접사** 비율로 간주할 수 있다. 더 많은 **굴절접사**를 사용할수록 언어는 더 종합적이다. 영어는 표준중국어처럼 대부분 분석 언어로 간주하며, 분리되어 있다고 할 수 있다. 러시아어와 그리스어는 좀 더 중도적이며 때로는 **융합적**fusional이라고 할 수 있다. 터키어와 핀란드어는 상당히 종합적이며 **교착적**agglutinative이라고 불린다. 언어 유형은 기본 텍스트 처리를 수행하는 방법을 결정할 때 중요하다. 이 내용은 다국어용 애플리케이션 구축을 논의할 때 더 자세하게 다룬다.

형태론은 구문론syntax과 매우 밀접한 관련이 있다. 사실 둘 다 종종 **형태통사론**morphosyntax의 포괄적인 개념으로 간주할 때가 많다.

2.2.3 구문론

구문론은 단어들이 어떻게 구phrase와 문장sentence으로 결합하는지를 연구하는 학문으로, 여러 경쟁 모델이 있다. 다만 언어학 분야에서 인기 있는 모델들이 반드시 컴퓨터 언어학과 NLP에서 인기 있는 모델은 아니다.

구문이 도입되는 가장 일반적인 방법은 **구문구조트리**phrase structure tree**(PST)**를 사용하는 것이다. 다음 문장에 대한 [그림 2-1]의 PST를 살펴보자.

- 나는 모자를 쓴 남자를 보았다(I saw the man with the hat.).

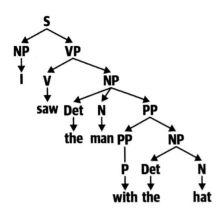

그림 2-1 구문구조트리(PST)

PST는 구문 도입 외에는 실제로 쓰이지 않는다. 최소주의 프로그램minimalist program (MP), 수형접합문법tree-adjoining grammar (TAG) 그리고 핵중심구구조문법head-driven phrase structure grammar (HPSG)은 각각 언어학, NLP 및 계산 언어학에서 인기 있는 모델이다. 문법에는 여러 종류가 있으며 구문 분석기syntactic parser를 다룰 때 더 자세히 알아본다.

구문 연구의 어려운 부분은 모델이 충분히 제한되지 않거나(즉, 자연에서 관찰되지 않은 구조를 허용하거나) 지나치게 제한되어 자연에서 관찰되는 구조를 표현할 수 없다는 것이다. 잘 알려진 모든 문법은 간단한 문장을 다루므로, 이론적으로는 대부분의 NLP 사용에서 모든 모델이 작동한다.

구문은 인간 언어의 핵심 측면이며, 구문으로 인코딩된 정보를 추출하는 작업은 계산 집약적일 수 있다. 이때 추출을 계산(추정)하는 방법은 여러 가지다. 우리는 일반적으로 정보를 추출하고 싶을 때, 실제로 구문 분석된 구조를 생성하지 않은 채로 추출하려 한다. 그 이유는 앞서 말했듯이 인류의 언어 구문에는 무한한 잠재력이 있는 구절과 문장이 있기 때문이다. 따라서 문장을 구문 분석하는 알고리즘은 종종 비용이 꽤 많이 든다.

2.2.4 의미론

의미론semantics은 언어적 요소의 의미를 연구하는 학문이다. 이 분야는 철학, 특히 논리학의 다양한 분야와 밀접한 관련이 있다. 의미론 분야의 한 측면은 의미가 언어의 구조로부터 구성되는 방식을 모델링하는 것이므로, 의미론은 구문과 가장 밀접한 관련이 있다. 구성적인 관점으로 볼 수 있는 언어적 의미의 측면들이 있으며 다른 측면들은 더 복잡하다. 구와 문장은 일반적으로 분해될 수 있지만 대화, 시 그리고 책은 그렇게 쉽게 분석되지 않는다.

우리는 항상 텍스트에서 의미를 추출하는 데 관심이 있으며 이것은 유행이 지난 이후에도 마찬가지다. 이때 항상 명심해야 할 사실은 텍스트, 문장 심지어는 단어조차도 다양한 의미를 지닐 수 있다는 점이다. NLP 파이프라인을 구축하기 전에 우리가 무엇에 관심이 있는지 먼저 알아야 한다.

NLP를 사용하는 대부분의 프로젝트는 분석 중인 텍스트에서 의미를 찾는 만큼 우리는 이 분야를 여러 번 재확인할 것이다. 우리가 명심해야 할 또 다른 하위 분야는 사회언어학sociolinguistics과 화용론pragmatics이다.

2.3 사회언어학

사회언어학은 사회의 언어를 연구하는 학문이다. 사회학과 언어학 사이의 여러 학문 분야와 관련한 영역을 아우른다. 글의 사회적 맥락을 이해하는 것은 텍스트를 해석하는 방법을 이해하는 데 중요하다. 또한 이 분야는 서로 다른 데이터셋이 서로 어떻게 관련되어 있는지 이해할 수 있는 프레임워크를 제공한다. 이후 전이 학습transfer learning을 다룰 때 유용하다.

사회언어학의 유용한 개념은 방언dialect과 속어slang의 주제를 다루는 언어 다양성 개념이다. 언어는 다양성의 집합체이며, 사람들은 자신의 개별적인 다양성 모음을 가지고 있다는 것이다. 이때 개인이 말하는 다양성 모음을 **개인어**idiolect로 간주하며 개인이 사용하는 여러 다양성을 **사용역**registers[10]이라고 한다. 사용역은 형식상의 개념뿐 아니라 언어, 몸짓 및 글쓰기의 다른 방식까지 포함한다.

---

10 옮긴이_ 사회 경제적 집단이나 직업진단에 따른 특정한 음운 변이, 어휘, 숙어 표현을 말한다.

2.3.1 형식

언어는 인류의 사회적 상호작용의 기본 도구인 만큼 사회적 행동의 많은 측면이 언어로 표현된다. 그중 한 가지 측면은 형식formality에 관한 개념이다. 형식은 종종 캐주얼부터 격식까지 하나의 스펙트럼으로 거론되지만, 실은 그보다 더 복잡하다. 예를 들어 소매업자가 고객에게 사용해야 하는 격식 수준은 누군가가 대학원에 지원하거나 조부모와 대화할 때 필요한 격식 수준과 다르다. 매우 격식 있는formal 사용역과 매우 격식 없는informal 사용역은 합병증을 유발할 수 있다.

매우 격식 있는 사용역은 많은 의미를 전달하지는 않지만 격식을 표현하는 내용을 포함할 때가 많다. 예를 들어 소매업체 직원과 고객의 다음과 같은 가상 대화를 살펴보자.

- 고객: 안녕하세요. 망고 있나요?
- 직원: 흠… 그렇지 않은 것 같습니다. 손님.

고객의 질문은 비교적 간단하다. 대부분의 사람은 직원의 반응을 사실상 '아니오'와 같은 의미로 해석한다. 처음의 "흠…"은 직원이 망고가 있는지를 알 수 없기 때문이거나, 고객의 요청을 고려하는 척해야 하기 때문이다. 대뜸 "그렇지 않은 것 같습니다."라고 대답하면 무례하거나 무시하는 것이라 여길 수 있다. 마찬가지로 소매업자는 "흠… 아니요, 손님."이라고 말할 수도 없다. 자칫 퉁명스럽게 비칠 수 있기 때문이다. 여기서 '손님'은 순전히 존댓말을 나타내는 격식 있는 표현이다.

비격식적인 사용역은 보통 속기와 속어를 사용하므로 구문을 분석하기 어려울 수 있다. 또한 우리는 종종 가장 가까운 사람들과 비격식적인 문맥을 사용하는데, 이는 우리가 사용하는 대부분의 의사소통이 비격식적인 사용역에서 문맥과 깊이 공유된다는 뜻이다. 이것은 가장 비격식적인 의사소통을 어렵게 만들 수 있다.

2.3.2 문맥

사용역은 형식뿐만 아니라 문맥context에도 기반을 둔다. 사용역은 발음pronunciation, 형태통사론 및 단어의 의미에도 영향을 미친다. 다양한 언어의 텍스트 데이터셋을 사용할 때, 우리는 데이터셋의 다양함이 어떻게 표현될 수 있는지 항상 염두에 두어야 한다.

다음과 같은 두 가지 다른 상황에서 '조용함'이라는 단어의 의미를 생각해보자.

- 호텔 방은 조용했습니다.
- 헤드폰이 조용합니다.

첫 번째 문장에서 '조용함'은 긍정적인 속성이지만 두 번째 문장에서는 부정적 속성일 가능성이 크다. 이것은 비교적 간단한 사례다. 차이점은 훨씬 더 미묘할 수 있으므로 데이터셋을 결합하거나 전이 학습을 할 때 고려해야 한다.

문맥에서 언어 사용을 이해하는 데 집중하는 전체 하위 분야가 있다. 바로 화용론^{pragmatics}이다.

2.4 화용론

화용론은 문맥에서 언어의 사용과 의미를 살펴보는 하위 분야다. 화용론을 이해하면 우리가 가지고 있는 텍스트 데이터의 의미를 이해하는 데 도움이 된다. 필자가 보기에 화용론은 NLP 실무자라면 누구나 몇 번이고 되돌아올 하위 분야다.

2.4.1 로만 야콥슨 모델

지금은 다소 오래된 모델이지만, 필자는 화용론의 로만 야콥슨^{Roman Jakobson} 모델을 좋아한다 ([그림 2-2] 참조). 단순하고 추상적인 의사소통 모델을 중심으로 구축한 모델로, 의사소통에 서로 다른 6가지 부분 또는 요소가 있다는 개념이다.

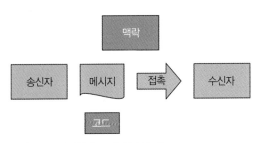

그림 2-2 로만 야콥슨 모델: 언어의 기능

이 모델에는 6가지 기능과 함께 6가지 의사소통 요소가 있으며 각 기능은 관련 요소에 초점을 맞춘다. 다음은 6가지 기능과 관련 요소를 설명한 것이다.

- **감정 표현적 기능(송신자**addresser**)**: 송신자의 상태를 전달하는 메시지("어라!")
- **행동 촉구적 기능(수신자**addressee**)**: 수신자에게 의도한 영향을 미치는 메시지("창문을 여세요.")
- **시적 기능(메시지**message**)**: 메시지 자체를 위한 메시지(시, 스캐팅scatting[11])
- **메타 언어적 기능(코드**code**)**: 메시지가 인코딩된 코드에 관한 메시지("이 메시지를 뭐라고 부릅니까?")
- **교감적 기능(접촉**channel**)**: 통신 채널을 설정하거나 관련된 메시지("안녕!", 잡담)
- **지시적 기능(맥락**context**)**: 맥락으로 정보를 전달하는 메시지("비가 옵니다.")

이 화용론 모델은 메시지를 이러한 요소의 일부 조합에 초점을 맞춘 것으로 간주한다. 주로 한 가지 요소에 초점을 맞춘 메시지 사례로 설명되지만, 대부분의 말은 여러 요소에 초점을 맞춘 결합물임을 명심해야 한다.

2.4.2 화용론 사용 방법

텍스트 데이터셋으로 작업할 때는 메시지가 작성된 이유를 고려해봐야 한다. 이를 이해하려면 화용론, 사회언어학 그리고 도메인 전문 지식이 필요하다. 물론 우리가 항상 도메인 전문가를 접할 수는 없지만, 데이터의 화용론과 사회적 맥락에 관해 교육적인 해석을 내릴 수는 있다. 이러한 고려 사항은 가능한 한 프로세스 초기에 이루어져야 한다. 그래야 데이터를 작업하는 방법에 관한 수많은 결정에 영향을 미치기 때문이다.

2.5 문자

2장에서는 언어의 여러 측면을 살펴봤지만, 지금까지는 단지 말 또는 말과 글로 쓰이는 언어의 일부 측면에만 초점을 맞췄다. 실제로는 매우 다양한 **문자 체계**writing system가 있으며 데이터 처리 방식에 큰 영향을 미칠 수 있다.

----

11 옮긴이_ 재즈에서 목소리로 가사 없이 연주하듯 음을 내는 창법이다.

2.5.1 기원

인류 역사에서 최근 글쓰기가 발전했지만, 여전히 신체적인 적응기에 있는 듯하다. 사람이 글을 읽고 쓰게 되면 글자 인식에 특화된 뇌의 일부인 레터박스^{letterbox}가 활성화된다. 레터박스는 배우는 언어와 관계없이 모든 사람의 뇌에서 비슷한 위치에 있다. 그 기원을 다루는 다양한 이론이 있지만, 어쨌든 레터박스의 존재는 인류와 그 언어능력이 얼마나 전문화되었는지를 보여주는 또 다른 예다.

글쓰기는 인류 역사를 통틀어 이미 여러 차례 발명된 듯 보인다. 처음에는 그림문자^{pictograph}로 알려진, 동기부여가 높은 기호들을 만들어내는 패턴이 보이기 시작하며 이 기호들은 변형되고 전문화된다. 라틴 알파벳의 기원에는 특히 흥미로운 사실이 많은데, 보편적으로 받아들여지는 진화한 문화의 연쇄는 다음과 같다.

라틴어는 그리스 알파벳에서 차용되었지만 고대 그리스 시대에는 그리스 알파벳이 여러 개였다. 그리스인들은 몇몇 혁신적인 글자^{letter}들을 추가하면서 페니키아인들의 글자^{character}를 차용했다. 페니키아인들은 레반트 해안에 살던 가나안족이었다. 가나안족 사람들은 그들의 문자에서 같거나 비슷한 글자를 모두 공유했다. 이 문자는 이집트 글자의 단순화한 버전에 기반을 둔 것으로 보인다. 이집트 문자에는 표어문자와 음성 기호(현재 일본어와 유사함)가 섞여 있었다. 가나안 사람들은 이집트 문자의 음성 기호 중 일부를 가져다가 자신들의 언어에 맞게 적용한 다음, 그림문자의 요소가 더 눈에 띄지 않을 때까지 이 문자들의 외관을 단순화했다. 이집트인들은 그림문자 체계로부터 자신들만의 문자를 확립한 것으로 보인다. 동시에 수메르(현대 이라크)와 중국에서도 문자가 확립되고 있었다.

다음 [그림 2-3]은 일부 문자와 그 기원을 고대 그림문자^{pictogram}로 나타냈다.

Latin	Cyrillic	Greek	Hebrew	Phoenician	Name	Name (tr.)
A/a	A/a	A/α	א	✖	Alep	Ox
B/b	Б/б, В/в	B/β	ב	⅃	Bet	House
C/c	Г/г	Γ/γ	ג	⅂	Giml	Camel
F/f			ו	Y	Waw	Hook
K/k	К/к	K/κ	ך/כ	✈	Kap	Palm (hand)
O/o	O/o	O/o	ע	O	Ayin	Eye
P/p	П/п	Π/π	ף/פ	⊃	Pe	Mouth
Q/q			ק	Φ	Qop	Needle eye
R/r	P/p	P/ρ	ר	⅂	Resh	Head
S/s	C/c	Σ/σ/ς	ש	W	Shin	Tooth or Bow
T/t	T/т	T/τ	ת	X	Taw	Tally mark
U/u	У/у	Y/υ	ו	Y	Waw	Hook

그림 2-3 일부 알파벳 문자의 기원

2.5.2 알파벳

알파벳은 자음과 모음을 나타내는 음성 기반 문자다. 다음은 알파벳의 몇 가지 사례다.

라틴어

라틴어Latin는 전 세계에서 사용한다. 식민지 시대에 널리 퍼졌으며 다른 언어에 적응하기 위해 수많은 새로운 글자가 만들어졌다. 영어 알파벳은 비교적 간단하다(그리고 영어에 적합하지 않을 수 있다). 현대적인 형태는 특수 글자들을 표현하기 더 어렵거나 심지어 불가능했던 인쇄 초기에 정의되었다.

- 영어: "Hello!"
- 발음: /hɛˈloʊ/

키릴 문자

키릴 문자Cyrillic는 동유럽, 중앙아시아 및 북아시아의 많은 나라에서 사용한다. 그 명칭은 9세기 비잔틴의 수도 사 성 키릴Saint Cyril에서 유래되었는데, 그는 키릴 문자의 원형 알파벳인 글라골 문자Glagolitic를 발명(또는 적어도 공식화)한 것으로 알려졌다.

- 러시아어: "Привет!"
- 발음: /prʲɪˈvʲet/

그리스어

그리스어^{Greek}는 현대 그리스어와 그 방언뿐 아니라 그리스어를 사용하는 대다수 지역의 일부 소수 언어에서도 쓰인다. 오늘날 그리스 알파벳은 고대 그리스 시대의 아테네식(아테네어) 그리스 알파벳에서 왔다.

- 그리스어: "Γειάσου!"
- 발음: /ja su/

한글

한글은 한국어를 쓰는 데 사용하며 15세기 세종대왕 때 발명되었다. 한국어는 기호가 음절 블록으로 결합한다는 점에서 다른 알파벳과 다르다. 다음 사례를 살펴보자.

- 한국어: "ㅇ+ㅏ+ㄴ ㄴ+ㅕ+ㅇ" ⟨ㅡ+a+n n+yeo+ng⟩은 "안녕" 이 된다.
- 발음: /aɲjʌŋ/

알파벳 스크립트는 일반적으로 간단하지만, 글자에 **발음 구별 기호**^{diacritic}를 사용하는 언어에 유의하자. 때때로 우리는 데이터 표준화의 일환으로 이들을 제거하고 싶을 수 있으며, 꽤 복잡할 수도 있다. 하지만 보통은 규칙 기반 방법으로 해결할 수 있다.

2.5.3 아브자드

아브자드^{abjads}는 주로 자음을 나타내며 모음은 선택적으로만 나타내는 음성 기반 문자다. 이러한 문자는 거의 전적으로 오른쪽에서 왼쪽으로 작성되므로, 해당 스크립트를 사용하는 언어의 UI를 만들 때 주의해야 한다. 아브자드의 사례는 다음과 같다.

아랍어

아랍어(문자)^{Arabic}는 아랍어(언어), 페르시아어^{Farsi}, 펀자브어^{Punjabi}, 우르두어^{Urdu} 등을 쓸 때 사용한다. 이슬람교의 부흥과 함께 널리 퍼졌다. 아랍어(문자)는 아라비아 반도로 퍼져 나가 오늘날 우리가 볼 수 있는 필기체 형태를 발전시킨 아람어^{Aramaic} 아브자드로의 유래이다.

- 아랍어: "مرحبا" ⟨m+r+h+b+a⟩
- 발음: /mær.ħɑ.bæ:/

히브리어

히브리어(문자)^{Hebrew}는 히브리어(언어), 아람어, 이디시어^{Yiddish}, 라디노어^{Ladino} 및 유대인 디아스포라$^{Jewish\ diaspora}$[12]의 기타 인어들을 쓰는 데 사용한다. 고대 가나안어^{Canaanite} 아브자드에서 발전했다.

---

12 옮긴이_ '디아스포라'라는 단어 자체의 의미와 범위에 관해 많은 의견이 제시되어 왔으나, 현재 '유대인 디아스포라'는 이스라엘의 유대인 민족 집단이 해외로 흩어진 역사적 현상과 그들의 문화적 발전 혹은 그들 집단 그 자체를 의미한다.

- 히브리어: "םוֹלָשׁ"〈sh + l + o + m〉
- 발음: /ʃaˈlom/

모음을 쓰지 않으면 왠지 읽기 어려워 보이지만, 언어를 배우는 사람들에게만 어렵다. 대부분의 아브자드에는 어린이와 제2외국어 학습자를 돕기 위해 모음을 나타내는 옵션 표시가 있다. 우리가 다른 형태통사론적 체계morphosyntactic system에 관해 이야기할 때, 왜 모음을 쓰는 것이 셈어파Semitic[13] 언어에 덜 방해되는지 알게 될 것이다.

2.5.4 아부기다

아부기다abugida는 각 글자가 음절syllable을 나타내는 음성 기반 문자다. 아부기다는 각 음절에 대해 별도의 글자를 갖는 대신(음절문자syllabary[14]), 자음 하나당 기본 모음이 있고 현재 자음에 모음을 변경하면 해당 모음으로 표시한다. 오늘날 가장 널리 사용되는 아부기다인 데바나가리 문자Devanagari를 살펴보자. /ka/를 나타내는 글자 क가 있다. 이때 모음을 /u/로 변경하려면 이를 나타내는 표시인 कु 표기를 추가한다. 그러면 /ku/를 나타낸다. 또한 '모음 없음'을 나타내는 특수 표시가 있는 것도 일반적이다. 이 표시는 대개 음절 끝에서 발생하는 자음을 나타내기 위해 사용한다. 역사적으로 일부 언어에는 그러한 표시가 없었으며 다양한 관습에 의존해서 음절 종성 자음을 표시했다. 다음은 아부기다의 몇 가지 사례다.

데바나가리 문자

데바나가리 문자는 서기 10세기 이전의 초기 브라흐미 문자Brahmi script에서 발전했다. 브라흐미 문자는 아람어 아브자드에서 유래된 것으로 추정되지만, 그 유래는 확실치 않다.

- 힌디어: "नमस्ते"〈na + ma + s – + te〉
- 발음: /nəˈmə.ste/

태국어

태국어(문자)Thai 또한 브라흐미 문자에서 파생했다. 태국어 문자의 한 가지 흥미로운 점은 어조도 표현한다는 점이다. 특정 글자와 연관된 고유 어조뿐만 아니라 어조를 표시하는 특별한 글자도 있다.

- 태국어: "สวัสดี"〈s + wa + s + di〉
- 발음: /sa-˩˩wat-˩˩di˧/

---

13 옮긴이_ 셈어파는 서아시아와 북아프리카 전역과 동아프리카 북부에 걸쳐 3억 8천만 명 이상의 사람들이 사용하는 언어들이다. 오늘날 가장 널리 쓰이는 셈어파의 언어는 아랍어이며 그다음으로 암하라어, 티그리냐어, 히브리어 등이 있다.

14 옮긴이_ 일본어의 50 음도를 적은 표를 생각하면 이해하기 쉽다.

그으즈어

그으즈어(문자)Ge'ez는 동아프리카의 에디오피아에서 다양한 언어를 쓰는 데 사용된다. 현대 아랍어(문자)와 무관해 보이는 남아랍 문자South Arabian script에서 발전한 것으로, 그 자체가 초기 가나안 문자에서 유래했다. 원래 그으즈어는 아브자드였지만 시간이 지나면서 기본 모음이 발전하여 모음 표시가 의무화되었다. 기본 모음을 변경하는 표시들이 때로는 글자의 형태를 바꾸기도 하므로, 그으즈어가 음절문자일 수도 있다고 주장할 수 있다.

- 암하라어Amharic: "ሰላም" ⟨sə + la + mə⟩
- 발음: /səlam/

2.5.5 음절문자

음절문자는 언어에서 가능한 음절마다 다른 기호가 있는 음성 기반의 쓰기 체계다. 다른 음성 기반 체계와 달리, 음절문자는 파생되는 대신 만들어지는 경우가 많다. 오늘날에는 아직 많이 쓰이지 않는다. 음절문자는 알파벳과 마찬가지로 보통 매우 간단하고 직관적이므로 더 쉽게 데이터로 다룰 수 있다. 다음은 음절문자의 몇 가지 사례다.

히라가나

히라가나Hiragana는 일본어를 쓸 때 사용하는 음절문자 중 하나다. 다른 하나는 가타카나Katakana인데, 일본 북부에서 사용되는 흥미로운 언어로 일본어와 무관한 아이누Ainu를 쓸 때도 사용된다. 히라가나와 가타카나는 이집트에서 가나안어 문자가 발전한 방식과 유사하게 중국어 표의문자의 단순화된 표현으로부터 개발되었다. 일본어는 히라가나와 결합된 한자를 사용한다. 일본어와 중국어가 서로 워낙 다른 언어이기 때문이다. 일본어는 교착어agglutinative language고 중국어는 매우 분석적이다. 가타카나는 차용어borrowed word와 의성어onomatopoeia가 사용된다(예: 영어 'woof', 'bang').

- 일본어: "今日は" ⟨kon + nichi + ha⟩
- 발음: /koniʨiwa/

체로키어

체로키어Tsalagi는 시쿼야Sequoyah[15]라는 체로키족 사람이 자신의 모국어를 적으려고 발명한 음절문자다. 만약 영어로 말한다면 일부 글자를 인식할 수 있겠지만, 발음에는 도움이 되지 않을 것이다. 문자의 발음은 영어 발음과 아무 관련이 없다.

- 체로키어: "ᏏᎰ" ⟨si + yo⟩
- 발음: /sijo/

---

15 옮긴이_ 18~19세기에 살았던 체로키인이다. 체로키 문자를 창시하여 그때까지 문자가 없었던 체로키어를 체로키 문자로 표기하여 1825년에 체로키의 공식적인 글말로 자리잡게 했다.

2.5.6 표어문자

표어문자 표기 체계logographic system는 의미론과 음성학의 조합에 기반을 둔 체계다(또는 **음절문자 표기 체계**logosyllabic system). 이 시스템들은 서로 매우 다르게 작동하는 경우가 많으므로 꽤 여러 범주에 속한다. 표어문자 표기 체계 중 오늘날 널리 쓰이는 건 한자뿐이다. 한자는 대부분의 중국어와 일본어에서 사용한다. 이러한 문자는 일반적으로 덜 분해되므로 기본적인 텍스트 처리를 단순화할 수 있어서 더 쉽게 처리할 수 있다. 다만 단어 구분자(예: 공백) 없이 작성될 때가 많으므로 문제를 복잡하게 만들 수 있으며, 미묘한 처리를 다루려면 언어에 관한 더 깊은 지식이 필요하다.

> **한자**
>
> 일본어의 경우 꼭 그렇지는 않지만, 한자는 일반적으로 각 글자가 중국어의 음절을 나타내는 표어문자 표기 체계를 사용한다.
>
> - 중국어: "你好"〈"you" + "good"〉
> - 표준중국어 발음: /ni˩˩hau˦/
> - 광둥어 발음: /nei˩˩hou˧˥/

2.6 인코딩

텍스트 데이터로 작업할 때는 이진 형식으로 인코딩된 데이터를 사용한다. 얼핏 사소한 문제처럼 보일 수 있지만, 영어가 아닌 언어를 다룰 때 빈번히 발생하는 어려움의 원인이다. 영어권 세계가 현대 컴퓨터의 발전에 큰 역할을 하다 보니 많은 기본값이 영어에서만 의미가 있다.

인코딩 문제가 발생할 때 참고할 수 있도록 인코딩에 관한 몇 가지 세부 정보를 살펴보자.

2.6.1 ASCII

미국정보교환표준부호, 즉 **아스키(ASCII)**는 제어문자control characters, 라틴어 구두점, 아라비아 숫자(유럽에서 사용될 경우)와 영어 문자를 매핑한 것이다. TTY라는 약어의 유래인 텔레타이프라이터teletypewriter라고 불리던 전신 타자기teleprinter에서 글자를 표시하고자 처음 고안되었다. 비록 오래된 표준이기는 하지만 일부 레거시 시스템은 여전히 아스키만 지원한다.

2.6.2 유니코드

텍스트는 결국 바이트로 표현되므로 숫자와 글자 간 매핑이 있어야 한다. 컴퓨터는 'a'라는 글자 개념이 없으며 숫자만 이해한다. 유니코드란 유니코드 컨소시엄이 유지 보수하는 표준화된 글자–번호 매핑의 집합이다. 예를 들어 'a'는 97에 매핑한다. 여기서 글자는 보통 특정한 형식의 16진수 숫자로 표시된다. 예를 들어 'a'는 U+0061이다. 이러한 U+####은 유니코드 값을 나타내는 표준 형식이다. 글자들은 보통 언어별로 그룹화된다. 다음은 그러한 영역의 몇 가지 사례다.

- **로마자 기본**(U+0000~U+007F) : 아스키 코드
- **라틴-1 보충**(U+0080~U+00FF) : 추가 제어 코드, 추가 유럽 구두점 및 유럽에서 쓰는 공통 로마자
- **키릴 문자**(U+0400~U+04FF) : 키릴 문자 표기 체계를 사용하는 대부분의 글자

유니코드는 서로 다른 인코딩으로 구현된다. 이러한 인코딩 중 가장 일반적인 것은 유니코드 컨소시엄 자체적으로 관리하며 일부는 ISO와 IEC가 관리한다.

2.6.3 UTF-8

UTF-8은 8비트의 유니코드 변환 형식을 가리키는 용어로, 유니코드의 **가변 너비**^{variable} ^{width}를 구현하는 인코딩 방식이다. 서로 다른 범위의 문자에는 다른 바이트 수가 필요하므로 가변 너비를 사용한다. 아스키 코드는 1바이트를 사용하여 나타낸다. 2바이트로는 U+0080~U+07FF를 나타내며 가장 일반적으로 쓰이는 알파벳과 아브자드(한글 제외)를 포함한다. 3바이트는 CJK(중국-일본-한국) 글자, 남아시아 문자 및 기타 현재 사용되는 대부분의 언어를 포함한다. 4바이트는 유니코드의 나머지 부분을 포함한다. 멀티바이트 패턴의 일부임을 나타내고자 바이트에 비트 접두사를 써서 이를 지원한다.

UTF-8은 아스키 및 ISO-8859-1(일명 라틴-1)의 뒤를 이어 가장 일반적인 인코딩 방식이 되었다. UTF-8은 아스키 및 ISO-8859-1과 달리 서유럽 이외의 언어를 지원한다. 아스키로 인코딩된 데이터는 1바이트의 UTF-8 문자를 나타내므로 문제가 되지 않는다. 그러나 ISO-8859-1은 1바이트의 라틴 1 보충 영역을 나타낸다. 따라서 데이터가 한 방향으로 인코딩되고 다른 방식으로 디코딩되는 일반적인 문제가 발생한다. 'ñ'이 어떻게 표현되고 잠재석으로

망가지는지 살펴보자.

표 2-1 UTF-8 기반 아스키 데이터의 인코딩 및 디코딩 형태

char	latin1 enc	utf-8 enc	latin1 enc to utf-8 dec	8 enc to latin1 dec
a	61	61	a	a
ñ	F1	C3 B1	INVALID	Ã±

이 주제는 상품화 및 다국어 시스템에 관해 이야기할 때 더 자세히 다룬다.

2.7 연습 문제: 토큰화

가장 기본적인 텍스트 처리 기술 중 하나가 토큰화tokenization다. 문자열을 가져와서 토큰token이
라 불리는 단위(주로 단어)로 조각내는 과정이다. 얼핏 간단해 보이지만 NLP 파이프라인 초
기 단계의 작업이므로 정확한 정보를 얻는 게 매우 중요하다. 또한 여러분이 작업 중인 언어의
문자 체계에 의해 영향을 받을 것이다.

언어를 토큰화할 때 어떠한 문제점이 있는지 살펴보자. 먼저 몇 가지 기본적인 토큰 생성 함수,
즉 토크나이저tokenizer부터 살펴보자.

- **공백 토크나이저**: 토큰은 공백문자 양쪽에 있는 비공백문자로 정의된다.
- **아스키 토크나이저**: 토큰은 일련의 아스키 코드 또는 숫자로 정의된다.

gaps 매개변수parameter는 토크나이저가 토큰을 정의하는 방법을 알려준다. **True**로 설정되면
pattern 인수argument는 토큰을 구분하는 항목을 정의한다. **False**로 설정되면 토큰 자체를 나
타낸다.

```
from nltk import nltk.tokenize.RegexpTokenizer

whitespace_tokenizer = RegexpTokenizer(r'\s+', gaps=True)
ascii_tokenizer = RegexpTokenizer(r'[a-zA-Z0-9_]+', gaps=False)
```

2.7.1 영어 토큰화

영어 토큰화는 비교적 간단하다. 공백으로 나눌 수 있다.

```
whitespace_tokenizer.tokenize('Hello world!')
```

```
['Hello', 'world!']
```

또는 아스키 토크나이저를 사용할 수 있다.

```
ascii_tokenizer.tokenize('Hello world!')
```

```
['Hello', 'world']
```

2.7.2 그리스어 토큰화

그리스어는 영어와 동일한 공백문자를 사용하여 단어를 구분하므로 공백 토크나이저가 작동한다.

```
whitespace_tokenizer.tokenize('Γειά σου Κόσμε!')
```

```
['Γειά', 'σου', 'Κόσμε!']
```

아스키 토크나이저는 그리스어가 아스키에서 지원되지 않으므로 작동하지 않는다.

```
ascii_tokenizer.tokenize('Γειά σου Κόσμε!')
```

```
[]
```

다음과 같이 pattern 인수를 r' ', gaps를 False로 설정하면 토큰을 구분하지 않고 토큰 자체를 나타낸다.

```
# 매개변수 gaps = False를 설정하여 정규식 토크나이저를 정의하라.
pattern = r''
greek_tokenizer = RegexpTokenizer(pattern, gaps=False)

# assert greek_tokenizer.tokenize('Γειά σου Κόσμε!') == ['Γειά', 'σου', 'Κόσμε']
```

2.7.3 그으즈어 토큰화(암하라어)

암하라어는 영어처럼 토큰이 분리되는 문자를 사용하지 않으므로 공백 토크나이저가 작동하지 않는다.

```
whitespace_tokenizer.tokenize('ሰላም፡ልዑል!')
```

```
['ሰላም፡ልዑል!']
```

다음과 같이 pattern 인수를 r'', gaps를 True로 설정하여 토큰을 구분하는 항목을 정의한다.

```
# 매개변수 gaps = True를 설정하여 정규식 토크나이저를 정의하라.
pattern = r''
amharic_sep_tokenizer = RegexpTokenizer(pattern, gaps=True)

#assert amharic_sep_tokenizer.tokenize('ሰላም፡ልዑል!') in (['ሰላም', 'ልዑል!'],
['ሰላም', 'ልዑል'])
```

마찬가지로 아스키 토크나이저도 여기에서는 작동하지 않는다.

```
ascii_tokenizer.tokenize('ሰላም፡ልዑል!')
```

```
[]
```

다음과 같이 pattern 인수를 r'', gaps를 False로 설정하면 토큰을 구분하지 않고 토큰 자체를 나타낸다.

```
# 매개변수 gaps = False를 설정하여 정규식 토크나이저를 정의하라.
pattern = r''
amharic_tokenizer = RegexpTokenizer(pattern, gaps=False)

#assert amharic_tokenizer.tokenize('ሰላም፡ልዑል!') == ['ሰላም', 'ልዑል']
```

2.8 참고 자료

- 국제음성학협회International Phonetic Association
  - 국제 음성 알파벳을 유지하는 단체의 홈페이지
  - *www.internationalphoneticassociation.org*

- 옴니글롯Omniglot
  - 전 세계 문자를 소개하는 온라인 백과사전
  - *www.omniglot.com*

- 유니코드 컨소시엄
  - 유니코드를 유지하는 단체의 홈페이지
  - *home.unicode.org*

- 유튜브 채널
  - **Langfocus**: 다양한 언어를 탐색하는 채널이다.
  - **NativLang**: 언어의 흥미로운 측면과 역사를 다루는 채널이다.
  - **Wikitongues**: 전 세계의 다양한 언어를 사용하는 사람들의 동영상을 수집하는 비영리단체 채널이다.

- 데이비드 크리스털David Crystal의 『The Cambridge Encyclopedia of Language(케임브리지 언어 백과사전)』(CUP, 2010)
  - 언어와 언어학의 여러 측면에 관한 훌륭한 자료다. 만약 여러분이 익숙하지 않은 언어의 한 측면을 다루려고 한다면 여기서부터 연구를 시작할 수 있다.

- 페르디낭드 소쉬르 Ferdinand de Saussure의 『Course in General Linguistics(일반 언어학 강좌)』(오픈 코트, 1998)
  - 소쉬르는 현대 언어학의 아버지다. 비록 많은 가설이 시대에 뒤떨어졌지만, 그가 취하는 접근법은 매우 유익하다. 음소를 특성으로 나누는 방법은 오늘날에도 유용하다.

- 에바 M.페르난데즈 Eva M. Fernandez와 헬렌 스미스 케언스 Helen Smith Cairns의 『Fundamental of Psycholinguistics(심리언어학 기초)』(와일리블랙웰, 2010)
  - 언어학적 관점에서 심리언어학에 접근하는 훌륭한 교과서다. NLP 데이터 과학자가 모델링하려는 자연 현상을 더 잘 이해하는 데 도움이 될 많은 정보를 제공한다.

- 『Handbook of the IPA(IPA 핸드북)』(CUP, 1999)
  - 언어학을 더 깊이 파고들고 싶다면 IPA를 이해해야 한다. 또한 텍스트 대신 말하기에 집중하고자 할 때도 도움이 될 수 있다.

- 『Language Files(언어 파일)』(OSU 프레스, 2016)
  - 필자가 언어학을 공부할 때 사용한 첫 번째 교과서다. 언어학 개론 교과서는 NLP에 종사하는 사람들에게 유용할 수 있다. 여러분이 어떤 문제에 부딪혀서 기초 언어학을 알아야 할 경우 이 교재가 올바른 방향을 제시할 수 있다.

## CHAPTER 3

아파치 스파크의 NLP 라이브러리

데이터의 홍수 속에서 사람과 기기는 매일 엄청난 양의 데이터를 만들어낸다. 텍스트 데이터는 분명 인간이 만들어내는 주요 데이터 유형 중 하나다. 사람들은 매일 수백만 건의 댓글, 제품 리뷰와 SNS 메시지를 작성한다. 이러한 텍스트 데이터는 연구 및 상업 모두에 매우 유용하다. 이처럼 데이터가 생성되는 규모가 커지면서 데이터로 작업하는 데 필요한 접근 방식도 바뀌었다.

원래 NLP 연구는 대부분 수백 또는 수천 개의 문서가 있는 작은 데이터셋에서 수행되었다. 지금은 더 나은 모델을 만들 수 있는 텍스트 데이터가 훨씬 많은 만큼 NLP 애플리케이션을 더 쉽게 만들 수 있으리라 생각할 수도 있다. 그러나 이러한 텍스트 데이터는 화용론이 다르고 종류도 다양하므로 데이터 과학 관점에서 활용하기가 더 복잡하다. 소프트웨어 공학 관점에서 볼 때 빅데이터는 많은 과제를 초래한다.

정형 데이터는 예측 가능한 크기와 구성으로 이루어지므로 효율적으로 저장하고 쉽게 배포할 수 있다. 텍스트 데이터는 일관성이 훨씬 떨어진다. 따라서 병렬화parallelization와 분산distribution이 더 중요해지며 잠재적으로는 더 복잡해진다. 스파크와 같은 분산 컴퓨팅 프레임워크는 이러한 과제와 복잡성을 관리하는 데 도움이 된다.

3장에서는 아파치 스파크와 Spark NLP를 다룬다. 먼저 분산 컴퓨팅을 이해하는 데 도움이 되는 몇 가지 기본 개념을 살펴본 뒤에 분산 컴퓨팅의 역사를 간략하게 알아본다. 스파크의 중요한 모듈인 **스파크 SQL**과 **MLlib**를 살펴보고, Spark NLP를 기술적으로 자세하게 설명하는 데 필요한 배경과 맥락을 이해한다.

지금부터 스파크의 작동 방식을 이해하는 데 도움이 될 만한 몇 가지 기술적 개념을 살펴본다. 성능 극대화에 관심이 있는 개발자라면 이 주제를 자세히 살펴보길 바란다. 일반 독자 여러분에게는 이 자료가 스파크 기반 애플리케이션을 설계하고 구축할 때 의사 결정을 내리는 데 필요한 판단의 기준이 되기를 바란다.

3.1 병렬처리, 동시성과 분산 컴퓨팅

먼저 몇 가지 용어를 정의해보자. **프로세스**process는 실행 중인 프로그램으로 생각할 수 있다. 프로세스는 **메모리 공간**memory space이라고도 하는 할당된 메모리 부분을 사용하여 코드를 실행한다. **스레드**thread는 운영체제가 스케줄링할 수 있는 프로세스 내의 일련의 실행 단계 순서다. 프로세스 간에 데이터를 공유하려면 일반적으로 각 프로세스의 서로 다른 메모리 공간에 데이터를 복사해야 한다. 자바 또는 스칼라 프로그램이 실행될 때는 **자바 가상 머신**Java Virtual Machine(**JVM**)이 프로세스다. 프로세스의 스레드는 동일한 메모리 공간에 대한 접근access을 공유하며 **동시에** 접근한다. 다만 데이터의 동시 접근은 까다로울 수 있다. 예를 들어 단어 개수를 생성한다고 가정해보자. 이 프로세스에서 두 개의 스레드가 작동한다면 잘못된 총계를 얻을 수 있다.

다음 프로그램을 고려해보자(파이썬 의사코드로 작성). 이 프로그램에서는 스레드 풀을 사용한다. **스레드 풀**thread pool은 분할 작업과 스케줄링을 분리하는 방법이다. 일정 수의 스레드를 할당하고 나서 데이터를 검토한 뒤 스레드 풀에서 사용할 스레드를 요청한다. 그러면 운영체제는 작업을 스케줄링할 수 있다.

```
0:  def word_count(tokenized_documents): # 토큰 목록
1:      word_counts = {}
2:      thread_pool = ThreadPool()
3:      i = 0
4:      for thread in thread_pool
5:          run thread:
6:              while i < len(tokenized_documents):
7:                  doc = tokenized_documents[i]
8:                  i += 1
9:                  for token in doc:
10:                     old_count = word_counts.get(token, 0)
```

```
11:                    word_counts[token] = old_count + 1
12:        return word_counts
```

얼핏 합리적으로 보이지만 run thread 아래의 코드에서 i 및 word_counts와 같은 공유 메모리 공간의 데이터를 참조한다는 걸 알 수 있다. 다음 [표 3-1]은 6행에서 시작하는 스레드 풀에서 두 개의 스레드로 프로그램을 실행하는 과정이다.

표 3-1 스레드 풀의 2개 스레드

시간	스레드1	스레드2	i	유효 상태
0	while i < len(tokenized_documents)		0	yes
1		while i < len(tokenized_documents)	0	yes
2	doc = tokenized_documents[i]		0	yes
3		doc = tokenized_documents[i]	0	**no**

시간 3에서 thread2는 tokenized_documents[0]를 검색하는 반면 thread1은 이미 첫 번째 문서에서 작업하도록 설정되었다. 이 프로그램에는 서로 다른 스레드에서 수행되는 작업 순서에 따라 잘못된 결과를 얻을 수 있는 **경쟁 조건**race condition이 있다. 이러한 문제를 방지하려면 동시 접근에 안전한 코드를 작성해야 한다. 예를 들어 tokenized_documents를 잠그면 thread1이 업데이트를 완료할 때까지 thread2를 일시 중지할 수 있다.

코드를 살펴보면 i에 또 다른 경쟁 조건이 있다. thread1이 마지막 문서인 tokenized_documents[N-1]을 받으면 thread2는 while-loop 검사를 시작하고 thread1은 i를 업데이트하며 thread2는 i를 사용한다. 우리는 존재하지 않는 tokenized_documents[N]에 접근하게 될 것이다. 그러니 i 값을 추적하자.

```
0:  def word_count(tokenized_documents): # 토큰 목록
1:      word_counts = {}
2:      thread_pool = ThreadPool()
3:      i = 0
4:      for thread in thread_pool
5:          run thread:
6:              while True:
```

```
7:                    lock i:
8:                        if i < len(tokenized_documents)
9:                            doc = tokenized_documents[i]
10:                           i += 1
11:                       else:
12:                           break
13:                   for token in doc:
14:                       lock word_counts:
15:                           old_count = word_counts.get(token, 0)
16:                           word_counts[token] = old_count + 1
17:     return word_counts
```

이제 i 값을 잠그고 루프에서 i 값을 체크한다. 또한 두 스레드가 동일한 단어(word)의 개수를 업데이트하려 할 때 old_count에 대해 실수로 오래된 값을 가져오지 않도록 word_counts를 잠근다. 다음 [표 3-2]는 7행부터 이 프로그램을 실행하는 과정을 보여준다.

표 3-2 i와 word_counts 잠그기

시간	스레드1	스레드2	i	유효 상태
0	lock i		0	yes
1	if i < len(tokenized_documents)	blocked	0	yes
2	doc = tokenized_documents[i]	blocked	0	yes
3	i += 1	blocked	0	yes
4		lock i	1	yes
5	lock word_counts		1	yes
6		if i < len(tokenized_documents)	1	yes
7	old_count =word_counts.get(token, 0)		1	yes
8		doc = tokenized_documents[i]	1	yes
9	word_counts[token] = old_count+1		1	yes
10		i += 1	1	yes
11	lock word_counts		2	yes

12	`old_count=word_counts.` `get(token,0)`	blocked	2	yes
13	`word_counts[token] = old_` `count+1`	blocked	2	yes
14		lock word_counts	2	yes
15	blocked	`old_count=word_counts.` `get(token,0)`	2	yes
16	blocked	`word_counts[token] = old_` `count+1`	2	yes

문제는 해결했지만, 스레드 중 하나를 자주 차단하는 대가를 치렀다. 병렬처리의 이점을 제대로 누리지 못하고 있다는 의미다. 우리는 스레드가 상태를 공유하지 않도록 알고리즘을 설계해야 한다. 뒤에서 맵리듀스^{MapReduce}에 관해 이야기할 때 그 사례를 볼 수 있다.

때로는 하나의 시스템에서 병렬화하는 것만으로는 충분하지 않으므로 **클러스터**^{cluster}에서 함께 그룹화된 여러 시스템으로 작업을 **분산**^{distribute}한다. 모든 작업이 완료되면 우리는 데이터(메모리 또는 디스크)를 코드로 가져오지만, 작업을 배포할 때는 코드를 데이터로 가져온다. 클러스터 간에 프로그램 작업을 분산한다는 것은 새로운 문제가 있다는 의미다. 우리는 공유 메모리 공간에 접근할 수 없으므로 알고리즘을 더 신중하게 설계해야 한다. 서로 다른 시스템의 프로세스는 공통 메모리 공간을 공유하지 않지만, 클러스터의 특정 시스템에 있는 프로세스의 스레드는 여전히 공통(로컬) 메모리 공간을 공유하므로 우리는 동시성을 고려해야 한다. 다행히 스파크와 같은 최신 프레임워크는 대부분 이러한 문제를 처리하지만, 프로그램을 디자인할 때는 이러한 점을 염두에 두어야 한다.

텍스트 데이터로 작업하는 프로그램은 종종 어떤 형태의 병렬화가 도움이 된다고 판단한다. 정형 데이터로 텍스트를 처리하는 과정이 종종 프로그램에서 가장 많은 시간을 소모하기 때문이다. 대부분의 NLP 파이프라인은 궁극적으로 구조화된 숫자 데이터를 출력한다. 즉, 로드된 데이터(텍스트)가 출력되는 데이터보다 훨씬 클 수 있다는 뜻이다. 안타깝게도 NLP 알고리즘의 복잡성 때문에 분산 프레임워크에서의 텍스트 처리는 보통 기본적인 기술로 제한된다. 다행히 우리에게는 Spark NLP가 있으며 곧 간략히 살펴볼 예정이다.

3.1.1 아파치 하둡 이전의 병렬화

HTCondor[1]는 1988년부터 위스콘신 대학교 매디슨 캠퍼스University of Wisonsin- Madison에서 개발한 프레임워크다. 꽤 인상적인 사용 목록을 자랑하는데 나사, 인간 게놈 프로젝트 그리고 대형 강입자 충돌기(LHC)에 쓰였다. 기술적으로는 연산computation을 분산하는 프레임워크일 뿐만 아니라 리소스 관리 역할도 수행할 수 있다. 사실은 연산 분산을 위해 다른 프레임워크와 함께 사용할 수도 있다. 클러스터 시스템은 다른 사용자가 소유할 수 있다는 가정하에 구축되었으므로 사용 가능한 리소스에 따라 작업을 스케줄링할 수 있다. 컴퓨터의 클러스터를 아직 사용할 수 없었던 과거의 일이다.

GNU parallel[2]과 pexec[3]는 단일 시스템 간의 작업을 병렬화하는 데 사용할 수 있는 유닉스Unix 도구다. 그러려면 작업의 분산 가능한 부분을 명령줄command line에서 실행해야 한다. 이러한 도구를 사용하면 여러 시스템에서 리소스를 활용할 수 있지만, 알고리즘을 병렬화하는 데는 도움이 되지 않는다.

3.1.2 맵리듀스와 아파치 하둡

맵map과 리듀스reduce라는 두 가지 작업으로 분산 연산을 나타낼 수 있다. map 함수로는 데이터를 변환, 필터링 또는 정렬할 수 있고 reduce 함수로 데이터를 그룹화하거나 요약할 수 있다. 기본 NLP 작업에 이 두 작업을 사용하는 방법을 알아보기 위해 단어 수 예제로 돌아가자.

```python
def map(docs):
    for doc in docs:
        for token in doc:
            yield (token, 1)

def reduce(records):
    word_counts = {}
    for token, count in records:
        word_counts[token] = word_counts.get(token, 0) + count
    for word, count in word_counts.items():
        yield (word, count)
```

1 research.cs.wisc.edu/htcondor
2 gnu.org/software/parallel
3 gnu.org/software/pexec/pexec.1.html

데이터는 파티션에 로드되고 일부 문서는 클러스터의 각 mapper 프로세스로 이동한다. 시스템 당 여러 개의 mapper가 있을 수 있다. 각 mapper는 문서에서 map 함수를 실행하고 디스크에 결과를 저장한다. 모든 mapper가 완료되면, 매퍼 단계의 데이터가 **뒤섞이고** 동일한 키(이 경우에는 word)를 가진 모든 레코드가 동일한 파티션에 있게 된다. 이제 이 데이터가 정렬되어 파티션 내에서 모든 레코드가 키순으로 정렬한다. 마지막으로, 정렬된 데이터가 로드되고 모든 카운트를 결합하는 각 파티션 reducer 프로세스에 대해 reduce 단계가 호출된다. 이 단계 사이에 데이터가 디스크에 저장된다.

맵리듀스MapReduce는 대부분의 분산 알고리즘을 표현할 수 있지만, 일부는 이 프레임워크 내에서 표현하기 어렵거나 매우 어색하다. 이것이 맵리듀스의 추상화abstraction가 다소 **빠르게** 발전한 이유다.

아파치 하둡Apache Hadoop은 **하둡 분산 파일 시스템**Hadoop Distributed File System **(HDFS)**과 함께 맵리듀스의 인기 있는 오픈 소스 구현체다. 하둡 프로그램을 작성하려면 입력 형식, 매퍼, 리듀서 및 출력 형식을 선택하거나 정의해야 한다. 더 높은 수준의 프로그램 구현을 지원하는 많은 라이브러리와 프레임워크가 있다.

아파치 피그Apache Pig는 절차적 코드로 맵리듀스 프로그램을 표현하는 프레임워크다. 그 절차적 특성 덕분에 **추출**extract, **변환**transform, **적재**load (ETL) 프로그램을 매우 편리하고 간단하게 구현할 수 있다. 그러나 예를 들어 모델 훈련 프로그램과 같은 다른 유형의 프로그램은 훨씬 더 어렵다. 아파치 피그가 사용하는 언어를 **피그 라틴**Pig Latin이라고 한다. SQL과 겹치는 부분이 있으므로 SQL을 잘 안다면 피그 라틴은 쉽게 배울 수 있다.

아파치 하이브Apache Hive는 원래 하둡을 기반으로 구축된 데이터 웨어하우징data warehousing 프레임워크다. 하이브는 사용자가 맵리듀스로 실행되는 SQL을 작성할 수 있게 한다. 이제 하이브는 하둡 외에도 스파크를 포함한 다른 분산 프레임워크를 사용하여 실행할 수 있다.

3.1.3 아파치 스파크

스파크는 마테이 자하리아Matei Zaharia가 시작한 프로젝트로 분산 컴퓨팅 프레임워크다. 스파크와 하둡의 데이터 처리 방식에는 중요한 차이점이 있다. 스파크를 사용하면 사용자는 분산 데이터에 대해 임의의 코드를 작성할 수 있다. 현재 스칼라, 자바, 파이썬과 R은 스파크용 공식

API를 제공한다. 또한 스파크는 중간에 데이터를 저장하지 않는다. 보통 스파크 기반 프로그램은 데이터를 메모리에 보관하지만, 디스크를 활용하도록 설정을 변경할 수도 있다. 그러면 처리 속도는 빨라지지만 더 많은 **스케일 아웃**scale out(시스템 증량) 또는 더 높은 **스케일 업**scale up(더 많은 메모리가 있는 시스템)이 필요할 수 있다.

스파크에서도 단어 수 문제인 `word_count`를 살펴보자.

3.2 아파치 스파크의 아키텍처

스파크는 프로그램을 실행하는 드라이버, 리소스를 관리하고 작업을 분배하는 마스터, 연산을 실행하는 워커worker로 구성된다. 스파크에는 수많은 마스터가 있으며, 독립형 및 로컬 모드에서 사용되는 자체 마스터를 함께 제공한다. 아파치 얀Apache YARN 또는 아파치 메소스Apache Mesos를 사용할 수도 있다. 필자 경험상 아파치 얀은 엔터프라이즈 시스템에서 가장 일반적인 선택이다.

스파크 아키텍처를 조금 더 자세히 살펴보자.

3.2.1 물리적 아키텍처

애플리케이션을 보내는 **전송 시스템**submitting machine에서 프로그램을 시작한다. 이 **드라이버**는 **클라이언트 컴퓨터**client machine에서 애플리케이션을 실행하고 **스파크 마스터**에 작업을 전송하여 **워커**에 배포한다. 스파크 마스터는 완전히 분리된 시스템이 아닐 수도 있다. 해당 시스템은 클러스터에서 작업을 수행할 수 있으며 워커도 마찬가지다. 또한 스파크 마스터에서 프로그램을 실행 중이라면 해당 시스템은 클라이언트 시스템이 될 수도 있다.

스파크 애플리케이션을 시작할 때 사용할 수 있는 두 가지 모드는 **클러스터 모드**cluster mode와 **클라이언트 모드**client mode다. 만약 애플리케이션을 보내는 시스템이 애플리케이션을 실행하는 시스템과 동일하다면 클라이언트 시스템에서 보낸 것이므로 클라이언트 모드고 그렇지 않으면 클러스터 모드다. 일반적으로 시스템이 클러스터 내부에 있을 때는 클라이언트 모드를 사용하고 그렇지 않으면 클러스터 모드를 사용한다([그림 3-1]과 [그림 3-2] 참조).

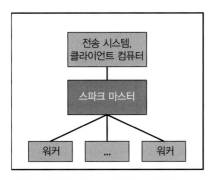

그림 3-1 물리적 아키텍처: 클라이언트 모드

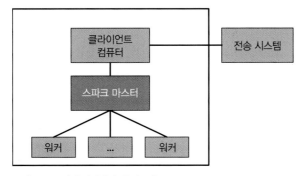

그림 3-2 물리적 아키텍처: 클러스터 모드

이름에서 알 수 있듯이 클라이언트 시스템, 스파크 마스터 및 워커가 모두 동일한 시스템인 로컬 모드에서 스파크를 실행할 수도 있다. 이것은 스파크 애플리케이션을 테스트하고 개발하는데 매우 유용하다. 또한 하나의 시스템에서 작업을 병렬로 수행하려 할 때도 유용하다.

물리적 아키텍처를 살펴보았으니 이제 논리적 아키텍처를 살펴보자.

3.2.2 논리적 아키텍처

스파크의 논리적 아키텍처를 살펴보면 클라이언트 시스템, 스파크 마스터 및 워커를 서로 다른 것처럼 취급한다([그림 3-3] 참조). 드라이버는 스파크 마스터에 작업을 제공하는 JVM 프로세스다. 프로그램이 자바나 스칼라일 때는 프로그램을 실행하는 프로세스이기도 하다. 한편 프로그램이 파이썬 또는 R일 때 드라이버는 프로그램을 실행하는 프로세스와 별개의 프로세스다.

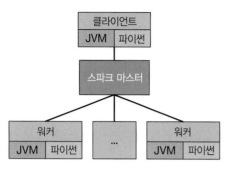

그림 3-3 논리적 아키텍처

워커의 JVM 프로세스를 **실행자**executors라고 한다. 수행할 작업은 드라이버에서 정의되고 스파크 마스터에 보낸다. 스파크 마스터는 실행자가 작업을 수행할 수 있도록 조정한다. 스파크를 이해하는 다음 단계는 데이터가 분산되는 방식을 이해하는 것이다.

RDD

스파크는 **탄력적 분산 데이터셋**resilient distributed dataset **(RDD)**으로 데이터를 배분한다. 사용자는 RDD를 써서 분산형 데이터를 마치 드라이버에 있는 수집물인 것처럼 작업할 수 있다.

파티셔닝

스파크에서 데이터는 클러스터 전체에 분할된다. 보통 실행자보다 파티션이 더 많으며, 각 실행자의 각 스레드를 활용할 수 있다. 스파크는 RDD의 데이터를 클러스터 전체에 걸쳐 기본 파티션 수에 균등하게 분산시킨다. 우리는 파티션 수와 분할할 필드를 지정할 수 있다. 이는 알고리즘에 어느 정도의 지역성이 필요한 경우(예를 들어 단일 사용자로부터 모든 트윗을 얻는 경우) 매우 유용하다.

직렬화

데이터로 전송되는 모든 코드는 직렬화serialization할 수 있는 객체object만 참조해야 한다. `NotSerializableException` 오류는 일반적이지만 스파크를 처음 접하는 사람에게는 이해할 수 없는 오류일 수 있다. RDD에 매핑할 때 우리는 함수를 생성하고 데이터와 함께 머신으로 보낸다. 이때 함수는 함수 자체를 정의하는 코드이자, 정의하는 데 필요한 데이터다. 이처럼 내부 함수가 외부 함수의 맥락에 접근하는 두 번째 부분을 함수의 **클로저**closure라고 한다. 함수에 필요한 객체를 식별하는 작업은 복잡하며 때로는 외부 객체를 캡처할 수도 있다. 직렬화에 문제가 있을 때 해결할 수 있는 몇 가지 방법이 있다. 다음은 올바른 해결책을 찾는 데 도움이 되는 질문이다.

- 자신만의 커스텀 클래스를 사용하고 있는가? 직렬화가 가능한지 확인하자.
- 리소스를 로드하고 있는가? 여러분의 분산 코드는 드라이버에 로딩되어 실행자로 전달되는 대신 각 실행자에게 로딩되도록 천천히 로드되어야 한다.
- 스파크 객체(SparkSession, RDD)가 클로저에서 캡처되고 있는가? 이 문제는 익명으로 함수를 정의할 때 발생할 수 있다. 함수가 익명으로 정의된 경우에는 다른 곳에서 정의할 수 있다.

이러한 팁은 일반적인 오류를 찾는 데 도움이 될 수 있지만, 직렬화 문제에 대한 해결책은 사례별로 결정할 수 있다.

오더링

분산 데이터로 작업할 때 데이터 항목에 보장된 순서가 반드시 있는 것은 아니다. 코드를 작성할 때는 데이터가 클러스터의 전체 파티션에 존재한다는 점에 유의하자.

그렇다고 해서 우리가 순서를 정의할 수 없다는 뜻은 아니다. 인덱스로 파티션의 순서를 정의할 수 있다. 이러한 상황에서 RDD의 '첫 번째' 요소element는 첫 번째 파티션의 첫 번째 요소가 된다. 나아가 RDD[int]를 값에 따른 오름차순으로 요청한다고 가정해보자. 파티션 순서를 사용하여 파티션 i의 모든 요소가 파티션 i+1의 모든 요소보다 작도록 데이터를 섞을 수 있다. 여기서 각 파티션을 정렬할 수 있다. 이제 우리는 정렬된 RDD를 갖게 되었지만 비용이 많이 드는 작업이다.

출력 및 로깅

데이터 변환에 필요한 함수를 작성할 때, 문장을 인쇄하거나 또는 함수의 변수 상태를 확인하고자 문장을 기록하는 일은 종종 유용하다. 분산된 컨텍스트에서 이러한 기능은 더 복잡한데, 함수가 프로그램과 동일한 시스템에서 실행되지 않기 때문이다. 로그 및 stdout에 액세스하는 것은 보통 클러스터의 구성과 사용 중인 마스터에 따라 달라진다. 일부 상황에서는 로컬 모드의 작은 데이터셋에서 프로그램을 실행하는 것으로도 충분할 수 있다.

스파크 작업

스파크 기반 프로그램에는 드라이버 프로그램이 마스터 프로그램에 접속하는 방식인 SparkSession이 있다. 스파크 버전 2.x 이전에는 대신 SparkContext를 사용했다. 물론 여전히 SparkContext는 남아 있지만 지금은 SparkSession의 일부이다. 이 SparkSession은 App을 나타낸다. App은 마스터 프로그램에 job을 제공한다. job들은 논리적 그룹인 stage로 단계별로 나뉜다. stage들은 각 파티션에서 수행할 작업을 나타내는 task들로 나뉜다([그림 3-4] 참조).

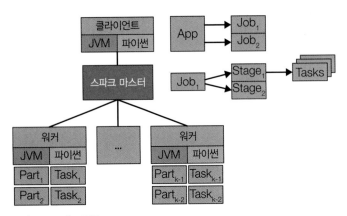

그림 3-4 스파크 작업

이때 데이터에 대한 모든 작업이 작동하는 것은 아니다. 스파크는 게으르다. 좋게 말하면 결과가 필요할 때만 실행한다. 이를 통해 수행된 작업을 실행 계획으로 구성하여 효율성을 높일 수 있다. 작업 중에는 즉시 실행을 요구하는 특정 작업이 있는데, 예를 들면 집계(통합)와 같은 특정 값을 반환하는 작업이다. 한편으로는 (예를 들면 zipWithIndex[4]와 같이) 연산될 때까지 추가 실행 계획이 불가능한 작업도 있다.

이러한 실행 계획을 **유향 비순환 그래프**Directed Acyclic Graph **(DAG)**라고 한다. 스파크의 데이터는 데이터 소스 및 데이터를 생성하고자 실행된 모든 작업을 포함하는 DAG에 따라 정의된다. 따라서 스파크는 데이터에 대한 참조를 잃지 않으면서 필요에 따라 메모리에서 데이터를 제거할 수 있다. 생성 및 제거된 데이터는 나중에 참조하면 재생성된다. 이 작업은 시간이 오래 걸릴 수

---

4 옮긴이_ 원래 순서대로 각 요소에 번호를 매기는 안정적인 인덱싱을 제공하는 함수다.

있다. 다행히 필요하다면 데이터를 보관하도록 스파크에 지시할 수 있다.

유지

스파크에서 데이터를 유지^{persisting}하는 기본적인 방법은 **persist** 메서드를 사용하는 것이다. 이것은 체크포인트를 만든다. **cache** 메서드를 사용하고, 데이터가 유지되는 방식을 구성하는 옵션을 제공할 수도 있다. 데이터는 여전히 느리게 생성되지만 일단 한번 생성되면 유지된다.

예를 들어보자.

```
from operator import concat, itemgetter, methodcaller
import os
from time import sleep

import pyspark
from pyspark import SparkConf
from pyspark.sql import SparkSession
from pyspark.sql import functions as fun
from pyspark.sql.types import *

packages = ','.join([
    "com.johnsnowlabs.nlp:spark-nlp_2.11:2.4.5",
])

def has_moon(text):
    if 'moon' in text:
        sleep(1)
        return True
    else:
        return False

# 파일 경로-텍스트의 쌍으로 포함하는 RDD
path = os.path.join('data', 'mini_newsgroups', 'sci.space')
text_pairs = spark.sparkContext\
    .wholeTextFiles(path)
texts = text_pairs.map(itemgetter(1))
lower_cased = texts.map(methodcaller('lower'))
moon_texts = texts.filter(has_moon).persist()
print('This appears quickly because the previous operations are ''all lazy')
print(moon_texts.count())
print('This appears slowly since the count method will call '
      'has_moon which sleeps')
```

```
print(moon_texts.reduce(concat)[:100])
print('This appears quickly because has_moon will not be '
      'called due to the data being persisted')
```

This appears quickly because the previous operations are all lazy11
This appears slowly since the count method will call has_moon which sleeps
Newsgroups: sci.space
Path: cantaloupe.srv.cs.cmu.edu!das-news.harvard.edu!noc.near.net!
uunet!zaphod
This appears quickly because has_moon will not be called due to the data being persisted

스파크 작동에 대해 살펴보았으니 이제 단어 수 문제로 돌아가자.

```
from collections import Counter
from operator import add

from nltk.tokenize import RegexpTokenizer

# 파일 경로-텍스트의 쌍으로 포함하는 RDD
texts = spark.sparkContext.wholeTextFiles(path)
print('\n\nfilepath-text pair of first document')
print(texts.first())

tokenizer = RegexpTokenizer(r'\w+', gaps=False)
tokenized_texts = texts.map(
    lambda path_text: tokenizer.tokenize(path_text[1]))
print('\n\ntokenized text of first document')
print(tokenized_texts.first())

# 이전 구현과 동일한 위치
# 시작
document_token_counts = tokenized_texts.map(Counter)
print('\n\ndocument-level counts of first document')
print(document_token_counts.first().most_common(10))

word_counts = token_counts = document_token_counts.reduce(add)
print('\n\nword counts')
print(word_counts.most_common(10))
```

filepath-text pair of first document
('file:/.../spark-nlp-book/data/mini_news...')

```
tokenized text of first document
['Xref', 'cantaloupe', 'srv', 'cs', 'cmu', ..., 'cantaloupe', 'srv']


document-level counts of first document
[('the', 13), ('of', 7), ('temperature', 6), ..., ('nasa', 4)]


word counts
[('the', 1648), ('of', 804), ..., ('for', 305), ('cmu', 288)]
```

보다시피 우리는 여기서 map과 reduce 메서드를 사용한다. 스파크를 사용하면 맵리듀스 스타일의 프로그램을 구현할 수 있지만, 다른 많은 방법으로도 구현할 수 있다.

파이썬과 R

스파크는 주로 스칼라에서 구현된다. 자바 API는 스파크의 관용적인 자바 사용을 허용한다. 파이썬 API(PySpark)와 R API(SparkR)도 지원한다. 스칼라 또는 자바로 구현된 스파크 기반 프로그램은 드라이버 프로그램 역할을 맡아 동일한 JVM에서 동작한다. PySpark 또는 SparkR에서 구현된 프로그램은 각각 파이썬과 R 프로세스에서 실행되며 SparkSession은 궁극적으로 다른 프로세스에서 실행된다. 파이썬 또는 R에서 정의된 함수를 사용하지 않는 한은 일반적으로 성능에 영향을 주지 않는다.

앞의 예제에서 볼 수 있듯이 수치를 토큰화하고, 계산하고, 결합할 때 우리는 데이터를 처리하고자 파이썬 코드를 호출한다. 이러한 작업은 JVM 프로세스가 데이터를 직렬화하고 파이썬 프로세스로 전달하여 역직렬화, 처리, 직렬화한 뒤에 다시 역직렬화를 위해 JVM으로 전송하여 수행된다. 일련의 과정은 우리의 작업에 많은 추가 업무를 더해준다. PySpark나 SparkR을 사용할 때는 되도록 내부 스파크 기능을 사용하는 편이 더 빠르다.

파이썬 또는 R에서 사용자 함수를 사용하지 않는 것은 RDD를 사용할 때 제한적인 듯 보이지만, 다음 절에서 설명할 DataFrame과 Dataset을 사용할 가능성이 높다.

3.3 스파크 SQL과 Spark MLlib

스파크 2가 출시된 이후 스파크 내에서 데이터를 사용하는 기본 방법은 Dataset을 사용하는 것이다. Dataset[T]는 분산된 데이터를 테이블로 처리할 수 있는 객체다. 타입 매개변수type parameter T는 테이블의 행을 나타내는 데 사용한다. 행row 타입이 Row인 특별한 종류의 Dataset 이 있는데, 이를 통해 새 클래스를 정의하지 않고도 표 형식의 정형 데이터tabular data를 가질 수 있다. 다만 일부 타입의 안정성이 손실된다. 우리가 사용할 예제는 PySpark에서 데이터로 작업하는 가장 좋은 방법이므로 보통 DataFrame과 함께 사용한다.

Dataset과 DataFrame은 스파크 SQL 모듈에 정의되어 있다. 큰 이점 중 하나는 SQL로 많은 작업을 표현할 수 있는 기능이다. 사전 빌드된 **사용자 정의 함수**user-defined functions (**UDFs**)는 모든 API에서 사용할 수 있다. 따라서 우리는 스칼라 또는 자바를 사용할 때와 같은 효율성으로 비 JVM 언어를 사용하여 대부분의 처리를 수행할 수 있다.

Spark NLP를 이야기하기 전에 소개해야 할 또 다른 모듈은 **MLlib**다. MLlib는 스파크에서 머신러닝을 수행하는 모듈이다. 스파크 2 이전에는 모든 MLlib 알고리즘이 RDD에 구현되었다. 이후 새로운 버전의 MLib는 Dataset과 DataFrame을 사용하여 정의되었다. MLlib는 변환자transformer, 모델 및 파이프라인의 개념을 사용하는 다른 머신러닝 라이브러리와 설계가 유사하다.

MLlib를 설명하기에 앞서, MLlib는 DataFrame을 사용하여 빌드되었으므로 일부 데이터를 DataFrame에 로드해보자. 우리는 데이터 과학에서 자주 쓰이는 **붓꽃 데이터셋**Irisdataset[5]을 사용할 것이다. 이 데이터셋은 작고 이해하기 쉬우며 클러스터링 및 분류 예제에 사용할 수 있다. 다만 정형 데이터이므로 작업할 수 있는 텍스트 데이터를 제공하지는 않는다. 테이블과 같은 구조는 보통 정형 데이터를 중심으로 설계되므로, 이 데이터는 텍스트에 스파크를 사용하기 전에 API를 탐색하는 데 도움이 된다.

iris.data 파일에는 헤더가 없으므로 열들이 로드될 때 스파크에 어떤 열들이 있는지 알려주어야 한다. 스키마를 구성해보자. **스키마**schema는 DataFrame에 있는 열과 해당 유형에 관한 정의다. 가장 일반적인 작업은 꽃받침과 꽃잎을 기반으로 붓꽃의 3가지 품종 중 어느 등급인지 (I. virginica, I. setosa, I. versicolor) 예측하는 모델을 구축하는 것이다.

---

5 옮긴이_ 붓꽃의 품종과 꽃잎, 꽃받침, 폭과 길이를 담은 데이터셋이다(*archive.ics.uci.edu/ml/datasets/iris*).

```
from pyspark.sql.types import *

schema = StructType([
    StructField('sepal_length', DoubleType(), nullable=False),
    StructField('sepal_width', DoubleType(), nullable=False),
    StructField('petal_length', DoubleType(), nullable=False),
    StructField('petal_width', DoubleType(), nullable=False),
    StructField('class', StringType(), nullable=False)
])
```

이제 스키마를 만들었으므로 CSV를 로드할 수 있다. 다음 [표 3-3]은 데이터 요약을 보여준다.

```
iris = spark.read.csv('./data/iris/iris.data', schema=schema)

iris.describe().toPandas()
```

표 3-3 붓꽃 데이터 요약

	summary	sepal_length	sepal_width	petal_length	petal_width	class
0	count	150	150	150	150	150
1	mean	5.843	3.054	3.759	1.199	None
2	stddev	0.828	0.434	1.764	0.763	None
3	min	4.3	2.0	1.0	0.1	Iris-setosa
4	max	7.9	4.4	6.9	2.5	Iris-virginica

데이터에서 클래스(붓꽃종)부터 살펴보자(표 3-4).

```
iris.select('class').distinct().toPandas()
```

표 3-4 붓꽃 데이터 클래스

	class
0	Iris-virginica
1	Iris-setosa
2	Iris-versicolor

다음 [표 3-5]에 나와있는 **Iris-setosa** 클래스에 관한 몇 가지 요약 통계를 살펴보자.

```
iris.where('class = "Iris-setosa"').drop('class').describe().toPandas()
```

표 3-5 setosa 예시 요약

	summary	sepal_length	sepal_width	petal_length	petal_width
0	count	50	50	50	50
1	mean	5.006	3.418	1.464	0.244
2	stddev	0.352	0.381	0.174	0.107
3	min	4.3	2.3	1.0	0.1
4	max	5.8	4.4	1.9	0.6

DataFrame을 **등록**register하면 SQL을 통해 데이터프레임과 상호작용을 할 수 있다. DataFrame을 임시 테이블로 등록하자. 테이블은 **App**의 수명만큼 존재할 것이며, 해당 테이블은 **App**의 SparkSession을 통해서만 사용할 수 있다(표 3-6).

```
iris.registerTempTable('iris')

spark.sql('''
SELECT *
FROM iris
LIMIT 5
''').toPandas()
```

표 3-6 붓꽃 데이터셋의 5개 레코드

	sepal_length	sepal_width	petal_length	petal_width	class
0	5.1	3.5	1.4	0.2	Iris-setosa
1	4.9	3.0	1.4	0.2	Iris-setosa
2	4.7	3.2	1.3	0.2	Iris-setosa
3	4.6	3.1	1.5	0.2	Iris-setosa
4	5.0	3.6	1.4	0.2	Iris-setosa

다음 [표 3-7]에서 클래스별로 그룹화된 일부 필드를 확인하자.

```
spark.sql('''
SELECT
    class,
    min(sepal_length), avg(sepal_length), max(sepal_length),
    min(sepal_width), avg(sepal_width), max(sepal_width),
    min(petal_length), avg(petal_length), max(petal_length),
    min(petal_width), avg(petal_width), max(petal_width)
FROM iris
GROUP BY class
''').toPandas()
```

표 3-7 클래스별 최솟값/평균값/최댓값 속성

class	Iris-virginica	Iris-setosa	Iris-versicolor
min(sepal_length)	4.900	4.300	4.900
avg(sepal_length)	6.588	5.006	5.936
max(sepal_length)	7.900	5.800	7.000
min(sepal_length)	2.200	2.300	2.000
avg(sepal_length)	2.974	3.418	2.770
max(sepal_length)	3.800	4.400	3.400
min(petal_length)	4.500	1.000	3.000
avg(petal_length)	5.552	1.464	4.260
max(petal_length)	6.900	1.900	5.100
min(petal_length)	1.400	0.100	1.000
avg(petal_length)	2.026	0.244	1.326
max(petal_length)	2.500	0.600	1.800

3.3.1 변환자

Transformer는 데이터의 어떤 것도 학습하거나 맞출 필요 없이 데이터를 변환하는 논리다. 변환자를 이해하는 좋은 방법은 데이터에 매핑하려는 함수를 나타내는 것이다. 파이프라인의 모든 단계에는 매개변수가 있으므로, 변환이 올바른 필드에 원하는 구성으로 적용되는지 확인할 수 있다. 몇 가지 예를 살펴보자.

SQLTransformer

SQLTransformer는 단 하나의 매개변수(statement)만 가진다. 이 매개변수는 DataFrame에 대해 실행될 SQL 문이다. 이전에 수행한 group-by 절로 SQLTransformer를 사용하자. 다음 [표 3-8]은 그 결과를 보여준다.

```python
from pyspark.ml.feature import SQLTransformer

statement = '''
SELECT
    class,
    min(sepal_length), avg(sepal_length), max(sepal_length),
    min(sepal_width), avg(sepal_width), max(sepal_width),
    min(petal_length), avg(petal_length), max(petal_length),
    min(petal_width), avg(petal_width), max(petal_width)
FROM iris
GROUP BY class
'''

sql_transformer = SQLTransformer(statement=statement)

sql_transformer.transform(iris).toPandas()
```

표 3-8 SQLTransformer의 출력

class	Iris-virginica	Iris-setosa	Iris-versicolor
min(sepal_length)	4.900	4.300	4.900
avg(sepal_length)	6.588	5.006	5.936
max(sepal_length)	7.900	5.800	7.000
...			

우리는 SQL 명령을 실행할 때와 동일한 출력을 얻는다. SQLTransformer는 파이프라인에서 다른 단계보다 앞서 데이터에 대해 수행해야 할 전처리 또는 재구성이 있을 때 유용하다. 이제 한 필드에서 작동하고 새로운 필드로 원래 데이터를 반환하는 변환자를 살펴보자.

Binarizer

Binarizer는 숫자 필드에 임곗값을 적용하여 0초(임곗값 미만)와 1초(임곗값 이상)로 변환하는 Transformer다. 다음과 같은 세 가지 매개변수가 필요하다.

- **inputCol**: 이진화할 열
- **outputCol**: 이진화된 값을 포함하는 열
- **threshold**: 적용할 임곗값

다음 [표 3-9]는 결과를 보여준다.

```python
from pyspark.ml.feature import Binarizer

binarizer = Binarizer(
    inputCol='sepal_length',
    outputCol='sepal_length_above_5',
    threshold=5.0
)

binarizer.transform(iris).limit(5).toPandas()
```

표 3-9 Binarizer의 출력

	sepal_length	...	class	sepal_length_above_5
0	5.1	...	Iris–setosa	1.0
1	4.9	...	Iris–setosa	0.0
2	4.7	...	Iris–setosa	0.0
3	4.6	...	Iris–setosa	0.0
4	5.0	...	Iris–setosa	0.0

SQLTransformer와 달리 Binarizer는 입력 DataFrame의 수정된 버전을 반환한다. 거의 모든 Transformer가 이러한 방식으로 작동한다

Binarizer는 실젯값의 속성을 클래스로 변환하고자 할 때 사용한다. 예를 들어 SNS 게시물을 '바이러스' 및 '바이러스 아님'으로 표시하려면 뷰 속성에 Binarizer를 사용할 수 있다.

VectorAssembler

또 다른 임포트 Transformer는 VectorAssembler다. 숫자 및 벡터값 열 목록을 사용하여 단일 벡터를 생성한다. 이것은 모든 MLlib의 머신러닝 알고리즘이 특징feature에 대한 단일 벡터값 입력 열을 기대하는 만큼 유용하다. VectorAssembler는 다음과 같은 두 가지 매개변수를 사용한다.

- **inputCols**: 조합할 열 목록
- **outputCol**: 새로운 벡터를 포함하는 열

```
from pyspark.ml.feature import VectorAssembler

assembler = VectorAssembler(
    inputCols=[
        'sepal_length', 'sepal_width',
        'petal_length', 'petal_width'
    ],
    outputCol='features'
)
```

이 데이터를 유지하자(표 3-10).

```
iris_w_vecs = assembler.transform(iris).persist()

iris_w_vecs.limit(5).toPandas()
```

표 3-10 VectorAssembler의 출력

	sepal_length	sepal_width	petal_length	petal_width	class	features
0	5.1	3.5	1.4	0.2	Iris-setosa	[5.1, 3.5, 1.4, 0.2]
1	4.9	3.0	1.4	0.2	Iris-setosa	[4.9, 3.0, 1.4, 0.2]
2	4.7	3.2	1.3	0.2	Iris-setosa	[4.7, 3.2, 1.3, 0.2]
3	4.6	3.1	1.5	0.2	Iris-setosa	[4.6, 3.1, 1.5, 0.2]
4	5.0	3.6	1.4	0.2	Iris-setosa	[5.0, 3.6, 1.4, 0.2]

이제 우리는 특징을 벡터로 가진다. 이것은 MLlib에서 머신러닝 Estimator가 작업해야 하는 부분이다.

3.3.2 추정자와 모델

추정자estimator를 사용하면 데이터를 통해 정보를 제공하는 변환을 만들 수 있다. 분류 모델(예: 의사 결정 트리)과 회귀 모델(예: 선형 회귀)이 대표적인 예지만 일부 전처리 알고리즘도 이와 같다. 예를 들어 전체 어휘를 먼저 알아야 하는 전처리는 추정자(Estimator)가 될 것이다. Estimator는 DataFrame에 적합하며 Transformer의 일종인 Model을 반환한다. 분류기와 회귀 추정기로 생성된 모델은 예측 모델PredictionModel이다.

이것은 **사이킷런**scikit-learn과 비슷한 설계다. 단, 사이킷런에서는 fit을 호출할 때 새 객체를 생성하는 대신 추정자를 변경한다. 가변성을 논할 때 항상 그렇듯이 여기에는 장단점이 있다. 관용적인 스칼라는 불변성을 매우 선호한다.

그럼 Estimator와 Model의 몇 가지 예를 살펴보자.

MinMaxScaler

MinMaxScaler를 사용하면 데이터 크기를 0과 1 사이로 잡아준다. 이때 다음과 같은 4개의 매개변수가 필요하다.

- inputCol: 배율 조정할 열
- outputCol: 배율 조정된 값을 포함하는 열
- max: 새로운 최댓값(선택 사항, 기본값 = 1)
- min: 새로운 최솟값(선택 사항, 기본값 = 0)

결과는 [표 3-11]과 같다.

```
from pyspark.ml.feature import MinMaxScaler

scaler = MinMaxScaler(
    inputCol='features',
    outputCol='petal_length_scaled'
)
```

```
scaler_model = scaler.fit(iris_w_vecs)

scaler_model.transform(iris_w_vecs).limit(5).toPandas()
```

표 3-11 MinMaxScaler의 출력

	...	petal_length	petal_width	class	features	petal_length_scaled
0	...	1.4	0.2	Iris-setosa	[5.1, 3.5, 1.4, 0.2]	[0.22, 0.63, 0.06...
1	...	1.4	0.2	Iris-setosa	[4.9, 3.0, 1.4, 0.2]	[0.17, 0.42, 0.06...
2	...	1.3	0.2	Iris-setosa	[4.7, 3.2, 1.3, 0.2]	[0.11, 0.5, 0.05...
3	...	1.5	0.2	Iris-setosa	[4.6, 3.1, 1.5, 0.2]	[0.08, 0.46, 0.08...
4	...	1.4	0.2	Iris-setosa	[5.0, 3.6, 1.4, 0.2]	[0.19, 0.667, 0.06...

petal_length_scaled 열에는 이제 **0**과 **1** 사이의 값이 있다. 이것은 특히 서로 다른 규모^{scale}의 특징을 결합하는 데 어려움을 겪는 일부 학습 알고리즘에 유용하다.

StringIndexer

모델을 만들어보자. 우리는 다른 특징들로부터 클래스를 예측하고 의사 결정 트리^{decision tree}를 사용할 것이다. 하지만 먼저 우리의 타깃을 인덱스값으로 변환해야 한다.

StringIndexer 추정자는 클래스값을 인덱스로 변환한다. 이 작업으로 일부 다운스트림^{downstream} 처리를 단순화할 수 있다. 타깃이 숫자라는 가정하에 대부분의 훈련 알고리즘을 구현하는 게 더 간단하다. StringIndexer는 다음과 같은 4개의 매개변수를 사용한다.

- **inputCol**: 인덱싱할 열
- **output**: 인덱싱된 값을 포함하는 열
- **handleInvalid**: 추정자가 볼 수 없는 핸들 값을 모델이 처리하는 방법에 관한 정책(선택 사항, 기본값 = error)
- **stringOrderType**: 결정적 인덱스를 만들고자 값을 정렬하는 방법(선택 사항, default = frequencyDesc)

IndexToString 변환자도 필요하다. 그러면 인덱스가 될 예측을 문자열값으로 매핑할 수 있다. IndexToString은 다음과 같은 세 가지 매개변수를 사용한다.

- **inputCol**: 매핑할 열

- **output**: 매핑된 값을 포함하는 열

- **labels**: 보통 StringIndexer가 생성하는 인덱스에서 값으로의 매핑

```
from pyspark.ml.feature import StringIndexer, IndexToString

indexer = StringIndexer(inputCol='class', outputCol='class_ix')
indexer_model = indexer.fit(iris_w_vecs)

index2string = IndexToString(
    inputCol=indexer_model.getOrDefault('outputCol'),
    outputCol='pred_class',
    labels=indexer_model.labels
)

iris_indexed = indexer_model.transform(iris_w_vecs)
```

이제 DecisionTreeClassifier를 훈련할 준비가 되었다. 이 추정자는 매개변수가 많으므로 API에 익숙해지기를 권한다. 그들 모두 PySpark API documentation[6] 문서에 잘 설명되어 있다. 다음 [표 3-12]는 결과를 보여준다.

```
from pyspark.ml.classification import DecisionTreeClassifier

dt_clfr = DecisionTreeClassifier(
    featuresCol='features',
    labelCol='class_ix',
    maxDepth=5,
    impurity='gini',
    seed=123
)

dt_clfr_model = dt_clfr.fit(iris_indexed)

iris_w_pred = dt_clfr_model.transform(iris_indexed)

iris_w_pred.limit(5).toPandas()
```

---

6 *spark.apache.org/docs/latest/api/python/*

표 3-12 DecisionTreeClassifier의 예측

	...	class	features	class_ix	rawPrediction	probability	prediction
0	...	Iris-setosa	[5.1, 3.5, 1.4, 0.2]	0.0	[50.0, 0.0, 0.0]	[1.0, 0.0, 0.0]	0.0
1	...	Iris-setosa	[4.9, 3.0, 1.4, 0.2]	0.0	[50.0, 0.0, 0.0]	[1.0, 0.0, 0.0]	0.0
2	...	Iris-setosa	[4.7, 3.2, 1.3, 0.2]	0.0	[50.0, 0.0, 0.0]	[1.0, 0.0, 0.0]	0.0
3	...	Iris-setosa	[4.6, 3.1, 1.5, 0.2]	0.0	[50.0, 0.0, 0.0]	[1.0, 0.0, 0.0]	0.0
4	...	Iris-setosa	[5.0, 3.6, 1.4, 0.2]	0.0	[50.0, 0.0, 0.0]	[1.0, 0.0, 0.0]	0.0

이제 IndexToString을 사용하여 예측된 클래스를 문자열 타입으로 다시 매핑해야 한다(표 3-13).

```
iris_w_pred_class = index2string.transform(iris_w_pred)

iris_w_pred_class.limit(5).toPandas()
```

표 3-13 클래스 레이블에 매핑된 예측

	...	class	features	class_ix	rawPrediction	probability	prediction	pred_class
0	...	Iris-setosa	[5.1, 3.5, 1.4, 0.2]	0.0	[50.0, 0.0, 0.0]	[1.0, 0.0, 0.0]	0.0	Iris-setosa
1	...	Iris-setosa	[4.9, 3.0, 1.4, 0.2]	0.0	[50.0, 0.0, 0.0]	[1.0, 0.0, 0.0]	0.0	Iris-setosa
2	...	Iris-setosa	[4.7, 3.2, 1.3, 0.2]	0.0	[50.0, 0.0, 0.0]	[1.0, 0.0, 0.0]	0.0	Iris-setosa
3	...	Iris-setosa	[4.6, 3.1, 1.5, 0.2]	0.0	[50.0, 0.0, 0.0]	[1.0, 0.0, 0.0]	0.0	Iris-setosa
4	...	Iris-setosa	[5.0, 3.6, 1.4, 0.2]	0.0	[50.0, 0.0, 0.0]	[1.0, 0.0, 0.0]	0.0	Iris-setosa

우리 모델이 데이터에 잘 맞았는가? 얼마나 많은 예측이 실제 클래스와 일치하는지 살펴보자.

3.3.3 평가자

MLlib의 평가 옵션은 사이킷런과 같은 라이브러리에 비해 여전히 제한적이지만, 지표metric를 계산하는 실행하기 쉬운 교육용 파이프라인을 만들 때 유용하다.

이번 예제는 다중 클래스 예측 문제를 해결하려는 것이므로 MulticlassClassificationEvaluator를 사용한다.

```
from pyspark.ml.evaluation import MulticlassClassificationEvaluator

evaluator = MulticlassClassificationEvaluator(
    labelCol='class_ix',
    metricName='accuracy'
)

evaluator.evaluate(iris_w_pred_class)
```

```
1.0
```

매우 좋아 보인다. 그런데 지나치게 적합해 보이지는 않는가? 모델을 평가하고자 교차 검증을 시도해야 할 수도 있다. 그 전에 파이프라인으로 단계를 구성해보자.

파이프라인

Pipeline은 Transformer와 Estimator 목록을 가져와서 단일 Estimator로 사용할 수 있는 특별한 종류의 추정자다(표 3-14).

```
from pyspark.ml import Pipeline

pipeline = Pipeline(
    stages=[assembler, indexer, dt_clfr, index2string]
)

pipeline_model = pipeline.fit(iris)

pipeline_model.transform(iris).limit(5).toPandas()
```

표 3-14 전체 파이프라인 출력

	...	class	features	class_ix	rawPrediction	probability	prediction	pred_class
0	...	Iris–setosa	[5.1, 3.5, 1.4, 0.2]	0.0	[50.0, 0.0, 0.0]	[1.0, 0.0, 0.0]	0.0	Iris–setosa
1	...	Iris–setosa	[4.9, 3.0, 1.4, 0.2]	0.0	[50.0, 0.0, 0.0]	[1.0, 0.0, 0.0]	0.0	Iris–setosa
2	...	Iris–setosa	[4.7, 3.2, 1.3, 0.2]	0.0	[50.0, 0.0, 0.0]	[1.0, 0.0, 0.0]	0.0	Iris–setosa
3	...	Iris–setosa	[4.6, 3.1, 1.5, 0.2]	0.0	[50.0, 0.0, 0.0]	[1.0, 0.0, 0.0]	0.0	Iris–setosa
4	...	Iris–setosa	[5.0, 3.6, 1.4, 0.2]	0.0	[50.0, 0.0, 0.0]	[1.0, 0.0, 0.0]	0.0	Iris–setosa

교차 검증

이제 Pipeline과 Evaluator가 있으므로 CrossValidator를 만들 수 있다. CrossValidator 자체도 추정자다. fit을 호출하면 pipeline을 데이터의 각 폴드fold에 맞추고 Evaluator에서 결정한 지표를 계산한다. CrossValidator는 다음과 같은 5개의 매개변수를 사용한다.

- **estimator**: 튜닝할 추정자
- **estimatorParamMaps**: 하이퍼파라미터 그리드 검색에서 시도할 하이퍼파라미터 값
- **evaluator**: 지표를 계산하는 평가자
- **numFolds**: 데이터를 분할하는 폴드 수
- **seed**: 분할을 재현하는 시드seed

우리는 모델이 보지 못한 데이터에 대해 얼마나 잘 작동하는지 추정하는 데에만 관심이 있으므로, 여기서 간단한 하이퍼파라미터 그리드hyperparameter grid를 만든다.

```
from pyspark.ml.tuning import CrossValidator, ParamGridBuilder

param_grid = ParamGridBuilder().\
    addGrid(dt_clfr.maxDepth, [5]).\
    build()
cv = CrossValidator(
    estimator=pipeline,
```

```
    estimatorParamMaps=param_grid,
    evaluator=evaluator,
    numFolds=3,
    seed=123
)

cv_model = cv.fit(iris)
```

이제 우리는 모델이 데이터의 3분의 2만큼 학습되고 3분의 1만큼 평가되었을 때 어떻게 작동하는지 볼 수 있다. cv_model의 avgMetrics에는 테스트된 하이퍼파라미터 그리드의 각 소수점에 대해 폴드에 걸쳐 지정된 지표의 평균값이 포함된다. 예제의 그리드에는 하나의 소수점만 있다.

```
cv_model.avgMetrics
```

```
[0.9588996659642801]
```

95%의 정확도가 100%보다 훨씬 더 신뢰할 수 있다는 걸 명심하자.

그 밖에도 많은 Transformaer, Estimator, Model 들이 있다. 계속 진행하면서 자세히 살펴보겠지만, 현재로서는 파이프라인 절약이라는 주제에 관해 더 논의해야 한다.

모델의 직렬화

MLlib를 쓰면 나중에 사용할 수 있도록 Pipeline을 저장할 수 있다. 또한 개별 Transformer와 Model을 저장할 수도 있지만, Pipeline의 모든 단계를 함께 유지할 때가 많다. 보통 우리는 모델을 구축하고 활용하기 위해 별도의 프로그램을 사용한다.

```
pipeline_model.write().overwrite().save('pipeline.model')

! ls pipeline.model/*
```

```
pipeline.model/metadata:
part-00000  _SUCCESS

pipeline.model/stages:
```

```
0_VectorAssembler_45458c77ca2617edd7f6
1_StringIndexer_44d29a3426fb6b26b2c9
2_DecisionTreeClassifier_4473a4feb3ff2cf54b73
3_IndexToString_4157a15742628a489a18
```

3.4 NLP 라이브러리

NLP 라이브러리에는 일반적으로 **함수형**functionality **라이브러리**와 **애너테이션**annotation **라이브러리** 두 종류가 있다.

3.4.1 함수형 라이브러리

함수형 라이브러리는 특정 NLP 작업 및 기술을 위해 구축된 함수들의 모음이다. 때로는 다른 함수가 먼저 사용될 것이라는 가정 없이 함수가 구축된다. 즉, 품사 태깅POS tagging과 같은 기능도 토큰화를 수행한다는 의미다. 이러한 라이브러리는 종종 새로운 기능을 구현하는 편이 더 손쉬운 만큼 연구하기에 좋다. 다른 한편으로는 통합 설계가 없다 보니 이러한 라이브러리의 성능은 보통 **애너테이션 라이브러리**의 성능보다 훨씬 떨어진다.

에드워드 로퍼Edward Loper가 처음 만든 NLTKNatural Language Tool Kit는 훌륭한 기능 라이브러리다. 획기적인 NLP 도서인 『Natural Language Processing with Python』(오라일리, 2009)은 스티븐 버드, 이완 클라인과 에드워드 로퍼가 공동 집필했다. 필자는 NLP를 배우는 누구에게나 그 책을 강력히 추천한다. NLTK에는 유용하면서도 흥미로운 모듈이 많아 NLP 교육에 필요한 최고의 NLP 라이브러리다. 함수는 런타임 성능이나 기타 생산화productionization 문제를 꼭 염두에 두고 구현될 필요는 없다. 하지만 만약 연구 프로젝트를 진행 중이고 단일 머신에서 관리할 수 있는 데이터셋을 사용한다면 NLTK를 고려해야 한다.

3.4.2 애너테이션 라이브러리

애너테이션 라이브러리는 모든 기능이 **문서 애너테이션**document-annotation 모델을 중심으로 구축된 라이브러리이다. 애너테이션 라이브러리에는 문서document, 애너테이션annotation, 애너테이터annotator 세 가지 객체가 있다. 애너테이션 라이브러리의 개념은 NLP 함수의 결과로 들어오는 데이터를 늘리는 것이다.

- **문서 객체**

  문서는 우리가 처리하고자 하는 텍스트를 표현하는 객체다. 당연히 문서에는 텍스트가 포함되어 있어야 한다. 또한 우리는 종종 증강 데이터를 정형 데이터로 저장할 수 있도록 각 문서와 관련된 식별자identifier를 갖기를 원한다. 처리 중인 텍스트에 제목이 있을 때는 이 식별자가 제목이 되기도 한다.

- **애너테이션 객체**

  애너테이션은 NLP 함수의 출력을 표현하는 객체다. 애너테이션은 나중에 처리하는 과정에서 해석하는 방법을 알 수 있도록 그 유형을 지정해야 한다. 또한 애너테이션은 문서 내에 해당하는 위치를 저장해야 한다. 예를 들어 'pacing'이라는 단어가 문서에 134자 등장한다고 가정하자. 시작은 134자, 마지막은 140자로 끝난다. 'pacing'에 대한 기본형 애너테이션에는 위치가 지정된다. 한편 일부 애너테이션 라이브러리에는 위치가 지정되지 않는 문서 수준 애너테이션 개념도 있다. 유형에 따라 추가 필드가 있지만, 토큰과 같은 간단한 애너테이션에는 보통 추가 필드가 없다. 스템stem 애너테이션에는 일반적으로 텍스트 범위에 대해 추출된 스템이 있다.

- **애너테이터 객체**

  애너테이터는 NLP 함수를 사용하는 데 필요한 로직을 포함하는 객체다. 애너테이터에는 종종 환경 설정 또는 외부 데이터셋이 필요하다. 또한 모델 기반 애너테이터도 있다. 애너테이션 라이브러리의 장점 중 하나는 이전 애너테이터가 수행한 작업을 활용할 수 있다는 점이다. 이것은 자연스럽게 애너테이터의 파이프라인 개념을 생성한다.

- **스페이시 라이브러리**

  스페이시spaCy는 '강력한' NLP 라이브러리다. 간단히 설명하겠지만, 그들의 멋진 설명서도 함께 읽어보기를 권한다. 스페이시는 방금 설명한 문서 모델을, 처리 중인 언어 모델(영어, 스페인어 등)과 결합함으로써 개발자들이 쉽게 사용할 수 있는 방식으로 여러 언어를 지원할 수 있도록 한다. 대부분의 기능은 네이티브 코드의 속도를 얻고자 파이썬으로 구현한다. 파이썬만 사용하는 환경에서 작업한다면, 분산 프로세스를 실행할 가능성이 작을 때는 스페이시를 선택하는 게 좋다.

3.4.3 기타 라이브러리의 NLP

NLP 기능이 있는 일부 비 NLP 라이브러리가 있다. 텍스트 데이터에 대한 머신러닝을 지원하는 것은 종종 머신러닝 라이브러리에서 이루어진다.

- **사이킷런**scikit-learn

  텍스트에서 특징을 추출하는 기능이 있는 파이썬 머신러닝 라이브러리다. 이 기능은 보통 단어 가방bag-of-words(BOW) 종류의 처리 방식이다. 이러한 프로세스가 구축되는 방식을 통해 NLP 중심의 라이브러리를 쉽게 활용할 수 있다.

- **루씬**Lucene

  검색엔진을 구축하는 데 필요한 일부 텍스트 처리 기능이 있는 자바 문서 검색 프레임워크다. 나중에 정보 검색을 다룰 때 루씬을 사용한다.

- **겐심**Gensim

  주제 모델링 라이브러리(및 기타 분산 의미론 기법을 수행한다). 스페이시와 마찬가지로 사이썬Cython에서 부분적으로 구현되며 사이킷런과 마찬가지로 API에서 플러그 앤 플레이plug-and-play(PnP) 텍스트 처리를 허용한다.

3.5 Spark NLP

Spark NLP 라이브러리는 스파크 SQL과 MLlib 모듈을 최대한 활용하고자 2017년 초 스파크 고유의 애너테이션 라이브러리로 설계되었다. 스파크를 (동시성 또는 분산 컴퓨팅을 고려하여 구현하지 않은) 다른 NLP 라이브러리로 배포하려는 시도에서 비롯되었다.

3.5.1 애너테이션 라이브러리

Spark NLP는 다른 애너테이션 라이브러리와 개념은 같지만 애너테이션을 저장하는 방법이 다르다. 대부분의 애너테이션 라이브러리는 도큐먼트 객체에 애너테이션을 저장하지만, Spark NLP는 다양한 유형의 애너테이션에 대한 열을 생성한다.

애너테이터는 `Transformer`, `Estimator`와 `Model` 들로 구현된다. 몇 가지 예를 살펴보자.

3.5.2 스테이지

Spark NLP의 설계 원칙 중 하나는 기존 알고리즘과 MLlib의 쉬운 상호운용성interoperability이다. MLlib에는 도큐먼트나 애너테이션의 개념이 없으므로 텍스트 열을 도큐먼트로, 애너테이션을 바닐라 스파크 SQLvanilla Spark SQL 데이터 타입으로 변환하는 변환자가 있다. 일반적인 사용 패턴은 다음과 같다.

① 스파크 SQL로 데이터를 로드한다.
② 도큐먼트의 열을 생성한다.

③ Spark NLP로 처리한다.

④ 관심 있는 애너테이션을 스파크 SQL 데이터 타입으로 변환한다.

⑤ 추가적인 MLlib 스테이지stage를 실행한다.

우리는 이미 스파크 SQL로 데이터를 로드하는 방법과 표준 스파크 라이브러리에서 MLlib 스테이지를 사용하는 방법을 살펴보았으므로, 중간의 ②~④에 해당하는 스테이지를 살펴보자. 먼저 스테이지 ②의 문서 어셈블러(DocumentAssembler)를 살펴보자.

변환자

이 다섯 개의 스테이지를 탐색하기 위해 mini_newsgroups 데이터셋을 다시 사용한다(표 3-15).

```python
from sparknlp import DocumentAssembler, Finisher

# 파일 경로-텍스트와 같은 쌍을 포함하는 RDD
texts = spark.sparkContext.wholeTextFiles(path)

schema = StructType([
    StructField('path', StringType()),
    StructField('text', StringType()),
])

texts = spark.createDataFrame(texts, schema=schema)

texts.limit(5).toPandas()
```

표 3-15 mini_newsgroups 데이터

	path	text
0	file:/···/spark−nlp−book/data/···	Xref: cantaloupe.srv.cs.cmu.edu sci.astro:3522···
1	file:/···/spark−nlp−book/data/···	Newsgroups: sci.space\nPath: cantaloupe.srv.cs...
2	file:/···/spark−nlp−book/data/···	Xref: cantaloupe.srv.cs.cmu.edu sci.space:6116···
3	file:/···/spark−nlp−book/data/···	Path: cantaloupe.srv.cs.cmu.edu!rochester!udel...
4	file:/···/spark−nlp−book/data/···	Newsgroups: sci.space\nPath: cantaloupe.srv.cs...

문서 어셈블러

문서 어셈블러(DocumentAssembler)는 다음과 같은 다섯 개의 매개변수를 갖는다(표 3-16).

- **inputCol**: 도큐먼트의 텍스트를 포함하는 열

- **outputCol**: 새로 생성된 도큐먼트를 포함하는 열 이름

- **idCol**: 식별자가 포함된 열 이름(선택 사항)

- **metadataCol**: 도큐먼트 메타데이터를 나타내는 Map 타입의 열 이름(선택 사항)

- **trimAndClearNewLines**: 개행 문자와 문자열 공백을 제거할지를 결정(선택 사항, 기본값 = True)

```
document_assembler = DocumentAssembler()\
    .setInputCol('text')\
    .setOutputCol('document')\
    .setIdCol('path')

docs = document_assembler.transform(texts)

docs.limit(5).toPandas()
```

표 3-16 DocumentAssembler의 출력

	path	text	document
0	file:/···/spark-nlp-book/data/···	Xref: cantaloupe.srv.cs.cmu.edu sci.astro:3522···	[(document, 0, 1834, Xref: cantaloupe.srv.cs.c...
1	file:/···/spark-nlp-book/data/···	Newsgroups: sci.space₩nPath: cantaloupe.srv.cs...	[(document, 0, 1804, Newsgroups: sci.space Pat...
2	file:/···/spark-nlp-book/data/···	Xref: cantaloupe.srv.cs.cmu.edu sci.space:6146···	[(document, 0, 1259, Xref: cantaloupe.srv.cs.c...
3	file:/···/spark-nlp-book/data/···	Path: cantaloupe.srv.cs.cmu.edu!rochester!udel...	[(document, 0, 8751, Path: cantaloupe.srv.cs.c...
4	file:/···/spark-nlp-book/data/···	Newsgroups: sci.space₩nPath: cantaloupe.srv.cs...	[(document, 0, 1514, Newsgroups: sci.space Pat...

문서 어셈블러를 사용하여 텍스트를 문서 객체로 변환한 뒤에 다음과 같이 딕셔너리 형식으로 첫 번째 데이터를 읽어온다.

```
docs.first()['document'][0].asDict()
```

```
{'annotatorType': 'document',
 'begin': 0,
 'end': 1834,
 'result': 'Xref: cantaloupe.srv.cs.cmu.edu sci.astro:...',
 'metadata': {
  'id': 'file:/.../spark-nlp-book/data/mini_newsg...'
 }
}
```

애너테이터

이제 스테이지 ③의 애너테이터(Annotator)를 살펴보자. NLP의 핵심 작업에 해당한다. 다음은 Spark NLP에서 일반적으로 사용할 수 있는 몇몇 애너테이터다.

- SentenceDetector
- Tokenizer
- Lemmatizer
- PerceptronApproach(품사 분석기[POS tagger])

문장 탐지기

문장 탐지기(SentenceDetector)는 케빈 디아스[Kevin Dias]의 루비 구현[Ruby implementation][7]에서 영감을 받은 규칙 기반 알고리즘을 사용한다. 다음과 같은 매개변수를 갖는다(표 3-17).

- **inputCol**: 문장을 토큰화할 열 목록
- **outputCol**: 새로운 문장 열 이름
- **useAbbrevations**: 문장 탐지 시 약어[abbreviation]를 적용할지를 결정
- **useCustomBoundsOnly**: 문장 탐지 시 사용자 지정 경계만 사용할지를 결정
- **explodeSentences**: 병렬처리를 개선하고자 각 문장을 다른 행으로 분할할지를 결정(기본값은 false)
- **customBounds**: 문장 경계를 명시적으로 표시할 때 사용하는 글자

---

7 *github.com/diasks2/pragmatic_segmenter*

```
from sparknlp.annotator import SentenceDetector

sent_detector = SentenceDetector()\
    .setInputCols(['document'])\
    .setOutputCol('sentences')

sentences = sent_detector.transform(docs)
sentences.limit(5).toPandas()
```

표 3-17 SentenceDetector의 출력

	path	text	document	sentences
0	file:/···/spark-nlp-book/data/···	...	[(document, 0, 1834, Xref: cantaloupe.srv.cs.c...	[(document, 0, 709, Xref: cantaloupe.srv.cs.cm...
1	file:/···/spark-nlp-book/data/···	...	[(document, 0, 1804, Newsgroups: sci.space Pat...	[(document, 0, 288, Newsgroups: sci.space Path...
2	file:/···/spark-nlp-book/data/···	...	[(document, 0, 1259, Xref: cantaloupe.srv.cs.c...	[(document, 0, 312, Xref: cantaloupe.srv.cs.cm...
3	file:/···/spark-nlp-book/data/···	...	[(document, 0, 8751, Path: cantaloupe.srv.cs.c...	[(document, 0, 453, Path: cantaloupe.srv.cs.cm...
4	file:/···/spark-nlp-book/data/···	...	[(document, 0, 1514, Newsgroups: sci.space Pat...	[(document, 0, 915, Newsgroups: sci.space Path...

토크나이저

토크나이저(Tokenizer)는 기본 Annotator다. 거의 모든 텍스트 기반 데이터 처리는 일종의 토큰화로 시작된다. 대부분의 고전적인 NLP 알고리즘은 토큰을 기본 입력으로 요구하며, 문자를 기본 입력으로 사용하는 많은 딥러닝 알고리즘이 개발되고 있다. 대부분의 NLP 애플리케이션은 여전히 토큰화를 사용한다. 특히 Spark NLP의 Tokenizer는 정규 표현식 기반 토크나이저보다 조금 더 정교하며 여러 매개변수를 가진다. 다음은 몇 가지 기본적인 매개변수다(결과는 [표 3-18] 참조).

- inputCol: 토큰화할 열의 목록
- outputCol: 새로운 토큰 열 이름

- **targetPattern**: 토큰화할 대상을 식별하는 기본 정규식^{regex} 규칙이다. 기본값은 \S+로 공백이 아님을 의미한다(선택 사항).

- **prefixPattern**: 토큰의 시작 부분에 있는 하위 토큰을 식별하는 정규식이다. 정규식은 \A로 시작해야 하며 그룹 ()을 포함해야 한다. 각 그룹은 접두사 내에서 별도의 토큰이 된다. 기본값은 따옴표 또는 괄호(선택 사항)와 같이 표음문자가 아닌 비글자 문자$^{non-letter\ character}$[8]다.

- **suffixPattern**: 토큰 끝에 있는 하위 토큰을 식별하는 정규식이다. 정규식은 \z로 끝나야 하며 그룹 ()을 포함해야 한다. 각 그룹은 접두사 내에서 별도의 토큰이 된다. 기본값은 따옴표 또는 괄호(선택 사항)와 같이 표음문자가 아닌 비글자 문자다.

```
from sparknlp.annotator import Tokenizer

tokenizer = Tokenizer()\
    .setInputCols(['sentences'])\
    .setOutputCol('tokens')\
    .fit(sentences)

tokens = tokenizer.transform(sentences)
tokens.limit(5).toPandas()
```

표 3-18 Tokenizer의 출력

	path	text	document	sentences	tokens
0	file:/···/spark-nlp-book/data/···	...	...	[(document, 0, 709, Xref: cantaloupe.srv.cs.cm...	[(token, 0, 3, Xref, {' sentence': '1'}), (toke...
1	file:/···/spark-nlp-book/data/···	...	...	[(document, 0, 288, Newsgroups: sci.space Path...	[(token, 0, 9, Newsgroups, {' sentence': '1'}),...
2	file:/···/spark-nlp-book/data/···	...	...	[(document, 0, 312, Xref: cantaloupe.srv.cs.cm...	[(token, 0, 3, Xref, {' sentence': '1'}), (toke...
3	file:/···/spark-nlp-book/data/···	...	...	[(document, 0, 453, Path: cantaloupe.srv.cs.cm...	[(token, 0, 3, Path, {' sentence': '1'}), (toke...
4	file:/···/spark-nlp-book/data/···	...	...	[(document, 0, 915, Newsgroups: sci.space Path...	[(tokon, 0, 0, Newsgroups, {' sentence': '1'}),...

----

8 옮긴이_ letter는 소리를 표현하는 소리 글자다. 알파벳으로 말하면 a, b, c, d와 같은 단일 글자를 말한다.

추가 리소스가 필요한 몇몇 Annotator가 있다. 이어서 살펴볼 `lemmatizer` 예처럼 일부는 참조 데이터가 필요하다.

표제어 추출기

표제어 추출기(`lematizer`)는 토큰에 대한 **표제어**[lemma][9]들을 찾는다. 표제어란 딕셔너리에 있는 단어들이다. 예를 들어 'cats'는 'cat'이 되고 'oxen'은 'ox'가 된다. `lematizer`를 로드하려면 딕셔너리 객체[dictionary object]와 다음 세 가지 매개변수가 필요하다.

- **inputCol**: 토큰화할 열의 목록
- **outputCol**: 새로운 토큰 열의 이름
- **dictionary**: 표제어 딕셔너리 형식으로 로드할 리소스

```
from sparknlp.annotator import Lemmatizer

lemmatizer = Lemmatizer() \
  .setInputCols(["tokens"]) \
  .setOutputCol("lemma") \
  .setDictionary('en_lemmas.txt', '\t', ',')\
  .fit(tokens)

lemmas = lemmatizer.transform(tokens)
lemmas.limit(5).toPandas()
```

다음 [표 3-19]는 결과를 보여준다.

표 3-19 표제어 추출기의 출력

	path	text	document	sentences	tokens	lemma
0	file:/···/spark-nlp-book/data/···	...	...	...	[(token, 0, 3, Xref, {'sentence': '1'}), (toke...	[(token, 0, 3, Xref, {'sentence': '1'}), (toke...
1	file:/···/spark-nlp-book/data/···	...	...	...	[(token, 0, 9, Newsgroups, {' sentence': '1'}),...	[(token, 0, 9, Newsgroups, {' sentence': '1'}),...

---

9 옮긴이_ lemma에는 어원(root word)이라는 의미가 있다.

2	file:/···/spark-nlp-book/data/···	...	...	...	[(token, 0, 3, Xref, {'sentence': '1'}), (toke...	[(token, 0, 3, Xref, {'sentence': '1'}), (toke...
3	file:/···/spark-nlp-book/data/···	...	...	...	[(token, 0, 3, Path, {'sentence': '1'}), (toke...	[(token, 0, 3, Path, {'sentence': '1'}), (toke...
4	file:/···/spark-nlp-book/data/···	...	...	...	[(token, 0, 9, Newsgroups, {' sentence': '1'})....	[(token, 0, 9, Newsgroups, {' sentence': '1'})....

품사 분석기

리소스로 모델을 요구하는 Annotator도 있다. 예를 들어 품사 분석기POS tagger는 퍼셉트론perceptron 모델을 사용하므로 퍼셉트론 접근법(PerceptronApproach)이라고 한다. PerceptronApproach는 다섯 개의 매개변수가 있다.

- **inputCol**: 태그할 열 목록
- **outputCol**: 새로운 태그 열 이름
- **posCol**: 토큰과 일치하는 품사 태그의 Array 열
- **corpus**: 품사 태그로 구분된 말뭉치(옵션에 '구문 문자' 필요)
- **nIterations**: 더 나은 정확도로 수렴되는 훈련의 반복 횟수

여기서는 사전 학습된 모델을 로드하고([표 3-20] 참조), 8장에서 자가 학습 모델을 살펴본다.

```
from sparknlp.annotator import PerceptronModel

pos_tagger = PerceptronModel.pretrained() \
  .setInputCols(["tokens", "sentences"]) \
  .setOutputCol("pos")

postags = pos_tagger.transform(lemmas)
postags.limit(5).toPandas()
```

표 3-20 PerceptronModel 품사 분석기의 출력

	path	...	sentences	tokens	pos
0	file:/⋯/spark−nlp−book/data/⋯	...	[(document, 0, 709, Xref: cantaloupe.srv.cs.cm...	[(token, 0, 3, Xref, {'sentence': '1'}), (toke...	[(pos, 0, 3, NNP, {'word': 'Xref'}), (pos, 4, ...
1	file:/⋯/spark−nlp−book/data/⋯	...	[(document, 0, 288, Newsgroups: sci. space Path...	[(token, 0, 9, Newsgroups, {' sentence': '1'}),...	[(pos, 0, 9, NNP, {'word': 'Newsgroups'}), (po...
2	file:/⋯/spark−nlp−book/data/⋯	...	[(document, 0, 312, Xref: cantaloupe.srv.cs.cm...	[(token, 0, 3, Xref, {'sentence': '1'}), (toke...	[(pos, 0, 3, NNP, {'word': 'Xref'}), (pos, 4, ...
3	file:/⋯/spark−nlp−book/data/⋯	...	[(document, 0, 453, Path: cantaloupe. srv.cs.cm...	[(token, 0, 3, Path, {'sentence': '1'}), (toke...	[(pos, 0, 3, NNP, {'word': 'Path'}), (pos, 4, ...
4	file:/⋯/spark−nlp−book/data/⋯	...	[(document, 0, 915, Newsgroups: sci. space Path...	[(token, 0, 9, Newsgroups, {' sentence': '1'}),...	[(pos, 0, 9, NNP, {'word': 'Newsgroups'}), (po...

3.5.3 사전 훈련된 파이프라인

앞에서 여러 MLlib 스테이지를 Pipeline으로 구성하는 방법을 살펴보았다. 원시 텍스트 로드와 정형 데이터 추출 사이에 많은 스테이지가 있는 만큼 Pipeline 사용은 NLP 작업에서 특히 유용하다.

Spark NLP에는 텍스트를 처리하는 데 사용할 수 있는 사전 학습된 파이프라인이 있다. 그렇다고 애플리케이션을 위해 파이프라인을 조정할 필요가 없다는 의미는 아니다. 다만 미리 구축된 NLP 파이프라인으로 실험을 시작하고 조정이 필요한 항목을 찾는 것이 편리할 때가 많다.

explain_document_ml 파이프라인

BasicPipeline은 문장 분할, 토큰화, 표제어 추출, 어간 추출 및 품사 태깅POS tagging을 수행한다. 만약 일부 텍스트 데이터를 빠르게 살펴보고 싶다면 이 파이프라인을 사용하는 것이 좋다([표 3−21] 참조).

```
from sparknlp.pretrained import PretrainedPipeline

pipeline = PretrainedPipeline('explain_document_ml', lang='en')

pipeline.transform(texts).limit(5).toPandas()
```

표 3-21 explain_document_ml 파이프라인의 출력

	...	sentence	token	spell	lemma	stem	pos
0	...	...	...	[(token, 0, 9, Newsgroups, {'confidence': '0.0...	...	[(token, 0, 9, newsgroup, {'confidence': '0.0'...	[(pos, 0, 9, NNP, {'word': 'Newsgroups'}, [], ...
1	...	...	...	[(token, 0, 3, Path, {'confidence': '1.0'}, []...	...	[(token, 0, 3, path, {'confidence': '1.0'}, []...	[(pos, 0, 3, NNP, {'word': 'Path'}, [], []), (...
2	...	...	...	[(token, 0, 9, Newsgroups, {'confidence': '0.0...	...	[(token, 0, 9, newsgroup, {'confidence': '0.0'...	[(pos, 0, 9, NNP, {'word': 'Newsgroups'}, [], ...
3	...	...	...	[(token, 0, 3, xref, {'confidence': ' 0.3333333...	...	[(token, 0, 3, pref, {'confidence': ' 0.3333333...	[(pos, 0, 3, NN, {'word': 'pref'}, [], []), (p...
4	...	...	...	[(token, 0, 3, tref, {'confidence': ' 0.3333333...	...	[(token, 0, 3, xref, {'confidence': ' 0.3333333...	[(pos, 0, 3, NN, {'word': 'pref'}, [], []), (p...

annotate 함수를 사용하여 스파크 없이 도큐먼트를 처리할 수도 있다.

```
text = texts.first()['text']

annotations = pipeline.annotate(text)
list(zip(
    annotations['token'],
    annotations['stems'],
    annotations['lemmas']
))[100:120]
```

```
[('much', 'much', 'much'),
 ('argument', 'argum', 'argument'),
 ('and', 'and', 'and'),
 ('few', 'few', 'few'),
 ('facts', 'fact', 'fact'),
 ('being', 'be', 'be'),
 ('offered', 'offer', 'offer'),
 ('.', '.', '.'),
 ('The', 'the', 'The'),
 ('summaries', 'summari', 'summary'),
 ('below', 'below', 'below'),
 ('attempt', 'attempt', 'attempt'),
 ('to', 'to', 'to'),
 ('represent', 'repres', 'represent'),
 ('the', 'the', 'the'),
 ('position', 'posit', 'position'),
 ('on', 'on', 'on'),
 ('which', 'which', 'which'),
 ('much', 'much', 'much'),
 ('of', 'of', 'of')]
```

그 밖에도 사용할 수 있는 다른 많은 파이프라인과 추가 정보[10]도 있으니 확인해보자.

이제 **피니셔**Finisher를 사용하여 애너테이션을 네이티브 스파크 SQL 타입으로 변환하는 스테이지 ④를 수행하는 방법을 살펴보자.

3.5.4 피니셔

애너테이션은 NLP 단계를 구성하는 데 유용하지만, 우리는 일반적으로 처리하는 데 필요한 몇몇 특정 정보를 얻고자 한다. 이때 **Finisher**는 대부분의 유스케이스use case를 처리한다. 다운스트림 MLlib 스테이지에서 사용할 토큰(또는 스템 또는 보유 중인 항목) 목록을 얻으려 할 때 Finisher가 이를 수행할 수 있다([표 3-22] 참조). 다음 매개변수를 살펴보자.

• inputCols: 입력 애너테이션 열 이름

• outputCols: 피니셔 출력 열 이름

---

10 *nlp.johnsnowlabs.com/docs/en/pipelines*

- valueSplitSymbol: 글자 분리 애너테이션

- annotationSplitSymbol: 글자 분리 애너테이션

- cleanAnnotations: 애너테이션 열을 제거할지 결정

- includeMetadata: 애너테이션 메타데이터 타입

- outputAsArray: 피니셔는 문자열 대신 결과를 Array 형태로 생성

```python
finisher = Finisher()\
    .setInputCols(['tokens', 'lemma'])\
    .setOutputCols(['tokens', 'lemmata'])\
    .setCleanAnnotations(True)\
    .setOutputAsArray(True)

custom_pipeline = Pipeline(stages=[
    document_assembler,
    sent_detector,
    tokenizer,
    lemmatizer,
    finisher
]).fit(texts)

custom_pipeline.transform(texts).limit(5).toPandas()
```

표 3-22 피니셔의 출력

	path	text	tokens	lemma
0	...	...	[Newsgroups, :, sci.space, Path, :, cantaloupe...	[Newsgroups, :, sci.space, Path, :, cantaloupe...
1	...	...	[Path, :, cantaloupe.srv.cs.cmu. edu!rochester!...	[Path, :, cantaloupe.srv.cs.cmu. edu!rochester!...
2	...	...	[Newsgroups, :, sci.space, Path, :, cantaloupe...	[Newsgroups, :, sci.space, Path, :, cantaloupe...
3	...	...	[Xref, :, cantaloupe.srv.cs.cmu.edu, sci.space...	[Xref, :, cantaloupe.srv.cs.cmu.edu, sci.space...
4	...	...	[Xref, :, cantaloupe.srv.cs.cmu.edu, sci.astro...	[Xref, :, cantaloupe.srv.cs.cmu.edu, sci.astro...

이제 Spark MLlib의 **StopWordsRemover** 변환자를 사용한다. 결과는 [표 3-23]에 나와 있다.

```
from pyspark.ml.feature import StopWordsRemover

stopwords = StopWordsRemover.loadDefaultStopWords('english')

larger_pipeline = Pipeline(stages=[
    custom_pipeline,
    StopWordsRemover(
        inputCol='lemmata',
        outputCol='terms',
        stopWords=stopwords)
]).fit(texts)

larger_pipeline.transform(texts).limit(5).toPandas()
```

표 3-23 StopWordRemover의 출력

	...	lemmata	terms
0	...	[Newsgroups, :, sci.space, Path, :, cantaloupe...	[Newsgroups, :, sci.space, Path, :, cantaloupe...
1	...	[Path, :, cantaloupe.srv.cs.cmu.edu!rochester!...	[Path, :, cantaloupe.srv.cs.cmu.edu!rochester!...
2	...	[Newsgroups, :, sci.space, Path, :, cantaloupe...	[Newsgroups, :, sci.space, Path, :, cantaloupe...
3	...	[Xref, :, cantaloupe.srv.cs.cmu.edu, sci.space...	[Xref, :, cantaloupe.srv.cs.cmu.edu, sci.space...
4	...	[Xref, :, cantaloupe.srv.cs.cmu.edu, sci.astro...	[Xref, :, cantaloupe.srv.cs.cmu.edu, sci.astro...

스파크와 Spark NLP를 살펴봤으니 이제 NLP 애플리케이션을 구축할 준비가 거의 다 되었다. 애너테이션 라이브러리를 학습하면 NLP용 파이프라인을 구성하는 방법을 이해하는 데 도움이 된다는 추가적인 이점이 있다. 이 지식은 다른 기술을 사용할 때도 적용할 수 있다.

이제 다음 장부터 우리가 다룰 유일한 주제는 바로 딥러닝이다.

3.6 연습 문제: 토픽 모델 구축

데이터셋 탐색을 시작하는 손쉬운 방법 중 하나는 토픽 모델topic model을 만드는 것이다. 그러려면 텍스트를 숫자 벡터로 변환해야 한다. 이 책의 다음 부분에서 더 자세한 내용을 살펴볼 예정이니 지금은 텍스트 처리를 위한 파이프라인을 구축해보자.

우선 본문 텍스트를 문장으로 나눠야 한다. 그리고 토큰화를 해야 한다. 다음으로 lemmatizer와 normalizer를 사용하여 단어를 정규화해야 한다. 그런 다음 파이프라인을 완료하고 불용어stop word를 제거해야 한다(지금까지 Normalizer를 제외한 모든 내용을 3장에서 설명했다). 이어서 토픽 모델링 파이프라인으로 정보를 전달한다.

normalizer에 관한 도움말은 온라인 문서[11]를 확인하자.

```
# document_assembler = ???
# sent_detector = ???
# tokenizer = ???
# lemmatizer = ???
# normalizer = ???
# finisher = ???
# sparknlp_pipeline = ???

# stopwords = ???
# stopword_remover = ???        # outputCol='terms' 사용

#text_processing_pipeline = ??? # 1단계 sparknlp_pipeline

# from pyspark.ml.feature import CountVectorizer, IDF
# from pyspark.ml.clustering import LDA

# tf = CountVectorizer(inputCol='terms', outputCol='tf')
# idf = IDF(inputCol='tf', outputCol='tfidf')
# lda = LDA(k=10, seed=123, featuresCol='tfidf')

# pipeline = Pipeline(stages=[
#     text_processing_pipeline,
#     tf,
#     idf,
#     lda
```

---

11 *nlp.johnsnowlabs.com/docs/en/annotators#normalizer*

```
# ])

# model = pipeline.fit(texts)

# tf_model = model.stages[-3]
# lda_model = model.stages[-1]

# topics = lda_model.describeTopics().collect()
# for k, topic in enumerate(topics):
#     print('Topic', k)
#     for ix, wt in zip(topic['termIndices'], topic['termWeights']):
#         print(ix, tf_model.vocabulary[ix], wt)
#     print('#' * 50)
```

축하한다. 여러분은 Spark NLP로 첫 번째 전체 스파크 파이프라인을 구축했다.

3.7 참고 자료

- 스파크 API: 유용한 자료다. 새롭게 릴리스할 때마다 새로운 추가 사항이 있을 수 있으므로 최신 API 문서를 살펴봐야 한다.
  - 스칼라: *spark.apache.org/docs/latest/api/scala/scala/index.html*
  - 자바: *spark.apache.org/docs/latest/api/java/index.html*
  - 파이썬: *spark.apache.org/docs/latest/api/python/index.html*
  - R: *spark.apache.org/docs/latest/api/R/index.html*
  - 스파크 SQL 프로그래밍 가이드: *spark.apache.org/docs/latest/sql-programming-guide.html*
  - MLlib 프로그래밍 가이드: *spark.apache.org/docs/latest/ml-guide.html*
- 『Natural Language Processing with Python(파이썬을 활용한 자연어 처리)』(오라일리, 2009)
  - NLTK를 사용한 NLP를 설명하는 책이다. 온라인에서 무료로 이용할 수 있다.
  - *www.nltk.org/book*
- 스페이시|spaCy
  - 이 라이브러리는 멋진 일을 많이 하고 있으며 강력한 커뮤니티가 있다.
  - *spacy.io*

- Spark NLP
  - Spark NLP 라이브러리의 웹사이트다. 라이브러리 관련 설명서, 튜토리얼 및 동영상을 찾을 수 있다.
  - *nlp.johnsnowlabs.com*
- 『Foundations of Statistical Natural Language Processing(통계적 자연어 처리의 기초)』(MIT 프레스,1999)
  - 자연어 처리의 고전으로 알려졌다. 오래된 책이므로 딥러닝 정보는 찾을 수 없다. NLP에 관한 기초를 튼튼하게 쌓고 싶다면 도움이 될 매우 훌륭한 책이다.
- 『스파크 완벽 가이드』(한빛미디어, 2018)
  - 스파크를 사용할 때 유용한 참고 자료다.

딥러닝 기초

4장에서는 딥러닝의 기초를 다룬다. 이 장의 목표는 NLP에 딥러닝을 적용하는 방법을 논의할 수 있는 기반을 만드는 것이다. 지금 이 순간에도 새로운 딥러닝 기술이 개발 중인 가운데, 이러한 기반을 바탕으로 이후 장에서는 몇몇 새로운 기술을 다루어보고자 한다. 4장 도입부에서 먼저 인공 신경망의 일부 역사를 다룬 뒤, 논리 연산자를 대표하는 몇 가지 예제 네트워크를 살펴본다. 이것은 우리가 인공 신경망을 다루는 견고한 토대를 구축하는 데 도움을 줄 것이다.

딥러닝은 기본적으로 **인공 신경망**artificial neural network(**ANN**)의 연구 분야다. 학술 문헌에 인공 신경망이 처음 등장한 것은 1943년 워렌 S. 맥컬록Warren S. McCulloch과 월터 피츠Walter Pitts가 쓴 논문 「A Logical Calculus of the Idea Immanent in Nervous Activity(신경 활동에 내재한 아이디어의 논리적 미적분)」을 통해서였다. 그들은 뇌가 어떻게 작동하는지 인공두뇌학자cyberneticist 관점에서 설명하려고 시도했다. 그 연구 내용은 현대 신경과학과 현대 인공 신경망의 뿌리가 되었다.

ANN은 생물학적으로 영감을 받은 알고리즘이다. **ANN**은 (때때로 뉴스 기사에서 과장하여 보도하는 것처럼) 뇌가 어떻게 학습하는지에 관한 현실적인 표현은 아니다. 우리는 뇌가 정보를 처리하는 방법에 관해 여전히 많은 것을 배우는 중이다. 새로운 발견이 이루어짐에 따라 합성곱 신경망convolutional neural network에 영감을 주는 수용 영역의 개념처럼 실제 신경 구조와 프로세스를 ANN의 관점에서 표현하려는 시도는 종종 이루어진다. 하지만 인공 두뇌를 실제로 구축하기까지는 한참 더 먼 길을 가야 한다.

1957년 프랭크 로젠블랫Frank Rosenblatt은 **퍼셉트론**perceptron 알고리즘을 만들었다. 처음에는 퍼셉트론에 관한 기대가 높았다. 단층single layer 퍼셉트론은 다음과 같이 평가한다.

① n 입력. $x_1, \ldots, x_n$

② 각 입력에는 가중치가 곱해진다. $x_i w_i$

③ 이 제품은 편향 항bias term으로 합산된다. $s = b + \sum_{i=1}^{n} x_i w_i$

④ 이 합계는 0 또는1을 반환하는 **활성화 함수**activation function를 통해 실행된다. $\hat{y} = f(s)$

   – 헤비사이드 계단 함수Heaviside step function H는 자주 사용된다.

$$H(x) := \begin{cases} 0, & \text{if } x < 0 \\ 1, & \text{if } x > 0 \end{cases}$$

이는 선형대수로도 표현할 수 있다.

$$\begin{aligned} \vec{x} &= <x_1, \ldots, x_n> \\ \vec{w} &= <w_1, \ldots, w_n> \\ y &= H(\vec{x} \cdot \vec{w} + b) \end{aligned}$$

다이어그램으로 시각화하자면 [그림 4-1]과 같다.

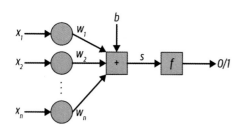

그림 4-1 퍼셉트론

1969년에 마빈 민스키Marvin Minsky와 시모어 페퍼트Seymour Papert는 알고리즘의 한계를 보여주었다. 퍼셉트론은 배타적 'or' 연산자인 XOR를 나타낼 수 없다. 그만큼 여기에서 어려운 점은 단순한 퍼셉트론으로는 **선형 구분 가능**linear separability이 없는 문제를 해결할 수 없다는 것이다. 이진 분류 관점에서 선형 구분 가능한 문제는 두 클래스가 하나의 선 또는 더 높은 차원의 평면으로 분리될 수 있다는 뜻이다. 이것을 신경망 관점에서 더 잘 이해하기 위해 몇 가지 예를 살펴보자.

우리는 XOR 문제를 탐구하기 위해 직접 논리적 함수를 나타내는 몇 가지 퍼셉트론을 만들 것이다. 몇 가지 기본 논리 기능을 수행하도록 네트워크를 훈련시키려 한다고 가정하자. 입력값은 0과 1이다.

NOT 연산자는 어떻게 구현해야 할까? 이러한 경우 x_2는 없다. 우리는 다음과 같은 함수가 필요하다.

$$NOT(x) := \begin{cases} 0, & \text{if } x = 1 \\ 1, & \text{if } x = 0 \end{cases}$$

이 함수는 우리에게 작업할 두 가지 방정식을 제공한다.

$$H(0 \cdot w_1 + b) = 1$$
$$H(1 \cdot w_1 + b) = 0$$

이 방정식을 만족하는 값을 찾을 수 있을지 살펴보자.

$$H(0 \cdot w_1 + b) = 1$$
$$0 \cdot w_1 + b > 0$$
$$b > 0$$

우리는 b가 양수여야 한다는 것을 안다.

$$H(1 \cdot w_1 + b) = 0$$
$$1 \cdot w_1 + b < 0$$
$$w_1 < -b$$

그래서 w_1은 -b보다 작은 음수여야 한다. 무한대의 값이 이에 적합하므로 퍼셉트론은 쉽게 NOT을 나타낼 수 있다.

이제 OR 연산자를 나타내보자. 여기서는 두 개의 입력을 받는다. 다음 함수가 필요하다.

$$OR(x_1, x_2) := \begin{cases} 1, & \text{if } x_1 = 1, x_2 = 1 \\ 1, & \text{if } x_1 = 1, x_2 = 0 \\ 1, & \text{if } x_1 = 0, x_2 = 1 \\ 0, & \text{if } x_1 = 0, x_2 = 0 \end{cases}$$

여기에는 몇 가지 방정식이 더 있다. 마지막 예($0, \quad \text{if } x_1 = 0, x_2 = 0$)부터 시작하자.

$$
\begin{aligned}
H(0 \cdot w_1 + 0 \cdot w_2 + b) &= 0 \\
0 \cdot w_1 + 0 \cdot w_2 + b &< 0 \\
b &< 0
\end{aligned}
$$

b는 음수여야 한다. 이제 두 번째 예($1, \quad \text{if } x_1 = 1, x_2 = 0$)를 처리해보자.

$$
\begin{aligned}
H(1 \cdot w_1 + 0 \cdot w_2 + b) &= 1 \\
1 \cdot w_1 + 0 \cdot w_2 + b &> 0 \\
w_1 &> -b
\end{aligned}
$$

w_1은 -b보다 커야 하므로 양수다. 세 번째 예($1, \quad \text{if } x_1 = 0, x_2 = 1$)도 마찬가지다. 첫 번째 예($1, \quad \text{if } x_1 = 1, x_2 = 1$)의 경우 $w_1 + b > 0$이고 $w_2 + b > 0$이면 $w_1 + w_2 + b > 0$ 이다. 다시 말하면 무한대의 값이 있다. 퍼셉트론은 OR을 나타낼 수 있다.

이제 XOR를 보자.

$$
XOR(x_1, x_2) := \begin{cases}
0, & \text{if } x_1 = 1, x_2 = 1 \\
1, & \text{if } x_1 = 1, x_2 = 0 \\
1, & \text{if } x_1 = 0, x_2 = 1 \\
0, & \text{if } x_1 = 0, x_2 = 0
\end{cases}
$$

네 개의 방정식이 있다.

$$
\begin{aligned}
H(1 \cdot w_1 + 1 \cdot w_2 + b) &= 0 \\
H(1 \cdot w_1 + 0 \cdot w_2 + b) &= 1 \\
H(0 \cdot w_1 + 1 \cdot w_2 + b) &= 1 \\
H(0 \cdot w_1 + 0 \cdot w_2 + b) &= 0
\end{aligned}
$$

두 번째부터 네 번째 예(두 번째: $1, \quad \text{if } x_1 = 1, x_2 = 0$, 세 번째: $1, \quad \text{if } x_1 = 0, x_2 = 1$, 네 번째: $0, \quad \text{if } x_1 = 0, x_2 = 0$)는 OR과 동일하므로 다음을 의미한다.

$$
\begin{aligned}
b &< 0 \\
w_1 &> -b \\
w_2 &> -b
\end{aligned}
$$

그러나 첫 번째 예를 보면 맞지 않는다. 우리는 두 가중치를 더할 수 없다. 두 가중치는 $-b$와 b보다 크고 음수를 갖는다. 따라서 **XOR**는 퍼셉트론으로 표현할 수 없다. 실제로 퍼셉트론은 선형으로 구분 가능한 분류 문제만 해결할 수 있다. 선형 구분 가능한 문제는 단일 선(또는 더 높은 고차원의 평면)을 그려서 해결할 수 있는 문제다. **XOR**는 선형으로 분리할 수 없다.

이 문제는 다층multiple layer 구조로 해결할 수 있었지만, 당시의 연산 능력을 고려하면 어려웠다. 단층 퍼셉트론 네트워크의 한계 때문에 연구는 다른 머신러닝 접근 방식으로 전환되었다. 이후 1980년대에 하드웨어가 다층 퍼셉트론 네트워크를 실현할 수 있게 되자 다시금 관심이 높아졌다([그림 4-2] 참조).

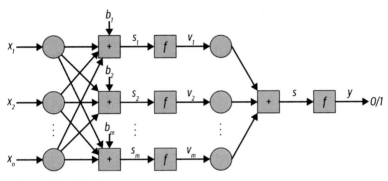

그림 4-2 다층 퍼셉트론

이제 현대 신경망을 다루는 만큼 우리가 고려해야 할 선택지는 더 많다.

　① 출력은 반드시 0 또는 1일 필요는 없다. 실젯값이거나 값의 벡터일 수도 있다.
　② 선택할 수 있는 몇 가지 활성화 기능이 있다.
　③ 이제 은닉층hidden layer이 있으므로 각 계층 사이에 가중치 행렬weight matrix이 있다.

하나의 은닉층이 있는 신경망에 대한 출력을 어떻게 계산하는지 살펴보자.

$$\hat{y} = g\left(W^{(2)} \cdot f\left(W^{(1)} \cdot \vec{x} + \vec{b}^{(1)}\right) + \vec{b}^{(2)}\right)$$

원한다면 여러 계층에서 이 계산을 반복할 수 있다. 이제 은닉층이 있으므로 매개변수가 훨씬 더 많아지는 만큼 직접 해결할 수는 없다. 지금부터 경사 하강법gradient descent과 역전파backpropagation를 살펴봐야 한다.

4.1 경사 하강법

경사 하강법에서는 손실함수loss function로 시작한다. 손실함수는 원치 않는 출력에 손실(비용이라고도 함)을 할당하는 방법이다.

함수를 사용하여 모델을 표현해보자. $F(\vec{x}; \Theta)$에서 Θ는 매개변수 $\theta_1, \ldots, \theta_k$를 나타내고 $\vec{x}$는 입력이다. 손실함수에는 많은 옵션이 있는데 지금은 제곱오차squared error를 사용한다.

$$\text{SE}(\Theta) = \left(y - F\left(\vec{x}; \Theta \right) \right)^2$$

당연히 값이 높을수록 손실이 더 심하다. 따라서 손실함수를 표면으로 추측할 수 있다. 이 표면에서 가장 낮은 점을 찾고자 한다. 그러려면 어느 지점에서 시작하여 각 차원을 따라 기울기 같은 경사를 찾는다. 그런 다음 각 매개변수를 조정하여 오류를 줄인다. 따라서 매개변수 θ_i가 양의 기울기를 가진다면 매개변수를 줄이고, 음의 기울기를 가진다면 매개변수를 늘리기를 원한다. 그렇다면 기울기를 어떻게 계산할 수 있을까? 우리는 각 매개변수에 대해 편미분partial derivative을 사용한다.

$$\nabla SE(\Theta) = < \frac{\partial}{\partial \theta_1} E(\Theta), \ldots, \frac{\partial}{\partial \theta_k} SE(\Theta) >$$

다른 매개변수를 일정하게 유지하고 θ_i에 대한 미분을 취함으로써 θ_i에 대한 편미분을 계산한다. 이렇게 하면 각 매개변수에 대한 기울기가 제공된다. 이러한 기울기를 사용하여 매개변숫값에서 기울기를 빼서 매개변수를 업데이트할 수 있다.

매개변수를 과하게 수정하면 최소 지점을 초과할 수 있지만, 업데이트가 약할수록 예제에서 배우는 속도가 느려진다. 학습률learning rate을 제어하기 위해서 하이퍼파라미터hyperparameter를 사용한다. 이 학습률에 r을 사용하지만 다른 문자(대개 그리스어)로 표시되는 것을 볼 수 있다. 업데이트는 다음과 같다.

$$\theta_j = \theta_j - r \frac{\partial}{\partial \theta_i} SE(\Theta)$$

각 예제에 대해 이 작업을 수행하면 백만 개의 예제를 학습하는 데 시간이 지나치게 오래 걸리므로, 여러 예제 배치에 기반을 두는 오차 함수인 평균제곱오차^mean squared error(MSE)를 사용한다.

$$
\begin{aligned}
MSE(\Theta) &= \frac{1}{n}\sum_{i=1}^{M} S E\left(\Theta\right) \\
&= \frac{1}{n}\sum_{i=1}^{M}\left(y - F\left(\vec{x_i};\Theta\right)\right)^2
\end{aligned}
$$

$$
\begin{aligned}
\theta_j &= \theta_j - r\frac{\partial}{\partial\theta_j} MSE(\Theta) \\
&= \theta_j - r\frac{\partial}{\partial\theta_j}\frac{1}{n}\sum_{i=1}^{M} SE(\Theta)
\end{aligned}
$$

기울기는 선형 연산자^linear operator이므로 합계 밑으로 분산할 수 있다.

$$
\begin{aligned}
\theta_j &= \theta_j - r\frac{\partial}{\partial\theta_j} MSE(\Theta) \\
&= \theta_j - r\frac{1}{n}\sum_{i=1}^{M}\frac{\partial}{\partial\theta_j}\frac{1}{n} SE\left(\Theta\right) \\
&= \theta_j - r\frac{1}{n}\sum_{i=1}^{M}\frac{\partial}{\partial\theta_j}\frac{1}{n}\left(y - F\left(\vec{x};\Theta\right)\right)^2 \\
&= \theta_j - r\frac{1}{n}\sum_{i=1}^{M}\frac{2}{n}\left(y - F\left(\vec{x};\Theta\right)\right)\frac{\partial}{\partial\theta_j} F\left(\vec{x};\Theta\right)
\end{aligned}
$$

이 식은 다른 손실함수를 사용하면 변경될 것이다. 우리는 이 책의 나머지 부분에서 손실함수를 더 살펴볼 것이다. $\frac{\partial}{\partial\theta_i} F(\vec{x};\Theta)$의 값은 모델에 따라 달라지며 신경망이라면 활성화 기능에 따라 달라진다.

4.2 역전파

역전파backpropagation는 신경망 훈련 알고리즘으로, 본질적으로 미적분학의 연쇄 법칙chain rule을 구현한 것이다. 역전파를 이야기하려면 먼저 순전파forward propagation에 관해 이야기해야 한다.

견고한 직관을 구축할 수 있도록 신경망에 관해 두 가지를 병렬적으로 설명한다. 바로 수학적 이론과 넘파이numpy다. 수학적 설명은 이론적 수준에서 일어나는 일을 이해하는 데 도움을 준다. 그리고 넘파이는 그 기능이 어떻게 구현될 수 있는지 이해하는 데 도움이 될 것이다.

여기서 다시 붓꽃 데이터셋Irisdataset[1]을 사용한다. 이 데이터는 딥러닝을 현실적으로 사용하기에는 너무 작지만, 역전파를 탐색하는 데는 도움이 된다. 붓꽃 데이터셋을 다시 떠올려보자([표 4-1] 참조).

```python
import numpy as np
import pandas as pd
from sklearn.model_selection import train_test_split
from scipy.special import softmax

df = pd.read_csv('data/iris/iris.data', names=[
    'sepal_length',
    'sepal_width',
    'petal_length',
    'petal_width',
    'class',
])

df.head()
```

표 4-1 붓꽃 데이터

	sepal_length	sepal_width	petal_length	petal_width	class
0	5.1	3.5	1.4	0.2	Iris—setosa
1	4.9	3.0	1.4	0.2	Iris—setosa
2	4.7	3.2	1.3	0.2	Iris—setosa
3	4.6	3.1	1.5	0.2	Iris—setosa
4	5.0	3.6	1.4	0.2	Iris—setosa

1 archive.ics.uci.edu/ml/datasets/iris

이제 우리 네트워크를 정의해보자.

4개의 입력(특징feature 수)이 있으므로 입력층의 길이는 4다. 출력은 3개(클래스 수)이므로 출력층의 길이는 3이어야 한다. 우리는 그 사이에 있는 계층들에 대해 원하는 대로 수행하고, 첫번째와 두 번째 은닉층에 각각 6과 5를 사용한다.

네트워크를 구성하는 방법에 관한 많은 연구가 진행된 만큼, 다양한 사용 사례 및 접근 방식에 대한 연구를 살펴보고 싶을 것이다. 일반적으로 NLP 및 머신러닝에서 흔히 볼 수 있듯이 하나의 크기가 모든 경우에 들어맞지는 않는다.

```
layer_sizes = [4, 6, 5, 3]
```

입력 X와 레이블 Y를 정의하고 클래스를 원-핫 인코딩one-hot encoding으로 암호화한다. 요컨대 원-핫 인코딩은 범주형 변수categorical variable를 이진 변수 모음으로 나타낼 때 수행한다. 원-핫 인코딩된 DataFrame을 살펴보자. 결과는 [표 4-2]와 [표 4-3]에 나와 있다.

```
X = df.drop(columns=['class'])
Y = pd.get_dummies(df['class'])

X.head()
```

표 4-2 붓꽃 특징 행렬

	sepal_length	sepal_width	petal_length	petal_width
0	5.1	3.5	1.4	0.2
1	4.9	3.0	1.4	0.2
2	4.7	3.2	1.3	0.2
3	4.6	3.1	1.5	0.2
4	5.0	3.6	1.4	0.2

```
Y.head()
```

표 4-3 붓꽃 레이블 행렬

	Iris-setosa	Iris-versicolor	Iris-virginica
0	1	0	0
1	1	0	0
2	1	0	0
3	1	0	0
4	1	0	0

보다시피 각 class열의 가능한 값은 열 자체가 되었다. 주어진 행에 대해 클래스의 값이 iris-versicolor이었다면 iris-versicolor열의 값은 1이 될 것이고 다른 열은 0이 될 것이다.

수학적 측면에서 네트워크는 다음과 같다.

$$
\begin{aligned}
W^{(1)} &= 5 \times 4 \text{matrix} \\
b^{(1)} &= 5 \times 1 \text{vector} \\
f_1 &= tanh \\
W^{(2)} &= 6 \times 5 \text{matrix} \\
b^{(2)} &= 6 \times 1 \text{vector} \\
f_2 &= tanh \\
W^{(3)} &= 3 \times 5 \text{matrix} \\
b^{(3)} &= 3 \times 1 \text{vector} \\
f_3 &= tanh
\end{aligned}
$$

매개변수를 초기화하는 방법에는 여러 가지가 있다. 모든 매개변수를 0으로 설정하는 게 쉬워 보일 수 있지만 작동하지 않는다. 모든 가중치가 0이면 순전파의 출력은 입력의 영향을 받지 않으므로 학습할 수 없다. 여기에서는 무작위로 초기화할 것이다. 더 정교한 초기화 기술을 배우고 싶다면 4.7절을 참고하자. 다만 편향 항은 입력과 관련이 없으므로 0으로 설정할 수 있다.

```
np.random.seed(123)
W_1 = np.random.randn(layer_sizes[1], layer_sizes[0])
b_1 = np.zeros((layer_sizes[1], 1))
f_1 = np.tanh
W_2 = np.random.randn(layer_sizes[2], layer_sizes[1])
b_2 = np.zeros((layer_sizes[2], 1))
```

```
f_2 = np.tanh
W_3 = np.random.randn(layer_sizes[3], layer_sizes[2])
b_3 = np.zeros((layer_sizes[3], 1))
f_3 = lambda H: np.apply_along_axis(softmax, axis=0, arr=H)

layers = [
    (W_1, b_1, f_1),
    (W_2, b_2, f_2),
    (W_3, b_3, f_3),
]
```

이제 순전파를 구현할 것이다. 수학적으로 이 작업은 네트워크가 하는 일이다.

$$
\begin{aligned}
X &= 3 \times Mmatrix \\
H^{(1)} &= W^{(1)} \cdot X + b^{(1)} \\
V^{(1)} &= f_1\big(H^{(1)}\big) = \tanh\big(H^{(1)}\big) \\
H^{(2)} &= W^{(2)} \cdot V^{(1)} + b^{(2)} \\
V^{(2)} &= f_2\big(H^{(2)}\big) = \tanh\big(H^{(2)}\big) \\
H^{(3)} &= W^{(3)} \cdot V^{(2)} + b^{(3)} \\
\hat{Y} &= f_3\big(H^{(3)}\big) = \text{softmax}\big(H^{(1)}\big) \\
&\cdots
\end{aligned}
$$

$$
softmax(\vec{x}) = < \frac{e^{x_j}}{\sum_{i=0}^{K} e^{x_i}} >
$$

다음 코드는 순전파가 임의 개수의 계층에서 작동하는 방법을 보여준다. 이 함수에서 X는 입력이다(행당 하나의 예). Layers 인수는 가중치 행렬, 편향 항과 활성화 함수의 3개 목록이다.

```
def forward(X, layers):
    V = X.T
    Hs = []
    Vs = []
    for W, b, f in layers:
        H = W @ V
        H = np.add(H, b)
        Hs.append(H)
        V = f(H)
        Vs.append(V)
    return V, Hs, Vs
```

이제 **손실함수**를 살펴보자. 앞서 설명한 것처럼 손실함수는 주어진 데이터의 배치에서 모델이 어떻게 수행했는지 계산할 때 사용하는 함수이다. 우리는 로그 손실^{logloss}을 사용할 것이다.

$$L \;=\; -\sum_{k}^{K}\Big(Y \circ log(\hat{Y})\Big)$$

기호 ∘는 **아다마르 곱**$^{\text{Hadamard product}}$이라고도 알려진 성분곱$^{\text{elementwise multiplication}}$을 나타낸다. 다음 함수는 **log-loss**를 안전하게 계산한다. 예측 확률이 0과 1 사이에 있는지 확인해야 하지만 0과 1은 아니다. 이것이 **eps** 인수가 필요한 이유다.

```
def log_loss(Y, Y_hat, eps=10**-15):
    # log(0) 호출로부터 보호해야 하므로
    # epsilon을 확인하고 예상 확률을
    # epsilo과 1-epsilon 사이에 정의한다.
    min_max_p = np.maximum(np.minimum(Y_hat, 1-eps), eps)
    log_losses = -np.sum(np.multiply(np.log(min_max_p), Y), axis=0)
    return np.sum(log_losses) / Y.shape[1]

Y_hat, Hs, Vs = forward(X, layers)
loss = log_loss(Y.T, Y_hat)
loss
```

```
1.4781844247149367
```

이제 순전파가 작동하는 방법과 손실을 계산하는 방법을 살펴본다. 경사 하강법을 사용하려면 각각의 매개변수에 대한 손실의 기울기(경사도)를 계산할 수 있어야 한다.

$$
\begin{aligned}
\frac{\partial L}{\partial W^{(3)}} &= \frac{1}{M}\frac{\partial L}{\partial \hat{Y}}\cdot\frac{\partial \hat{Y}}{\partial W^{(3)}}\\
&= \frac{1}{M}\frac{\partial L}{\partial \hat{Y}}\cdot\frac{\partial \hat{Y}}{\partial H^{(3)}}\cdot\frac{\partial H^{(3)}}{\partial W^{(3)}}
\end{aligned}
$$

log-loss와 **softmax**의 조합은 $\frac{\partial L}{\partial \hat{Y}}\cdot\frac{\partial \hat{Y}}{\partial W^{(3)}}$ 에 대해 친근한 표현을 제공한다.

$$\frac{\partial L}{\partial W^{(3)}} = \frac{1}{M}(\hat{Y} - Y) \cdot \frac{\partial H^{(3)}}{\partial W^{(3)}}$$

$$= \frac{1}{M}(\hat{Y} - Y) \cdot V^{(2)T}$$

편향 항에 대한 기울기도 같은 방식으로 도출된다. 이전 계층의 출력을 가져오는 대신, 모든 1의 벡터로 곱한다(점곱$^{\text{dot product}}$).

$$\frac{\partial L}{\partial b^{(3)}} = \frac{1}{M}(\hat{Y} - Y) \cdot \vec{1}$$

$$= \frac{1}{M}\sum_{j}^{M} \hat{y}_j - y_j$$

이것이 코드에서 어떻게 보이는지 살펴보자. 우리는 수학적 용어와 비슷한 이름을 사용할 것이다. 먼저 $\frac{\partial L}{\partial H^{(3)}}$을 정의할 수 있다. Y를 전치하는 것을 기억해야 한다. 그것은 Y_hat과 동일한 크기를 갖는다.

$\frac{\partial L}{\partial W^{(3)}}$의 기울깃값을 살펴보자([표 4-4] 참조).

```
dL_dH_3 = Y_hat - Y.values.T
dH_3_dW_3 = Vs[1]
dL_dW_3 = (1 / len(Y)) * dL_dH_3 @ dH_3_dW_3.T
print(dL_dW_3.shape)
dL_dW_3
```

(3, 5)

표 4-4 $\frac{\partial L}{\partial W^{(3)}}$의 기울깃값

	0	1	2	3	4
0	0.010773	0.008905	0.210314	−0.210140	0.207157
1	−0.084970	−0.214219	0.123530	−0.122504	0.126386
2	0.074197	0.223184	−0.333843	0.332644	−0.333543

이제 편향 항에 대한 기울기를 계산해보자([표 4-5] 참조).

```
dH_3_db_3 = np.ones(len(Y))
dL_db_3 = (1 / len(Y)) * dL_dH_3 @ dH_3_db_3
print(dL_db_3.shape)
dL_db_3
```

(3,)

표 4-5 $\frac{\partial L}{\partial \mathbf{b}^{(3)}}$ 의 기울깃값

	0
0	−0.210817
1	−0.123461
2	0.334278

계층을 더 살펴보자. $\frac{\partial L}{\partial W^{(2)}}$에 대한 기울기를 계산하려면 계속해서 연쇄 법칙을 적용해야 한다. 보다시피 파생된 결과는 빠르게 복잡해진다.

$$
\begin{aligned}
\frac{\partial L}{\partial W^{(2)}} &= \frac{1}{M} \frac{\partial L}{\partial \hat{Y}} \cdot \frac{\partial \hat{Y}}{\partial W^{(2)}} \\
&= \frac{1}{M} \frac{\partial L}{\partial \hat{Y}} \cdot \frac{\partial \hat{Y}}{\partial H^{(3)}} \cdot \frac{\partial H^{(3)}}{\partial W^{(2)}} \\
&= \frac{1}{M} \frac{\partial L}{\partial \hat{Y}} \cdot \frac{\partial \hat{Y}}{\partial H^{(3)}} \cdot \frac{\partial H^{(3)}}{\partial V^{(2)}} \cdot \frac{\partial V^{(3)}}{\partial W^{(2)}} \\
&= \frac{1}{M} \frac{\partial L}{\partial \hat{Y}} \cdot \frac{\partial \hat{Y}}{\partial H^{(3)}} \cdot \frac{\partial H^{(3)}}{\partial V^{(2)}} \cdot \frac{\partial V^{(2)}}{\partial H^{(2)}} \cdot \frac{\partial H^{(2)}}{\partial W^{(2)}}
\end{aligned}
$$

우리는 그 일부를 알고 있다.

$$
\begin{aligned}
\frac{\partial L}{\partial W^{(2)}} &= \frac{1}{M} (\hat{Y} - Y) \cdot \frac{\partial H^{(3)}}{\partial V^{(2)}} \frac{\partial V^{(2)}}{\partial H^{(2)}} \frac{\partial H^{(2)}}{\partial W^{(2)}} \\
&= \frac{1}{M} (\hat{Y} - Y) \cdot W^{(3)} \cdot \left(1 - V^{(2)} \circ V^{(2)}\right) \cdot V^{(1)T}
\end{aligned}
$$

이 식을 계산할 수 있고 여기에서 중간값을 추적해야 한다. 순전파 단계에서 반환된 값을 사용한다.

```
dH_3_dV_2 = W_3
dV_2_dH_2 = 1 - np.power(Vs[1], 2)
dH_2_dW_2 = Vs[0]
dL_dH_2 = np.multiply((dL_dH_3.T @ dH_3_dV_2).T, dV_2_dH_2)
dL_dW_2 = (1 / len(Y)) * dL_dH_2 @ dH_2_dW_2.T
print(dL_dW_2.shape)
dL_dW_2
```

(5, 6)

이제 [표 4-6]에 표시된 기울깃값을 볼 수 있다.

표 4-6 $\frac{\partial L}{\partial W^{(2)}}$의 기울깃값

	0	1	2	3	4	5
0	−0.302449	−0.194403	0.314719	0.317461	0.317539	0.317538
1	0.049117	−0.001843	−0.055560	−0.055613	−0.055634	−0.055636
2	0.000722	0.000503	−0.000734	−0.000747	−0.000747	−0.000747
3	0.003561	0.002604	−0.003723	−0.003732	−0.003732	−0.003732
4	0.016696	−0.006639	−0.017758	−0.018240	−0.018247	−0.018247

편향 항의 경우도 유사하다([표 4-7] 참조).

$$
\begin{aligned}
\frac{\partial L}{\partial b^{(2)}} &= \frac{1}{M}\left(\hat{Y} - Y\right) \cdot \frac{\partial H^{(3)}}{\partial V^{(2)}} \cdot \frac{\partial V^{(2)}}{\partial H^{(2)}} \cdot \frac{\partial H^{(2)}}{\partial b^{(2)}} \\
&= \frac{1}{M}\left(\hat{Y} - Y\right) \cdot W^{(3)} \cdot \left(1 - V^{(2)} \circ V^{(2)}\right) \cdot \vec{1}
\end{aligned}
$$

```
dH_2_db_2 = np.ones(len(Y))
dL_db_2 = (1 / len(Y)) * dL_dH_2 @ dH_2_db_2.T
print(dL_db_2.shape)
dL_db_2
```

(5,)

표 4-7 $\frac{\partial L}{\partial b^{(2)}}$ 의 기울깃값

	0
0	0.317539
1	−0.055634
2	−0.000747
3	−0.003732
4	−0.018247

다음 계층의 파생은 연습으로 남겨두겠다. 계층 1은 계층 2와 매우 유사하므로 간단해야 한다 ([표 4-8]과 [표 4-9] 참조).

```
dH_2_dV_1 = W_2
dV_1_dH_1 = 1 - np.power(Vs[0], 2)
dL_dH_1 = np.multiply((dL_dH_2.T @ dH_2_dV_1).T, dV_1_dH_1)
dH_1_dW_1 = X.values.T
dL_dW_1 = (1 / len(Y)) * dL_dH_1 @ dH_1_dW_1.T
print(dL_dW_1.shape)
dL_dW_1
```

(6, 4)

표 4-8 $\frac{\partial L}{\partial W^{(1)}}$ 의 기울깃값

	0	1	2	3
0	−1.783060e−01	−1.253225e−01	−5.240050e−02	−7.952154e−03
1	4.773021e−01	3.260914e−01	1.394070e−01	2.328259e−02
2	1.808615e−02	3.469462e−02	−4.649400e−02	−2.300012e−02
3	−7.880986e−04	−5.902413e−04	−3.475747e−05	8.403521e−05
4	−4.729628e−16	−2.866947e−16	−1.341379e−16	−2.326840e−17
5	−4.116040e−06	−2.487064e−06	7.311565e−08	4.091940e−07

```
dH_1_db_1 = np.ones(len(Y))
dL_db_1 = (1 / len(Y)) * dL_dH_1 @ dH_1_db_1.T
print(dL_db_1.shape)
dL_db_1
```

(6,)

표 4-9 $\frac{\partial L}{\partial \mathbf{b}^{(1)}}$ 의 기울깃값

	0
0	−3.627637e−02
1	9.832581e−02
2	7.392729e−03
3	−1.758950e−04
4	−1.066024e−16
5	−1.025423e−06

이제 첫 번째 반복에 대한 기울기를 계산했으므로 이러한 계산을 수행하는 함수를 구축해보자.

```
params = [[W_1, W_2, W_3], [b_1, b_2, b_3]]
```

기울기를 계산할 함수가 필요하다. 해당 함수는 다음과 같은 매개변수가 있어야 한다. 입력 X, 레이블 Y, 예측 확률 $\hat{Y}$, 매개변수 $W^{(i)}$와 $b^{(i)}$ 그리고 중간값 $V^{(i)}$이다.

```
def gradients(X, Y, Y_hat, params, Vs):
    Ws, bs = params
    assert len(Ws) == len(bs)
    dL_dHs = [None] * len (layers)
    dL_dWs = [None] * len (layers)
    dL_dbs = [None] * len (layers)
    dL_dHs[2] = Y.T - Y_hat
    for layer in np.arange(len(layers), 0, -1) - 1:
        dL_dH = dL_dHs[layer]
        dH_dW = Vs[layer - 1] if layer > 0 else X.T
        dL_dW = (1 / len(Y)) * dL_dH @ dH_dW.T
        dH_db = np.ones(len(Y))
```

```
            dL_db = (1 / len(Y)) * dL_dH @ dH_db
            dL_dWs[layer] = dL_dW
            dL_dbs[layer] = dL_db.reshape(len(dL_db), 1)
            if layer > 0:
                dH_dV = Ws[layer]
                # just supporting tanh
                dV_dH_next = 1 - np.power(Vs[layer - 1], 2)
                dL_dHs[layer - 1] = \
                    np.multiply((dL_dH.T @ dH_dV).T, dV_dH_next)

    return dL_dWs, dL_dbs
```

모델을 평가한 다음에는 손실과 기울기를 계산할 함수가 필요하다.

```
def update(X, Y, params, learning_rate=0.1):
    Ws, bs = params
    Y_hat, Hs, Vs = forward(X, layers)
    loss = log_loss(Y.T, Y_hat)
    dWs, dbs = gradients(X, Y, Y_hat, params, Vs)
    for i in range(len(Ws)):
        Ws[i] += learning_rate * dWs[i]
        bs[i] += learning_rate * dbs[i]
    return Ws, bs, loss
```

마지막으로 네트워크를 학습할 함수이다.

```
def train(X, Y, params, learning_rate=0.1, epochs=6000):
    X = X.values
    Y = Y.values
    Ws = [W for W in params[0]]
    bs = [b for b in params[1]]
    for i in range(epochs):
        Ws, bs, loss = update(X, Y, [Ws, bs], learning_rate)
        if i % (epochs // 10) == 0:
            print('epoch', i, 'loss', loss)
    print('epoch', i, 'loss', loss)
    return Ws, bs
```

네트워크를 훈련시키자. 결과는 [표 4-10]에서 보여준다.

```
Ws, bs = train(X, Y, params)


epoch 0 loss 1.4781844247149367
epoch 600 loss 0.4520794985146122
epoch 1200 loss 0.29327186345356115
epoch 1800 loss 0.08517606119594413
epoch 2400 loss 0.057984381652688245
epoch 3000 loss 0.05092154382167823
epoch 3600 loss 0.04729254314395461
epoch 4200 loss 0.044660097961296365
epoch 4800 loss 0.038386971515831474
epoch 5400 loss 0.03735081006838356
epoch 5999 loss 0.036601105223619555


Y_hat, _, _ = forward(X, layers)
Y_hat = pd.DataFrame(Y_hat.T, columns=[c + '_prob' for c in Y.columns])
Y_hat['pred'] = np.argmax(Y_hat.values, axis=1)
Y_hat['pred'] = Y_hat['pred'].apply(Y.columns.__getitem__)
Y_hat['truth'] = Y.idxmax(axis=1)
Y_hat.head()
```

표 4-10 훈련된 모델 예측

	Iris−setosa_prob	Iris−versicolor_prob	Iris−virginica_prob	pred	truth
0	0.999263	0.000737	2.394229e−07	Iris−setosa	Iris−setosa
1	0.998756	0.001244	3.903808e−07	Iris−setosa	Iris−setosa
2	0.999256	0.000744	2.416573e−07	Iris−setosa	Iris−setosa
3	0.998855	0.001145	3.615654e−07	Iris−setosa	Iris−setosa
4	0.999376	0.000624	2.031758e−07	Iris−setosa	Iris−setosa

우리가 맞힌 비율을 살펴보자.

```
(Y_hat['pred'] == Y_hat['truth']).mean()
```

```
0.9933333333333333
```

이것으로도 나쁘지는 않지만 과적합[overfitting] 가능성이 있다. 우리가 실제 교육 모델을 시도할 때는 train, validation 및 test 데이터셋을 생성해야 한다.

train 데이터셋은 매개변수(예: 가중치) 학습에 쓸 수 있다. validation 데이터셋은 하이퍼 파라미터 학습(예: 계층 크기와 개수)에 필요하며, test 데이터셋을 사용하면 처음 보는 데이터에서 모델이 수행되는 방식을 이해할 수 있다.

이번에는 모델이 만들어내는 오류를 살펴보자([표 4-11] 참조).

```
Y_hat[Y_hat['pred'] != Y_hat['truth']]\
  .groupby(['pred', 'truth']).size()
```

```
pred            truth
Iris-virginica  Iris-versicolor  1
dtype: int64
```

표 4-11 잘못된 예측

pred	truth	count
Iris-virginica	Iris-versicolor	1

우리가 저지른 유일한 실수는 **Iris versicolor**를 **Iris virginica**로 잘못 식별한 것이다. 비록 데이터의 과적합 가능성이 높기는 하지만, 우리는 이 데이터를 통해 배운 점이 있다.

모델 훈련은 배치[batch]에서 이루어진다. 이러한 배치는 보통 훈련 데이터의 작은 집합이다. 배치 크기에는 장단점이 있다. 더 작은 배치 크기를 선택하면 더 적은 연산을 사용한다. 그러나 업데이트를 수행할 때 더 적은 데이터를 사용하므로 그 결과 노이즈[noise]가 발생할 수 있다. 한편 더 큰 배치를 선택하면 더 안정적인 업데이트가 제공되지만, 더 많은 계산이 필요하며 자칫 과적합으로 이어질 수도 있다. 업데이트를 계산할 때 그만큼 더 많은 데이터를 사용하기 때문이다.

일단 기울기를 계산하면 이것을 사용하여 매개변수를 업데이트하고 경사 하강법을 수행할 수 있다. 사실 이 설명은 다채롭고 복잡한 주제에 관한 매우 간단한 소개이므로, 주제에 관해 추가로 더 학습하는 것을 권한다. 필자는 기법이 구현되는 방식을 이해하는 데 필요한 깊이 있는 딥러닝 주제를 계속해서 다룰 것이다. 딥러닝 심화 학습은 이 책이 다루는 범위를 벗어난다.

이제 신경망에 기반을 둔 몇 가지 발전 사항을 살펴보자.

4.3 합성곱 신경망

데이비드 허블David H. Hubel[2]과 토르스튼 위즐Torsten Wiesel[3]은 1959년 고양이에게 가장자리, 위치 및 움직임을 감지하는 특화된 뉴런의 존재를 보여주는 실험을 했다. 이 연구에 영감을 받은 구니히코 후쿠시마Kunihiko Fukushima[4]는 1975년에 코그니트론cognitron을, 1980년에 네오코그니트론neocognitron을 만들었다. 이 신경망과 그에 기반을 둔 다른 신경망들은 풀링층pooling layer 및 필터filter의 초기 개념을 포함했다. 얀 르쿤Yann LeCun[5]은 1989년에 역전파로 가중치를 완전히 학습한 최신 **합성곱 신경망**convolutional neural network (CNN)을 만들었다.

CNN은 보통 이미지를 예로 들어 설명하지만, 1차원 데이터에 이러한 기술을 적용하기는 매우 쉽다.

4.3.1 필터

필터filter는 이전 계층의 연속 부분집합(예: 행렬 블록)을 가져와 다음 계층의 뉴런에 공급하는 계층이다. 이 기술은 시각의 서로 다른 영역과 모양을 또 다른 뉴런들이 담당하는 인간 눈의 수용 영역에 대한 아이디어에서 영감을 받았다.

한 계층에 6×6 행렬이 있다고 상상해보자. 크기가 4×4인 필터를 사용하여 9개의 뉴런에 공급할 수 있다. 이 작업은 입력 행렬의 하위 섹션과 필터 사이에 성분곱을 한 다음 결과를 합쳐 수행한다. 이 예에서는 출력 벡터의 첫 번째 요소에 대한 필터와 함께 (1, 1)에서 (4, 4)까지의 요소를 사용한다. 그런 다음 요소 (1, 2)에서 (4, 5)까지 두 번째 요소에 대한 필터를 곱한

2 옮긴이_ 캐나다 출신의 미국 신경생리학자다. 1981년 대뇌반구의 기능과 시각정보화 과정에 관한 연구로 토르스튼 위즐과 함께 노벨 생리학 의학상을 받았다.

3 옮긴이_ 스웨덴의 신경생리학자다.

4 옮긴이_ 인공 신경망과 딥러닝 연구로 유명한 일본 컴퓨터 과학자다.

5 옮긴이_ 머신러닝, 컴퓨터 비전, 컴퓨터 신경과학 분야를 연구하는 프랑스 컴퓨터 과학자다.

다. 또한 각 출력 뉴런에 대해 필터를 이동하는 행과 열의 개수인 스트라이드stride를 변경할 수도 있다. 만약 4×4 필터와 스트라이드가 2인 6×6 행렬이 있다면 4개의 뉴런에 공급할 수 있다. 패딩padding을 사용하면 입력 행렬에 0의 행과 열을 추가하여 가장자리의 값이 내부의 값과 동일하게 처리되도록 할 수 있다. 그렇지 않으면 가장자리에 있는 요소가 내부 요소보다 적게 사용된다.

4.3.2 풀링

풀링은 필터와 유사하게 작동한다. 단, 학습해야 할 가중치를 사용하는 대신 단순 집계가 사용된다는 점이 다르다. 연속 부분집합의 최댓값을 갖는 맥스 풀링max pooling 이 가장 일반적으로 사용된다. 그러나 평균 풀링average pooling 또는 기타 집계를 사용할 수도 있다.

풀링은 종종 새 매개변수를 추가하지 않고 입력 데이터의 크기를 줄이는 데 유용하다.

4.4 순환 신경망

생물학적 신경망 모델링에 관한 초기 연구에서는 기억과 학습이 시간에 어느 정도 의존한다고 가정했다. 그러나 지금까지 다룬 기술 중 어느 것도 이 점을 고려하지 않았다.

다층 퍼셉트론에서 우리는 하나의 예를 얻고 하나의 산출물을 생성한다. 하나의 예에 대한 순전파 단계는 다른 예의 영향을 받지 않는다. **순환 신경망**recurrent neural network (RNN)에서 우리는 이전의 예를 알고 있어야 하며 때로는 이후의 예도 알아야 한다. 예를 들어 단어를 번역하려 할 때 그 맥락을 아는 것이 중요하다.

이제 가장 일반적인 유형의 RNN은 **장단기 메모리**long short-term memory (LSTM)을 사용한다. LSTM을 이해하기 위해 오래된 기술을 먼저 설명하겠다.

4.4.1 시간에 따른 역전파

RNN의 기본 훈련 알고리즘은 **시간에 따른 역전파**backpropagation through time (BPTT)다. 이것은 네

트워크를 펼침^{unfolding}으로써 작동한다. 일련의 k 항목이 있다고 가정해보자. 개념적으로는 네트워크의 반복되는 부분을 k번 복사하여 작동한다. 실제로는 네트워크의 반복되는 부분의 매개변수와 관련하여 각 중간출력의 파생물을 편미분하여 작동한다.

시퀀스 모델링을 다루는 8장에서 BPTT를 더 자세히 살펴본다.

4.4.2 엘먼 신경망

단순 RNN 또는 SRNN이라고도 하는 **엘먼 신경망**$^{Elman\ network}$은 이전 계층의 출력을 재사용한다. 제프리 앨먼$^{Jeffrey\ Elman}$은 1990년에 엘먼 네트워크를 발명했다. 아이디어는 비교적 간단하다. 이전 예제의 출력이 문맥(맥락)^{context}을 나타내기를 원한다. 이때 다른 가중치를 사용하여 해당 출력을 현재 입력과 결합한다.

$$
\begin{aligned}
V^{(0)} &= 0 \\
1 &\leq t \leq T \\
V^{(t)} &= f_{input}(W_{input} \cdot X^{(t)} + U_{input} \cdot V^{(t-1)} + b_{input}) \\
Y^{(t)} &= f_{output}(W_{output} \cdot V^{(t)} + b_{output})
\end{aligned}
$$

보다시피 문맥은 $V^{(t-1)}$로 표시된다. 이렇게 하면 시퀀스의 모든 이전 요소에서 어느 정도의 정보가 제공된다. 이는 시퀀스가 길어질수록 매개변수에 대한 기울기에 더 많은 항이 있음을 의미한다. 이로 인해 매개변수가 무질서하게 변경될 수 있다. 이러한 우려를 줄이기 위해 훈련 시간을 늘리는 대신 훨씬 더 적은 학습률을 사용할 수 있다. 우리에게는 여전히 기울기가 폭주하거나 소멸하는 훈련을 실행할 기회가 있다. 기울기 폭주 문제$^{exploding\ gradient\ problem}$와 기울기 소실 문제$^{vanishing\ gradient\ problem}$는 매개변수의 기울기가 빠르게 증가하거나 0이 되는 경우를 가리킨다. 이 문제는 충분히 깊은 네트워크에서 발생할 수 있지만, RNN은 특히 취약하다.

$$
\frac{\partial L}{\partial W_{input}^{(i)}} = \frac{\partial L}{\partial \hat{Y}} \cdots \frac{\partial L}{\partial V^{(i,T)}} \cdot \prod_{t=2}^{T} \frac{\partial V^{(i,t)}}{\partial V^{(i,t-1)}} \cdot \frac{\partial V^{(i,1)}}{\partial W_{input}^{(i)}}
$$

긴 시퀀스의 경우 기울기가 매우 높거나 낮아질 수 있다.

4.4.3 LSTMs

장단기 메모리(LSTM)는 기울기 폭주 및 소멸 문제를 해결하고자 1997년 셉 호흐라이터Sepp Hochreiter[6]와 유르겐 슈미트후버Jurgen Schmidhuber[7]가 발명했다. 반복 단위의 상태를 제공함으로써 얼마나 오랫동안 정보를 유지해야 할지를 알 수 있다는 아이디어다. 우리는 시퀀스 요소에서 생성된 출력을 저장하고 이를 사용하여 출력을 수정할 수 있다. 이 상태는 망각forgetting이라는 개념과 연결될 수 있으므로 적절한 때 일부 기울기가 사라지도록 할 수도 있다. LSTM의 구성 요소는 다음과 같다.

$$
\begin{aligned}
v_0 &= 0 \\
c_0 &= 0 \\
1 &\leq t \leq T \\
f_t &= \sigma(W_f \cdot \vec{x}_t + U_f \cdot v^{(t-1)} + b_f) \\
i_t &= \sigma(W_i \cdot \vec{x}_t + U_i \cdot v^{(t-1)} + b_i) \\
o_t &= \sigma(W_o \cdot \vec{x}_t + U_o \cdot v^{(t-1)} + b_o) \\
\tilde{c}_t &= \tanh(W_c \cdot \vec{x}_t + U_c \cdot v^{(t-1)} + b_c) \\
c_t &= f_t \circ c_{t-1} + i_t \circ \tilde{c}_t \\
v_t &= o_t \circ \tanh(c_t)
\end{aligned}
$$

여기에는 아직 풀어야 할 내용이 많다. 우리에게 동기부여가 될 예제를 제시할 8장에서는 변형된 형태를 포함하여 더 깊이 있는 내용을 다룰 것이다.

4.5 연습 문제 1

신경망에서 일어나는 일을 수학적으로 추론할 수 있는 능력은 중요하다. 이번 장에서 언급한 네트워크의 첫 번째 계층에 대한 업데이트를 가져온다.

$$
\frac{\partial L}{\partial W^{(1)}} = \frac{1}{M} \frac{\partial L}{\partial \hat{Y}} \cdot \frac{\partial \hat{Y}}{\partial W^{(1)}}
$$

---

6 옮긴이_ 독일의 과학자. 린츠의 요하네스 케플러 대학교에서 머신러닝 연구소를 이끌었다.

7 옮긴이_ 딥러닝 및 인공 신경망 분야에서 유명한 독일의 컴퓨터 과학자다.

4.6 연습 문제 2

딥러닝을 연구할 때 일반적인 연습은 미국 국립표준기술개발연구소(MNST) 데이터셋에 분류자classifier를 구현하는 것이다. 이 분류자는 손으로 쓴 숫자의 이미지를 가져와서 어떤 숫자를 나타내는지 예측한다.

이러한 튜토리얼이 이미 수천 개 있으므로 필자가 다시 다루지는 않겠다. 텐서플로TensorFlow 튜토리얼을 사용하기를 권한다.

4.7 참고 자료

- 앤드류 응Andrew Ng의 'Deep Learning Specialization'
  - 이 과정은 딥러닝 개념에 익숙해지는 좋은 방법이다.
  - www.deeplearning.ai

- 텐서플로 튜토리얼
  - 텐서플로에는 우수한 리소스가 많다. 텐서플로 튜토리얼은 딥러닝과 텐서플로 API에 익숙해지는 방법이다.
  - www.tensorflow.org/tutorials

- 『Deep Learning(딥러닝)』(MIT 프레스, 2016)
  - 딥러닝 이론을 다루는 무료 온라인 책이다.
  - www.deeplearningbook.org

- 『파이토치로 배우는 자연어 처리』(한빛미디어, 2021)
  - 또 다른 인기 있는 딥러닝 라이브러리인 파이토치PyTorch를 사용하여 NLP를 다루는 책이다. 파이토치를 직접 다루지는 않지만 이 분야를 잘 이해하고 싶다면 파이토치를 배우는 것이 좋다.
  - www.hanbit.co.kr/store/books/look.php?p_code=B1231887279

- 『핸즈온 머신러닝(2판)』(한빛미디어, 2020)
  - 이 책은 딥러닝 외에도 다양한 머신러닝 기법을 다루고 있다.
  - www.hanbit.co.kr/store/books/look.php?p_code=B7033438574

빌딩 블록

2부에서는 자체 NLP 애플리케이션을 구축할 때 필요한 기술을 소개한다. 이러한 기술이 작동하는 방법과 이유를 이해하면, 여러 경로에서 학습한 기술을 자신의 애플리케이션에 적용하는 데 필요한 도구를 갖출 수 있다. 먼저 기본적인 텍스트 처리 작업부터 시작해보자.

Part II

빌딩 블록

5장   단어 처리

6장   정보 검색

7장   분류와 회귀

8장   케라스를 사용한 시퀀스 모델링

9장   정보 추출

10장   주제 모델링

11장   단어 임베딩

단어 처리

5장에서는 토큰화tokenization, 어휘 감소vocabulary reduction, 단어 가방bag-of-words(BOW) 및 n-gram를 포함하여 NLP를 시작할 때 적용할 수 있는 기본 단어 처리word processing 기술에 중점을 두고 설명한다. 이러한 기술과 몇 가지 기본적인 머신러닝으로 많은 작업을 해결할 수 있다. 이러한 기술을 사용하는 방법, 시기 및 이유를 알면 간단하면서도 복잡한 NLP 작업을 수행하는 데 도움이 된다. 이것이 언어학 기법에 관한 논의가 구현에 적용되는 이유다. 다른 언어로 작업할 때 고려해야 할 몇 가지 사항을 언급하겠지만, 일단은 영어로 작업하는 일에 집중하겠다. 여러 언어에 걸쳐 이러한 기술을 깊이 있게 다루기는 매우 어렵기 때문이다.

`mini_newsgroups` 데이터셋에서 데이터를 다시 로드한 다음 토큰화를 살펴보자.

```
import os

from pyspark.sql.types import *
from pyspark.ml import Pipeline

import sparknlp
from sparknlp import DocumentAssembler, Finisher

spark = sparknlp.start()

space_path = os.path.join('data', 'mini_newsgroups', 'sci.space')
texts = spark.sparkContext.wholeTextFiles(space_path)

schema = StructType([
```

```
    StructField('path', StringType()),
    StructField('text', StringType()),
])

texts = spark.createDataFrame(texts, schema=schema).persist()

## 예제를 위해 수정된 미니 뉴스 그룹에서 발췌
example = '''
Nick's right about this.  It's always easier to obtian forgiveness than
permission.  Not many poeple remember that Britan'sKng George III
expressly forbade his american subjects to cross the alleghany/appalachian
mountains.  Said subjects basically said, "Stop us if you can."  He
couldn't.
'''

example = spark.createDataFrame([('.', example)], schema=schema).persist()
```

5.1 토큰화

텍스트와 음성의 언어 데이터는 순차적인 데이터다. 순차적인 데이터로 작업할 때는 시퀀스가
무엇으로 구성되어 있는지 이해하는 것이 중요하다. 디스크와 메모리에서 텍스트 데이터는 일
련의 바이트다. UTF-8과 같은 인코딩을 사용하여 이러한 바이트를 문자로 변환한다. 이 작업
은 우리 데이터를 언어로 해석하는 첫 번째 단계다. 문자를 바이트로 인코딩하는 표준에는 합
의했으므로 이 작업은 항상 간단하다. 그러나 바이트를 문자로 바꾸는 것만으로는 우리가 원하
는 유용한 정보를 얻을 수 없다. 우리는 다음으로 일련의 문자를 단어로 바꾸어야 한다. 이를
토큰화라고 한다.

우리는 모두 '단어'가 무엇인지 직관적으로 이해하지만, 그것을 언어적으로 정의하기란 더 어렵
다. 단어를 식별하는 일은 인간에게 쉬운 작업이다. 다음과 같은 몇 가지 예를 살펴보자.

①monasticism

②globglobism

③xhbkger

④-ism

영어 사용자라면 ①을 단어로, ②를 가능한 단어로, ③을 가능하지 않은 단어로 인식할 것이다. ④는 더 까다롭다. 접미사 '–ism'은 단어에 붙이는 의존형태소$^{bound\ morpheme}$지만, 자립형태소처럼 쓰여 왔다. 실제로 중국어처럼 전통적으로 글에 단어 경계가 없는 언어들이 있다. 따라서 독립적으로 떨어져 있을 때는 무엇이 단어인지 아닌지를 인식할 수 있지만, 일련의 단어 배열에서 이를 정의하기란 더 어렵다. 이때 우리는 다음과 같은 정의를 따를 수 있다. 즉, 연속된 형태소는 그것을 분리하거나 이웃 형태소와 결합해서 문장의 의미를 바꿀 수 있다면 단어다.

영어를 비롯해 단어 구분 기호를 사용하는 기타 언어에서는 정규식으로 토큰화하는 것이 일반적이다. 몇 가지 예를 살펴보자. 먼저 공백 토크나이저를 살펴보자.

```python
from pyspark.ml.feature import RegexTokenizer

ws_tokenizer = RegexTokenizer()\
    .setInputCol('text')\
    .setOutputCol('ws_tokens')\
    .setPattern('\\s+')\
    .setGaps(True)\
    .setToLowercase(False)

text, tokens = ws_tokenizer.transform(example)\
    .select("text", "ws_tokens").first()

print(text)
```

```
Nick's right about this.  It's always easier to obtian forgiveness than
permission.  Not many poeple remember that Britan'sKng George III
expressly forbade his American subjects to cross the alleghany/appalachian
mountains.  Said subjects basically said, "Stop us if you can."  He
couldn't.
```

```python
print(tokens)
```

```
["Nick's", 'right', 'about', 'this.', "It's", 'always', 'easier', 'to',
 'obtian', 'forgiveness', 'than', 'permission.', 'Not', 'many', 'poeple',
 'remember', 'that', "Britan's", 'Kng', 'George', 'III', 'expressly',
 'forbade', 'his', 'American', 'subjects', 'to', 'cross', 'the',
 'alleghany/appalachian', 'mountains.', 'Said', 'subjects', 'basically',
 'said,', '"Stop', 'us', 'if', 'you', 'can."', 'He', "couldn't."]
```

여기에는 부족한 점이 많다. 약간의 구두점punctuation이 포함된 단어인 토큰이 많다는 걸 알 수 있다. 경계 패턴 '\b'를 추가해보자.

```
b_tokenizer = RegexTokenizer()\
    .setInputCol('text')\
    .setOutputCol('b_tokens')\
    .setPattern('\\s+|\\b')\
    .setGaps(True)\
    .setToLowercase(False)

text, tokens = b_tokenizer.transform(example)\
    .select("text", "b_tokens").first()

print(text)
```

```
Nick's right about this.  It's always easier to obtian forgiveness than
permission.  Not many poeple remember that Britan'sKng George III
expressly forbade his American subjects to cross the alleghany/appalachian
mountains.  Said subjects basically said, "Stop us if you can."  He
couldn't.
```

```
print(tokens)
```

```
['Nick', "'", 's', 'right', 'about', 'this', '.', 'It', "'", 's',
'always', 'easier', 'to', 'obtian', 'forgiveness', 'than', 'permission',
'.', 'Not', 'many', 'poeple', 'remember', 'that', 'Britan', "'", 's',
'Kng', 'George', 'III', 'expressly', 'forbade', 'his', 'American',
'subjects', 'to', 'cross', 'the', 'alleghany', '/', 'appalachian',
'mountains', '.', 'Said', 'subjects', 'basically', 'said', ',', '"',
'Stop', 'us', 'if', 'you', 'can', '."', 'He', 'couldn', "'", 't', '.']
```

구두점이 구분되어 있지만, 이제 모든 축약형contraction이 세 개의 토큰으로 나뉜다. 예를 들어 'It's'는 'It', ''', 's'가 된다.

Spark NLP에서 토크나이저는 단일 정규식보다 더 정교하다. (일반적인 입출력 열명 매개변수와는 별개로) 다음과 같은 매개변수를 사용한다.

- **compositeTokens**

  분할하지 않아도 되는 다중 토큰 단어다(예: 'New York').

- **targetPattern**

  예비 토큰을 정의하는 기본 패턴이다.

- **infixPatterns**

  예비 토큰 안에서 발견되는 토큰을 분리하는 패턴이다.

- **prefixPattern**

  예비 토큰의 시작 부분에 있는 토큰을 분리하는 패턴이다.

- **suffixPattern**

  예비 토큰의 끝에 있는 토큰을 분리하는 패턴이다.

알고리즘은 다음 단계로 작동한다.

① 복합 토큰을 보호한다.

② 예비 토큰을 생성한다.

③ 접두사, 접요사 및 접미사 패턴을 구분한다.

예를 들어보자.

```python
from sparknlp.annotator import Tokenizer

assembler = DocumentAssembler()\
    .setInputCol('text')\
    .setOutputCol('doc')
tokenizer = Tokenizer()\
    .setInputCols(['doc'])\
    .setOutputCol('tokens_annotations')
finisher = Finisher()\
    .setInputCols(['tokens_annotations'])\
    .setOutputCols(['tokens'])\
    .setOutputAsArray(True)
pipeline = Pipeline()\
    .setStages([assembler, tokenizer, finisher])

text, tokens = pipeline.fit(texts).transform(example)\
    .select("text", "tokens").first()

print(text)
```

```
Nick's right about this.  It's always easier to obtian forgiveness than
permission.  Not many poeple remember that Britan'sKng George III
expressly forbade his American subjects to cross the alleghany/appalachian
mountains.  Said subjects basically said, "Stop us if you can."  He
couldn't.
```

---

print(tokens)

```
['Nick', "'s", 'right', 'about', 'this', '.', 'It', "'s", 'always',
 'easier', 'to', 'obtian', 'forgiveness', 'than', 'permission', '.',
 'Not', 'many', 'poeple', 'remember', 'that', 'Britan', "'s", 'Kng',
 'George', 'III', 'expressly', 'forbade', 'his', 'American', 'subjects',
 'to', 'cross', 'the', 'alleghany/appalachian', 'mountains', '.', 'Said',
 'subjects', 'basically', 'said', ',', '"', 'Stop', 'us', 'if', 'you',
 'can', '.', '"', 'He', 'could', "n't", '.']
```

구두점이 분리되고 축약형이 두 개의 토큰으로 분할되는 것을 볼 수 있다. 이것은 그 단어의 직관적인 정의와 상당히 일치한다.

이제 토큰을 갖게 되었으니 어휘를 줄이는 또 다른 문제를 해결해야 한다.

5.2 어휘 감소

대부분의 NLP 작업은 텍스트를 벡터로 변환하는 작업을 포함한다. 처음에는 벡터의 차원이 어휘와 같다. 이를 수행하는 암묵적인 가정은 단어가 서로 직교orthogonality한다는 것이다. 다시 말해 'cat', 'dog' 그리고 'dogs'는 모두 다른 것으로 간주된다는 의미. 우리는 어떤 의미와 관련이 있는 단어들을 더 복잡한 벡터 공간에서 표현하고 싶다. 10장과 11장에서 그러한 표현을 다룰 것이다. 그러나 이 문제를 해결하는 더 간단한 방법이 있다.

만약 두 단어가 서로 거의 같거나 최소한 목적에 걸맞다는 걸 알면 벡터에서 같은 차원으로 표현할 수 있다. 이것은 분류, 회귀 분석 및 검색 작업에 도움이 된다. 그러면 이걸 어떻게 구현할 수 있을까? 단어가 더 작은 단어와 접사로 구성되는 방법인 형태론morphology의 지식을 사용하는 것이다.

우리는 벡터를 만들기 전에 접사를 제거할 수 있다. 이 작업을 수행하는 두 가지 기본 기술이 바로 **어간 추출**stemming과 **표제어 추출**lemmatization이다.

5.2.1 어간 추출

어간 추출은 접사affix를 제거하고 어간word stem을 남기는 과정이다. 이 작업은 삭제하거나 바꿀 글자를 결정하는 규칙 집합에 따라 수행된다. 그 주제에 관한 초기 연구가 있었지만, 결국 최초의 어간 추출 알고리즘은 1968년 줄리 베스 로빈스Julie Beth Lovins가 만들었다. 1980년에는 마틴 포터Martin Proter가 세상에 가장 잘 알려진 어간 추출 알고리즘인 포터 어간 추출기Proter Stemmer를 만들었다. 나중에 그는 어간 추출 알고리즘을 작성하는 별도의 관련 도구인 **스노볼**Snowball 프레임워크를 만들었다. 사람들은 거의 항상 미리 정의된 어간 추출기를 사용한다. 하지만 제거되어야 하는데도 제거되지 않은 접사가 있을 때나 그 반대일 때는 기존 알고리즘을 쓰거나 수정하는 게 좋다.

5.2.2 표제어 추출

표제어 추출은 단어를 기본형인 **표제어**lemma 또는 **대표어**head-word로 변경하는 과정이다. 표제어는 딕셔너리 전체의 항목을 가지는 형태다. 예를 들어 딕셔너리에서 'oxen'을 검색하면 'ox'로 리디렉션될 가능성이 높다. 알고리즘적으로 구현하기는 쉽지만, 표제어의 조회는 그때그때 사용하는 데이터에 따라 달라진다.

5.2.3 어간 추출 대 표제어 추출

어간 추출과 표제어 추출에는 각각 장단점이 있다.

- 어간 추출은 딕셔너리가 필요한 표제어 추출과는 달리, 메모리가 거의 필요 없다는 장점이 있다.
- 표제어 추출은 해시 맵 조회이므로 일반적으로 더 빠르다.
- 어간 추출은 데이터 소스 대신 알고리즘에 기반을 두므로 쉽게 조정할 수 있다.
- 표제어 추출은 실제 단어를 반환하므로 검사 결과가 더 쉬워진다.

사용하는 방법은 작업task 및 리소스 제약 조건에 따라 다음과 같이 달라진다.

- **어간 추출을 사용하는 경우**
  - 어휘를 얼마나 줄일지 조정해야 한다.
  - 메모리 제약이 엄격하고 시간 제약이 적다.
  - 새 단어나 알 수 없는 단어가 많이 필요하다.

- **표제어 추출을 사용하는 경우**
  - 사용자에게 노출되는 처리 결과가 필요하다.
  - 시간 제약이 심하고 메모리 제약이 적다.

Spark NLP에서 어간 추출 및 표제어 추출을 사용하는 몇 가지 예를 살펴보자.

```python
from sparknlp.annotator import Stemmer, Lemmatizer, LemmatizerModel

assembler = DocumentAssembler()\
    .setInputCol('text')\
    .setOutputCol('doc')
tokenizer = Tokenizer()\
    .setInputCols(['doc'])\
    .setOutputCol('tokens_annotations')
stemmer = Stemmer()\
    .setInputCols(['tokens_annotations'])\
    .setOutputCol('stems_annotations')
# 다음 라인은 lemmatier에 'model'을 다운로드한다.
# 여기에서 'training'은 사용자가 제공한 딕셔너리를 읽고 있다.
lemmatizer = LemmatizerModel.pretrained()\
    .setInputCols(['tokens_annotations'])\
    .setOutputCol('lemma_annotations')
finisher = Finisher()\
    .setInputCols(['stems_annotations', 'lemma_annotations'])\
    .setOutputCols(['stems', 'lemmas'])\
    .setOutputAsArray(True)

pipeline = Pipeline()\
    .setStages([
        assembler, tokenizer, stemmer, lemmatizer, finisher])
text, stems, lemmas = pipeline.fit(texts).transform(example)\
    .select("text", "stems", "lemmas").first()

print(text)
```

```
Nick's right about this.  It's always easier to obtian forgiveness than
permission.  Not many poeple remember that Britan'sKng George III
expressly forbade his American subjects to cross the alleghany/appalachian
mountains.  Said subjects basically said, "Stop us if you can."  He
couldn't.
```

---

print(stems)

```
['nick', "'", 'right', 'about', 'thi', '.', 'it', "'", 'alwai', 'easier',
'to', 'obtian', 'forgiv', 'than', 'permiss', '.', 'not', 'mani', 'poepl',
'rememb', 'that', 'britan', "'", 'kng', 'georg', 'iii', 'expressli',
'forbad', 'hi', 'american', 'subject', 'to', 'cross', 'the',
'alleghany/appalachian', 'mountain', '.', 'said', 'subject', 'basic',
'said', ',', '"', 'stop', 'u', 'if', 'you', 'can', '.', '"', 'he',
'could', "n't", '.']
```

---

print(lemmas)

```
['Nick', 'have', 'right', 'about', 'this', '.', 'It', 'have', 'always',
'easy', 'to', 'obtian', 'forgiveness', 'than', 'permission', '.', 'Not',
'many', 'poeple', 'remember', 'that', 'Britan', 'have', 'Kng', 'George',
'III', 'expressly', 'forbid', 'he', 'American', 'subject', 'to', 'cross',
'the', 'alleghany/appalachian', 'mountain', '.', 'Said', 'subject',
'basically', 'say', ',', '"', 'Stop', 'we', 'if', 'you', 'can', '.', '"',
'He', 'could', 'not', '.']
```

참고할 몇 가지 예는 다음과 같다.

- 'forbade'라는 단어는 'forbad'로 어간 추출되고 'forbid'로 표제어 추출된다.

- 축약한 'n't'는 어간 추출의 영향을 받지 않지만, 표제어 추출은 이것을 'not'으로 변환한다.

- 'forgiveness'라는 단어는 'forgiv'로 어간 추출되지만 표제어 추출에는 영향을 받지 않는다.

- 'Dritain's'(소유격)이라는 딘어는 ["britain","'"]으로 어간 추출되지만 표제어 추출할 때 ["Britain", "have"]로 잘못 표기된다.

5.2.4 맞춤법 교정

어휘 감소에서 자주 간과되는 측면은 철자 오류다. 작성자가 편집하거나 교정하지 않는 텍스트에서는 (소수 언어가 그 비중보다 과대평가되는) 롱테일 언어를 만들어 낼 수 있다. 설상가상으로 틀린 철자가 적당한 보통 토큰이 될 만한 실수도 흔한데, 이를 제거하기란 매우 어렵다.

Spark NLP에는 맞춤법을 교정하는 두 가지 방법이 있다. 첫 번째는 대칭 삭제symmetric delete 철자 교정 알고리즘으로, 검색할 때 정확한 단어셋이 필요하다. 이 어휘는 사전 또는 신뢰할 수 있는 말뭉치에서 제공한다. 울프 가베Wolf Garbe의 SymSpell 프로젝트에 기반을 둔 접근법이다.

또 다른 접근법은 피터 노빅Peter Norvig의 철자 교정 알고리즘으로, 간단한 확률 모델을 생성하여 작동한다. 이 접근법에는 정확한 어휘가 필요하지만, 가능성이 가장 높은 단어, 즉 주어진 단어와 일정한 편집 거리를 가진 신뢰할 수 있는 말뭉치에서 가장 빈번한 단어를 제시한다.

사전 훈련된 노빅 철자 교정법을 살펴보자.

```
from sparknlp.annotator import NorvigSweetingModel
from sparknlp.annotator import SymmetricDeleteModel

# 노빅 사전 훈련
assembler = DocumentAssembler()\
    .setInputCol('text')\
    .setOutputCol('doc')
tokenizer = Tokenizer()\
    .setInputCols(['doc'])\
```

```
    .setOutputCol('tokens_annotations')
norvig_pretrained = NorvigSweetingModel.pretrained()\
    .setInputCols(['tokens_annotations'])\
    .setOutputCol('norvig_annotations')
finisher = Finisher()\
    .setInputCols(['norvig_annotations'])\
    .setOutputCols(['norvig'])\
    .setOutputAsArray(True)

pipeline = Pipeline()\
    .setStages([
    assembler, tokenizer, norvig_pretrained, lemmatizer, finisher])
text, norvig = pipeline.fit(texts).transform(example)\
    .select("text", "norvig").first()
```

print(text)

```
Nick's right about this.  It's always easier to obtian forgiveness than
permission.  Not many poeple remember that Britan'sKng George III
expressly forbade his American subjects to cross the alleghany/appalachian
mountains.  Said subjects basically said, "Stop us if you can."  He
couldn't.
```

---

print(norvig)

```
['Nick', "'s", 'right', 'about', 'this', '.', 'It', "'s", 'always',
 'easier', 'to', 'obtain', 'forgiveness', 'than', 'permission', '.', 'Not',
 'many', 'people', 'remember', 'that', 'Britain', "'s",  'George',
 'III', 'expressly', 'forbade', 'his', 'Americana', 'subjects', 'to',
 'cross', 'the', 'alleghany/appalachian', 'mountains', '.', 'Said',
 'subjects', 'basically', 'said', ',', '"', 'Stop', 'us', 'if', 'you',
 'can', '.', '"', 'He', 'could', "n't", '.']
```

우리는 'obtain', 'people', 'Britan'이 모두 교정된 것을 알 수 있다. 하지만 'Kng'는 누락되고 'American'은 'Americana.'로 변환되었다. 후자이 두 가지 실수는 대문자기 원인일 수 있으며 이는 확률 모델과의 일치를 더 어렵게 만든다.

5.2.5 정규화

정규화normalization는 휴리스틱 기반heuristic-based 정리 단계다. 웹에서 스크랩한 데이터를 처리할 때 태그나 HTML 인코딩과 같은 HTML 아티팩트artifact[1]가 남아 있는 경우는 흔하다. 이러한 부산물을 제거하면 어휘를 상당수 줄일 수 있다. 예를 들어 여러분의 작업에 숫자 또는 알파벳이 아닌 기타 문자가 필요하지 않다면, 정규화로 이들을 제거할 수도 있다.

```python
from sparknlp.annotator import Normalizer

assembler = DocumentAssembler()\
    .setInputCol('text')\
    .setOutputCol('doc')
tokenizer = Tokenizer()\
    .setInputCols(['doc'])\
    .setOutputCol('tokens_annotations')
norvig_pretrained = NorvigSweetingModel.pretrained()\
    .setInputCols(['tokens_annotations'])\
    .setOutputCol('norvig_annotations')
lemmatizer = LemmatizerModel.pretrained()\
    .setInputCols(['norvig_annotations'])\
    .setOutputCol('lemma_annotations')
normalizer = Normalizer()\
    .setInputCols(['lemma_annotations'])\
    .setOutputCol('normtoken_annotations')\
    .setLowercase(True)
finisher = Finisher()\
    .setInputCols(['normtoken_annotations'])\
    .setOutputCols(['normtokens'])\
    .setOutputAsArray(True)

sparknlp_pipeline = Pipeline().setStages([
    assembler, tokenizer, norvig_pretrained,
    lemmatizer, normalizer, finisher
])

pipeline = Pipeline()\
    .setStages([
        assembler, tokenizer, norvig_pretrained,
        lemmatizer, normalizer, finisher])
text, normalized = pipeline.fit(texts).transform(example)\
```

---

1 옮긴이_ 사전적 의미로 '인공물'이라는 뜻이며 애플리케이션을 사용하면서 생성되는 흔적을 말한다.

```
                .select("text", "normtokens").first()
```

print(text)

```
Nick's right about this.  It's always easier to obtian forgiveness
than permission.  Not many poeple remember that Britan'sKng
George III expressly forbade his american subjects to cross the
alleghany/appalachian mountains.  Said subjects basically said,
"Stop us if you can."  He couldn't.
```

---

print(normalized)

```
['nicks', 'right', 'about', 'this', 'itys', 'always', 'easy', 'to',
 'obtain', 'forgiveness', 'than', 'permission', 'not', 'many',
 'people', 'remember', 'that', 'britans', 'kng', 'george', 'iii',
 'expressly', 'forbid', 'he', 'americana', 'subject', 'to', 'cross',
 'the', 'alleghanyappalachian', 'mountain', 'said', 'subject',
 'basically', 'say', 'stop', 'we', 'if', 'you', 'can', 'he',
 'couldnt']
```

5.3 단어 가방

비슷한 단어와 철자가 틀린 단어를 결합하고 HTML 부산물을 제거함으로써 어휘를 줄인 지금, 작업 중인 어휘가 문서의 내용을 현실적으로 반영했다고 확신할 수 있다. 다음 단계는 이 단어들을 모델의 벡터로 바꾸는 것이다. 이를 수행하는 많은 기술이 있지만, 우리는 **단어 가방**^{bag-of-words}(BoW)이라 불리는 가장 간단한 접근 방식부터 시작할 것이다. (다중집합^{multiset}이라고도 하는) bag은 각 요소에 개수가 있는 집합을 가리킨다. 파이썬의 컬렉션 중에 Counter에 익숙하다면 금방 이해할 수 있을 것이다. 즉 BoW란 우리 문서에 있는 단어의 개수를 말한다. 일단 이 숫자를 갖게 되면 우리는 긱긱의 고유한 단어를 인덱스에 매핑함으로써 ⨼틀을 벡터로 바꾼다.

파이썬의 Counter를 사용한 간단한 예를 살펴보자.

```
text = "the cat in the hat"
tokens = text.split()
tokens
```

```
['the', 'cat', 'in', 'the', 'hat']
```

```
from collections import Counter

counts = Counter(tokens)
counts
```

```
Counter({'the': 2, 'cat': 1, 'in': 1, 'hat': 1})
```

```
index = {token: ix for ix, token in enumerate(counts.keys())}
index
```

```
{'the': 0, 'cat': 1, 'in': 2, 'hat': 3}
```

```
import numpy as np

vec = np.zeros(len(index))

for token, count in counts.items():
    vec[index[token]] = count

vec
```

```
array([2., 1., 1., 1.])
```

우리가 가지고 있는 예는 오직 하나의 문서에 관한 것이다. 만약 큰 말뭉치에서 작업하는 경우라면 인덱스는 하나의 문서에서 찾을 수 있는 것보다 훨씬 많은 단어를 가질 것이다. 보통 하나의 문서에는 수십 개에서 수백 개의 고유한 단어가 포함되지만, 말뭉치 어휘 수는 수만 개에서 수십만 개에 달하는 일이 흔하다. 이러한 이유로 우리는 벡터가 **희소**sparse하기를 원한다.

희소 벡터sparse vector는 0이 아닌 값만 저장되는 벡터다. 일반적으로 인덱스부터 값까지 연관 배열associative array, 맵map 또는 딕셔너리dictionary로 구현된다. BoW와 같은 희소 데이터의 경우 많은 공간을 절약할 수 있지만, 모든 알고리즘이 희소 벡터와 호환되는 방식으로 구현되지는 않는다.

스파크에서는 CountVectorizer를 사용하여 BoW를 생성할 수 있다.

5.4 CountVectorizer

```python
from pyspark.ml.feature import CountVectorizer

assembler = DocumentAssembler()\
    .setInputCol('text')\
    .setOutputCol('doc')
tokenizer = Tokenizer()\
    .setInputCols(['doc'])\
    .setOutputCol('tokens_annotations')
norvig_pretrained = NorvigSweetingModel.pretrained()\
    .setInputCols(['tokens_annotations'])\
    .setOutputCol('norvig_annotations')
lemmatizer = LemmatizerModel.pretrained()\
    .setInputCols(['norvig_annotations'])\
    .setOutputCol('lemma_annotations')
normalizer = Normalizer()\
    .setInputCols(['lemma_annotations'])\
    .setOutputCol('normtoken_annotations')\
    .setLowercase(True)
finisher = Finisher()\
    .setInputCols(['normtoken_annotations'])\
    .setOutputCols(['normtokens'])\
    .setOutputAsArray(True)

sparknlp_pipeline = Pipeline().setStages([
    assembler, tokenizer, norvig_pretrained,
    lemmatizer, normalizer, finisher
])

count_vectorizer = CountVectorizer()\
```

```
        .setInputCol('normtokens')\
        .setOutputCol('bows')

pipeline = Pipeline().setStages([sparknlp_pipeline, count_vectorizer])
model = pipeline.fit(texts)
processed = model.transform(example)
text, normtokens, bow = processed\
        .select("text", "normtokens", 'bows').first()

print(text)
```

```
Nick's right about this.  It's always easier to obtian forgiveness than
permission.  Not many poeple remember that Britan'sKng George III
expressly forbade his American subjects to cross the alleghany/appalachian
mountains.  Said subjects basically said, "Stop us if you can."  He
couldn't.
```

```
print(normtokens)
```

```
['nick', 'have', 'right', 'about', 'this', 'it', 'have', 'always', 'easy',
'to', 'obtain', 'forgiveness', 'than', 'permission', 'not', 'many',
'people', 'remember', 'that', 'britain', 'have', 'kng', 'george', 'iii',
'expressly', 'forbid', 'he', 'american', 'subject', 'to', 'cross', 'the',
'alleghanyappalachian', 'mountain', 'said', 'subject', 'basically', 'say',
'stop', 'we', 'if', 'you', 'can', 'he', 'could', 'not']
```

BoW를 살펴보자. 이것은 희소 벡터이므로 요소는 어휘와 발생 횟수에 대한 인덱스들이다. 예를 들어 7:3.0은 이 문서에서 어휘의 일곱 번째 단어가 문서에 세 번 나온다는 의미다.

```
bow
```

```
SparseVector(5319, {0: 1.0, 3: 2.0, 7: 3.0, 9: 1.0, 10: 1.0, 14: 2.0, 15:
1.0, 17: 1.0, 28: 1.0, 30: 1.0, 31: 2.0, 37: 1.0, 52: 1.0, 67: 1.0, 79:
2.0, 81: 1.0, 128: 1.0, 150: 1.0, 182: 1.0, 214: 1.0, 339: 1.0, 369: 1.0,
439: 1.0, 459: 1.0, 649: 1.0, 822: 1.0, 953: 1.0, 1268: 1.0, 1348: 1.0,
1698: 1.0, 2122: 1.0, 2220: 1.0, 3149: 1.0, 3200: 1.0, 3203: 1.0, 3331:
1.0, 3611: 1.0, 4129: 1.0, 4840: 1.0})
```

CountVectorizerModel로부터 학습한 어휘를 얻을 수 있다. 이것은 단어 목록이다. 앞의 예에서는 일곱 번째 단어가 문서에 세 번 나온다고 했다. 이 어휘를 보면 'have'가 세 번 나온다는 뜻이다.

```
count_vectorizer_model = model.stages[-1]

vocab = count_vectorizer_model.vocabulary
print(vocab[:20])
```

```
['the', 'be', 'of', 'to', 'and', 'a', 'in', 'have', 'for', 'it', 'that',
 'i', 'on', 'from', 'not', 'you', 'space', 'this', 'they', 'as']
```

이 작업의 단점은 단어의 배열, 즉 구문에 의해 전달되는 의미를 잃는다는 것이다. 자연어의 구문 분석이 어렵다고 말하는 건 절제된 표현이다. 다만 다행스럽게도 구문에 인코딩된 모든 정보가 필요한 것은 아니다.

5.5 n-gram

BoW를 사용할 때의 주요 단점은 개별 단어와 문서 전체 문맥^{context}으로 인코딩된 의미만 사용한다는 점이다. 언어는 국소 문맥^{local context}에서도 많은 의미를 내포한다. 구문 분석은 말할 것도 없고 모델링하기도 어렵다. 다행히 n-gram을 사용하면 복잡한 구문 분석기를 사용하지 않고도 문맥의 일부를 추출할 수 있다.

슁글^{shingles}이라고도 부르는 n-gram은 일련의 텍스트에 있는 n개 항목의 연속된 단어로, 작은 문맥에서 정보를 추출할 수 있다. 이것은 우리가 구문에서 수집할 수 있는 정보의 첫 번째 근사치^{approximation}를 제공한다. 로컬 문맥에도 명백하게 추출된 구조적 정보가 있기 때문이다. 많은 애플리케이션에서 n-gram은 필요한 정보를 추출하기에 충분하다.

n 값이 낮을 때는 특별한 이름이 붙는다. 예를 들어 1-gram은 유니그램^{unigram}, 2-grams는 바이그램^{bigram}, 3-grams는 트라이그램^{trigram}이라고 부른다. 3보다 큰 값은 일반적으로 4-grams와 같이 '숫자 + gram(s)'과 같이 부른다.

n-gram의 몇 가지 예를 살펴보자.

```
text = "the quick brown fox jumped over the lazy dog"
tokens = ["the", "quick", "brown", "fox", "jumped", "over", "the", "lazy", "dog"]
unigrams = [('the',), ('quick',), ('brown',), ('fox',), ('jumped',), ('over',),
('the',), ('lazy',), ('dog',)]
bigrams = [('the', 'quick'), ('quick', 'brown'), ('brown', 'fox'), ('fox', 'jumped'),
('jumped', 'over'), ('over', 'the'), ('the', 'lazy'), ('lazy', 'dog')]
trigrams = [('the', 'quick', 'brown'), ('quick', 'brown', 'fox'), ('brown', 'fox',
'jumped'), ('fox', 'jumped', 'over'), ('jumped', 'over', 'the'), ('over', 'the',
'lazy'), ('the', 'lazy', 'dog')]
```

우리는 여전히 n을 결정해야 한다. 일반적으로 n은 4보다 작다. 애플리케이션에서 중요하다고 생각하는 가장 큰 다중 단어 구문을 떠올려보자. 이것은 보통 문서의 길이가 얼마나 되고 언어는 얼마나 전문적일지 예상되는 정도에 따라 다르다. 예를 들어 병원 의료 기록이나 고도의 전문적인 언어로 구성된 긴 문서에서는 3, 4 또는 5-gram이 유용할 수 있다. 반면 비공식 언어로 이루어지는 트윗tweet이나 짧은 문서의 경우에는 바이그램으로 충분하다.

몇 가지 예를 살펴보자.

```
from pyspark.ml.feature import NGram

bigrams = NGram()\
    .setN(2)\
    .setInputCol("normtokens")\
    .setOutputCol("bigrams")
trigrams = NGram()\
    .setN(3)\
    .setInputCol("normtokens")\
    .setOutputCol("trigrams")

pipeline = Pipeline().setStages([sparknlp_pipeline, bigrams, trigrams])
model = pipeline.fit(texts)
processed = model.transform(example)
text, normtokens, bigrams, trigrams = processed\
    .select("text", "normtokens", 'bigrams', 'trigrams').first()

print(text)
```

Nick's right about this. It's always easier to obtian forgiveness than
permission. Not many poeple remember that Britan's Kng George III
expressly forbade his American subjects to cross the alleghany/appalachian
mountains. Said subjects basically said, "Stop us if you can." He
couldn't.

---

print(normtokens)

```
['nick', 'have', 'right', 'about', 'this', 'it', 'have', 'always', 'easy',
'to', 'obtain', 'forgiveness', 'than', 'permission', 'not', 'many',
'people', 'remember', 'that', 'britain', 'have', 'kng', 'george', 'iii',
'expressly', 'forbid', 'he', 'american', 'subject', 'to', 'cross', 'the',
'alleghanyappalachian', 'mountain', 'said', 'subject', 'basically', 'say',
'stop', 'we', 'if', 'you', 'can', 'he', 'could', 'not']
```

---

print(bigrams)

```
['nick have', 'have right', 'right about', 'about this', 'this it',
'it have', 'have always', 'always easy', 'easy to', 'to obtain',
'obtain forgiveness', 'forgiveness than', 'than permission',
'permission not', 'not many', 'many people', 'people remember',
'remember that', 'that britain', 'britain have', 'have kng', 'kng george',
'george iii', 'iii expressly', 'expressly forbid', 'forbid he',
'he american', 'american subject', 'subject to', 'to cross', 'cross the',
'the alleghanyappalachian', 'alleghanyappalachian mountain',
'mountain said', 'said subject', 'subject basically', 'basically say',
'say stop', 'stop we', 'we if', 'if you', 'you can', 'can he', 'he could',
'could not']
```

---

print(trigrams)

```
['nick have right', 'have right about', 'right about this',
'about this it', 'this it have', 'it have always', 'have always easy',
'always easy to', 'easy to obtain', 'to obtain forgiveness',
'obtain forgiveness than', 'forgiveness than permission',
'than permission not', 'permission not many', 'not many people',
'many people remember', 'people remember that', 'remember that britain',
```

```
'that britain have', 'britain have kng', 'have kng george',
'kng george iii', 'george iii expressly', 'iii expressly forbid',
'expressly forbid he', 'forbid he american', 'he american subject',
'american subject to', 'subject to cross', 'to cross the',
'cross the alleghanyappalachian', 'the alleghanyappalachian mountain',
'alleghanyappalachian mountain said', 'mountain said subject',
'said subject basically', 'subject basically say', 'basically say stop',
'say stop we', 'stop we if', 'we if you', 'if you can', 'you can he',
'can he could', 'he could not']
```

5.6 시각화: 단어 및 문서 분산

토큰을 추출하는 방법을 배웠으니 이제 데이터셋을 시각화하는 방법을 살펴볼 수 있다. 두 가지 시각화 방법을 살펴보자. mini_newsgroups 데이터셋 중 우주space 뉴스 그룹과 자동차autos 뉴스 그룹에서의 **단어 빈도**word frequency와 **단어 클라우드**word cloud[2]다. 서로 같은 정보를 나타내지만 표현 방식은 다르다.

```
from sparknlp.pretrained import PretrainedPipeline

space_path = os.path.join('data', 'mini_newsgroups', 'sci.space')
space = spark.sparkContext.wholeTextFiles(space_path)

schema = StructType([
    StructField('path', StringType()),
    StructField('text', StringType()),
])

space = spark.createDataFrame(space, schema=schema).persist()

sparknlp_pipeline = PretrainedPipeline(
    'explain_document_ml', lang='en').model

normalizer = Normalizer()\
    .setInputCols(['lemmas'])\
    .setOutputCol('normalized')\
```

---

2 옮긴이_ 자료의 빈도를 시각적으로 나타내는 시각화 방법 중 하나다.

```
        .setLowercase(True)

finisher = Finisher()\
    .setInputCols(['normalized'])\
    .setOutputCols(['normalized'])\
    .setOutputAsArray(True)

count_vectorizer = CountVectorizer()\
    .setInputCol('normalized')\
    .setOutputCol('bows')

pipeline = Pipeline().setStages([
    sparknlp_pipeline, normalizer, finisher, count_vectorizer])
model = pipeline.fit(space)
processed = model.transform(space)

vocabulary = model.stages[-1].vocabulary
word_counts = Counter()

for row in processed.toLocalIterator():
    for ix, count in zip(row['bows'].indices, row['bows'].values):
        word_counts[vocabulary[ix]] += count

from matplotlib import pyplot as plt
%matplotlib inline

y = list(range(20))
top_words, counts = zip(*word_counts.most_common(20))

plt.figure(figsize=(10, 8))
plt.barh(y, counts)
plt.yticks(y, top_words)
plt.show()
```

다음 [그림 5-1]은 우주 뉴스 그룹의 단어 빈도를 보여준다.

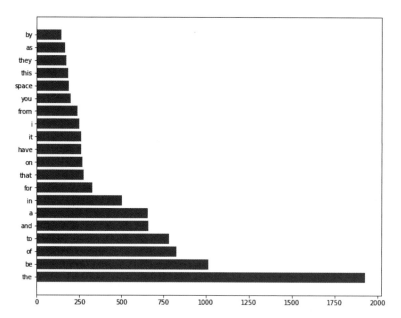

그림 5-1 우주 뉴스 그룹의 단어 빈도

```
from wordcloud import WordCloud

plt.figure(figsize=(10, 8))
wc = WordCloud(colormap='Greys', background_color='white')
im = wc.generate_from_frequencies(word_counts)
plt.imshow(im, interpolation='bilinear')
plt.axis("off")
plt.title('sci.space')

plt.show()
```

다음 [그림 5-2]는 우주 뉴스 그룹에서의 단어 클라우드를 보여준다.

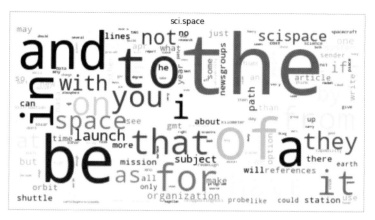

그림 5-2 우주 뉴스 그룹의 문서에 대한 단어 클라우드

```
autos_path = os.path.join('data', 'mini_newsgroups', 'rec.autos')
autos = spark.sparkContext.wholeTextFiles(autos_path)

schema = StructType([
    StructField('path', StringType()),
    StructField('text', StringType()),
])

autos = spark.createDataFrame(autos, schema=schema).persist()

model = pipeline.fit(autos)
processed = model.transform(autos)

vocabulary = model.stages[-1].vocabulary
word_counts = Counter()

for row in processed.toLocalIterator():
    for ix, count in zip(row['bows'].indices, row['bows'].values):
        word_counts[vocabulary[ix]] += count

y = list(range(20))
top_words, counts = zip(*word_counts.most_common(20))

plt.figure(figsize=(10, 8))
plt.barh(y, counts)
plt.yticks(y, top_words)
plt.show()
```

다음 [그림 5-3]은 자동차 뉴스 그룹에 대한 단어 빈도를 보여준다.

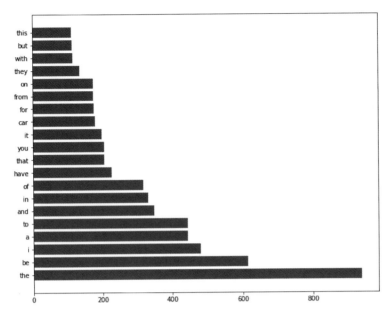

그림 5-3 자동차 뉴스 그룹 문서의 단어 빈도

```
from wordcloud import WordCloud

plt.figure(figsize=(10, 8))
wc = WordCloud(colormap='Greys', background_color='white')
im = wc.generate_from_frequencies(word_counts)
plt.imshow(im, interpolation='bilinear')
plt.axis("off")
plt.title('rec.autos')

plt.show()
```

다음 [그림 5-4]는 자동차 뉴스 그룹에서의 단어 클라우드를 보여준다.

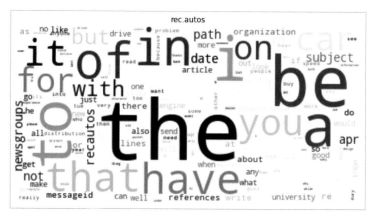

그림 5-4 자동차 뉴스 그룹의 문서에 대한 단어 클라우드

이제 텍스트를 시각화할 수 있다. 그러나 그들은 비슷한 단어를 가진다. 다음 장에서는 이 문제를 해결하는 방법을 알아본다.

5.7 연습 문제

우리는 유니그램을 시각화했지만 공통 단어에 문제가 있다. n-gram을 시각화해보자. 바이그램과 트라이그램을 사용해보자.

5.8 참고 자료

- 구글 엔그램 뷰어Google Ngram Viewer
  - 구글은 역사를 통해 책에서 n-gram의 발생을 볼 수 있는 방법을 제공한다.
  - *books.google.com/ngrams*
- Hunspell
  - Hunspell은 맞춤법 검사 및 형태학적 분석에 매우 광범위하게 쓰이는 라이브러리다.
  - *hunspell.github.io*

## CHAPTER 6

정보 검색

우리는 5장에서 말뭉치를 특성화하기 어렵게 만드는 흔한 단어를 발견했다. 이것은 다른 종류의 NLP 작업에 관한 문제다. 다행히도 정보 검색^{information retrieval} 분야에서는 다양한 NLP 애플리케이션을 개선하는 데 사용할 수 있는 많은 기술이 개발되어 있다.

앞서 텍스트 데이터가 존재하는 방식에 관해 이야기했으며 지금도 매일 더 많은 데이터가 생성되고 있다. 이러한 데이터를 적절히 관리하고 검색할 방법이 필요하다. ID나 제목이 있으면 당연히 해당 데이터에 인덱스를 달 수 있겠지만, 콘텐츠별로는 어떻게 검색할까? 정형 데이터를 사용하면 논리식^{logical expression}을 만들고 식을 충족하는 모든 행을 검색할 수 있다. 이 작업은 텍스트로 수행할 수도 있지만 정확하지는 않다.

정보 검색의 토대는 컴퓨터보다 앞선다. 정보 검색은 대규모 정보 집합, 특히 텍스트 데이터의 정보에서 특정 정보를 찾는 방법에 초점을 맞춘다. 정보 검색에서 가장 일반적인 작업 유형은 검색, 즉 문서 검색^{document search}이다.

다음은 문서 검색의 구성 요소다.

- **Query q**
  찾고 있는 문서 또는 문서의 종류를 설명하는 논리적 문장

- **Query term q_t**
  쿼리 용어, 일반적으로 토큰

- **Corpus of documents D**
  문서 모음

- **Document d**

  문서를 설명하는 용어 t_d가 있는 D의 문서

- **Ranking function r(q, D)**

  쿼리 q와의 관련성에 따라 D의 문서 순위를 매기는 함수

- **Result R**

  문서 순위 목록

이러한 구성 요소를 구현하는 방법을 알아보기 전에 기술적 문제를 고려해야 한다. 문서에 포함된 정보에 기반을 두고 문서에 빠르게 액세스하려면 어떻게 해야 할까? 모든 문서를 스캔해야 한다면 대량의 문서를 검색할 수 없다. 이 문제를 해결하기 위해서 우리는 **역 인덱스**inverted index를 사용한다.

6.1 역 인덱스

원래 **인덱싱**(색인화)은 정보를 더 쉽게 검색할 수 있도록 구성하고 레이블을 지정하는 수단이었다. 예를 들어 도서관은 인덱스를 사용하여 책을 구성하고 찾는다. 듀이 십진분류법The Dewey Decimal Classification (DDC)[1]은 책의 주제를 바탕으로 인덱싱하는 방법이다. 또한 제목, 저자, 출판일 등을 기준으로 인덱스를 만들 수도 있다. 또 다른 종류의 인덱스는 종종 책 뒷부분에서 찾을 수 있다. 이는 책에 나온 개념을 어느 페이지에서 확인할 수 있는지 적혀있는 목록이다.

역 인덱스에서 인덱스는 기존의 전통적인 인덱스와는 약간 다르다. 대신 인덱스의 수학적인 개념, 즉 집합의 요소에 인덱스를 할당하는 것에서 영감을 얻는다. 문서 D를 기억하자. 각 문서에 숫자를 지정하여 정수integer에서 문서로의 매핑(i -> d)을 만들 수 있다.

DataFrame에 대한 인덱스를 만들어보자. 보통 데이터 저장소에 역 인덱스를 저장하여 빠른 검색을 실현한다. 스파크 DataFrame은 빠른 검색용은 아니다. 검색에 쓰이는 도구를 알아보자.

---

1 옮긴이_ 멜빌 듀이(Melvil Dewey)가 1876년에 고안한 도서 분류 체계다.

6.1.1 역 인덱스 작성

스파크에서 역 인덱스를 작성하는 방법을 살펴보자. 우리가 따라야 할 단계는 다음과 같다.

① 데이터를 로드한다.

② 인덱스를 생성한다(i -> d*)

　– 스파크를 사용 중이므로 행row에 이 인덱스를 생성한다.

③ 텍스트를 처리한다.

④ 용어에서 문서로 역 인덱스를 생성한다(t_d -> i*).

1단계

`mini_newsgroups` 데이터셋에 대한 역 인덱스를 생성한다.

```python
import os

from pyspark.sql.types import *
from pyspark.sql.functions import collect_set
from pyspark.sql import Row
from pyspark.ml import Pipeline

import sparknlp
from sparknlp import DocumentAssembler, Finisher
from sparknlp.annotator import *

spark = sparknlp.start()

path = os.path.join('data', 'mini_newsgroups', '*')
texts = spark.sparkContext.wholeTextFiles(path)

schema = StructType([
    StructField('path', StringType()),
    StructField('text', StringType()),
])

texts = spark.createDataFrame(texts, schema=schema).persist()
```

2단계

이제 인덱스를 생성해야 한다. 스파크는 데이터가 분산되어 있다고 가정하므로 인덱스를 할당하려면 하위 수준의 RDD API를 사용해야 한다. zipWithIndex는 워커[worker]의 데이터를 정렬하고 인덱스를 할당한다.

```
rows_w_indexed = texts.rdd.zipWithIndex()
(path, text), i = rows_w_indexed.first()

print(i)
print(path)
print(text[:200])
```

```
0
file:/home/alext/projects/spark-nlp-book/data/mini_...
Xref: cantaloupe.srv.cs.cmu.edu sci.astro:35223 sci.space:61404
Newsgroups: sci.astro,sci.space
Path: cantaloupe.srv.cs.cmu.edu!das-news.harvard.edu!...
```

이제 인덱스를 만들었으므로 이전과 같이 DataFrame을 생성해야 한다. 단, 인덱스는 행에 추가해야 한다. 다음 [표 6-1]은 결과를 보여준다.

```
indexed = rows_w_indexed.map(
    lambda row_index: Row(
        index=row_index[1],
        **row_index[0].asDict())
)
(i, path, text) = indexed.first()

indexed_schema = schema.add(StructField('index', IntegerType()))

indexed = spark.createDataFrame(indexed, schema=indexed_schema)\
    .persist()

indexed.limit(10).toPandas()
```

표 6-1 인덱싱된 문서

	path	text	index
0	file:/.../spark—nlp—book/data/m...	Newsgroups: rec.motorcycles\nFrom: lisa@alex.c...	0
1	file:/.../spark—nlp—book/data/m...	Path: cantaloupe.srv.cs.cmu.edu!das—news.harva...	1
2	file:/.../spark—nlp—book/data/m...	Newsgroups: rec.motorcycles\nPath: cantaloupe...	2
3	file:/.../spark—nlp—book/data/m...	Xref: cantaloupe.srv.cs.cmu.edu rec.motorcycle...	3
4	file:/.../spark—nlp—book/data/m...	Path: cantaloupe.srv.cs.cmu.edu!das—news.harva...	4
5	file:/.../spark—nlp—book/data/m...	Path: cantaloupe.srv.cs.cmu.edu!magnesium.club...	5
6	file:/.../spark—nlp—book/data/m...	Newsgroups: rec.motorcycles\nPath: cantaloupe...	6
7	file:/.../spark—nlp—book/data/m...	Newsgroups: rec.motorcycles\nPath: cantaloupe....	7
8	file:/.../spark—nlp—book/data/m...	Path: cantaloupe.srv.cs.cmu.edu!rochester!udel...	8
9	file:/.../spark—nlp—book/data/m...	Path: cantaloupe.srv.cs.cmu.edu!crabapple.srv....	9

각 문서 d는 용어 t_d의 모음이다. 따라서 인덱스는 정수에서 용어 모음으로 매핑한다. 반대로 역 인덱스는 용어 t_d에서 정수로 매핑한다(inv-index: t_d -> i, j, k, ...). 이렇게 하면 주어진 용어가 포함된 문서를 빠르게 검색할 수 있다.

3단계

이제 텍스트를 처리해보자([표 6-2] 참조).

```python
from sparknlp.pretrained import PretrainedPipeline

assembler = DocumentAssembler()\
    .setInputCol('text')\
    .setOutputCol('document')
tokenizer = Tokenizer()\
    .setInputCols(['document'])\
    .setOutputCol('token')
lemmatizer = LemmatizerModel.pretrained()\
    .setInputCols(['token'])\
    .setOutputCol('lemma')
normalizer = Normalizer()\
    .setInputCols(['lemma'])\
    .setOutputCol('normalized')\
    .setLowercase(True)
```

```
finisher = Finisher()\
    .setInputCols(['normalized'])\
    .setOutputCols(['normalized'])\
    .setOutputAsArray(True)

pipeline = Pipeline().setStages([
    assembler, tokenizer,
    lemmatizer, normalizer, finisher
]).fit(indexed)

indexed_w_tokens = pipeline.transform(indexed)

indexed_w_tokens.limit(10).toPandas()
```

표 6-2 정규화된 토큰이 있는 문서

	path	text	index	normalized
0	file:/.../spark–nlp–book/data/m...	...	0	[newsgroups, recmotorcycles, from, lisaalexcom...
1	file:/.../spark–nlp–book/data/m...	...	1	[path, cantaloupesrvcscmuedudasnewsharvardedun...
2	file:/.../spark–nlp–book/data/m...	...	2	[newsgroups, recmotorcycles, path, cantaloupes...
3	file:/.../spark–nlp–book/data/m...	...	3	[xref, cantaloupesrvcscmuedu, recmotorcyclesha...
4	file:/.../spark–nlp–book/data/m...	...	4	[path, cantaloupesrvcscmuedudasnewsharvardeduo...
5	file:/.../spark–nlp–book/data/m...	...	5	[path, cantaloupesrvcscmuedumagnesiumclubcccmu...
6	file:/.../spark–nlp–book/data/m...	...	6	[newsgroups, recmotorcycles, path, cantaloupes...
7	file:/.../spark–nlp–book/data/m...	...	7	[newsgroups, recmotorcycles, path, cantaloupes...
8	file:/.../spark–nlp–book/data/m...	...	8	[path, cantaloupesrvcscmuedurochesterudelbogus...
9	file:/.../spark–nlp–book/data/m...	...	9	[path, cantaloupesrvcscmueducrabapplesrvcscmue...

우리는 작은 데이터셋을 사용하고 있으므로 이 예제의 목적을 위해 스파크에서 벗어날 것이다. 데이터를 팬더스pandas로 수집하고 인덱스 필드를 데이터프레임 인덱스로 사용한다.

```
doc_index = indexed_w_tokens.select('index', 'path', 'text').toPandas()
doc_index = doc_index.set_index('index')
```

4단계

이제 역 인덱스를 만들어보자. 이를 위해 스파크 SQL을 사용한다. 결과는 [표 6-3]에 나와 있다.

```
SELECT term, collect_set(index) AS documents
FROM (
    SELECT index, explode(normalized) AS term
    FROM indexed_w_tokens
)
GROUP BY term
ORDER BY term

inverted_index = indexed_w_tokens\
    .selectExpr('index', 'explode(normalized) AS term')\
    .distinct()\
    .groupBy('term').agg(collect_set('index').alias('documents'))\
    .persist()

inverted_index.show(10)
```

표 6-3 역 인덱스(용어에서 문서 인덱스로 매핑)

	term	documents
0	aaangel.qdeck.com	[198]
1	accumulation	[857]
2	adventists	[314]
3	aecfb.student.cwru.edu	[526]
4	again...hmmm	[1657]
5	alt.binaries.pictures	[815]
6	**amplifier**	**[630, 624, 654]**
7	antennae	[484, 482]
8	apr..gordian.com	[1086]
9	apr..lokkur.dexter.mi.us	[292]

이것이 역 인덱스다. 'amplifier'라는 용어가 문서의 630, 624, 654에 나온다는 것을 알 수 있다. 이 정보를 사용하면 특정 용어가 포함된 모든 문서를 빠르게 찾을 수 있다.

또 다른 이점은 이러한 역 인덱스가 말뭉치 텍스트의 양이 아니라 어휘 크기에 기반을 두므로 **빅데이터**는 아니라는 것이다. 역 인덱스는 새로운 용어와 문서 인덱스에 대해서만 증가한다. 매우 큰 말뭉치라면 단일 시스템에는 여전히 많은 양의 데이터가 될 수 있다. 그러나 mini_newsgroups 데이터셋이라면 쉽게 관리할 수 있다.

역 인덱스가 얼마나 큰지 살펴보자.

```
inverted_index.count()
```

```
42624
```

우리 문서 수가 너무 적다 보니 역 인덱스가 인덱스보다 더 많은 항목을 가진다. 단어 빈도term frequencies (TF)는 지프의 법칙Zipf's law을 따른다. 즉, 단어 빈도는 정렬할 때 순위와 반비례한다. 그 결과 가장 많이 사용하는 영어 단어는 이미 우리의 역 인덱스에 들어 있다. 이것은 적어도 특정 횟수 이상 발생하지 않는 단어를 추적하지 않음으로써 더욱 제한할 수 있다.

```
inverted_index = {
    term: set(docs)
    for term, docs in inverted_index.collect()
}
```

이제 가장 기본적인 순위 기능인 단순 불리언 검색simple Boolean search[2]을 시작할 수 있다. 이 경우에는 'language' 또는 'information'이라는 단어가 포함된 모든 문서를 찾아보자.

```
lang_docs = inverted_index['language']
print('docs', ('{}, ' * 10).format(*list(lang_docs)[:10]), '...')
print('number of docs', len(lang_docs))
```

```
docs 1926, 1937, 1171, 1173, 1182, 1188, 1830, 808, 1193, 433,  ...
number of docs 44
```

---

2 옮긴이_ 정보 검색 방법 중 하나로 검색 시 OR, AND, NOT과 같은 연산자로 검색한다.

```
info_docs = inverted_index['information']
print('docs', ('{}, ' * 10).format(*list(info_docs)[:10]), '...')
print('number of docs', len(info_docs))
```

```
docs 516, 519, 520, 1547, 1035, 1550, 1551, 17, 1556, 22,  ...
number of docs 215
```

```
filter_set = list(lang_docs | info_docs)
print('number of docs in filter set', len(filter_set))
```

```
number of docs in filter set 246
```

```
intersection = list(lang_docs & info_docs)
print('number of docs in intersection set', len(intersection))
```

```
number of docs in intersection set 13
```

필터셋filter set으로 라인을 출력해보자. 여기서 필터셋은 결과셋result set이지만, 일반적으로 필터셋은 r(q, D)로 순위가 매겨져 결과셋이 된다.

결과셋에 대해 검색이 되는 라인을 살펴보자.

```
k = 1
for i in filter_set:
    path, text = doc_index.loc[i]
    lines = text.split('\n')
    print(path.split('/')[-1], 'length:', len(text))
    for line_number, line in enumerate(lines):
        if 'information' in line or 'language' in line:
            print(line_number, line)
    print()
    k += 1
    if k > 5:
        break
```

```
178813 length: 1783
14 >>     Where did you get this information?  The FBI stated ...

104863 length: 2795
14 of information that I received, but as my own bad mouthing) ...

104390 length: 2223
51 ... appropriate disclaimer to outgoing public information,

178569 length: 11735
60  confidential information obtained illegally from law ...
64  ... to allegations of obtaining confidential information from
86  employee and have said they simply traded information with ...
91  than truthful" in providing information during an earlier ...
125  and Department of Motor Vehicles information such as ...
130  Bullock also provided information to the South African ...
142  information.
151  exchanged information with the FBI and worked with ...
160  information in Los Angeles, San Francisco, New York, ...
168  some confidential information in the Anti-Defamation ...
182  police information on citizens and groups.
190  ... spying operations, which collected information on more than
209  information to police, journalists, academics, government ...
211  information illegally, he said.
215  identity of any source of information," Foxman said.

104616 length: 1846
45 ... an appropriate disclaimer to outgoing public information,
```

이제 결과셋이 나왔으니 결과 순위를 어떻게 정해야 할까? 검색어 발생 횟수를 셀 수도 있지만, 긴 문서에 편향될 수 있다. 또한 쿼리에 'the'와 같은 일반적인 단어가 포함되면 어떻게 될까? 만약 우리가 숫자만 사용한다면 'the'와 같은 일반적인 단어가 결과를 좌우할 것이다. 결과셋에서 쿼리 용어가 가장 많이 발생하는 텍스트가 가장 길다. 문서에서 더 많은 용어를 찾을수록 문서의 관련성이 더 높다고 할 수 있지만, 이 역시 문제가 있다. 하나의 용어 쿼리는 어떻게 해야 할까? 이 예에서는 두 문서 중 하나만 해당한다. 다시 말하자면 만약 쿼리에 'the cat in the hat'과 같은 공통 단어가 있을 때 'the'와 'in'의 중요성은 'cat'과 'hat'의 중요성과 같아야 할까? 이 문제를 해결하려면 문서와 쿼리를 위해 더 유연한 모델이 필요하다.

6.2 벡터 공간 모델

이전 장에서는 문서의 벡터화 개념을 소개했다. 우리는 이진 벡터를 만드는 방법을 이야기했다. 여기서 1은 단어가 문서에 있다는 의미다. 또한 개수를 사용할 수도 있다.

말뭉치를 벡터 모음으로 변환할 때 우리는 언어를 벡터 공간으로 암묵적으로 모델링한다. 이벡터 공간에서 각 차원은 하나의 항을 나타내는데, 여기에는 많은 장단점이 있다. 이것은 머신러닝 알고리즘이 작동하게 하는 방식으로 텍스트를 표현하는 간단한 방법이다. 또한 벡터를 희소하게 표현할 수도 있다. 반면 우리는 어순word order에 포함된 정보를 잃어버린다. 또한 이 프로세스는 일부 알고리즘에 문제가 될 수 있는 고차원 데이터를 생성한다.

데이터의 벡터를 계산해보자. 이전 장에서는 이를 위해 **CountVectorizer**를 사용했다. 우리는 파이썬으로 벡터를 만들겠지만, 벡터를 빌드하는 방식은 라이브러리가 벡터화를 구현하는 방법을 이해하는 데 도움이 될 것이다.

```python
class SparseVector(object):

    def __init__(self, indices, values, length):
        # if the indices are not in ascending order, we need
        # to sort them
        is_ascending = True
        for i in range(len(indices) - 1):
            is_ascending = is_ascending and indices[i] < indices[i+1]
        if not is_ascending:
            pairs = zip(indices, values)
            sorted_pairs = sorted(pairs, key=lambda x: x[0])
            indices, values = zip(*sorted_pairs)
        self.indices = indices
        self.values = values
        self.length = length

    def __getitem__(self, index):
        try:
            return self.values[self.indices.index(index)]
        except ValueError:
            return 0.0

    def dot(self, other):
        assert isinstance(other, SparseVector)
```

```python
        assert self.length == other.length
        res = 0
        i = j = 0
        while i < len(self.indices) and j < len(other.indices):
            if self.indices[i] == other.indices[j]:
                res += self.values[i] * other.values[j]
                i += 1
                j += 1
            elif self.indices[i] < other.indices[j]:
                i += 1
            elif self.indices[i] > other.indices[j]:
                j += 1
        return res

    def hadamard(self, other):
        assert isinstance(other, SparseVector)
        assert self.length == other.length
        res_indices = []
        res_values = []
        i = j = 0
        while i < len(self.indices) and j < len(other.indices):
            if self.indices[i] == other.indices[j]:
                res_indices.append(self.indices[i])
                res_values.append(self.values[i] * other.values[j])
                i += 1
                j += 1
            elif self.indices[i] < other.indices[j]:
                i += 1
            elif self.indices[i] > other.indices[j]:
                j += 1
        return SparseVector(res_indices, res_values, self.length)

    def sum(self):
        return sum(self.values)

    def __repr__(self):
        return 'SparseVector({}, {})'.format(
            dict(zip(self.indices, self.values)), self.length)
```

우리는 모든 문서를 두 번 통과해야 한다. 첫 번째 단계에서는 어휘와 개수를 얻고 두 번째 단계에서는 벡터를 구성할 것이다.

```
from collections import Counter

vocabulary = set()
vectors = {}

for row in indexed_w_tokens.toLocalIterator():
    counts = Counter(row['normalized'])
    vocabulary.update(counts.keys())
    vectors[row['index']] = counts

vocabulary = list(sorted(vocabulary))
inv_vocabulary = {term: ix for ix, term in enumerate(vocabulary)}
vocab_len = len(vocabulary)
```

이제 이 정보를 가지고 있으므로, 우리는 단어 수를 다시 살펴보고 실제 벡터를 구성해야 한다.

```
for index in vectors:
    terms, values = zip(*vectors[index].items())
    indices = [inv_vocabulary[term] for term in terms]
    vectors[index] = SparseVector(indices, values, vocab_len)
vectors[42]
```

```
SparseVector({56: 1, 630: 1, 678: 1, 937: 1, 952: 1, 1031: 1, 1044: 1,
1203: 1, 1348: 1, 1396: 5, 1793: 1, 2828: 1, 3264: 3, 3598: 3, 3753: 1,
4742: 1, 5907: 1, 7990: 1, 7999: 1, 8451: 1, 8532: 1, 9570: 1, 11031: 1,
11731: 1, 12509: 1, 13555: 1, 13772: 1, 14918: 1, 15205: 1, 15350: 1,
15475: 1, 16266: 1, 16356: 1, 16865: 1, 17236: 2, 17627: 1, 17798: 1,
17931: 2, 18178: 1, 18329: 2, 18505: 1, 18730: 3, 18776: 1, 19346: 1,
19620: 1, 20381: 1, 20475: 1, 20594: 1, 20782: 1, 21831: 1, 21856: 1,
21907: 1, 22560: 1, 22565: 2, 22717: 1, 23714: 1, 23813: 1, 24145: 1,
24965: 3, 25937: 1, 26437: 1, 26438: 1, 26592: 1, 26674: 1, 26679: 1,
27091: 1, 27109: 1, 27491: 2, 27500: 1, 27670: 1, 28583: 1, 28864: 1,
29636: 1, 31652: 1, 31725: 1, 31862: 1, 33382: 1, 33923: 1, 34311: 1,
34451: 1, 34478: 1, 34778: 1, 34904: 1, 35034: 1, 35635: 1, 35724: 1,
36136: 1, 36596: 1, 36672: 1, 37048: 1, 37854: 1, 37867: 3, 37872: 1,
37876: 3, 37891: 1, 37907: 1, 37949: 1, 38002: 1, 38224: 1, 38225: 2,
38226: 3, 38317: 3, 38856: 1, 39818: 1, 40870: 1, 41238: 1, 41239: 1,
41240: 1, 41276: 1, 41292: 1, 41507: 1, 41731: 1, 42384: 2}, 42624)
```

가장 많이 발생하는 몇 가지 단어를 살펴보자.

---

vocabulary[3598]

'be'

---

vocabulary[37876]

'the'

앞에서 논의했듯이 검색에 개수만 사용하면 많은 단점이 있다. 보통 영어에서 흔히 사용되는
단어가 덜 쓰이는 단어보다 더 많은 영향을 미친다는 우려다. 이러한 문제를 해결하는 몇 가지
전략이 있다. 먼저, 일반적인 단어를 제거하는 가장 간단한 해결책을 살펴보자.

6.2.1 불용어 제거

제거하려는 이러한 일반적인 단어를 **불용어**stop word라고 한다. 이 용어는 1950년대 정보 검색
분야의 선구자인 한스 피터 룬Hans Peter Luhn이 만들었다. 기본 불용어 목록을 사용할 수 있지만,
다른 작업에 대한 일반 불용어 목록을 수정해야 할 때가 많다.

```python
from pyspark.ml.feature import StopWordsRemover

sw_remover = StopWordsRemover() \
    .setInputCol("normalized") \
    .setOutputCol("filtered") \
    .setStopWords(StopWordsRemover.loadDefaultStopWords("english"))

filtered = sw_remover.transform(indexed_w_tokens)

from collections import Counter

vocabulary_filtered = set()
vectors_filtered = {}

for row in filtered.toLocalIterator():
    counts = Counter(row['filtered'])
```

```python
    vocabulary_filtered.update(counts.keys())
    vectors_filtered[row['index']] = counts

vocabulary_filtered = list(sorted(vocabulary_filtered))
inv_vocabulary_filtered = {
    term: ix
    for ix, term in enumerate(vocabulary_filtered)
}
vocab_len_filtered = len(vocabulary)

for index in vectors:
    terms, values = zip(*vectors_filtered[index].items())
    indices = [inv_vocabular_filteredy[term] for term in terms]
    vectors_filtered[index] = \
        SparseVector(indices, values, vocab_len_filtered)
```

```python
vectors[42]
```

```
SparseVector({630: 1, 678: 1, 952: 1, 1031: 1, 1044: 1, 1203: 1, 1348: 1,
1793: 1, 2828: 1, 3264: 3, 4742: 1, 5907: 1, 7990: 1, 7999: 1, 8451: 1,
8532: 1, 9570: 1, 11031: 1, 11731: 1, 12509: 1, 13555: 1, 13772: 1,
14918: 1, 15205: 1, 15350: 1, 16266: 1, 16356: 1, 16865: 1, 17236: 2,
17627: 1, 17798: 1, 17931: 2, 18178: 1, 18505: 1, 18776: 1, 20475: 1,
20594: 1, 20782: 1, 21831: 1, 21856: 1, 21907: 1, 22560: 1, 22565: 2,
22717: 1, 23714: 1, 23813: 1, 24145: 1, 25937: 1, 26437: 1, 26438: 1,
26592: 1, 26674: 1, 26679: 1, 27109: 1, 27491: 2, 28583: 1, 28864: 1,
29636: 1, 31652: 1, 31725: 1, 31862: 1, 33382: 1, 33923: 1, 34311: 1,
34451: 1, 34478: 1, 34778: 1, 34904: 1, 35034: 1, 35724: 1, 36136: 1,
36596: 1, 36672: 1, 37048: 1, 37872: 1, 37891: 1, 37949: 1, 38002: 1,
38224: 1, 38225: 2, 38226: 3, 38856: 1, 39818: 1, 40870: 1, 41238: 1,
41239: 1, 41240: 1, 41276: 1, 41731: 1}, 42624)
```

```python
vocabulary[3264]
```

```
'bake'
```

```python
vocabulary[38226]
```

```
'timmons'
```

'bake'와 'Timmons'라는 단어가 더 유용해 보인다. 불용어 목록에 포함할 단어를 결정할 때는 데이터를 탐색해야 한다.

원하지 않는 단어를 모두 나열하는 일은 어려운 작업처럼 보일 수 있다. 그러나 형태학에 대해 논의했던 것을 상기해보면 제거할 내용을 좁힐 수 있다. 우리는 결합되지 않은 기능적 형태소functional morpheme를 제거하고자 한다.

이러한 형태론의 기초를 알고 언어를 유창하게 구사하는 사람은 합리적으로 좋은 목록을 만들 수 있다. 하지만 여전히 우려되는 부분이 두 가지 있다. 만약 몇 가지 일반적인 단어를 유지해야 하는 상황이라면 어떨까? 일반적인 어휘 형태소를 제거하려 한다면? 목록을 수정하여 해결할 수는 있겠지만 여전히 마지막 문제가 남아 있다. 예를 들어 'fictional cats'와 같은 쿼리는 어떻게 처리할까? 'fictional'이라는 단어는 'cats'보다 덜 흔한 만큼, 어느 문서가 반환되는지 결정할 때 전자가 더 중요해야 한다. 그럼 이제부터 데이터를 사용하여 이를 구현하는 방법을 살펴보자.

6.2.2 역문서 빈도

어휘를 수동으로 편집하는 대신, 단어에 가중치를 부여할 수 있다. 우리는 공통성commonness을 사용하여 단어에 가중치를 부여하는 방법을 찾아야 한다. 공통성을 정의하는 한 가지 방법은 말뭉치에서 단어를 포함하는 문서 수를 식별하는 것이다. 이것을 보통 **문서 빈도**document frequency(DF)라고 한다. 우리는 문서 빈도가 높은 단어의 가중치를 낮추기를 원하므로 **역문서 빈도**inverse document frequency(IDF)를 사용하는 데 관심이 있다.

이러한 값을 취한 뒤 주어진 문서에 있는 단어의 빈도인 **단어 빈도**term frequency(TF)를 곱한다. 역문서 빈도와 단어 빈도를 곱한 결과는 TF.IDF로 제공한다.

$$
\begin{aligned}
tf(t, d) &= \text{the number of times } t \text{ occurs in } d \\
df(t) &= \text{the number of documents } t \text{ occurs in} \\
idf(t) &= \frac{\text{the number of documents}}{df(t)}
\end{aligned}
$$

TF.IDF의 종류는 다양하다. 가장 일반적인 종류는 평활 로그smoothed logarithmic다.

$$tf(t, d) \quad = log(1 + \text{the number of times } t \text{ occurs in } d)$$
$$df(t) \qquad = \text{the number of documents } t \text{ occurs in}$$
$$idf(t) \qquad = log(\frac{\text{the number of documents}}{1 + df(t)})$$

벡터로 계산해보자. 실제로 이미 단어 빈도가 있으므로 idf를 계산하고 값을 log로 변환한 다음 tf와 idf를 곱한다.

```
idf = Counter()

for vector in vectors.values():
    idf.update(vector.indices)

for ix, count in idf.most_common(20):
    print('{:5d} {:20s} {:d}'.format(ix, vocabulary[ix], count))
```

```
11031 date                  2000
15475 from                  2000
23813 messageid             2000
26438 newsgroups            2000
28583 path                  2000
36672 subject               2000
21907 lines                 1993
27897 organization          1925
37876 the                   1874
 1793 apr                   1861
 3598 be                    1837
38317 to                    1767
27500 of                    1756
   56 a                     1730
16266 gmt                   1717
18329 i                     1708
18730 in                    1695
 1396 and                   1674
15166 for                   1474
17238 have                  1459
```

이제 idf를 SparseVector로 만들 수 있다. 여기에 모든 단어가 포함되어 있는 만큼 희소하지는 않겠지만, 실질적으로 다음 단계를 구현하는 데 도움이 된다.

```
indices, values = zip(*idf.items())
idf = SparseVector(indices, values, vocab_len)

from math import log

for index, vector in vectors.items():
    vector.values = list(map(lambda v: log(1+v), vector.values))

idf.values = list(map(lambda v: log(vocab_len / (1+v)), idf.values))

tfidf = {index: tf.hadamard(idf) for index, tf in vectors.items()}

tfidf[42]
```

```
SparseVector({56: 2.2206482367540246, 630: 5.866068667810157,
678: 5.793038323439593, 937: 2.7785503981772224, 952: 5.157913986067814,
...,
41731: 2.4998956290056062, 42384: 3.8444034764394415}, 42624)
```

'be'와 'the'에 대한 TF.IDF 값을 살펴보자. 또한 이처럼 일반적인 단어보다 TF.IDF가 더 높은 용어 중 하나를 살펴보자.

```
tfidf[42][3598] # be
```

```
4.358148273729854
```

```
tfidf[42][37876] # the
```

```
4.3305185461380855
```

```
vocabulary[17236], tfidf[42][17236]
```

```
('hausmann', 10.188396765921954)
```

이 단어가 왜 중요한지 이해하기 위해 문서를 살펴보자.

```
print(doc_index.loc[42]['text'])
```

```
Path: cantaloupe.srv.cs.cmu.edu!das-news.harvard...
From: timmbake@mcl.ucsb.edu (Bake Timmons)
Newsgroups: alt.atheism
Subject: Re: Amusing atheists and agnostics
Message-ID: <timmbake.735285604@mcl>
Date: 20 Apr 93 06:00:04 GMT
Sender: news@ucsbcsl.ucsb.edu
Lines: 32

Maddi Hausmann chirps:

>timmbake@mcl.ucsb.edu (Bake Timmons) writes: >

...

>"Killfile" Keith Allen Schneider = Frank "Closet Theist" O'Dwyer = ...

= Maddi "The Mad Sound-O-Geek" Hausmann

...whirrr...click...whirrr

--
Bake Timmons, III
...
```

문서에서 Maddi Hausman이라는 사람에 관해 이야기하고 있다는 걸 알 수 있다.

6.2.3 스파크에서의 벡터화

스파크에는 MLlib에서 TF.IDF를 계산하는 단계가 있다. 문자열 배열이 포함된 열이 있을 때
는 이미 익숙한 CountVectorizer 또는 HashingTF를 사용하여 tf 값을 가져올 수 있다.
HashingTF는 사전에 벡터 공간을 결정하고 해당 벡터 공간에 단어를 해시하는 **해싱 트릭**hashing
trick을 사용한다. 충돌이 발생하면 해당 단어들은 동일한 것으로 간주된다. 이를 통해 메모리 효
율성과 정확성 간에 균형을 맞출 수 있다. 미리 정한 벡터 공간을 더 크게 만들수록 출력 벡터
는 커지지만 충돌 가능성은 줄어든다.

이제 문서를 벡터로 바꾸는 방법을 알았으니 다음 장에서는 기존 머신러닝 작업에서 해당 벡터를 사용하는 방법을 살펴보자.

6.3 연습 문제

TF.IDF 값을 계산했으니 이제 검색 기능을 구축해보자. 먼저 쿼리를 처리하는 함수가 필요하다.

```python
def process_query(query, pipeline):
    data = spark.createDataFrame([(query,)], ['text'])
    return pipeline.transform(data).first()['normalized']
```

다음으로 필터셋을 가져오는 함수가 필요하다.

```python
def get_filter_set(processed_query):
    filter_set = set()
    # find all the documents that contain any of the terms
    return filter_set
```

다음으로 문서의 점수를 계산하는 함수가 필요하다.

```python
def get_score(index, terms):
    return # return a single score
```

결과를 표시하는 기능도 필요하다.

```python
def display(index, score, terms):
    hits = [term for term in terms if term in vocabulary and tfidf[index][inv_
vocabulary[term]] > 0.]
    print('terms', terms, 'hits', hits)
    print('score', score)
    print('path', path)
    print('length', len(doc_index.loc[index]['text']))
```

마지막으로, 검색 기능을 사용할 준비가 끝났다.

```
def search(query, pipeline, k=5):
    processed_query = process_query(query, pipeline)
    filter_set = get_filter_set(processed_query)
    scored = {index: get_score(index, processed_query) for index in filter_set}
    display_list = list(sorted(filter_set, key=scored.get, reverse=True))[:k]
    for index in display_list:
        display(index, scored[index], processed_query)

search('search engine', pipeline)
```

이 장의 예제를 사용하여 **get_filter_set**과 **get_score**를 쉽게 구현할 수 있어야 한다. 몇 가지 쿼리를 시도해보자. 그러면 n-gram 지원이 없고, 랭커는 더 긴 문서에 치우쳐 있다는 두 가지 한계를 파악하게 될 것이다. 이러한 문제를 해결하려면 무엇을 수정할 수 있을까?

6.4 참고 자료

- 『An Introduction to Information Retrieval(최신 정보 검색론)』(케임브리지 대학교 출판부, 2008)
  - 책은 정보 검색의 여러 중요한 측면을 다룬다. 세 명의 저자 중 두 명은 『Foundations of Statistical Natural Language Processing(통계 자연어 처리 기초)』(MIT 프레스, 1999)의 저자이기도 하다.
  - *nlp.stanford.edu/IR-book*
- 아파치 루씬Apache Lucene
  - 가장 많이 쓰이는 오픈 소스 검색엔진이다. 아파치 루씬 위에 구축된 검색 플랫폼 중 하나인 아파치 솔라Apache Solr 또는 일래스틱서치Elasticsearch가 종종 쓰인다.
  - *lucene.apache.org*
- 『Lucene in Action, 2nd edition(루씬 인 액션, 2판)』(매닝, 2010)
  - Lucene을 사용한 검색 구현 가이드
  - *www.manning.com/books/lucene-in-action-second-edition*
- 『Elasticsearch: The Definitive Guide(일래스틱서치 완벽 가이드)』(오라일리, 2015)
  - 일래스틱서치를 사용한 검색 구현 가이드
  - *www.oreilly.com/library/view/elasticsearch-the-definitive/9781449358532*

- 『Learning to Rank for Information Retrieval(정보 검색 순위 매기기)』(스프링거, 2011)
  - 순위 지정을 배우고 머신러닝 기반 랭커를 구축하는 것은 현대 검색엔진의 중요한 부분이다. 이 책의 공저자 중 한 명인 티에 얀 리우Tie-Yan Liu는 순위를 매기는 학습 분야에서 매우 중요한 공헌자 중 한 명이다.
  - *link.springer.com/book/10.1007/978-3-642-14267-3*

분류와 회귀

문서에서 수행되는 가장 일반적인 머신러닝 작업은 **분류**classification와 **회귀**regression다. 임상 기록에 관한 보험 청구 코드 결정(분류)에서부터 SNS 게시물의 인기도 예측(회귀)에 이르기까지 대부분의 문서 수준 머신러닝 작업은 이러한 범주category 중 하나에 속하며, 그중 분류는 훨씬 일반적이다.

머신러닝 작업을 시작할 때 데이터셋에 이미 레이블이 있더라도 일부 문서에 수동으로 레이블을 붙이는 것은 매우 유용하다. 이렇게 하면 작업에 사용할 수 있는 문서 언어의 내용을 이해하는 데 도움이 된다. 레이블링을 할 때는 무엇을 찾는지 기록하자. 예를 들어 특정 단어나 구문, 문서의 특정 섹션, 심지어 문서의 길이도 유용할 수 있다.

분류와 회귀를 다루는 이번 장에서는 주로 다른 모델링 알고리즘에 관한 내용을 다룬다. NLP를 사용하면 대부분의 작업이 특성화featurization에 포함된다. 좋은 특성을 만들었다고 가정했을 때, 모델을 개선할 수 있는 수많은 일반적인 기술을 NLP에서 사용할 수 있다. 7장에서는 모델링 알고리즘 튜닝에 관한 몇 가지 고려 사항을 살펴보겠지만, 대부분은 분류와 회귀를 위한 텍스트를 특성화하는 방법에 중점을 둔다.

BoW 접근 방식, 정규식 기반 기능과 특성 선택feature selection에 관해 설명하다. 그런 다음 텍스트 데이터에 관한 모델을 만들 때 반복하는 방법을 설명한다.

`mini_newsgroups` 데이터셋을 로드하고 처리하여 이러한 특성을 만드는 방법의 예를 살펴보자.

```
import os
import re

import matplotlib.pyplot as plt
import numpy as np
import pandas as pd

from pyspark.sql.types import *
from pyspark.sql.functions import expr
from pyspark.sql import Row
from pyspark.ml import Pipeline

import sparknlp
from sparknlp import DocumentAssembler, Finisher
from sparknlp.annotator import *

%matplotlib inline

spark = sparknlp.start()
```

문서가 어느 뉴스 그룹에서 왔는지 식별하는 분류자classifier를 만들어보자. 뉴스 그룹은 문서 머리글header에 언급되어 있으므로 조금 더 집중적인 뉴스 그룹은 삭제한다.

```
HEADER_PTN = re.compile(r'^[a-zA-Z-]+:.*')

def remove_header(path_text_pair):
    path, text = path_text_pair
    lines = text.split('\n')
    line_iterator = iter(lines)
    while HEADER_PTN.match(next(line_iterator)) is not None:
        pass
    return path, '\n'.join(line_iterator)

path = os.path.join('data', 'mini_newsgroups', '*')
texts = spark.sparkContext.wholeTextFiles(path).map(remove_header)

schema = StructType([
    StructField('path', StringType()),
    StructField('text', StringType()),
])

texts = spark.createDataFrame(texts, schema=schema) \
```

```
        .withColumn('newsgroup', expr('split(path, "/")[7]')) \
        .persist()

texts.groupBy('newsgroup').count().collect()

[Row(newsgroup='comp.windows.x', count=100),
 Row(newsgroup='misc.forsale', count=100),
 Row(newsgroup='rec.sport.hockey', count=100),
 Row(newsgroup='rec.sport.baseball', count=100),
 Row(newsgroup='talk.politics.guns', count=100),
 Row(newsgroup='comp.os.ms-windows.misc', count=100),
 Row(newsgroup='talk.politics.misc', count=100),
 Row(newsgroup='comp.sys.ibm.pc.hardware', count=100),
 Row(newsgroup='comp.graphics', count=100),
 Row(newsgroup='soc.religion.christian', count=100),
 Row(newsgroup='comp.sys.mac.hardware', count=100),
 Row(newsgroup='talk.religion.misc', count=100),
 Row(newsgroup='talk.politics.mideast', count=100),
 Row(newsgroup='rec.motorcycles', count=100),
 Row(newsgroup='rec.autos', count=100),
 Row(newsgroup='alt.atheism', count=100),
 Row(newsgroup='sci.electronics', count=100),
 Row(newsgroup='sci.space', count=100),
 Row(newsgroup='sci.med', count=100),
 Row(newsgroup='sci.crypt', count=100)]

print(texts.first()['path'])
print(texts.first()['newsgroup'])
print(texts.first()['text'])
```

```
file:/home/.../spark-nlp-book/data/mini_newsgroups/...
rec.motorcycles
Can anyone recommend a good place for reasonably priced bike paint
jobs, preferably but not essentially in the London area.

Thanks

Lisa Rowlands
--
Alex Technologies Ltd            CP House
                                 97-107 Uxbridge Road
Tel:    +44 (0)81 566 2307       Ealing
Fax:    +44 (0)81 566 2308       LONDON
email: lisa@alex.com             W5 5LT
```

Spark NLP 기반에서 텍스트를 문장으로 분할하고 토큰화, 정규화 등을 적용하여 파이프라인에 `fit()` 하는 코드를 적용해보자.

```python
assembler = DocumentAssembler()\
    .setInputCol('text')\
    .setOutputCol('document')
sentence = SentenceDetector() \
    .setInputCols(["document"]) \
    .setOutputCol("sentences")
tokenizer = Tokenizer()\
    .setInputCols(['sentences'])\
    .setOutputCol('token')
lemmatizer = LemmatizerModel.pretrained()\
    .setInputCols(['token'])\
    .setOutputCol('lemma')
normalizer = Normalizer()\
    .setCleanupPatterns([
        '[^a-zA-Z.-]+',
        '^[^a-zA-Z]+',
        '[^a-zA-Z]+$',
    ])\
    .setInputCols(['lemma'])\
    .setOutputCol('normalized')\
    .setLowercase(True)
finisher = Finisher()\
    .setInputCols(['normalized'])\
    .setOutputCols(['normalized'])\
    .setOutputAsArray(True)
pipeline = Pipeline().setStages([
    assembler, sentence, tokenizer,
    lemmatizer, normalizer, finisher
]).fit(texts)

processed = pipeline.transform(texts).persist()

print(processed.count()) # number of documents
```

```
2000
```

7.1 BoW 기능

이전 장에서 TF.IDF로 빌드된 문서 벡터에 관해 논의했다. 이러한 특성은 문서 분류와 회귀에 쓰이는 가장 일반적인 유형의 특성이다. 그러나 이러한 특성을 사용하기란 쉽지 않다. 말뭉치의 크기에 따라 잠재적으로 10만 개 이상의 특성을 가질 수 있고, 어떤 예라도 0을 제외한 특성이 수백 개에서 수천 개 있을 수 있다. 이러한 경우 0이 생략된 특성 행렬feature matrix의 희소 표현sparse representation을 만들어 처리할 수 있지만, 모든 훈련 알고리즘이 희소 행렬을 지원하지는 않는다. 여기서 5장에서 다룬 어휘 감소 기법이 중요해진다.

이미 어휘를 줄였지만, 여전히 특성 수를 줄여야 한다면 제한된 어휘 사용을 고려할 때다. 예를 들어 임상 데이터로 작업할 때는 어휘를 의학 용어로 제한하는 게 가장 좋다. 이 작업은 통합 의료 언어 서비스Unified Medical Language Service (UMLS)와 같은 외부 리소스를 사용하여 수행할 수 있다. 다른 도메인에서 작업할 때는 단어 목록을 선별하는 것이 좋다. 선별된 어휘는 특성의 필터가 될 수 있다. 다만 그러한 어휘에는 몇 가지 장단점이 있다. 데이터셋 정보에 치우치지 않으므로 과적합에 기여하지는 않는다. 반대로, 실제로 유용한 일반화된 큐레이션 목록에 나타나지 않는 특성이 있을 수 있다. 따라서 모델 구축을 반복하는 동안 몇몇 예제에 레이블을 지정해야 한다. 어휘를 필터링했을 때는 잘못 분류된 예제를 추출하여 어휘에 추가할 수 있다.

이러한 수동 특성 선택의 확장은 어휘의 일부를 더 작은 특성 집합들로 결합하려는 것이다. 이 작업은 정규식으로 수행할 수 있다. 스파크의 BoW 예를 살펴보자([표 7-1] 참조).

```python
from pyspark.ml.feature import CountVectorizer, IDF

count_vectorizer = CountVectorizer(
    inputCol='normalized', outputCol='tf', minDF=10)
idf = IDF(inputCol='tf', outputCol='tfidf', minDocFreq=10)

bow_pipeline = Pipeline(stages=[count_vectorizer, idf])
bow_pipeline = bow_pipeline.fit(processed)

bows = bow_pipeline.transform(processed)

bows.limit(5).toPandas()[['tf', 'tfidf']]
```

표 7-1 문서 및 용어당 TF와 TF.IDF 값

	TF	TF.IDF
0	(1.0, 0.0, 0.0, 0.0, 1.0, 0.0, 0.0, 1.0, 0.0, ...	(0.07307056787648658, 0.0, 0.0, 0.0, 0.1507415...
1	(21.0, 10.0, 16.0, 2.0, 9.0, 9.0, 28.0, 12.0, ...	(1.5344819254062183, 0.915192734288196, 2.1079...
2	(1.0, 5.0, 2.0, 2.0, 4.0, 0.0, 3.0, 1.0, 0.0, ...	(0.07307056787648658, 0.457596367144098, 0.263...
3	(4.0, 5.0, 4.0, 2.0, 6.0, 2.0, 3.0, 1.0, 0.0, ...	(0.2922822715059463, 0.457596367144098, 0.5269...
4	(6.0, 2.0, 2.0, 0.0, 2.0, 1.0, 3.0, 3.0, 2.0, ...	(0.4384234072589195, 0.1830385468576392, 0.263...

7.2 정규식 특성

단편소설을 장르 기준으로 분리한다고 가정해보자. 이 예에서는 말뭉치에 공상과학, 판타지와 공포라는 세 가지 장르만 있다. 이때 분류에 도움이 되는 특정 특성을 만들 수 있고, 단어 목록이 있으면 하나의 특성으로 결합할 수 있다. 이 작업을 실현하는 몇 가지 방법이 있다.

- BoW 특성을 사용하고 TF.IDF 값의 합계 또는 최댓값을 집계한 결과로 특성을 만든다.
- 새 토큰을 만들어서 새로운 특성을 만든다. 어휘의 단어가 포함된 문서에 태그를 추가하여 문서를 사전 처리할 수 있다. 그런 다음 이 태그에 대한 TF.IDF를 계산할 수 있다.

다른 종류의 특성을 추가할 수도 있다. 예를 들어 공상과학에서는 다이리튬dilithium(《스타 트렉》에 나오는 실제 물질이자 가상의 광물)이나 아다만티움adamantium(마블 만화에 나오는 가상의 합금)과 같은 희귀한 허구의 광물을 언급하는 것이 일반적이다. 우리는 이러한 광물 용어의 공통적인 어미를 찾는 정규식을 만들 수 있다.

- (lith¦ant¦an)ium

그중 어떤 특성이 분류에 도움이 되는지 알아내려면 데이터 과학자와 도메인 전문가가 협력해야 한다. 데이터 과학자는 모델에 잠재적으로 유용한 특성을 찾을 수 있다. 도메인 전문가는 어떤 특성이 문제와 실제로 관련되어 있고, 어떤 특성이 대상 변수와 겉으로만 그럴싸하게 연관관계가 있는지 식별할 수 있다.

이러한 특성은 모델의 첫 번째 버전에 유용하지만 몇 가지 심각한 단점이 있다. 다른 언어로 된

텍스트에 대해 유사한 모델을 빌드하려 할 때 정규식 특성을 재사용할 수 없을 가능성이 높다.

문서의 텍스트에서 일치하는 항목을 찾기 위해 Spark NLP의 **RegexMatcher**를 사용하자.

```
%%writefile scifi_rules.tsv
\w+(lith¦ant¦an)ium,mineral
(alien¦cosmic¦quantum¦dimension(al)?),space_word

regex_matcher = RegexMatcher() \
    .setOutputCol("regex") \
    .setExternalRules('./scifi_rules.tsv', ',')
```

RegexMatcher는 원시 텍스트에서 작동하므로 다른 단계가 필요 없다. 일반적으로 다른 텍스트 기반 특성과 함께 정규식 일치 항목을 추출한다. 결과는 [표 7-2]에 나와 있다.

```
regex_finisher = Finisher()\
    .setInputCols(['regex'])\
    .setOutputCols(['regex'])\
    .setOutputAsArray(True)

regex_rule_pipeline = Pipeline().setStages([
    assembler, regex_matcher, regex_finisher
]).fit(texts)

regex_matches = regex_rule_pipeline.transform(texts)

regex_matches.orderBy(expr('size(regex)').desc())\
    .limit(5).toPandas()[['newsgroup', 'regex']]
```

표 7-2 문서의 scifi_rules와 일치

	newsgroup	regex
0	talk.politics.guns	[alien, alien, alien, alien, alien, alien, alien]
1	comp.graphics	[dimensional, dimension, dimensional, dimension]
2	sci.space	[cosmic, cosmic, cosmic]
3	sci.med	[dimensional, alien, dimensional]
4	sci.space	[quantum, quantum, cosmic]

이들을 특성으로 전환할 수 있는 몇 가지 방법이 있다. 즉, 정규식이 일치하면 값이 1인 바이너리 특성을 만들 수 있다. 일치하는 항목 수를 특성으로 사용할 수도 있다.

가장 일반적인 두 개의 고전적 NLP 특징을 소개했으니, 이제 차원을 줄이는 방법을 알아보자.

7.3 특성 선택

일련의 특성(종종 단어 가방(BoW)과 정규식의 혼합)을 결정하면 매우 고차원의 특성 공간을 가지게 된다. 이것은 말뭉치에서 사용되는 언어의 종류에 따라 크게 달라진다. 고도로 기술적인 말뭉치가 예제보다 더 많은 특성을 갖는 일은 매우 흔하다. 분포를 보면 멱법칙power law[1]에 따라 분포되어 있음을 알 수 있다.

스파크 StopWordsRemover를 사용하여 6장에서 설명한 것처럼 'the'나 'of'와 같은 단어를 제거할 수 있다.

```python
from pyspark.ml.feature import StopWordsRemover

sw_remover = StopWordsRemover() \
    .setInputCol("normalized") \
    .setOutputCol("filtered") \
    .setStopWords(StopWordsRemover.loadDefaultStopWords("english"))
```

마지막으로 이것을 파이프라인으로 전환한다. 파이프라인에 텍스트 처리 단계를 포함하는 것이 중요하다. 이를 통해 NLP 매개변수와 함께 머신러닝 모델의 하이퍼파라미터를 탐색할 수 있기 때문이다. 이 작업은 NLP 전처리가 복잡해질수록 더 중요해진다. 우리도 BoW 단계를 포함할 것이다.

```python
count_vectorizer = CountVectorizer(inputCol='filtered',
    outputCol='tf', minDF=10)
idf = IDF(inputCol='tf', outputCol='tfidf', minDocFreq=10)

pipeline = Pipeline() \
```

---

1 옮긴이_ 한 수가 다른 수의 거듭제곱으로 표현되는 두 수의 함수적 관계를 의미한다.

```
    .setStages([
        assembler,
        sentence,
        tokenizer,
        lemmatizer,
        normalizer,
        finisher,
        sw_remover,
        count_vectorizer,
        idf
    ]) \
    .fit(texts)
```

이제 파이프라인이 구성되었으므로 텍스트를 변환한다.

```
features = pipeline.transform(texts).persist()

features.printSchema()
```

```
root
 |-- path: string (nullable = true)
 |-- text: string (nullable = true)
 |-- newsgroup: string (nullable = true)
 |-- normalized: array (nullable = true)
 |    |-- element: string (containsNull = true)
 |-- filtered: array (nullable = true)
 |    |-- element: string (containsNull = true)
 |-- tf: vector (nullable = true)
 |-- tfidf: vector (nullable = true)
```

Spark MLlib에서 특성은 단일 벡터값 열에 저장된다. 이는 각 특성에 대한 열을 만드는 것보다 훨씬 효율적이지만 데이터와의 상호작용을 더 복잡하게 만든다. 이 문제를 처리하고자 우리는 팬더스 DataFrame으로 데이터를 가져올 것이다. 데이터가 작아 메모리에 들어갈 수 있기에 가능한 일이다. 더 큰 데이터셋에서는 작동하지 않는다.

이제 알맞은 CountVectorizerModel이 있으므로 그것이 발견한 어휘를 볼 수 있다. 단어는 문서 빈도순으로 정렬된다.

```
pipeline.stages
```

```
[DocumentAssembler_e20c28c687ac,
 SentenceDetector_3ac13139f56d,
 REGEX_TOKENIZER_543fbefa0fa3,
 LEMMATIZER_c62ad8f355f9,
 NORMALIZER_0177fbaed772,
 Finisher_4074048574cf,
 StopWordsRemover_2e502cd57d60,
 CountVectorizer_0d555c85604c,
 IDF_a94ab221196d]
```

```
cv_model = pipeline.stages[-2]

len(cv_model.vocabulary)
```

```
3033
```

어휘 크기는 적당하다. 이 책의 3부에서는 크기가 더 큰 어휘를 볼 수 있다. 다시 돌아와서 문서 빈도별로 상위 10개의 단어를 살펴보자.

```
cv_model.vocabulary[:10]
```

```
['write', 'one', 'use', 'get', 'article', 'say', 'know', 'x',
 'make', 'dont']
```

평균 용어 빈도의 분포를 살펴보자. 다음 [그림 7-1]에서 볼 수 있듯이 평균 용어 빈도의 히스토그램을 생성한다.

```
tf = features.select('tf').toPandas()
tf = tf['tf'].apply(lambda sv: sv.toArray())
mean_tf = pd.Series(tf.mean(), index=cv_model.vocabulary)

plt.figure(figsize=(12, 8))
mean_tf.hist(bins=10)
plt.show()
```

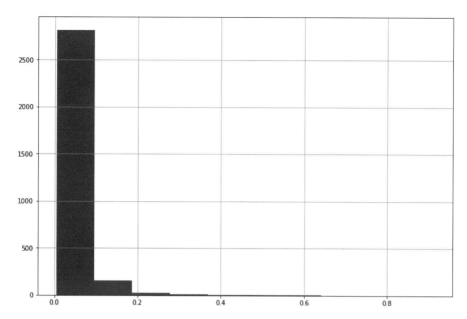

그림 7-1 말뭉치에 대한 단어당 평균 용어 빈도의 히스토그램

이것은 마치 멱법칙 분포처럼 보일 수 있다. 다음 [그림 7-2]에서 볼 수 있듯이 이번에는 순위 로그와 평균 용어 빈도 로그를 표시해보자.

```
plt.figure(figsize=(12, 8))
ranks = np.arange(len(mean_tf)) + 1
plt.plot(np.log10(ranks), np.log10(mean_tf.values))
plt.show()
```

이는 어휘 분포에서 일반적으로 볼 수 있다. minDF를 10으로 설정하여 가장 흔한 단어를 제거하고 매우 드문 단어를 삭제했음에도 불구하고 우리는 여전히 예상되는 분포를 가진다.

이제 이러한 특성들이 있고 예상 단어들의 분포에 방해 요소가 없음을 확신했으니, 특성의 수를 줄이려면 어떻게 하면 될까? 불용어 목록에 더 많은 단어를 추가하거나 드물게 나오는 희귀 단어를 제거하기 위해 minDF를 늘릴 수 있다. 하지만 이 문제에 접근하는 더 원칙적인 방법은 없을지 생각해보자. 예를 들어 각 기능의 일변량 예측 능력을 살펴보는 것처럼, 이미 잘 알려진 특성의 수를 줄이는 기술은 텍스트에서는 제대로 동작하지 않는다. BoW 기능의 강점은 상호 작용이다. 따라서 우리는 그 자체로는 강력하지 않지만, 조합하면 매우 강력할 수 있는 특성을 버릴 수도 있다. 고차원성이란 가능한 모든 상호작용을 탐색할 수 없음을 의미한다. 그렇다면 우리는 무엇을 할 수 있을까?

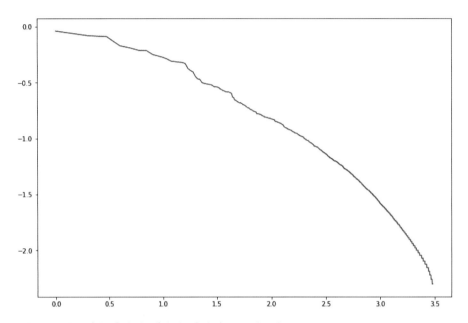

그림 7-2 순위 로그(평균 용어 빈도별)와 평균 용어 빈도 로그의 표시

우리는 도메인 전문가가 문제에서 중요하다고 선택한 단어 또는 구문 사전을 사용할 수 있다. 또한 랜덤 포레스트random forest[2]와 같은 트리 기반 모델을 구축하고 특성 중요도feature importance[3]를 사용하여 특성의 부분집합을 선택할 수 있다. 이것은 랜덤 포레스트 모델이 비선형적이고 상호작용을 발견할 수 있으므로 효과가 있다. 즉, 조합할 때 중요한 단어다.

이후 10장과 11장에서 차원을 줄이기 위한 다른 기술을 살펴본다. 이제 TF.IDF 특성을 사용한 텍스트 모델링에 대해 알아보자.

---

2 옮긴이_ 분류, 회귀 분석 등에 사용되는 앙상블 학습 방법의 일종이다.
3 옮긴이_ 트리를 만드는 결정에 각 특성이 얼마나 중요한지 평가하는 속성이다.

7.4 모델링

텍스트를 특성 벡터feature vector로 변환하면 몇 가지 예외를 제외하고는 일반적인 머신러닝 문제처럼 보이기 시작한다. 다음은 명심해야 할 가장 중요한 사항이다.

- 많은 희소 특성이 있다.
- 이러한 특성들은 서로 독립적이지 않다.
- 우리는 어순을 잃음으로써 언어의 상당 부분을 잃는다.

다행히 이중 치명적인 결점은 없다. 알고리즘이 이러한 사실에 위반되는 가정을 하더라도 여전히 효과적일 수 있다. 여기서는 몇 가지 인기 있는 알고리즘에 관해 논의하고 이후 연습 문제에서 그러한 알고리즘을 시험해본다.

7.4.1 나이브 베이즈

나이브 베이즈 Naïve Bayes는 모든 기능이 상호 독립적이라는 순수한naïve 가정에서 이름을 얻었다. 그런 다음 특성값에 따라 조건화된 클래스의 확률을 추정한다. 우리는 언어학과 상식에 비추어보았을 때 단어들이 서로 독립적이지 않다는 것을 알고 있다. 그러나 나이브 베이즈는 실제로 텍스트 분류를 위한 인기 있는 기준이다. 나이브 베이즈가 인기 있는 이유는 생성 확률이 TF.IDF와 비슷하기 때문이다.

$$P(class|\text{term}_1, \text{term}_2, \dots, \text{term}_N) = \frac{P(class)\prod_{i=1}^{N} P(\text{term}_i|class)}{\sum_{k=1}^{K} P(class_k)\prod_{i=1}^{N} P(\text{term}_i|class_k)}$$

모든 클래스에서 용어가 공통적이면 이 값에 크게 기여하지 않는다. 그러나 특정 클래스에서 용어가 고유하다면 나이브 베이즈의 중요한 특성이 된다. 이는 IDF가 많은 문서에서 공통되는 단어의 중요성을 줄이는 방법과 비슷하다

7.4.2 선형 모델

선형 회귀linear regression 및 로지스틱 회귀logistic regression와 같은 선형 모델은 예측 변수가 서로 독립적이라고 가정한다. 이 문제를 해결할 한 가지 방법은 상호작용을 살펴보는 것이다. 그러나 우리 예에서는 고차원 공간이 있으므로 작동하지 않는다. 선형 모델linear model을 사용할 계획이라면 특성화에 더 큰 노력을 기울이고 싶을 것이다. 특히 특성의 수를 더 적극적으로 줄이려 할 것이다.

7.4.3 의사 결정과 회귀 트리

의사 결정decision과 회귀 트리regression tree는 비선형 관계를 학습할 수 있으며 독립성에 대한 어떠한 가정도 하지 않는다. 또한 희소한 특성에 영향을 받을 수 있다. 상대적으로 흔치 않은 단어처럼 고유 엔트로피entropy가 적은 변수는 정보 획득과 같은 분할 기준에 따라 분할 대상으로 선택될 가능성이 작다. 즉, 희소하지 않은 특성이 희소한 특성보다 더 선호된다는 의미다. 또한 분산이 더 높은 단어(종종 빈도가 높은 문서)를 문서 빈도가 낮은 단어보다 선호할 수 있다. 이것은 예를 들어 불용어 제거를 더 적극적으로 사용함으로써 완화될 수 있다. 랜덤 포레스트 또는 그레이디언트 부스트 트리gradient boosted tree[4]를 사용하면 앞에서 언급한 일부 어려움을 완화할 수 있다.

트리 기반 모델의 또 다른 장점은 모델의 출력을 쉽게 해석할 수 있다는 것이다. 어떤 특성이 선택되는지 알 수 있으므로 학습 알고리즘이 합리적인 모델을 만들고 있는지 쉽게 확인할 수 있다.

7.4.4 딥러닝 알고리즘

신경망은 복잡한 기능을 학습하는 데는 탁월하지만 상당한 양의 데이터가 필요하다. 필요한 데이터는 매개변수의 수에 따라 빠르게 증가한다. BoW 접근 방식을 사용할 경우, 첫 번째 계층의 매개변수 개수는 어휘 크기에 첫 번째 은닉 계층의 크기를 곱한 결과다. 이는 상당히 큰 결괏값으로, 단어에 대한 중간 표현intermediate representation(IR)을 익히는 데 많은 시간을 소비한다

---

4 옮긴이_ 약한 학습기를 결합해서 더 강력한 학습기를 만드는 방식 중 하나를 말한다.

는 뜻이며 과적합으로 이어질 수도 있다. 이후 11장에서 논의할 단어 임베딩을 사용하여 분류나 회귀 모델이 학습할 매개변수 개수를 대폭 줄이는 게 좋다.

NLP 또는 일반적인 머신러닝을 수행할 때는 데이터에서 무엇을 원하는지 항상 유념하자. 딥러닝 모델을 훈련하고 배포하는 작업은 종종 고전적인 머신러닝 모델보다 더 복잡하다. 항상 가장 간단한 방법부터 시도하자.

7.5 반복

모든 분류나 회귀 프로젝트에서 가장 중요한 부분은 다음 [그림 7-3]에서 볼 수 있듯이 반복 주기iteration cycle다.

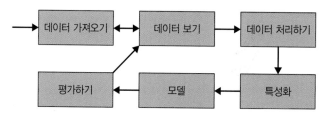

그림 7-3 NLP 분류 및 회귀 문제를 반복하는 방법

머신러닝을 경험한 적이 있다면 대부분 익숙할 것이다. 다만 텍스트 데이터로 작업할 때 유의해야 할 몇 가지 차이점이 있으므로 다음 단계를 살펴보자.

① 데이터 가져오기

이러한 프로젝트에서 가장 시간이 오래 걸리는 부분이다. 여러분이 작업하는 데이터가 잘 관리되고 문서화되길 바라지만, 그 여부와는 상관없이 데이터의 유효성은 검사해야 한다.

② 데이터 보기 및 처리하기

정형 데이터structured data든 비정형 데이터unstructured data든 상관없이 일반적으로 모델링하려면 몇 가지 데이터를 준비하는 과정이 필요하나. 성형 데이터의 경우 종종 잘못된 값을 제거하거나 필드를 정규화하는 작업을 의미한다. 텍스트 데이터를 사용하면 그 구분이 조금 모호하다. 최대 또는 최소 길이를 정하는 비즈니스 로직이 있을 수 있고, 메타데이터를 기준으로 제거할 특정 문서가 있을 수도 있다. 비즈니스 로직 외부에서 문서의 인코딩을 확인하고 공통 인코딩(예: UTF-8)으로 변환해야 한다.

홀드아웃셋hold-out set도 만들려고 한다. 훈련셋과 테스트셋의 분할 대신 교차 검증cross validation을 사용할 때도, 전혀 손대지 않은 홀드아웃hold-out[5] 상태를 유지하는 것이 중요하다. 텍스트 데이터에 과적합하기 쉽기 때문이다.

③ 특성화

이제 데이터를 처리하고 준비했으므로 특성 벡터를 만들 수 있다. 특성을 만든 뒤에는 특성에 관한 몇 가지 기본적인 탐색을 분석해야 한다. 어휘 분포는 앞에서 했던 것처럼 살펴보면 된다. 또한 이를 위해 토픽 모델topic model을 사용할 수도 있다(10장에서 다룰 것이다). 토픽 모델은 모델 생성 방법을 결정하는 데 필요한 통찰력을 제공하며 부수적인 이점으로는 오류를 파악하는 데 도움이 된다.

NLP 특성화는 정형 데이터를 사용한 특성화보다 더 복잡하므로, 특성화 단계를 모델링과 동일한 파이프라인pipeline에 배치하고 싶을 것이다. 이렇게 하면 특성화 파라미터와 모델의 하이퍼파라미터를 함께 최적화할 수 있다.

④ 모델

사용할 알고리즘을 결정해야 한다. 일반적인 머신러닝 작업과 마찬가지로 기준을 설정하는 것이 좋다. 텍스트 기반 분류 및 회귀 문제의 기준을 설정하는 인기 모델은 로지스틱 회귀, 나이브 베이즈 그리고 의사 결정 트리decision tree다. 특성이 있고 알고리즘을 결정했다면 모델을 학습할 수 있다.

⑤ 평가하기

데이터를 살펴보는 것은 모델에서 어떤 일이 일어나는지 이해하는 데 중요하지만 지표metric를 살펴보는 것도 그만큼 중요하다. 교차 검증 또는 전용 검증셋을 사용하여 반복해야 한다. 제작production 준비가 될 때까지 홀드아웃셋을 저장해야 한다.

⑥ 검토하기

가능한 많은 파이프라인을 새롭게 주시하는 것이 중요하다.

- 코드 검토: 누군가가 데이터에 익숙하지 않다면 데이터 처리 코드를 검토하기 어려울 수 있다. 코드를 검토할 데이터 처리 코드에 대한 이해를 가진 사용자를 찾을 수 없는 경우를 대비하여 철저한 문서화가 중요하다.

- 데이터 검토: 주제별 전문가와 함께 데이터를 검토할 수 있다. 또한 데이터에 완전히 익숙하지 않은 사람과 함께 검토하는 것도 고려해보자.

- 특성 검토: 작성한 특성이 의미가 있어야 한다. 이때 도메인 전문가와 함께 해당 특성을 검토해야 한다. 특성이 너무 추상적이어서 도메인에 쉽게 연결할 수 없을 때는 유사한 모델을 구축한 경험이 있는 사람과 함께 특성 이면의 이론을 검토하는 것이 좋다.

- 모델 검토: 모델링 프로젝트를 진행할 때 세부 정보를 놓치기 쉽다. 선택한 알고리즘과 출력에 대한 근거를 검토하는 것이 중요하다.

- 지표 검토: 다른 모든 머신러닝 프로젝트와 마찬가지로 측정 항목, 특히 비즈니스 의사 결정을 내리는 측정 항목을 명확하게 해석할 수 있어야 한다. 좋은 지표를 찾는 데 어려움이 있다면, 당신에게는 그 문제에 대한 최선의 접근 방법이 없을 수도 있다. 때로는 분류 문제가 순위 문제보다 더 잘 구성되기도 한다.

---

5 옮긴이_ 교차 검증 기법 중 하나로, 기본적으로 훈련셋(train set)과 테스트셋(test set)으로 분할하여 사용한다.

– 문서 검토: 전체 파이프라인이 잘 문서화되었는지 확인해야 한다. 재현성을 가지려면 이 방법이 필요하다.

이제 기준 모델을 검증했으므로 결정을 내려야 한다. 기준이 제작하기에 충분한가? 그렇다면 출하하라. 그렇지 않다면 데이터를 다시 살펴볼 때다. 이제 주기를 설정했으므로 지표를 개선할 수 있다.

이제 우리는 텍스트 기반 분류자와 회귀자regressor를 구축하기 위한 프레임워크를 가지고 있다. 희소한 고차원적 텍스트 작업을 더 쉽게 만드는 비범한 기술은 없다. 도메인 전문가에게 문의하여 선택 사항을 알려야 한다.

지금까지 7장에서는 일반적인 아이디어와 규칙을 다뤘다. 이 책의 3부에서 더 구체적인 응용 방법을 알아본다. BoW 접근 방식의 한 가지 문제점은 언어의 중요한 부분인 구문을 잃어버린다는 것이다. n-gram으로 그중 일부를 캡처할 수 있지만, 텍스트를 일부 분류하려면 어떻게 해야 할까? 다음 장에서는 시퀀스 모델을 구축하는 방법을 살펴본다.

7.6 연습 문제

문서가 있는 뉴스 그룹을 예측하는 분류자를 만들어보자. 이 장에서 앞서 구축한 파이프라인부터 시작하고 나이브 베이즈 분류자를 사용할 것이다.

Spark MLlib 가이드를 참조하여 새로운 것을 시도해보자.

```
train, test = texts.randomSplit([0.8, 0.2], seed=123)

stopwords = set(StopWordsRemover.loadDefaultStopWords("english"))

sw_remover = StopWordsRemover() \
    .setInputCol("normalized") \
    .setOutputCol("filtered") \
    .setStopWords(list(stopwords))

count_vectorizer = CountVectorizer(inputCol='filtered',
    outputCol='tf', minDF=10)
idf = IDF(inputCol='tf', outputCol='tfidf', minDocFreq=10)

text_processing_pipeline = Pipeline(stages=[
        assembler,
        sentence,
```

```
            tokenizer,
            lemmatizer,
            normalizer,
            finisher,
            sw_remover,
            count_vectorizer,
            idf
    ])

from pyspark.ml.feature import IndexToString, StringIndexer
from pyspark.ml.classification import *
from pyspark.ml.tuning import *
from pyspark.ml.evaluation import *

label_indexer = StringIndexer(inputCol='newsgroup', outputCol='label').fit(texts)
naive_bayes = NaiveBayes(featuresCol='tfidf')
prediction_deindexer = IndexToString(
    inputCol='prediction',
    outputCol='pred_newsgroup',
    labels=label_indexer.labels)

pipeline = Pipeline(stages=[
    text_processing_pipeline,
    label_indexer,
    naive_bayes,
    prediction_deindexer
])

model = pipeline.fit(train)

train_predicted = model.transform(train)
test_predicted = model.transform(test)
```

우리는 정밀도와 재현율의 조화 평균인 F1 스코어를 사용한다.

```
evaluator = MulticlassClassificationEvaluator(metricName='f1')

print('f1', evaluator.evaluate(train_predicted))
```

```
f1 0.946056760284357
```

```
print('f1', evaluator.evaluate(test_predicted))
```

```
f1 0.6508170558829952
```

테스트 데이터보다 학습 데이터에서 훨씬 더 좋은 성과가 있는 듯하다. 아마 과적합 상태일 수도 있다. 실험해보고 테스트셋에서 얼마나 잘 할 수 있을지 확인해보자.

CHAPTER 8

케라스를 사용한 시퀀스 모델링

지금까지 우리는 문서를 단어 가방(BoW)으로 보았다. 많은 NLP 작업에서 일반적으로 쉽게 접근할 수 있는 방식이며 정확도가 낮은 언어 모델을 생성한다. 단어 순서는 언어의 의미를 인코딩 및 디코딩하는 데 필수적이며 이를 통합하려면 시퀀스 모델링을 해야 한다.

사람들이 머신러닝 문맥context에서 **시퀀스**를 언급할 때는 보통 데이터 포인트가 주변 데이터 포인트와 독립적이지 않은 데이터 시퀀스에 관해 이야기한다. 우리는 일반 머신러닝과 마찬가지로 데이터 포인트에서 파생된 기능을 여전히 사용할 수 있지만, 이제는 근처 데이터 포인트의 데이터와 레이블도 사용할 수 있다. 예를 들어 'produce' 토큰이 명사나 동사로 사용되는지를 확인하려 할 때 주변에 어떤 단어가 있는지 안다면 매우 유익할 것이다. 앞의 토큰이 'might'라면 'produce'는 동사로 쓰인다. 만약 'the'가 앞에 나오는 토큰이라면 명사임을 나타낸다. 이처럼 다른 단어는 우리에게 맥락을 알려준다.

만약 'to'가 'product' 앞에 나온다면 어떨까? 해당 단어는 여전히 명사나 동사를 가리킬 수 있다. 우리는 조금 더 되돌아봐야 한다. 이를 통해 포착capture하려는 문맥의 양인, 창window의 개념을 파악힐 수 있다. 많은 알고리즘은 하이퍼파라미터로 설정되는 고성뇐 양의 문맥을 가진다. 예를 들어 LSTM과 같은 일부 알고리즘은 문맥을 **기억**하는 기간을 학습할 수 있다.

시퀀스 문제는 서로 다른 도메인과 다른 데이터 형식에서 발생한다. 이 책에서 우리는 문자, 단어 또는 메시지의 연속sequence인 텍스트 데이터로 작업한다. 음성 데이터로 작업하는 것은 본질적으로 시퀀스 문제다. 경제학, 물리학과 의학에도 많은 시퀀스 문제가 있다. 이 데이터의 통계와 동작은 보통 서로 다른 분야 사이에서 매우 다르지만 공통적인 기술이 있다.

시퀀스 모델링에서 사용하는 일반적인 기술 중 하나는 **그래프 모형**graphical model이라는 머신러닝 알고리즘 제품군이다. 확률론적 구조를 모델링하는 데 그래프 모형을 사용함으로써 우리는 문맥을 포착할 수 있다. 그래프 모형을 작성할 때는 포착할 문맥을 결정해야 한다. 포착하려는 문맥의 양은 문제의 특성에 따라 달라진다. 사용할 문맥의 양을 학습할 수 있는 모델도 있다. 그래프 모형을 학습하는 데 필요한 알고리즘은 선택한 모델에 따라 달라진다. 일부는 경사 하강법gradient descent으로 학습할 수 있고, 나머지는 자체 학습 알고리즘을 가지고 있다.

8장에서는 은닉 마르코프 모형hidden Markov model, 조건부 무작위장conditional random field, 순환 신경망recurrent neural network(RNN)과 같은 학습 시퀀스에 관한 몇 가지 인기 있는 알고리즘을 살펴본다. 문장 분할과 은닉 마르코프 모형부터 시작해보자.

8.1 문장 분할

가장 많이 배우는 첫 번째 시퀀스 모델 중 하나는 **문장 경계 감지**sentence-boundary detection(SBD) 문제로, 문장 경계가 어디에 있는지 그 위치를 알아내는 것이다. 이것은 정규식으로 해결할 수 있는 문제로 보인다. 이미 알다시피 '.', '?' 그리고 '!'는 문장의 경계다. 약어acronym를 확인하고자 어떤 항목을 추가할 수도 있다. 이전 문자가 대문자로 표시되고 다음 공백 뒤의 문자는 대문자로 표시되지 않는지를 확인할 수 있다. 다만 두 개의 서로 다른 약어가 이어질 때, 예를 들어 미국 국무부를 뜻하는 'U.S.D.O.S'와 같은 단어의 경우에는 약어를 제대로 감지하지 못할 수 있다.

만약 텍스트가 그렇게 규칙적인 형식이 아니라면 어떨까? 기술 통신에서 흔히 볼 수 있듯이 텍스트에 많은 목록이 있을 때, 각 항목의 문장 끝에는 문장 끝맺음 부호가 없을 수 있다. 그러나 목록의 모든 항목을 같은 문장으로 취급하고 싶지는 않다. 우리는 점점 더 복잡한 정규식을 만들거나 모델을 만들 수 있다.

SBD에 정규식을 사용할 때와 모델을 사용할 시기를 결정하는 데 도움이 되는 몇 가지 장단점이 있다. 일부 예외를 무시하면 정규식을 사용하기 쉽다. 텍스트에 모델을 사용하기 어려울 때는 정규식을 사용하는 게 가장 좋다. 반면 SBD 모델은 다소 일반화할 수 있다. 즉, 임상 텍스트를 처리하고자 신문에서 SBD 모델을 사용한다면 예상보다 더 많은 오류가 발생할 것이다.

8.1.1 은닉 마르코프 모형

은닉 마르코프 모형 Hidden Markov model (HMM)은 시퀀스 데이터를 처리하는 데 널리 쓰이는 모델이다. 이를 이해하려면 마르코프 모형과 마르코프 성질Markov property을 먼저 알아야 한다.

마르코프 성질은 확률적(무작위) 프로세스와 관련이 있다. 확률적 프로세스에서 시간 t, X_t에 대한 랜덤 변수는 시퀀스의 모든 이전 변수인 $X_{t-1}, X_{t-2}, \ldots, X_0$에 종속될 수 있다. 만약 X_t가 이전 변수인 X_{t-1}에 종속되어 있다면 마르코프 성질이 있다고 말한다. 이것은 문제를 매우 단순화하는데, 언어에 있어 비현실적인 가정이다. 그러나 우리가 앞서 나이브 베이즈와 로지스틱 회귀의 독립성 가정에서 본 것처럼, 비현실적인 가정이 반드시 잘못된 모델을 생성하는 것은 아니다. 마르코프 성질을 완화할 수 있고 X_t가 마지막 k 변수에 종속된다고 말할 수 있다.

모델링하려는 시퀀스와 관찰 가능한 시퀀스 간의 관계를 사용할 수도 있다. 이제 특정한 상태의 확률을 다음과 같이 추정할 수 있다.

$$P[y_i = k | x_i = c] \approx P[y_i = k | y_{i-1} = k'] \cdot P[y_{i-1} = k'] \cdot P[x_i = c | y_i = k]$$

레이블이 있다면 데이터에서 **전이 확률** $P[y_i = k | y_{i-1} = k']$, **초기 확률** $P[y_0 = k]$와 **출력 확률** $P[x_i = c | y_i = k]$를 직접 계산할 수 있다. 일단 이것만 있으면 은닉 상태인 y_i를 어떻게 예측할 수 있을까? 이때 **비터비 알고리즘**Viterbi algorithm을 사용한다.

예제를 살펴보자. 우리는 NLTK에서 사용할 수 있는 Brown 말뭉치를 이용할 것이다.

```
from collections import defaultdict, Counter

import numpy as np
import pandas as pd

import sparknlp

spark = sparknlp.start()

from nltk.corpus import brown
sentences = brown.sents()
```

말뭉치는 이미 문장으로 분할되어 있으므로 훈련 데이터를 얻으려면 데이터를 토큰화 이전 상태로 만들어야 할 것이다. 다행히도 여기서는 관련 레이블을 제공한다. 문장의 마지막 문자는 E로 표시하고 그 밖의 다른 문자는 S로 표시한다.

```python
def detokenize(sentence):
    text = ''
    for token in sentence:
        if text and any(c.isalnum() for c in token):
            text += ' '
        text += token
    return text

word_counts = Counter()
raw = []
labels = []
for fid in brown.fileids():
        sentences = brown.sents(fid)
        word_counts.update(
            [t for s in sentences for t in s if t.isalpha()])
        sentences = [detokenize(s) for s in sentences]
        raw.append(' '.join(sentences))
        labels.append('S'.join([
            ('S' * (len(s) - 1)) + 'E'
            for s in sentences
        ]))

word_counts = pd.Series(word_counts))
```

이제 훈련 알고리즘을 정의하자. 이전에 정의한 방정식을 보면 확률의 반복 곱셈을 수행한다. 그 결과 **언더플로**underflow가 발생할 위험이 있다. 언더플로는 부동소수점 수의 제한 사항이다. 부동소수점 수는 제한된 정밀도만 나타낼 수 있다. 따라서 수가 0에 가까워지면 부동소수점 표현은 0으로 반내림할 수 있다. 예를 들어 나이브 베이즈를 구현할 때 확률을 곱하는 대신 로그 확률을 추가한다. 이는 1보다 작은 숫자를 곱할 때 언더플로를 방지하려는 것이다.

우리는 관측값 집합, 텍스트 문자, 상태 집합, 문자가 문장 끝을 표시하는지 여부 그리고 로그 확률이 필요할 것이다. 초기 상태에 대한 로그 확률도 필요하다. 이 모델링 문제에서 초기 상태는 항상 'S'다. 출력 로그 확률(주어진 상태의 문자 로그 확률)이 필요하며, 마지막으로 이전 상태에 대한 로그 확률인 전이 로그 확률이 필요하다.

```python
class HMM(object):
    def __init__(self, obs_set, state_set, initial_log, emission_log,
                 transition_log):
        self.obs_set = obs_set
        self.state_set = state_set
        self.initial_log = initial_log
        self.emission_log = emission_log
        self.transition_log = transition_log
```

이것을 계산하려면 가능한 총 관측치, 상태 및 로그 확률을 계산하는 데 사용할 개수를 추적해야 한다.

```python
def training_data():
    data_dict = {}
    data_dict['obs_set'] = set()
    data_dict['state_set'] = set()
    data_dict['transition_ct'] = defaultdict(Counter)
    data_dict['emission_ct'] = defaultdict(Counter)
    data_dict['initial_ct'] = Counter()
    return data_dict
```

이제 데이터셋을 탐색할 때 이 데이터를 업데이트하는 함수가 필요하다.

```python
def update_state(data_dict, ob_seq, st_seq):
    assert len(ob_seq) == len(st_seq)
    data_dict['initial_ct'][st_seq[0]] += 1
    for i in range(1, len(st_seq)):
        ob = ob_seq[i]
        st = st_seq[i]
        data_dict['obs_set'].add(ob)
        data_dict['state_set'].add(st)
        data_dict['transition_ct'][ob_seq[i-1]][ob] += 1
        data_dict['emission_ct'][st][ob] += 1
```

이제 우리는 개수와 총 관측값, 상태 집합을 얻었으므로 로그 확률에 필요한 합계를 계산할 수 있다.

```python
def calculate_sums(data_dict):
    data_dict['transition_sums'] = {
        st: np.sum(list(data_dict['transition_ct'][st].values()))
        for st in data_dict['state_set']
    }
    data_dict['initial_sum'] = np.sum(
        list(data_dict['initial_ct'].values()))
    data_dict['emission_sums'] = {
        st: np.sum(list(data_dict['emission_ct'][st].values()))
        for st in data_dict['state_set']
    }
```

개수와 합계가 있으면 로그 확률을 계산할 수 있다.

```python
def calculate_log_probs(data_dict, eps):
    data_dict['transition_log'] = {
        prev_st: {
            # log P[y_i = k | y_i-1 = k']
            st: (np.log(data_dict['transition_ct'][prev_st][st] + \
                        eps) - \
                 np.log(data_dict['transition_sums'][prev_st] + \
                        eps))
            for st in data_dict['state_set']
        }
        for prev_st in data_dict['state_set']
    }

    data_dict['initial_log'] = {
            # log P[y_0 = k]
        st: (np.log(data_dict['initial_ct'][st] + eps) - \
            np.log(data_dict['initial_sum'] + eps))
        for st in data_dict['state_set']
    }

    data_dict['emission_log'] = {
        st: {
            # log P[x_i = c | y_i = k]
            ob: (np.log(data_dict['emission_ct'][st][ob] + eps) - \
                np.log(data_dict['emission_sums'][st] + eps))
            for ob in data_dict['obs_set']
```

```
            }
            for st in data_dict['state_set']
    }
```

마지막으로 모든 것을 하나로 묶는 **train** 메서드가 있다.

```
def train(observations, states, eps=1e-8):
    # 초기화
    data_dict = training_data()

    # 데이터 탐색, 모든 전이, 초기화 및 출력
    for ob_seq, st_seq in zip(observations, states):
        update_state(data_dict, ob_seq, st_seq)

    calculate_sums(data_dict)

    calculate_log_probs(data_dict, eps)

    return HMM(list(data_dict['obs_set']), list(data_dict['state_set']),
            data_dict['initial_log'], data_dict['emission_log'],
            data_dict['transition_log'])

model = train(raw, labels)
```

이제 텍스트 조각이 주어지면 가장 가능성이 높은 상태의 시퀀스를 계산해야 한다. 이러한 예측 상태를 사용하여 텍스트 조각을 문장으로 나눌 수 있다. 이때 비터비 알고리즘을 사용한다. 이 알고리즘을 사용하면 가능한 시퀀스셋을 효율적으로 탐색할 수 있다.

```
def viterbi(y, model):
  # 초기 상태에 대한 확률
  path_logs = [{
      st: model.initial_log[st] + model.emission_log[st][y[0]]
      for st in model.state_set
  }]
  path_preds = [{st: '' for st in model.state_set}]

  for i in range(1, len(y)):
      curr_log = {}
      curr_preds = {}
      for st in model.state_set:
```

```
                # st로 이어질 가능성이 가장 높은 이전 상태를 찾는다.
                curr_log[st] = -np.inf
                curr_preds[st] = ''
                for prev_st in model.state_set:
                    # 로그 확률
                    local_log = path_logs[i-1][prev_st] + \
                        model.transition_log[prev_st][st] + \
                        model.emission_log[st][y[i]]
                        if curr_log[st] < local_log:
                            curr_log[st] = local_log
                            curr_preds[st] = prev_st
            path_logs.append(curr_log)
            path_preds.append(curr_preds)

        # 이제 거꾸로 작업한다. 가능성이 높은 최종 상태를 찾고 처음으로 돌아간다.
        terminal_log = -np.inf
        curr_st = ''
        for st in model.state_set:
            if terminal_log < path_logs[-1][st]:
                terminal_log = path_logs[-1][st]
                curr_st = st
        preds = curr_st
        for i in range(len(y)-1, 0, -1):
            curr_st = path_preds[i][curr_st]
            preds = curr_st + preds
        return preds
```

이제 우리는 예측할 수 있으므로 자체 문장 분할기를 만들 수 있다.

```
def split(text, model):
    state_seq = viterbi(text, model)
    sentences = []
    start = 0
    for end in range(1, len(text)):
        if state_seq[end] == 'E':
            sentences.append(text[start:end+1])
            start = end+1
    sentences.append(text[start:])
    return sentences
```

어떻게 되는지 살펴보자.

```
example = raw[0]

print('\n###\n'.join(split(example, model)[:10]))
```

```
The Fulton County Grand Jury said Friday an investigation of
Atlanta's recent primary election produced`` no evidence'' that
any irregularities took place.
###
The jury further said in term-
###
end presentments that the City Executive Committee, which had over-
###
all charge of the election,`` deserves the praise and thanks of the
City of Atlanta'' for the manner in which the election was
conducted.
###
The September-
###
October term jury had been charged by Fulton Superior Court Judge
Durwood Pye to investigate reports of possible`` irregularities''
in the hard-
###
fought primary which was won by Mayor-
###
nominate Ivan Allen Jr.
###
.
###
`` Only a relative handful of such reports was received'', the jury
said,`` considering the widespread interest in the election, the
number of voters and the size of this city''.
```

훌륭하지는 않지만, 수동으로 인코딩된 휴리스틱이 아니라 데이터에 기반을 두고 구축된 간단한 모델이다. 이 모델을 개선할 수 있는 몇 가지 방법이 있다. 특히 출력 기능이 서로 독립적이라고 가정하므로 더 많은 출력 기능을 추가할 수 있다. 한편 모델이 왜 하이픈을 문장의 끝이라고 판단하는지 이해하려면 데이터를 살펴보아야 한다.

이 모델은 간단하지만 이미 많은 레이블이 있다. 이와 같은 레이블을 얻는 과정은 시간이 오래 걸린다. 이때 **바움-웰치 알고리즘**Baum-Welch algorithm을 사용하여 부분적으로 레이블이 지정되거나 지정되지 않은 데이터셋에 대한 전이 및 출력 확률을 학습할 수 있다.

Spark NLP가 문장 감지를 수행하는 방법을 살펴보자. 이 알고리즘은 원래 루비Ruby로 구현된 케빈 디아스Kevin Dias의 **pragmatic_segmenter**에 기반을 둔다. 우리의 간단한 HMM과 어떻게 작동하는지 비교해보자.

```python
example_df = spark.createDataFrame([(example,)], ['text'])

from sparknlp import DocumentAssembler, Finisher
from sparknlp.annotator import SentenceDetector

from pyspark.ml import Pipeline

assembler = DocumentAssembler()\
    .setInputCol('text')\
    .setOutputCol('document')
sent_detector = SentenceDetector()\
    .setInputCols(['document'])\
    .setOutputCol('sentences')
finisher = Finisher()\
    .setInputCols(['sentences'])\
    .setOutputCols(['sentences'])\
    .setOutputAsArray(True)

pipeline = Pipeline().setStages([
    assembler, sent_detector, finisher
]).fit(example_df)

sentences = pipeline.transform(example_df)

print('\n###\n'.join(sentences.first()['sentences'][:10]))
```

```
The Fulton County Grand Jury said Friday an investigation of
Atlanta's recent primary election produced`` no evidence'' that
any irregularities took place.
###
The jury further said in term-end presentments that the City
Executive Committee, which had over-all charge of the election,``
```

deserves the praise and thanks of the City of Atlanta'' for the
manner in which the election was conducted.
###
The September-October term jury had been charged by Fulton Superior
Court Judge Durwood Pye to investigate reports of possible``
irregularities'' in the hard-fought primary which was won by
Mayor-nominate Ivan Allen Jr..
###
`` Only a relative handful of such reports was received'', the jury
said,`` considering the widespread interest in the election, the
number of voters and the size of this city''.
###
The jury said it did find that many of Georgia's registration and
election laws`` are outmoded or inadequate and often ambiguous''.
###
It recommended that Fulton legislators act`` to have these laws
studied and revised to the end of modernizing and improving them''.
###
The grand jury commented on a number of other topics, among them
the Atlanta and Fulton County purchasing departments which it
said`` are well operated and follow generally accepted practices
which inure to the best interest of both governments''.
###
Merger proposed However, the jury said it believes`` these two
offices should be combined to achieve greater efficiency and reduce
the cost of administration''.
###
The City Purchasing Department, the jury said,`` is lacking in
experienced clerical personnel as a result of city personnel
policies''.
###
It urged that the city`` take steps to remedy'' this problem.

확실히 HMM보다 낫다. `pragmatic_segmenter`는 매우 복잡하다. 하지만 더 복잡한 모델을
만들 수도 있다. 이것은 어떤 상황에서는 휴리스틱이 모델보다 더 나을 수 있다는 좋은 교훈을
전달하는 예제이기도 하다. NLP 애플리케이션에서 작업할 때는 항상 가장 간단한 솔루션을 먼
저 시도하라. 무엇이 잘못되었는지 살펴보고 개선하자.

8.2 섹션 분할

문서 모음집에 가까운 문서들이 있다. 병원 등에서의 임상적인 접촉은 아마도 다른 제공자의 노트 모음으로 기록된다. 법률 텍스트는 각기 다른 내용과 기능을 가진 섹션^{section}으로 구분된다. 설명문은 종종 장이나 장면으로 나뉜다. 이처럼 다른 섹션에는 서로 다른 처리 방법이나 모델이 필요할 수 있다. 예를 들어 동일한 이유의 방문일지라도 방사선 검사에서 사용하는 것과 똑같은 모델을 입원 기록에는 사용하고 싶지 않을 수 있다.

섹션이 매우 중요하긴 하지만, 실제로 **언어** 자체의 일부는 아니다. 텍스트란 텍스트가 기록되는 문서 형식의 결과물이다. 다른 섹션에는 (심지어 그 위치에도) 여전히 의미가 있을 수 있다. 이것은 우리가 종종 주어진 말뭉치 밖에서 우리의 기술을 일반화할 수 없음을 의미한다. 다행히 정규 표현식은 문장의 경계 감지보다는 이 문제에 훨씬 효과적이다.

8.3 품사 태깅

품사^{part of speech}는 단어들이 결합해 구와 문장을 형성하는 방법을 제어하는 단어 범주다. 이는 특히 텍스트에서 정보를 추출하는 과정에서 매우 유용할 수 있다. 여러분은 아마 가장 일반적인 품사에 익숙할 것이다. NLP에서 범주는 조금 더 복잡하다.

다음은 일반적인 품사다.

- 동사: 'know', 'try', 'call'
- 명사: 'cat', 'banana', 'happiness'
- 형용사: 'big', 'red', 'quick'
- 부사: 'well', 'now', 'quickly'
- 전치사: 'of', 'behind', 'with'

대부분의 품사 태깅 데이터는 펜실베이니아 대학교 트리뱅크^{University of Pennsylvania Treebank}에서 가져오거나 그와 유사한 형식으로 작성되었다. 이 데이터셋에는 훨씬 더 큰 품사 집합이 있다.

- CC: 등위 접속사('and')
- CD: 기수('one', '1')

- DT: 한정사('an', 'the')

- EX: 존재를 나타내는 'there'('there are')

- FW: 외래어('zeitgeist')

- IN: 전치사 또는 종속접속사('of', 'because')

- JJ: 형용사('happy', 'fun')

- JJR: 형용사, 비교급('happier')

- JJS: 형용사, 최상급('happiest')

- LS: 목록 항목 마커('a')

- MD: 법조동사('can', 'might')

- NN: 명사, 단수 또는 불가산명사('cat', 'knowledge')

- NNS: 명사, 복수('cats')

- NNP: 고유명사, 단수 ('Sarah')

- NNPS: 고유명사, 복수('Hungarians')

- PDT: 전치 한정사('It is half the price'의 'half')

- POS: 소유격 어미(소유격 's')

- PRP: 인칭 대명사('I', 'they')

- PRP\$: 소유 대명사('my', 'their')

- RB: 부사('quickly', 'well')

- RBR: 부사, 비교('quicker', 'better')

- RBS: 부사, 최상급('quickest', 'best')

- RP: 조사(부정사 'to', 'It's a write-off'에서 'off')

- SYM: 기호(수학적 맥락에서 x)

- TO: to(때로는 부정사 'to'에 대한 별도 범주)

- UH: 감탄사('uh')

- VB: 동사, 기본형(부정사 'to', 'call', 'know' 뒤)

- VBD: 동사, 과거형('called', 'knew')

- VBG: 동사, 동명사 또는 현재분사('calling', 'knowing')

- VBN: 동사, 과거분사('called', 'known')

- VBP: 동사, 3인칭이 아닌 단순 현재('call', 'know')

- VBZ: 동사, 3인칭 단순 현재('calls', 'knows')

- WDT: wh-한정사('which')

- WP: wh-대명사('who')

- WP\$: 소유격 wh-대명사('whose')

- WRB: wh-부사('when')

이러한 어휘 범주의 언어학을 이해하면 이들을 추출하고 사용하는 방법을 이해하는 데 도움이 된다. 지금부터 인간이 품사를 식별하는 방법을 살펴보자.

인간은 형태학적이고 구문론적인 단서로부터 품사를 해석한다. 이는 우리가 말도 안 되는 단어들의 품사를 결정할 수 있는 이유다. 루이스 캐럴^{Lewis Carroll}의 시 「Jabberwocky」의 일부[1]를 살펴보자.

> 'Twas brillig, and the slithy toves
> Did gyre and gimble in the wabe:
> All mimsy were the borogoves,
> And the mome raths outgrabe.
>
> "Beware the Jabberwock, my son!
> The jaws that bite, the claws that catch!
> Beware the Jubjub bird, and shun
> The frumious Bandersnatch!"
>
> He took his vorpal sword in hand;
> Long time the manxome foe he sought—
> So rested he by the Tumtum tree
> And stood awhile in thought.

영어가 유창한 독자라면 'brilling'과 'vorpal'이 형용사이고 'gyre'와 'gimble'은 동사, 'toves'

---

1 옮긴이_ 영국 작가, 수학자. 대표작으로는 『이상한 나라의 앨리스』가 있다.

와 'jabberwock'은 명사라고 말할 수 있을 것이다. 모든 범주에서 이러한 작업을 수행하는 것은 쉽지 않다. 만약 여러분이 자신만의 종속접속사를 구성한다면 사람들이 이를 식별하는 데 어려움을 겪을 수 있다.

I went there cloom they told me to.

이 문장은 잘못된 것처럼 보인다. 우리가 어떤 범주에서는 새로운 단어를 배우는 데 익숙하지만 다른 범주에서는 익숙하지 않기 때문이다. 만약 우리가 범주에서 단어를 만들 수 있다면 그것은 **열린 범주**로 간주되며, 쉽게 추가할 수 없는 범주는 **닫힌 범주**라고 한다. 그렇기는 하지만 이것은 전 범주에 포함된다. 대명사는 명사만큼 개방적이지 않지만, 언어가 새로운 대명사를 획기적으로 쇄신하는 일은 드물지 않다. 예를 들어 'y'all'[2]이라는 표현을 쓰기 시작한 지 겨우 2~3세기밖에 지나지 않았다.

다소 고정된 일부 범주와 완전히 개방된 범주가 있다는 것을 알면, 모델이 두 종류의 예측을 학습한다는 걸 알 수 있다. 어휘 단서는 닫힌 범주에 유용하고 문맥 단서는 열린 범주에 유용하다.

Spark NLP가 품사 태깅을 하는 방법을 살펴보자. Spark NLP에서는 퍼셉트론이 사용된다. 우리는 브라운 말뭉치[brown corpus][3]에서 모델을 훈련할 수 있지만, 먼저 데이터를 특정 형식으로 저장해야 한다. 각 토큰-태그 쌍은 밑줄 '_'로 결합해야 한다. 태그가 지정된 토큰의 각 문장은 한 줄로 표시된다. 예를 들면 다음과 같다.

```
The_AT mayor's_NN$ present_JJ term_NN of_IN office_NN expires_VBZ
Jan._NP 1_CD ._.
He_PPS will_MD be_BE succeeded_VBN by_IN Ivan_NP Allen_NP Jr._NP
,_, who_WPS became_VBD a_AT candidate_NN in_IN the_AT Sept._NP
13_CD primary_NN after_CS Mayor_NN-TL Hartsfield_NP announced_VBD
that_CS he_PPS would_MD not_* run_VB for_IN reelection_NN ._.
```

```
from sparknlp.training import POS

with open('tagged_brown.txt', 'w') as out:
```

---

2 옮긴이_ You + all의 약자로 '여러분'을 의미한다. 미국 남쪽에서 사용하는 단어다.

3 옮긴이_ 영어 기반 최초로 구조화된 텍스트 샘플의 전자 컬렉션이다.

```
    for fid in brown.fileids():
        for sent in brown.tagged_sents(fid):
            for token, tag in sent:
                out.write('{}_{} '.format(token, tag))
            out.write('\n')

tag_data = POS().readDataset(spark, 'tagged_brown.txt', '_', 'tags')
```

이제 파이프라인을 구축하고 모델을 학습할 수 있다.

```
from sparknlp.annotator import Tokenizer, PerceptronApproach

assembler = DocumentAssembler()\
    .setInputCol('text')\
    .setOutputCol('document')
sent_detector = SentenceDetector()\
    .setInputCols(['document'])\
    .setOutputCol('sentences')
tokenizer = Tokenizer() \
    .setInputCols(['sentences']) \
    .setOutputCol('tokens')

pos_tagger = PerceptronApproach() \
    .setNIterations(1) \
    .setInputCols(["sentences", "tokens"]) \
    .setOutputCol("pos") \
    .setPosCol("tags")

finisher = Finisher()\
    .setInputCols(['tokens', 'pos'])\
    .setOutputCols(['tokens', 'pos'])\
    .setOutputAsArray(True)

pipeline = Pipeline().setStages([
    assembler, sent_detector, tokenizer, pos_tagger, finisher
])

pipeline = pipeline.fit(tag_data)
```

첫 번째 문장에서 어떻게 되었는지 살펴보자.

```
tag_data.first()['text']
```

```
'The Friday an investigation of primary election produced evidence
any irregularities took place .'
```

첫 번째 문장을 품사 태깅을 사용하여 토큰과 태그의 형식으로 출력한다.

```
tag_data_first = tag_data.first()['tags']
txformed_first = pipeline.transform(tag_data).first()

for i in range(len(tag_data_first)):
    word = tag_data_first[i]['metadata']['word']
    true_pos = tag_data_first[i]['result']
    pred_pos = txformed_first['pos'][i]
    print('{:20s} {:5s} {:5s}'.format(word, true_pos, pred_pos))
```

```
The                  AT    AT
Friday               NR    NR
an                   AT    AT
investigation        NN    NN
of                   IN    IN
primary              NN    JJ
election             NN    NN
produced             VBD   VBN
evidence             NN    NN
any                  DTI   DTI
irregularities       NNS   NNS
took                 VBD   VBD
place                NN    NN
```

모델은 이 데이터셋을 잘 학습했다. 실제로 문장을 구문 분석하는 방법에 따라 'primary'가 명사 또는 형용사일 수 있다. 그 밖에도 **조건부 무작위장**conditional random field과 같은 품사 대깅을 위한 또 다른 기술이 있다.

8.4 조건부 무작위장

은닉 마르코프 모형이 순차적 나이브 베이즈일 때 조건부 무작위장(CRF)은 순차 로지스틱 회귀로 간주될 수 있다. CRF는 품사 태깅에 널리 쓰이는 또 다른 기술로서 HMM에 비해 몇 가지 이점이 있다. CRF는 특징과 레이블의 관계에 대한 가정이 적은 만큼 더 복잡한 특징을 허용한다. Spark NLP에서 CRF는 RNN을 사용하는 것 외에도 품사 태그 지정에 쓰이는 접근 방식의 한 가지다. CRF는 로지스틱 회귀와 같은 경사 하강법을 써서 학습되지만 비터비 알고리즘과 같은 알고리즘을 사용하여 실행한다.

8.5 청킹 및 구문 분석

이제 개별 토큰에 대한 품사를 얻었으므로 그들의 결합을 고려해야 한다. 많은 NLP 작업에는 텍스트에서 엔티티를 찾는 작업이 포함된다. 이러한 엔티티는 종종 한 단어 이상의 구문을 사용하여 참조된다. 이는 일반적으로 청크^{chunk}로 알려진 구문에서 태그가 지정된 토큰을 결합하는 방법을 이해해야 함을 의미한다.

문장 경계 감지와 유사하게, 우리는 휴리스틱으로 이 작업을 할 수 있지만 피해야 할 모델이 필요해지는 오류가 발생한다. 휴리스틱은 비교적 간단하다. 인접한 두 토큰에 동일하거나 유사한 태그가 있으면 이를 단일 구문으로 결합한다. 예를 들어 'fan blade'라는 단어는 둘 다 명사이므로 단일 명사 구문으로 결합될 수 있다. 또한 우리는 'knock off'와 같은 일부 동사–전치사 조합처럼 잘 알려진 특정 구조를 단일 동사 또는 명사로서 결합할 수 있다.

휴리스틱은 더 복잡한 구문 구조를 다루지 않는다. 예를 들어 'knock off'라는 동사는 'knock'과 'off' 사이에 대상을 삽입하므로 어휘를 정규화하려 한다면 부정사 'to knock off'는 변형된 형태인 'knocked X off'와 결합되지 않는다. 또한 누가 누구에게 무엇을 했는지 아는 것과 같이, 여러분이 관심 있는 특정 구문 구조가 있을 수도 있다.

더 복잡한 구문 구조를 추출하려면 구문 분석기^{syntactic parser}가 필요하다. 이러한 모델은 시퀀스를 트리 구조로 바꾼다. 그러면 토큰은 더 큰 구문의 **구성 요소**가 된다. 언어는 매우 복잡하지만 다행히도 간단한 구조가 복잡한 구조보다 더 일반적이다.

구문 분석기를 사용하기 전에 반드시 그것이 필요한지를 확인해야 한다. 이러한 모델은 교육하거나 사용하기에 리소스를 많이 소모하는 복잡한 모델인 경우가 많다. 휴리스틱으로 먼저 문제를 해결하려 시도해보고, 그것으로 충분하지 않다면 구문 분석기를 고려해보는 게 가장 좋다.

구문 분석기에 대한 추가적인 주의 사항은 레이블링이 어려운 작업이라는 것이다. 언어에 능통한 사람이라면 누구나 안정적으로 텍스트를 문장으로 나눌 수 있다. 그리고 대부분의 사람은 몇 분 안에 데이터에 레이블을 지정할 수 있을 만큼 품사를 잘 익힐 수 있다. 구문 분석은 훨씬 더 복잡한 레이블 지정 작업이다.

8.6 언어 모델

시퀀스 모델링의 또 다른 고전적인 애플리케이션은 **언어 모델링**이다. 언어 모델은 언어를 생성하는 프로세스 모델로, 사물의 차이를 구별하는 데 쓰이는 분류 모델discriminative model과 달리 생성 모델generative model이라고 불린다. 물론 인간의 언어가 생성되는 실제 과정은 놀라울 정도로 복잡하며 신경학자, 심리학자, 철학자들의 끝없는 탐구 대상이다. NLP에서 언어 모델은 텍스트 생성 프로세스를 텍스트만으로 학습할 수 있다는 간단한 가정을 전제로 한다.

언어 모델의 용도는 다양하다. 언어 모델을 다른 모델들과 함께 기능 생성에 사용할 수 있다. 예를 들어 신경망 기반 언어 모델을 사용하여 시퀀스 레이블링에 쓰이는 다른 계층에 연결할 수 있다. 언어 모델은 텍스트 생성과 요약에도 활용된다.

8장에서 다루는 기술 중 일부를 사용하면 언어 모델을 만들 수 있다. 예를 들어 CRF를 사용하면 단어 시퀀스를 예측할 수 있다. 또한 마르코프 모형을 써서 전이 확률을 학습하여 단어 시퀀스를 예측할 수 있다. 이것은 숨겨진 상태가 아니므로 은닉 마르코프 모형이 아니다. 이전 토큰보다 더 큰 문맥 창context window이 필요할 수도 있다. 다행히 우리는 언어 생성에 마르코프 성질이 있다는 가정을 완화할 수 있다. 그러나 일단 이 작업을 시작하면 모델은 훨씬 더 복잡해진다. 이것은 구문 분석기를 매우 어렵게 만든 구문 복잡성과 관련이 있다.

현재 언어 모델을 구축할 때 가장 인기 있는 접근 방식은 순환 신경망(RNN)이다. 앞서 4장에서 RNN을 소개했지만 이제부터 작동 방식을 더 자세히 살펴보자.

8.7 순환 신경망

우리는 영어 단어를 생성할 수 있는 모델을 구축하기 위해 LSTM을 사용한다. 다음은 이를 정의하는 방정식이다.

$$
\begin{aligned}
v_0 &= 0 \\
c_0 &= 0 \\
1 &\leq t \leq T \\
f_t &= \sigma(W_f \cdot \vec{x}_t + U_f \cdot v^{(t-1)} + b_f) \\
i_t &= \sigma(W_i \cdot \vec{x}_t + U_i \cdot v^{(t-1)} + b_i) \\
o_t &= \sigma(W_o \cdot \vec{x}_t + U_o \cdot v^{(t-1)} + b_o) \\
\tilde{c}_t &= \tanh(W_c \cdot \vec{x}_t + U_c \cdot v^{(t-1)} + b_c) \\
c_t &= f_t \circ c_{t-1} + i_t \circ \tilde{c}_t \\
v_t &= o_t \circ \tanh(c_t)
\end{aligned}
$$

LSTM의 기본 개념은 시퀀스를 진행하면서 상태를 유지한다는 것이다. 학습 과정을 통해 상태를 업데이트할 시기를 배우게 된다. 입력 x_t는 4개의 서로 다른 가중치셋을 사용하여 이전 상태 v_t와 결합된다. 첫 번째 셋인 W_f, U_f, b_f는 이전 정보가 셀의 상태에 영향을 미치는 정도를 제어하는 망각forgetting 매커니즘을 나타낸다. 두 번째 셋인 W_i, U_i, b_i는 셀에 대한 입력을 나타내며 현재 예제가 셀 상태에 얼마나 영향을 미치는지 제어한다. 세 번째 셋인 W_o, U_o, b_o는 셀의 출력을 나타내며 새로운 셀 상태가 LSTM의 출력에 미치는 영향을 제어한다. 마지막으로 W_c, U_c, b_c는 현재 상태의 메모리를 나타내며 현재 입력에서 기억되고 셀에 저장되는 것을 제어한다.

문자열을 전달하려면 먼저 벡터화를 해야 한다.

```
from keras.models import Model, Sequential
from keras.layers import *
import keras.utils as ku
import keras.preprocessing as kp

from scipy.special import expit as sigmoid, softmax
```

자주 나오는 단어만 살펴보자. 또한 우리는 각 단어의 끝을 표시할 것이다. 이렇게 하면 모델이 단어가 언제 끝날지 예측할 수 있다.

```
vocab = word_counts[word_counts > 100]
vocab = list(w + '#' for w in vocab.index)
```

문자를 인덱스에 매핑하는 **c2i**와 인덱스를 다시 문자에 매핑하는 **i2c**의 두 가지 룩업^{lookup}을 구축한다. 또한 알 수 없는 문자를 나타내는 기호로 **?**를 사용한다.

```
UNK = '?'
c2i = {UNK: 0}

for word in vocab:
    for c in word:
        c2i.setdefault(c, len(c2i))

i2c = {ix: c for c, ix in c2i.items()}
alphabet_size = len(i2c) + 1
```

이제 데이터 변환을 위한 몇 가지 유틸리티 함수를 정의해보자.

```
def texts_to_sequences(texts):
    return [[c2i.get(c, c2i[UNK]) for c in t] for t in texts]

def sequences_to_texts(seqs):
    return [''.join([i2c.get(ix, UNK) for ix in s]) for s in seqs]
```

여기에서는 최대 문맥을 10으로 지정한다. 잠재적으로 그렇게 하지 않을 수도 있지만, 일부 기술적인 어려움이 발생할 수 있다. 시퀀스 모델링을 구현할 때는 시퀀스의 최대 길이를 알고 있어야 한다. 창^{windows} 크기를 고정하지 않은 채 가장 긴 단어의 길이가 이 길이를 결정한다. 긴 단어는 짧은 단어보다 훨씬 드물기 때문에 대부분의 시퀀스를 패딩^{padding}[4]해야 한다. 이러한 패딩은 시퀀스를 학습하는 데 도움이 되지 않는다. 즉, 창이 클수록 모델이 시퀀스의 다음 항목을 예측해야 하는 문맥은 늘어나지만 계산 복잡도는 증가한다. 데이터의 문맥 크기를 현실적으로 고려하는 것이 가장 좋다. 영어에서 어휘의 중간 길이는 6자다. 단어 빈도를 고려하면 중앙

---

4 옮긴이_ 여러 문장의 길이를 임의로 동일하게 맞춰주는 작업을 말한다.

값^{median}은 4다. 실제로 10은 단어 빈도를 고려할 때 단어 길이의 95번째 백분위수^{percentile}다. 즉, 10자 이상 떨어져 있는 정보가 다음 문자를 예측하는 데 도움이 되는 경우는 거의 없다는 의미다.

```python
seqs = texts_to_sequences(vocab)

w = 10
X = []
Y = []
for seq in seqs:
    for k in range(1, min(w, len(seq))):
        X.append(seq[:k])
        Y.append(seq[k])
    for k in range(0, len(seq) - w):
        X.append(seq[k:k+w])
        Y.append(seq[k+w])
X = kp.sequence.pad_sequences(X, maxlen=w, padding='pre')
Y = ku.to_categorical(Y, num_classes=alphabet_size)
```

이제 모델을 구축한다. 여기 보이는 Embedding 계층은 입력의 차원을 감소시킨다. LSTM에 대한 입력 폭이 우리 알파벳의 크기가 되는 대신 5가 된다. 임베딩은 이후 11장에서 더 살펴본다.

```python
units = 20

model = Sequential()
model.add(Embedding(alphabet_size, 5, input_length=w))
model.add(LSTM(units, unroll=True))
model.add(Dense(alphabet_size, activation='softmax'))

print(model.summary())
```

```
Model: "sequential_1"
_____
Layer (type)              Output Shape              Param #
=================================================================
embedding_1 (Embedding)   (None, 10, 5)             250
_____
lstm_1 (LSTM)             (None, 20)                2080
```

```
--------------------------------------------------------
dense_1 (Dense)              (None, 50)              1050
========================================================
Total params: 3,380
Trainable params: 3,380
Non-trainable params: 0
--------------------------------------------------------

None
```

학습해야 할 매개변수는 3,380개다. 당연히 그 대부분은 우리 네트워크에서 가장 복잡한 부분인 LSTM에 속해 있다. 이제 네트워크를 훈련시켜보자.

```
model.compile(
    loss='categorical_crossentropy', optimizer='adam',
    metrics=['accuracy'])
model.fit(X, Y, epochs=300, verbose=1)
```

```
Epoch 1/300
5688/5688 [==============================] - 1s 224us/step -
  loss: 3.1837 - acc: 0.1790
Epoch 2/300
5688/5688 [==============================] - 0s 79us/step -
  loss: 2.7894 - acc: 0.1834
...
Epoch 299/300
5688/5688 [==============================] - 0s 88us/step -
  loss: 1.7275 - acc: 0.4524
Epoch 300/300
5688/5688 [==============================] - 0s 84us/step -
  loss: 1.7267 - acc: 0.4517

<keras.callbacks.History at 0x7fbf5e94d438>
```

이제 문자 시퀀스의 모형이 생겼으므로 실제로 단어를 생성하는 데 사용할 수 있다. 우리에게 필요한 것은 시드^{seed} 문자다.

```
def generate_word(seed_char, model):
    text = seed_char
    for _ in range(100):
```

```python
        # 현재 텍스트 인코딩
        encoded = texts_to_sequences([text])[0]
        # 시퀀스 채우기
        encoded = kp.sequence.pad_sequences(
            [encoded], maxlen=w, padding='pre', truncating='pre')
        # 다음 인덱스 예측
        pred = model.predict_classes(encoded, verbose=0)
        # 인덱스 변환
        pred = sequences_to_texts([pred])[0]
        # 모델이 단어의 끝을 예측하면 종료
        if pred == '#':
            break
        text += pred
    return text


alphabet = 'ABCDEFGHIJKLMNOPQRSTUVWXYZ'

for c in alphabet:
    print(c, '->', generate_word(c, model), end=', ')
    c = c.lower()
    print(c, '->', generate_word(c, model))
```

```
A -> And, a -> an
B -> Breng, b -> beation
C -> Court, c -> court
D -> Dear, d -> dear
E -> Englent, e -> exter
F -> Fer, f -> fort
G -> Gearth, g -> groud
H -> Her, h -> hort
I -> In, i -> indedant
J -> Jome, j -> jorter
K -> Kenglert, k -> kear
L -> Lexter, l -> land
M -> Mand, m -> mearth
N -> Not, n -> near
O -> One, o -> on
P -> Pling, p -> provest
Q -> Qexter, q -> quale
R -> Rhong, r -> rear
S -> Some, s -> state
T -> Ther, t -> ther
U -> Ued, u -> under
V -> Vexter, v -> vering
```

```
W -> Watere, w -> wate
X -> Xexter, x -> xowe
Y -> Yot, y -> yurn
Z -> Zexter, z -> zelous
```

흥미로워 보인다. 이들 중 일부는 'Her', 'land' 그리고 'state'와 같은 실제 단어다. 이것을 말로 하는 원리는 같다. 차원 수가 증가하므로 메모리 사용량에 유의해야 한다.

작동 원리를 살펴보자. 먼저 계층^{layer}을 추출해보자.

```
embedding = model.layers[0]
lstm = model.layers[1]
dense = model.layers[2]
```

이어서 가중치를 추출하려고 한다. 케라스 라이브러리는 각 LSTM 계층의 가중치를 별도로 저장하지 않으므로 이들을 분할해야 한다.

```
# 임베딩 계층에는 편향 항이 없으므로 여기에서는 하나만 얻는다.
W_e = embedding.get_weights()[0]

W, U, b = lstm.get_weights()

# W_* 가중치는 두 번째 축을 따라 연결된다.
W_i = W[:, :units]
W_f = W[:, units: units * 2]
W_c = W[:, units * 2: units * 3]
W_o = W[:, units * 3:]

# U_* 가중치는 두 번째 축을 따라 연결된다.
U_i = U[:, :units]
U_f = U[:, units: units * 2]
U_c = U[:, units * 2: units * 3]
U_o = U[:, units * 3:]

# b_* 가중지도 연결된다.
b_i = b[:units]
b_f = b[units: units * 2]
b_c = b[units * 2: units * 3]
b_o = b[units * 3:]
```

```
# 마지막으로 출력 가중치다.
W_d, b_d = dense.get_weights()
```

'recurren' 이후의 다음 문자를 예측할 때 우리가 무엇을 기대할 수 있는지 살펴보자.

```
text = ['recurren']
encoded = texts_to_sequences(text)
encoded = kp.sequence.pad_sequences(
    encoded, maxlen=w, padding='pre')
pred = model.predict_classes(encoded)
pred = sequences_to_texts([pred])
pred
```

```
['t']
```

이것은 'recurrent'라는 단어를 만들기 때문에 이치에 맞는다. 이제 우리 스스로 이것을 계산할 수 있을지 살펴보자. 먼저 입력을 생성해야 한다.

```
X = ['recurren']
X = texts_to_sequences(X)
X = kp.sequence.pad_sequences(encoded, maxlen=w, padding='pre')
X = np.eye(alphabet_size)[X.reshape(-1)].T
X.shape
```

```
(50, 10)
```

이제 임베딩 계층을 사용하여 50차원 희소 벡터를 훨씬 더 조밀한 5차원 벡터로 변환할 수 있다.

```
V_e = np.dot(W_e.T, X).T
V_e.shape
```

```
(10, 5)
```

LSTM을 통해 실행해보자. 이 코드는 활성화 함수를 통해 값을 보내기 전에 h_* 변수에 값을 저장한다는 점을 제외하면 이전 방정식과 거의 유사하다. 이 작업은 코드가 지나치게 길어지지 않도록 하려는 것이다.

```
v_t = np.zeros(units)
c_t = np.zeros(units)
for v_e in V_e:
    h_f = np.dot(W_f.T, v_e) + np.dot(U_f.T, v_t) + b_f
    f_t = sigmoid(h_f)
    h_i = np.dot(W_i.T, v_e) + np.dot(U_i.T, v_t) + b_i
    i_t = sigmoid(h_i)
    h_o = np.dot(W_o.T, v_e) + np.dot(U_o.T, v_t) + b_o
    o_t = sigmoid(h_o)
    h_cc = np.dot(W_c.T, v_e) + np.dot(U_c.T, v_t) + b_c
    cc_t = np.tanh(h_cc)
    c_t = np.multiply(f_t, c_t) + np.multiply(i_t, cc_t)
    v_t = np.multiply(o_t, np.tanh(c_t))

v_t.shape
```

```
(20,)
```

우리의 예측값을 얻기 위해 마지막 출력 결과를 가져와서 밀집층^{dense layer}을 통과시킬 것이다.

```
h_d = np.dot(W_d.T, v_t) + b_d
pred = softmax(h_d)
pred
```

```
array([5.82594437e-14, 1.42019430e-13, 6.24594676e-05, 7.96185826e-03,
       1.44256098e-01, 8.38904616e-02, 2.30058043e-03, 1.34377453e-02,
       2.41413353e-02, 8.99782631e-03, 3.62877644e-04, 7.10518831e-04,
       4.20883844e-05, 1.14326228e-01, 4.10492247e-01, 1.37839318e-03,
       1.71264211e-03, 1.74333516e-03, 2.45791054e-03, 3.24176673e-04,
       9.32490754e-05, 7.62545395e-14, 9.35015496e-05, 1.53205409e-01,
       2.67653674e-02, 1.24012713e-03, 5.49467572e-14, 3.55922084e-11,
       8.92650636e-14, 9.91368315e-14, 8.16121572e-14, 2.14432828e-18,
       9.12657866e-14, 3.24019025e-06, 9.51441183e-14, 8.55035544e-14,
       8.72065395e-14, 7.73119241e-14, 9.14113806e-14, 1.08231855e-13,
       3.22887102e-07, 8.59110640e-14, 1.10092976e-13, 8.71172907e-14,
       1.04723547e-13, 7.06023940e-14, 8.18420309e-14, 1.21049563e-13,
       8.37730240e-14, 1.04719426e-13])
```

가장 높은 값을 가진 인덱스를 찾아야 하므로 argmax를 사용한다.

```
i2c[pred.argmax()]
```

```
't'
```

마지막으로 예측을 수행한다. 몇 개의 차순위 값을 살펴보자.

```
top5 = sorted(enumerate(pred), key=lambda x: x[1], reverse=True)[:5]

for ix, p in top5:
    print(i2c[ix], p)
```

```
t 0.5984201360888022
e 0.12310572070859592
# 0.08221461341991843
c 0.043372692317500176
l 0.037207052073704866
```

다른 문자들이 예측되는 이유가 무엇인지 추측해볼 수 있다. 문자 'g'는 입력 문자열이 'recurring'과 얼마나 유사한지를 바탕으로 예측할 수 있다. 앞서 이야기했듯이 대부분의 단어는 'recurren'만큼 길지 않으므로 단어의 끝을 예측하는 것도 일리가 있다. 문자 'c'는 'recurrence'라는 단어의 일부다. 그리고 문자 's'는 영어에서 흔히 사용하는 문자이므로 종종 높은 확률로 표시된다.

모델링 시퀀스는 현대 NLP의 핵심이다. BoW 접근 방식에서는 구문으로 전달되는 모든 정보가 손실된다. 이제 언어를 시퀀스로 모델링할 수 있으므로 시퀀스에서 정보를 추출하는 방법을 살펴볼 수 있다.

8.8 연습 문제: 문자 n-gram

문자 n-gram을 사용하도록 언어 모델 RNN을 수정하자. 따라서 시퀀스는 recurrent -> 2-gram -> [re, cu, rr, en, t#]이어야 한다. 필요한 문맥의 양을 반영하기 위해 w를 업데이트할 수도 있다.

8.9 연습 문제: 단어 언어 모델

루이스 캐럴이 쓴 『거울 나라의 앨리스』에 나오는 넌센스 시 「Jabberwocky」를 가져와서 단어 언어 모델을 구축해보자.

① 시퀀스는 시의 대사가 될 것이다. 예를 들어 "Twas brillig, and the slithy toves", "Did gyre and gimble in the wabe:" 등을 볼 수 있다. Spark NLP 파이프라인을 사용하여 텍스트를 처리하고 토큰 목록을 추출한다.

② 인코딩 코드를 변경해야 하며 c2i, i2c, texts_to_sequences 및 sequence_to_texts가 단어와 함께 작동하도록 업데이트해야 한다.

③ 줄을 대신 생성하려면 generate_word를 업데이트해야 한다.

8.10 참고 자료

- 「The Penn Treebank: An Overview」(Springer, 2003)
  - 가장 널리 사용되는 NLP 데이터셋 중 하나인 펜 트리뱅크Penn Treebank 데이터셋의 개요다.
- 「Long Short-Term Memory in Recurrent Neural Networks」(EPFL, 2001)
  - LSTM을 설명하는 박사 학위 논문이다. 논문에서 예상한 바와 같이 다소 조밀하지만 수학적 기초에 관심이 있다면 반드시 읽어야 한다.
  - www.felixgers.de/papers/phd.pdf
- 「Probabilistic Graphical Models: Principles and Techniques」(MIT 프레스, 2009)
  - 이 책은 HMM 및 CRF와 같은 확률적 그래픽 모델을 위한 교과서다.

## CHAPTER 9

정보 추출

텍스트로 작업할 때 우리는 보통 의미를 추출하려고 한다. 실제로 많은 작업이 텍스트에서 이벤트 또는 개체entity를 추출하는 작업을 포함한다. 문서에서 특정한 사람을 참조하는 모든 위치를 찾으려 할 수도 있고, 특정 장소에서 무슨 일이 일어났는지 찾으려 할 수도 있다. 이러한 작업을 **정보 추출**information extraction이라고 한다.

정보 추출 작업은 개체(명사 및 명사구)와 이벤트(주제와 객체object를 포함한 동사구)에 중점을 둔다. 이 작업은 모든 것에 태그를 붙일 필요 없이 텍스트의 **중요한** 부분만 식별해야 하는 품사 작업과는 다르다. 그러나 이러한 정보를 추출하는 기술은 보통 시퀀스 모델링에서 사용하는 기술과 같다.

지금까지 가장 일반적인 정보 추출 유형은 '개체명 인식'으로, 특정 개체에 대한 참조를 찾는 작업이다.

9.1 개체명 인식

개체명 인식named-entity recognition (NER)은 텍스트에서 특정 항목(명사)을 찾는 작업이다. 우리가 흔히 원하는 개체명은 고유명사지만 때로는 다른 것을 추출하고 싶을 때도 있다. 이처럼 추출된 명사의 몇몇 일반적인 유형을 살펴보자.

개체명 인식 뒤에 자리 잡은 언어학을 완전히 이해하려면 다음과 같은 몇 가지 용어를 정의해야 한다.

- **참조 표현식 또는 R-표현식**

  실제적이거나 개념적인 것을 나타내는 단어 또는 구. R-표현식이 얼마나 구체적이고 어떻게 지정되었는지에 따라 다른 유형으로 나뉜다.

- **참조**

  R-표현식이 참조하는 실제적 또는 개념적인 것을 말한다.

- **한정성과 비한정성**

  이것은 참조 대상이 얼마나 구체적인지를 나타낸다. R-표현식이 한정적이면 특정 참조 대상이 있다. 비한정성에는 여러 종류가 있지만, 언어는 구별되는 종류에 따라 다르다.

- **직시**

  직시^{deixis}[1]는 문맥 정보로만 참조를 해석할 수 있는 R-표현식이다.

다음과 같은 몇 가지 예를 살펴보자.

- 'Cows eat grass'의 'Cows'는 **비한정 명사**다. 영어에서는 'some'을 사용할 수 있지만 부정관사가 없다.
- 'France is in Europe'의 'France'는 **고유명사**의 한 예다. 고유명사는 본질적으로 명확하다. 영어에서 대부분의 고유명사는 정관사를 사용하지 않는다. 몇 가지 예외도 있다. 'The Arctic', 'The Gobi'와 같은 지리적 지역과 수역^{body of water}이다. 또 다른 몇몇 예외가 있는데, 주로 문맥상으로는 적절한 '부적절한 명사구'다. 예를 들면 'the Cowboys'와 같은 스포츠 팀이다.
- 'The Sun is shining'의 'The Sun'은 명사의 한 예다. 영어에서 고유명사가 아닌 **한정 명사**는 정관사 'the'가 필요하다.
- 'Are you going to eat that'의 'that'은 **직시**의 한 예다. 문맥상 참조 대상은 특정 식품 항목이지만, 문맥이 없으면 참조를 해결할 수 없다.
- 'I am here'의 'I' 및 'here'도 **직시**의 한 예다. 이 문장은 유의어 반복^{tautology}으로 해석될 수 있지만 여전히 흔하다. 'I'와 'here'의 화자가 다르기 때문이다. 'I'는 말하는 사람 또는 글 쓰는 사람을, 'here'는 앞서 소개한 몇몇 위치를 화자로 삼는다.
- 'The next episode airs tomorrow'의 'tomorrow'는 **직시**가 부사로 쓰이는 예다.

---

1 옮긴이_ 어떤 대상을 문맥 속에서 가리키는 것으로, 문맥에 따라 다른 의미를 전달할 수 있도록 해준다.

보다시피 이것은 언어의 복잡한 양상이다. 다행히 NER을 할 때는 우리가 찾고 있는 개체를 제한한다. 보통 NER 모델은 사람, 장소, 조직, 시간을 식별한다. 이 모델은 일반적으로 고유명사를 찾는데 이것을 **일반 NER**generic NER이라고 한다. 또 다른 일반적인 NER 작업은 임상 절차와 같은 특정 개념을 찾는 것이다. 이 작업은 특정 어휘 집합에 초점을 맞추면 더 쉬워진다. 언어를 유창하게 구사하는 사람은 일반적으로 명사가 적절한지 여부를 식별할 수 있지만, 도메인별 범주를 식별하려면 도메인 전문가가 필요하다. 이것을 **도메인 특화 NER**domain-specific NER라고 한다.

8장에서 논의한 시퀀스 모델링 기법을 사용하여 일반 또는 도메인 특화 NER에 접근할 수 있다. 이때 데이터를 구성하는 방법을 살펴보자. 일반적인 개념은 클래스들이 '개체명 내부' 또는 '개체명 외부'에 있는 분류 작업으로 만들려는 것이다. 기본 클래스는 개체명 외부의 토큰에 대한 클래스인 O이다. B-PER, I-PER, B-LOC과 I-LOC는 참조 대상이 사람(B-PER, I-PER) 또는 위치(B-LOC, I-LOC)인 개체명 토큰에 대한 클래스다. 때로는 더 많은 클래스가 있다. 또한 개체명 구문을 시작하기 위한 B-* 클래스도 있다. 다음 [표 9-1]과 [표 9-2]의 결과와 함께 몇 가지 예를 살펴보자.

- King Arthur went to Camelot(아서 왕이 카멜롯에 갔다).

표 9-1 NER 태그 및 토큰

토큰	클래스
King	B-PER
Arthur	I-PER
went	O
to	O
Camelot	B-LOC
.	O

임상 텍스트에서는 사람이나 위치를 찾는 대신 절차(B-PROC, I-PROC)에 더 관심이 있다.

- The patient received a bone scan(환자는 뼈 사진을 찍었습니다).

표 9-2 임상 문장에서의 NER 태그

토큰	클래스
The	O
patient	O
received	O
a	O
bone	B–PROC
scan	I–PROC

이러한 레이블을 사용하면 품사 태깅을 수행한 방식과 유사하게 모델링에 접근할 수 있다.

도메인 특화 NER를 수행할 때는 선별된 용어 집합을 사용하여 모델 없이 문서에서 발생 항목을 찾을 수 있다. 이를 구현할 수 있는 몇 가지 항목을 살펴보자. Brown 말뭉치를 다시 한번 살펴보면 텍스트에서 불용어stop word가 발생하는 것을 알 수 있다.

```python
from collections import defaultdict, Counter
from random import sample, seed
from time import time

from nltk.corpus import brown
from nltk.corpus import stopwords

en_stopwords = set(stopwords.words('english'))
```

도움이 될 만한 몇 가지 기능을 정의해보자.

```python
brown_fileids = brown.fileids()

def detokenize(sentence):
    """
    이렇게 하면 문장이나 토큰으로 분할하지 않고
    원래 텍스트를 볼 수 있다.
    """
    text = ''
    for token in sentence:
        if text and any(c.isalnum() for c in token):
            text += ' '
```

```
        text += token
    return text

def get_sample_files(k):
    """
    이것은 문서의 샘플이다.
    """
    sample_files = []
    for fid in sample(brown_fileids, k):
        tokens = []
        for sent in brown.sents(fid):
            tokens.extend(sent)
        sample_files.append((fid, detokenize(tokens)))
    return sample_files

def get_match_counts(texts, search_fn, *args):
    """
    텍스트의 검색 함수인 search_fn을 실행한다.
    *args가 추가 인수로 전달된다.
    """
    references = defaultdict(Counter)
    for fid, text in texts:
        for term, begin, end in search_fn(text, *args):
            references[term][fid] += 1
    return references
```

일치하는 항목을 찾는 데 걸리는 시간을 확인할 수 있도록 몇 가지 문서 샘플을 만들어보자.

```
seed(123)

raw_10 = [(fid, tokens) for fid, tokens in get_sample_files(10)]
raw_50 = [(fid, tokens) for fid, tokens in get_sample_files(50)]
raw_100 = [(fid, tokens) for fid, tokens in get_sample_files(100)]
raw_500 = [(fid, tokens) for fid, tokens in get_sample_files(500)]
```

간단한 나이브 접근 방식을 시도해보자. 텍스트의 각 위치에 대해 어휘의 각 용어를 검색 용어 중 하나와 일지시키고자 한다.

```
def simple_match(text, vocabulary):
    text = text.lower()
    for term in vocabulary:
```

```
            for i in range(len(text) - len(term) + 1):
                j = i+len(term)
                end_of_word = j == len(text) or not text[j].isalpha()
                begin_of_word = i == 0 or not text[i-1].isalpha()
                if begin_of_word and \
                   end_of_word and \
                   term == text[i:i+len(term)]:
                    yield (term, i, j)

    timing = []
    for texts in [raw_10, raw_50, raw_100]:
        start = time() # milliseconds
        references = get_match_counts(texts, simple_match, en_stopwords)
        timing.append((len(texts), int(time() - start) * 1000))
        print('the', sum(references['the'].values()))
        print('about', sum(references['about'].values()))
        print('wouldn\'t', sum(references['wouldn\'t'].values()))
        print('{} documents in {} ms'.format(*timing[-1]))
```

나이브 접근을 사용하여 문서를 처리하는 데 걸리는 시간을 살펴보자.

```
the 1404
about 34
wouldn't 2
10 documents in 6000 ms
the 6876
about 177
wouldn't 15
50 documents in 30000 ms
the 13962
about 380
wouldn't 40
100 documents in 60000 ms
```

꽤 느리다. 나이브 접근 방식의 시간 복잡도를 살펴보자.

문서의 크기가 N글자이고 M이 어휘 길이의 합계일 경우 이 접근 방식은 O(MN) 복잡도를 갖는다. 타이밍이 더 나쁠 수도 있지만, 이것은 우리가 참고 문헌 사전도 구축하고 있기 때문이다.

이 접근 방식에는 불필요한 확인이 많다. 만약 's'에 위치한다면 'about'을 확인할 필요가 없다. 고려해야 할 어휘 항목의 수를 제한할 수 있다면 더 좋을 것이다. 탐색 트리의 일종인 **트라이**^{trie}

로 이것을 실현할 수 있다.

트라이는 하나의 트리에 많은 시퀀스를 저장할 수 있는 데이터 구조다. 트라이는 각 시퀀스를 트리 경로로 저장한다. 예를 들어보자.

```python
def build_trie(sequences, empty=lambda: ''):
    """
    우리의 trie를 구축한다. 메모리 사용량이 증가하더라도
    트라이(trie)를 더 쉽게 설명할 수 있도록 각 노드에 경로를 포함한다.
    """

    trie = {'<path>': empty()}
    for seq in sequences:
        curr = trie
        path = empty()
        for elem in seq:
            path += elem
            curr = curr.setdefault(elem, {'<path>': path})
        curr['<END>'] = True
    return trie

def traverse(trie, empty=lambda: ''):
    """
    이것은 넓이 우선 순회다. 한 번에 한 계층씩 트라이를 통과한다.
    """
    queue = [trie]
    while len(queue) > 0:
        head = queue[0]
        path = head['<path>']
        queue = queue[1:] + list(
            node
            for key, node in head.items()
            if not key[0] == '<'
        )
        yield (path, head)

def traverse_depth_first(trie, empty=lambda: ''):
    """
    이것은 깊이 우선 순회다. 한 번에 하나의 경로를 통과한다.
    """
    stack = [trie]
    while len(stack) > 0:
        head = stack[0]
```

```
        path = head['<path>']
        stack = list(
            node
            for key, node in head.items()
            if not key[0] == '<'
        ) + stack[1:]
        yield (path, head)
```

간단한 어휘로 트라이를 살펴보자.

```
trie = build_trie(['cat', 'catharsis', 'dog', 'destiny'])

print('Breadth-first traversal')
for path, _ in traverse(trie):
    print(path)

print()

print('Depth-first traversal')
for path, _ in traverse_depth_first(trie):
    print(path)
```

```
Breadth-first traversal

c
d
ca
do
de
cat
dog
des
cath
...
destiny
catharsi
catharsis

Depth-first traversal

c
ca
```

```
cat
cath
...
catharsis
d
do
dog
de
...
destiny
```

이제 이러한 데이터 구조가 있으므로 텍스트를 검색하는 데 사용할 수 있다. 알고리즘의 요지는 텍스트상에 반복하고 텍스트의 글자를 사용하여 트라이를 순회하는 것이다. 코드를 살펴보자.

```
def trie_match(text, trie):
    text = text.lower()
    curr = trie
    # 텍스트의 각 글자에 for 문을 수행한다.
    for i in range(len(text)):
        j = i # text[i]로부터 trie 순회 시작
        begin_of_word = i == 0 or not text[i-1].isalpha()
        if not begin_of_word:
            continue
        while j < len(text) and text[j] in curr:
            # trie 아래로 이동
            curr = curr[text[j]]
            # 단어 중간에 있지 않은지 확인
            end_of_word = j == len(text) - 1 or not text[j+1].isalpha()
            # 단어의 끝에 있고 현재 항목과 일치하면 출력
            if end_of_word and '<END>' in curr:
                term = curr['<path>']
                yield (term, j-len(term)+1, j+1)
            j += 1
        # 일치하는 문자가 부족하거나 trie 끝에 도달하면 리셋하고 다음 문자로 이동
        curr = trie
```

트라이 기반 접근 방식에 걸리는 시간을 측정해보자.

```
en_stopwords_trie = build_trie(en_stopwords)
timing = []
for texts in [raw_10, raw_50, raw_100, raw_500]:
    start = time() # milliseconds
    references = get_match_counts(texts, trie_match, en_stopwords_trie)
    timing.append((len(texts), int((time() - start) * 1000)))
    print('the', sum(references['the'].values()))
    print('about', sum(references['about'].values()))
    print('wouldn\'t', sum(references['wouldn\'t'].values()))
    print('{} documents in {} ms'.format(*timing[-1]))
```

```
the 1404
about 34
wouldn't 2
10 documents in 38 ms
the 6876
about 177
wouldn't 15
50 documents in 186 ms
the 13962
about 380
wouldn't 40
100 documents in 371 ms
the 70003
about 1817
wouldn't 129
500 documents in 1815 ms
```

이는 NLP의 전형적인 절충안으로서 이전보다 훨씬 빠르다. 속도를 높이기 위해 트라이를 미리 계산하는 데 필요한 시간과 더불어 메모리 설치 공간을 늘린다. 또한 아호 코라식 알고리즘Aho-Corasick algorithm과 같은 더 복잡한 알고리즘이 있는데, 역추적에 드는 시간을 줄이기 위해 트라이에 추가 링크를 사용한다.

제한된 어휘가 있을 때는 이전의 트라이 매칭 알고리즘과 같은 사전 검색을 통해 문서에서 많은 정보를 얻을 수 있다. 제한된 어휘는 선별된 어휘에 속하지 않는 그 무엇도 인식할 수 없는 것으로 제한된다. 프로젝트에 가장 적합한 접근 방식을 결정하려면 다음 사항을 고려하자.

- 도메인 특화 NER 요구 사항이 있는가? 아니면 일반 NER인가?
  - 일반 NER가 필요한 경우 모델을 구축해야 하는가?

- 선별된 어휘가 있는가? 레이블이 있는 텍스트가 있는가?
  - 둘 다 있다면 새로운 용어를 잠재적으로 인식하는 모델을 만들고 싶을 것이다. 둘 다 없다면 어느 쪽이 더 쉽게 만들 수 있을지 살펴보자.

개체가 있으면 그들을 외부 데이터에 연결할 수 있다. 예를 들어 임상 기록에서 의약품에 관한 언급을 찾고 있다고 가정해보자. (예를 들어 약물 등) 명시된 개체를 약물 데이터베이스의 정보와 연관시키려 할 수 있다. 이때 매칭하는 방법은 NER을 하는 방법에 따라 달라진다. 이는 도메인 특화 NER 작업이므로 사전 검색 접근 방식 또는 모델 접근 방식을 사용할 수 있다. 이러한 데이터베이스가 있으면 실제로 선별된 어휘를 만드는 데 사용할 수 있다. 이를 통해 인식된 약물 이름을 데이터베이스에서 메타데이터와 간단하게 연결할 수 있다. 모델 접근 방식을 사용할 경우에는 모델이 데이터베이스에서 정확하지 않은 이름을 인식할 수 있으므로 상황이 다소 모호해질 수 있다. 이 작업에 접근할 수 있는 한 가지 방법은 데이터베이스에서 발견된 약품 이름과 가장 가까운 약품 이름을 검색하는 것이다.

Spark NLP에서는 두 가지 방법으로 NER을 수행할 수 있다. 하나는 CRF를 사용하는 전략이고 또 다른 하나는 딥러닝 기반으로 사용하는 방법이다. 두 접근법 모두 단어 임베딩을 입력으로 사용하므로 단어 임베딩을 논의할 때 11장에서 예제를 더 살펴볼 수 있다.

NER에 관한 이러한 모든 접근 방식은 참조 클래스를 생략하고 직접 참조만 식별한다. 그중 무엇도 참조할 대명사를 식별할 수 없다. 예를 들어보자.

- The coelacanth is a living fossil. The ancient fish was discovered off the coast of South Africa(실러캔스는 살아 있는 화석이다. 고대 물고기는 남아프리카 해안에서 발견되었다).

'ancient fish(고대 물고기)'는 'coelacanth(실러캔스)'와 같은 것으로 식별되지 않는다. 우리는 **상호 참조 해결**coreference resolution 기법으로 이 문제를 해결할 수 있다.

9.2 상호 참조 해결

앞서 R-표현식과 지시 대상referent에 관해 논의했다. 상호 참조coreference란 두 개의 R-표현식이 참조를 공유하는 경우다. 우리의 개체명에 관해 언급되는 내용을 이해하려 한다면 텍스트에서 가치 있을 수 있겠지만 불행하게도 이것은 어려운 문제다.

인간은 다양한 구문과 어휘 규칙을 통해 상호 참조를 이해한다. 몇 가지 예를 살펴보자.

- He knows him(그는 그를 알고 있다).
- He knows himself(그는 자기 자신을 알고 있다).

첫 번째 문장에서는 두 사람이 관련된 반면 두 번째 문장에는 한 사람뿐이다. 그 이유는 지배와 결속government and binding[2]이라고 불리는 구문의 하위 분야에 있다. 'himself'와 같은 재귀 대명사는 그 절의 무언가를 다시 언급해야 한다. 예를 들어 다음과 같은 비문법적인 문장을 보자.

- They were at the mall. We saw themselves(그들은 쇼핑몰에 있었다. 우리는 그들 자신을 보았다).

'themselves'가 'they'와 같은 그룹을 가리킨다고 추측할 수 있지만 이상하게 보인다. 왜냐하면 재귀적 성질이 문장의 'We'라는 다른 개체와 결합하려 했기 때문이다. 비재귀적인 성질은 그들의 절에 묶여서는 안 된다.

대명사 참조만이 상호 참조의 유일한 유형은 아니다. 개체를 참조하는 방법은 여러 가지가 있다. 다음과 같은 예를 살펴보자.

- Odysseus, known to the Romans as Ulysses, is an important character in the works of Homer. He is most well known for the adventures he had on his way home from the Trojan War(로마인들에게 율리시스로 알려진 오디세우스는 호메로스의 작품에서 중요한 인물이다. 그는 트로이 전쟁에서 집으로 돌아오는 길에 겪은 모험으로 가장 잘 알려졌다).

이 문장에서 오디세우스는 다섯 번 언급된다. 언어학에서는 상호 참조를 나타내고자 첨자subscript를 제공하는 것이 일반적이다. 상호 참조용으로 표시된 동일한 문장을 살펴보자.

- Odysseus$_i$, known to the Romans as Ulysses$_i$, is an important character in the works of Homer. He$_i$ is most well known for the adventures he$_i$ had on his$_i$ way home from the Trojan War(로마인들에게 율리시스로 알려진 오디세우스는 호메로스의 작품에서 중요한 인물이다. 그는 트로이 전쟁에서 집으로 돌아오는 길에 겪은 모험으로 가장 잘 알려져 있다).

이제 상호 참조를 이해했으니 텍스트에서 어떻게 추출하면 좋을지 고민할 차례다. 어려운 문제다. 딥러닝 기법은 자주 채택되지 않는 만큼 다른 작업보다 더 느리게 진행된다. 이때 규칙 기

---

2 옮긴이_ 미국의 언어학자 노암 촘스키에 의해 구체화된 변형생성문법 이론을 가리키는 언어학 용어를 말한다.

반 접근 방식rule-based approach으로 접근할 수 있다. 문장을 구문 트리로 분석할 때는 구문 규칙을 사용하여 참조를 공유하는 R-표현식을 식별할 수 있다. 그러나 이 접근 방식에는 큰 문제가 있는데, 정규 구문을 사용하는 텍스트에서만 유효하다는 점이다. 따라서 신문에서는 잘 작동하지만 트위터나 임상 기록에서는 그렇지 않다. 또 다른 단점은 우리가 규칙을 만들고 있는 언어의 구문에 관해 상당한 지식을 가진 사람이 필요하다는 점이다.

머신러닝 접근 방식은 시퀀스 모델링 문제로 취급될 수 있다. 우리는 주어진 R-표현식이 이전 R-표현식과 동일한지 또는 새로운 참조 대상이 있는지 여부를 확인해야 한다. 우리가 연습할 수 있는 데이터셋은 많다.

지금까지 R-표현식을 구하는 방법과 상호 참조를 식별하는 방법을 설명했으니 그다음으로 해야 할 작업을 논의할 수 있다.

9.3 어서션 상태 감지

약물 복용 시 현기증과 같은 특정 증상을 보이는 환자를 찾고 있다고 가정해보자. 현기증을 언급하는 임상 보고서만 찾아보면 다음과 같은 내용을 많이 찾아볼 수 있다.

- No dizziness(현기증이 없다).
- I have prescribed a drug that may cause dizziness. Patient denies dizziness(현기증을 유발할 수 있는 약을 처방했다. 환자는 현기증을 부인했다).

이들은 분명 우리가 찾는 환자가 아니다. 화자나 저자가 정보를 사용하는 방법을 이해하는 것은 정보에서 언급되는 내용을 이해하는 것만큼 중요하다. 이를 임상 환경에서의 **어서션 상태**assertion status 작업이라고 한다. 법률 문서나 기술 사양서와 같은 서로 다른 의사소통 유형에 사용할 수 있다.

언어학적 관점에서 살펴보자. 방금 살펴본 현기증 예문과 같은 '거짓 양성false positive'의 경우 해당 문장이 진술하는 내용이 잘못된 **무드**mood에 있거나 잘못된 **극성**polarity에 있기 때문이다.

극성이란 진술된 내용이 긍정인지 부정인지 여부다. 무드는 화자나 저자가 진술에 관해 어떻게 느끼는지 나타내는 진술의 특징이다. 모든 언어에는 이들을 나타내는 방법이 있지만 각 언어마다 큰 차이가 있다. 예를 들어 영어에서는 의심을 표현하기 위해 부사를 사용하지만, 몇몇 다른 언어에서는 형태론적으로 표현한다. 극성과 무드의 몇 가지 예를 살펴보자.

① The patient did not have difficulty standing(환자는 서 있는 데 어려움이 없었다).
② The movie may come out in April(그 영화는 4월에 개봉할 수 있다).
③ I would have liked the soup if it were warmer(스프가 더 따뜻했으면 좋았을 텐데).

여기서 ①은 부정 극성^{negative polarity}이고 ②는 추측성 무드, ③은 조건부 예시다. 부정은 모든 언어의 특징이지만 그 표현 방법은 같은 언어의 방언 사이에서도 상당히 다르다. 여러분은 아마 영어에서 이중부정에 관한 규칙을 들어보았을 것이다. 즉, 이중부정이 곧 긍정을 만든다는 규칙이다.

• I don't have nothing ~ I have something(나는 아무것도 없다 ~ 나는 무언가 있다).

다만 항상 그런 것은 아니다. 다음과 같은 예를 살펴보자.

• You're not unfriendly(당신은 비우호적이지 않다).

여기서 동사는 'not'으로 부정되고 서술어는 'un-' 접두사로 부정된다. 하지만 이 문장의 의미는 'You are friendly'는 확실히 아니다. 자연어는 형식적인 논리보다 훨씬 더 모호하다. 영어의 특정 방언에서 이중부정은 진술을 강화하는 데 도움이 될 수도 있고 심지어 필요할 수도 있다. 이 방언에서 'I don't have nothing'이라는 문장은 'I have nothing'과 같은 의미다.

마찬가지로 추측성 사례도 모호하다. 이러한 진술을 처리하는 방법은 만드는 애플리케이션에 따라 달라질 수 있다. 만약 영화 개봉 날짜를 추출하는 무언가를 만들고 있다면 여러분은 추측성 내용을 포함하기를 원할 것이다. 반면 'may cause dizziness(현기증을 일으킬 수 있다)'라는 의학적 사례를 고려하면, 현기증을 앓고 있는 환자 집합에 환자를 설명하는 이러한 문구를 포함하고 싶지는 않을 것이다.

고려해야 할 또 다른 요인은 헤지^{hedged}[3] 표현이다. 누군가가 부드럽게 진술하고 싶다면 추측성 무드나 다른 비슷한 무드를 사용할 수 있다. 이것은 의미를 바꾸는 것처럼 보이는 실용적인 효과다.

• You may want to close the window ~ [pragmatically] Close the window(당신은 창문을 닫기 원한다 ~ [실용적으로] 창문을 닫는다).

----

3 옮긴이_ 명제 내용의 판단을 유보하거나 수행성을 약화시키는 표현을 가리키는 개념이다.

- You might feel a pinch ~ [pragmatically] You will feel a pinch(당신은 꼬집는 느낌이 들 수 있다 ~ [실용적으로] 당신은 꼬집음을 느낄 것이다).
- You could get your own fries ~ [pragmatically] You should get your own fries(당신은 감자튀김을 구할 수 있다 ~ [실용적으로] 당신은 감자튀김을 직접 구해야 한다).

마지막으로 'I would have liked the soup if it were warmer(스프가 더 따뜻했다면 좋았을 텐데).' 예문을 살펴보자. 이 문장은 적어도 두 가지로 해석할 수 있다. 하나는 'I would have also liked the soup if it were warmer(나도 스프가 좀 더 따뜻했더라면 좋았을 것이다)'라는 의미다. 또 하나의 가능성 높은 해석은 'I did not like the soup because it was not warm enough(스프가 충분히 따뜻하지 않아서 내 마음에 들지 않았다)'라는 의미다. 이것은 묵시적 부정의 한 예다. 묵시적 부정의 또 다른 일반적인 형태는 'Y'에 대한 부정을 암시하는 'too X to Y'와 같은 구절이다.

- The patient is in too much pain to do their physical therapy(환자는 물리치료를 하기에 너무 고통스럽다).

이 예문은 'the patient did not do their physical therapy(환자가 물리치료를 하지 않았다).'는 의미를 전달하고 그 이유도 알려준다. 임상 용어는 부정을 나타내는 여러 가지 특별한 방법을 포함한다. 이것이 웬디 채프먼Wendy Chapman 등이 **negex 알고리즘**을 개발한 이유다. 단서 유형에 따라 문장의 어떤 부분이 부정되는지를 식별하는 규칙 기반 알고리즘이다.

다른 단서나 트리거는 부정 범위의 시작과 끝을 나타내며, 부정이 아닌 단어를 부정으로 잘못 식별하는 negex 알고리즘을 방지한다. 몇 가지 예를 살펴보자. 먼저 원문을 보여준 뒤에 이어서 이탤릭체로 표시한 단서들과 취소선으로 표시한 부정 단어가 들어간 문장을 보여준다.

① The patient denies dizziness but appears unstable when standing(환자는 현기증을 부인하지만 서 있을 때 불안정해 보인다).
  - The patient *denies* ~~dizziness~~ **but** appears unstable when standing(환자는 부인하지만 서 있을 때 불안정해 보인다).
② The test was negative for fungal infection(곰팡이 감염 검사에서 음성이 나왔다).
  - The test was *negative for* ~~fungal infection~~(검사는 음성이 나왔다).
③ The XYZ test ruled the patient out for SYMPTOM(XYZ 검사는 환자를 증상으로부터 제외시켰다).
  - The XYZ test *ruled the patient out for* ~~SYMPTOM~~ (XYZ 검사는 환자를 제외시켰다).

④ Performed XYZ test to rule the patient out for SYMPTOM(환자를 증상에서 제외하기 위해 XYZ 검사를 수행했다).

  – Performed XYZ test to *rule the patient out for* SYMPTOM(환자를 증상에서 제외하기 위해 XYZ 검사를 수행했다).

예제 ①과 ②를 살펴보면 부정이 'not'과 같은 일반적인 문법적 부정으로 표시되지 않았음을 알 수 있다. 대신 임상에 특화된 단서인 'denies'와 'negative for'가 있다. 또한 ①에서 부정은 'but'으로 종료되었다는 점에 유의하자. 예제 ③과 ④에서는 잘못된 긍정을 배제하고자 단서를 만든다. 예제 ④에서는 테스트의 결과가 실제로 논의되지 않았다.

지금까지 동사의 극성과 무드가 문장에서 개체에 어떤 영향을 미칠 수 있는지 살펴보았다. 이보다 더 많은 정보를 얻을 방법은 없을까? 다음 절에서는 텍스트에서 관계와 사실을 추출하는 방법을 간략하게 설명한다.

9.4 관계 추출

관계 추출은 아마 정보 추출에서 가장 어려운 작업일 것이다. 점점 더 많은 세부 정보를 추출하기 위해 수많은 연구와 계산 시간을 소비할 수 있기 때문이다. 따라서 우리는 항상 어떤 종류의 관계를 추출하고 싶은지 정확히 이해해야 한다.

임상 문서에서 문장을 추출하는 시나리오를 가정해보자. 이러한 문서의 특성은 나타낼 수 있는 개체의 종류가 제한된다.

- 환자
- 상태(질병, 부상, 종양 등)
- 신체 부위
- 절차
- 약물
- 테스트 및 결과
- 환자의 가족 및 친구(가족력 및 사회사 부문)

다른 개체들도 있을 수 있지만 지금 나열한 항목이 일반적이다. 우리 애플리케이션이 모든 개체를 추출하고 문장을 만든다고 가정하며 예제를 살펴보자.

```
CHIEF COMPLAINT
Ankle pain

HISTORY OF PRESENT ILLNESS:
The patient is 28 y/o man who tripped when hiking. He struggled back to his car, and
immediately came in. Due to his severe ankle pain, he thought the right ankle may be
broken.

EXAMINATION:
An x-ray of right ankle ruled out fracture.

IMPRESSION:
The right ankle is sprained.

RECOMMENDATION:
- Take ibuprofen as needed
- Try to stay off right ankle for one week

The patient ...
  is 28 y/o man
  has severe ankle pain
  tripped when hiking
  struggled back to his car
  immediately came in
The right ankle ...
  may be broken
  is sprained
The x-ray of right ankle ...
  rules out fracture
Ibuprofen ...
  is recommended
  take as needed
Try to stay off right ankle ...
  is recommended
  is for one week
```

이 데이터를 사용하여 관계 추출을 하려면 몇 가지 단계를 거쳐야 한다. 기본 텍스트 처리, 섹션 분할, NER 및 상호 참조 해결이 모두 필요하다. 이는 단지 문서를 처리하기 위한 것으로,

출력을 생성하려면 일부 텍스트 생성 로직도 필요하다. 이때 구문 분석기와 몇 가지 규칙을 결합하여 그중 일부를 수행할 수도 있다. 이전 장에서 설명했듯이 구문 분석기는 문장을 계층 구조로 변환한다. 몇 가지 문장을 살펴보자.

- The patient is 28 y/o man who tripped when hiking(환자는 등산하다가 발을 헛디딘 28세 남성이다).

```
(ROOT
  (S
    (NP (DT The) (NN patient))
    (VP (VBZ is)
      (NP
        (NP (ADJP (CD 28) (JJ y/o)) (NN man))
        (SBAR
          (WHNP (WP who))
          (S
            (VP (VBN tripped)
              (SBAR
                (WHADVP (WRB when))
                (S
                  (VP (VBZ hiking)))))))))
    (. .)))
```

복잡해 보이지만 비교적 간단하다. 대부분의 문장은 간단한 트리 구조로 설명할 수 있다.

```
(ROOT
  (S
    (NP (NNS SUBJECT))
    (VP (VBP VERB)
      (NP (NN OBJECT)))
    (. .)))
```

포함된 **wh-** 절은 해당 주제를 상속할 수 있다. 예를 들어 다음 문장을 보자.

- The man who wears a hat(모자를 쓴 남자).

이때 'who wears a hat' 문구의 wh- 절에서 'who'는 'The man'과 상관관계다. 다음 문장에서는 명시적인 주제가 없는 절을 볼 수 있다.

- The man went to the store while wearing a hat(남자는 모자를 쓰고 가게에 갔다).

'wearing'의 주체는 'The man'이다. 이때 포함된 절의 주제를 식별하는 실제 구문은 복잡해질 수 있다. 다행히도 이러한 복잡한 문장은 임상 기록에서 발견되는 간결한 영어에서는 일반적이지 않다. 이는 우리가 그들의 주제인 개체별로 문장을 그룹화할 수 있음을 의미한다.

```
PATIENT
    The patient is 28 y/o man who tripped when hiking.
        who tripped when hiking
    He struggled back to his car, and immediately came in.
    he thought the right ankle may be broken.

RIGHT ANKLE
    the right ankle may be broken
    The right ankle is sprained.

X-RAY
    An x-ray of right ankle ruled out fracture.

IBUPROFEN
    Take ibuprofen as needed
```

그 결과 우리가 관심 있는 대부분의 문장을 가져온다. 사실 내장된 문장을 자체 문장으로 만들고 결합된 동사를 분리하면 환자에 대한 진술 중 하나를 제외한 모두를 얻을 수 있다. 'has severe ankle pain'과 같은 나머지 표현은 더 어려워질 것이다. 우리는 (NP (PRP$ his) (JJ severe) (NN ankle) (NN pain))) 형태의 무언가를 (ROOT (S (NP (PRP He)) (VP (VBZ has) (NP (JJ severe) (JJ ankle) (NN pain))) (. .))) 형태로 바꾸어야 한다. 소유격이 있는 명사구를 'have' 문으로 변환하는 것은 간단한 규칙이다. 우리는 여기에서 상호 참조 해결을 얼버무리고 넘어간다. 가족력이나 사회사를 제외한 모든 3인칭 단수 대명사가 환자라고 간단하게 말할 수 있다. 또한 다른 섹션에 대한 특수한 규칙을 만들 수도 있다. 예를 들어 추천 섹션에 언급된 모든 항목에는 'is recommended.'라는 문구가 표시된다. 이러한 단순 접근 방식은 대부분의 진술을 확보할 수 있다.

하지만 우리는 여전히 'Try to stay off right ankle'의 문장을 치료법으로 인식할 무엇인가가 필요하다. NLTK와 CoreNLP를 사용하여 실제로 구문 분석된 내용을 살펴보자.

```
text_cc = ['Ankle pain']

text_hpi = [
    'The patient is 28 y/o man who tripped when hiking.',
    'He struggled back to his car, and immediately came in.',
    'Due to his severe ankle pain, he thought the right ankle may be broken.']

text_ex = ['An x-ray of right ankle ruled out fracture.']

text_imp = ['The right ankle is sprained.']

text_rec = [
    'Take ibuprofen as needed',
    'Try to stay off right ankle for one week']
```

먼저 CoreNLPServer를 시작하고 파서를 만들어보자.

```
from nltk.parse.corenlp import CoreNLPServer
from  nltk.parse.corenlp import CoreNLPParser

server = CoreNLPServer(
    'stanford-corenlp-3.9.2.jar',
    'stanford-corenlp-3.9.2-models.jar',
)

server.start()
parser = CoreNLPParser()

parse_cc = list(map(lambda t: next(parser.raw_parse(t)), text_cc))
parse_hpi = list(map(lambda t: next(parser.raw_parse(t)), text_hpi))
parse_ex = list(map(lambda t: next(parser.raw_parse(t)), text_ex))
parse_imp = list(map(lambda t: next(parser.raw_parse(t)), text_imp))
parse_rec = list(map(lambda t: next(parser.raw_parse(t)), text_rec))
```

구문 분석된 각 문장은 트리로 표시된다. 이어서 [그림 9-1]과 같은 '현재 질병의 역사' 섹션에서 첫 번째 문장을 살펴보자.

```
parse_hpi[0]
```

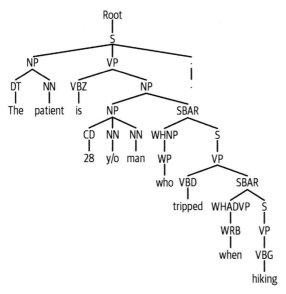

그림 9-1 'The patient is 28 y/o⋯' 구문 분석

우리는 인덱스들을 통해 트리를 선회할 수 있다. 예를 들어 문장의 첫 번째 노드를 가져와서 주어-명사 구를 얻을 수 있다([그림 9-2] 참조).

```
parse_hpi[0][0][0]
```

```
      NP
     /  \
   DT    NN
    |     |
  The   patient
```

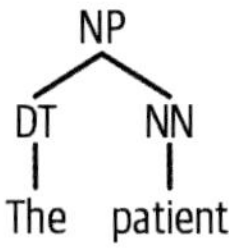

그림 9-2 첫 번째 HPI 문장의 주어

트리의 잎은 토큰이다.

```
parse_hpi[0][0][0][0][0]
```

```
'The'
```

9.5 마치며

지금까지 우리는 좁은 범주의 언어로 구성된 문서를 어떻게 처리할 수 있는지 살펴보았다. 하지만 이러한 가정을 트윗이나 특허, 영화 대본 등에 적용하려 하면 작동하지 않는다. 이와 같은 애플리케이션을 구축할 때는 데이터를 검토하고 모델을 학습하며 제품을 살펴보는 과정을 반복해야 한다.

이번 주제는 언어학에서 무거운 주제였다. 언어로 인코딩된 정보를 추출하려는 것인 만큼 이는 당연하다. 언어학은 언어에 관한 연구이므로 그 지식을 활용하면 많은 이점을 얻을 수 있다. 하지만 인간의 소비를 위한 것이 아닌, 모델링에 필요한 정보를 추출하려 한다면 어떻게 해야 할까? 우리에게는 TF.IDF보다 더 나은 것이 필요하다.

다음 두 개 장에서는 **분포 의미론**distributional semantics을 설명한다. 10장은 문서를 서로 다른 **주제**topic의 조합으로 다루는 주제 모델링에 관해 설명하며, 11장은 단어를 벡터로 표현하는 단어 임베딩에 관해 살펴본다.

9.6 연습 문제

이번 연습 문제에서는 SVO(주어 S + 동사 V + 목적어 O)를 찾는 구문 분석 트리를 순회해 본다.

```
from nltk.tree import Tree

def get_svo(sentence):
    parse = next(parser.raw_parse(sentence))
    svos = []
    # svos.append((subject, verb, object))
    return svos
```

다음은 사용할 몇 가지 테스트 사례다.

```python
# [("The cows", "eat", "grass")]
get_svo('The cows eat grass.')

# [("the cows", "ate", "grass")]
get_svo('Yesterday, the cows ate the grass.')

# [("The cows", "ate", "grass")]
get_svo('The cows quickly ate the grass.')

# [("the cows", "eat", "grass")]
get_svo('When did, the cows eat the grass.')

# [("The cows", "eat", "grass"), ("The cows", "came", "home")]
get_svo('The cows that ate the grass came home.')
```

## CHAPTER 10

주제 모델링

9장에서는 텍스트에서 정보를 추출할 때 사용하는 몇 가지 기술을 다루었다. 이러한 기술은 구현하기 복잡하거나 느릴 수 있다. 만약 추출한 정보를 애플리케이션에서 사용자가 읽을 수 있도록 하려는 경우라면 이러한 기법은 훌륭하다. 하지만 예를 들어 분류자 기능 구축과 같은 중간 처리 단계의 일부로서 정보를 추출하려 한다면, 굳이 읽을 수 있는 정보를 추출할 필요는 없다. 앞서 5장과 7장에서 살펴보았듯이 단순히 어휘를 사용하는 것만으로도 다루기 어려운 수많은 기능을 만들어낼 수 있다. 따라서 우리는 데이터의 차원성을 줄이고자 한다. 이것이 바로 **분포 의미론**distributional semantics이다.

분포 의미론은 언어 요소의 통계적 분포를 사용하여 문서(예: 이메일), 언어 행위(예: 구어 또는 서면 문장) 또는 그 요소(예: 구, 단어) 간의 유사성을 특성화하는 연구다. 이 분야에 대한 아이디어는 20세기 초 언어학자인 존 루퍼트 퍼스John Rupert Firth[1]에게서 나온 것이다. 그는 의미론이 문맥에 따라 어떻게 달라지는지 주목하고 '단어가 곁에 두는 친구를 보면 그 단어를 알 수 있다(You shall know a word by the company it keeps)'라는 명언을 만들었다.

단어에 나타나는 문맥의 확률적 분포로 단어를 표현할 수 있다는 의미다. 단어들은 이러한 문맥이 차원과 연관되는 벡터 공간에 존재한다. 예를 들어 'doctor'는 재정적 차원보다 의료 차원에서의 가치가 더 클 것이다. 그러나 'bank'는 재정적 차원과 지질학적 차원에서의 가치가 더 크다.

---

1 옮긴이_ 영국의 언어학자로 1950년대 영국 언어학계를 주도한 인물이다.

하지만 단순하게 직접 문맥을 사용할 수는 없다. 이들 또한 데이터로 학습해야 한다. 우리가 문맥을 학습할 때는 보통 서로 어떤 단어들을 사용하는지 살펴본다. 즉, 이러한 알고리즘은 대부분 데이터에 가장 적합한 모델을 찾을 때까지 반복된다는 의미다. 이러한 접근 방식은 일종의 클러스터링이다. 실제로 우리는 텍스트 데이터에 더 일반적인 클러스터링 알고리즘을 사용할 수 있지만, 잘 작동하지는 않을 것이다.

다음 예제에는 행이 문서이고 열이 단어인 문서-단어 행렬document-term matrix이 있다. 값은 단어의 존재 또는 단어 발생 횟수를 나타내는 이진값binary value이거나 TF.IDF 값일 수 있다. 이번 10장에서는 TF.IDF 값을 사용한다. 일단 이러한 행렬이 있으면 더 적은 차원의 공간에 문서를 매핑하고 싶을 것이다. 그러면 문서가 주제로 묶인다.

이 책에서는 파이썬 라이브러리인 사이킷런scikit-learn을 사용하여 기술을 소개한다. 이 라이브러리를 사용하면 스파크를 구현하는 것보다 더 쉽게 이러한 모델의 내부 데이터를 검사할 수 있다.

10.1 k-평균

주제 모델링에 대한 첫 번째 시도로 [그림 10-1]과 같이 고전적 클러스터링 기술인 k-평균k-means을 사용해본다. 벡터 공간에 여러 개의 데이터 포인트가 있다고 가정해보자. 우리는 무게 중심centroid이라 불리는 벡터 공간에서 K 포인트를 선택하고 각 데이터 포인트를 가장 가까운 무게 중심에 할당할 수 있다. 이때 데이터 포인트와 중심 사이의 거리를 최소화하는 K 포인트를 찾으려 한다.

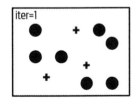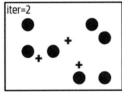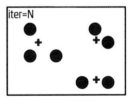

그림 10-1 k-평균의 간단한 시각화

현재 상황에서 우리는 TF.IDF 값으로 정의된 벡터 공간에 문서를 가지고 있다. K 포인트를 찾으면 각 K가 주제를 나타낸다고 말할 수 있다. 예를 들어보자.

먼저 데이터셋을 구축하자. 우리는 브라운 말뭉치Brown corpus를 사용할 것이다. 1960년대부터 NLP에서 사용된 고전적인 데이터셋으로 신문, 저널과 학술 기관의 기사, 정기 간행물 및 보고서 모음집이다.

```python
from collections import defaultdict, Counter, OrderedDict

import numpy as np
import pandas as pd
import scipy.sparse as sparse

from wordcloud import WordCloud
import matplotlib.pyplot as plt
%matplotlib inline

from nltk.corpus import stopwords
from nltk.corpus import brown
en_stopwords = set(stopwords.words('english'))

def detokenize(sentence):
    text = ''
    for token in sentence:
        if text and any(c.isalnum() for c in token):
            text += ' '
        text += token
    return text
```

알고리즘이 '유용한' 단어만 사용하도록 구두점과 불용어를 제거하려고 한다.

```python
def process(sentence):
    terms = []
    for term in sentence:
        term = term.lower()
        if term not in en_stopwords and term.isalnum():
            terms.append(term)
    return terms
```

문서를 모으자. 문서는 단어 목록이 된다.

```
docs = OrderedDict()

for fid in brown.fileids():
    docs[fid] = brown.sents(fid)
```

이제 인덱스를 구성하자. 이것은 우리가 정보 검색을 할 때 겪은 과정과 유사하다.

```
ix2doc = list(docs)
doc2ix = {fid: i for i, fid in enumerate(ix2doc)}
vocabulary = set()

term_counts = defaultdict(Counter)
document_counts = Counter()

for fid, doc in docs.items():
    unique_terms = set()
    for sentence in doc:
        sentence = process(sentence)
        term_counts[fid].update(sentence)
        unique_terms.update(sentence)
    document_counts.update(unique_terms)
    vocabulary.update(unique_terms)

ix2term = sorted(list(vocabulary))
term2ix = OrderedDict()
for i, term in enumerate(ix2term):
    term2ix[term] = i
```

이제 인덱스가 있으므로 TF와 IDF에 대한 행렬을 구성해보자.

```
term_count_mat = sparse.dok_matrix((len(doc2ix), len(term2ix)))

for fid, i in doc2ix.items():
    for term, count in term_counts[fid].items():
        j = term2ix[term]
        term_count_mat[i, j] = count
term_count_mat = term_count_mat.todense()

doc_count_vec = np.array(
    [document_counts[term] for term in term2ix.keys()])
```

```
tf = np.log(term_count_mat + 1)
idf = len(doc2ix) / (1 + doc_count_vec)

tfidf = np.multiply(tf, idf)

tfidf.shape
```

```
(500, 40881)
```

이 행렬은 작은 데이터셋에 비해 상당히 크다. 공간 효율성 문제와는 별개로, 이렇게 많은 차원을 사용하면 일부 알고리즘의 성능이 저하될 수 있다. 이때 분포 의미론이 도움이 될 수 있다.

이제 모델을 만들 수 있다.

```
from sklearn.cluster import KMeans

K = 6
clusters = ['cluster#{}'.format(k) for k in range(K)]
model = KMeans(n_clusters=K, random_state=314)

clustered = model.fit_transform(tfidf)

clustered.shape
```

```
(500, 6)
```

이제 6개의 중심값을 사용하여 문서들을 클러스터링했음을 볼 수 있다. 이러한 각 중심값은 어휘에 대한 벡터다. 우리는 어떤 단어가 중심값에 가장 큰 영향을 미치는지 볼 수 있다. 이를 위해 [그림 10-2]와 같이 단어 클라우드word cloud를 사용한다.

```
model.cluster_centers_.shape
```

```
(6, 40881)
```

```
cluster_term = pd.DataFrame(
    model.cluster_centers_.T, index=ix2term, columns=clusters)
cluster_term = np.round(cluster_term, decimals=4)
```

```python
font = {'weight' : 'bold', 'size'   : 22}
fig, axs = plt.subplots(K // 2, 2, figsize=(10, 8))

k = 0
for i in range(len(axs)):
    for j in range(len(axs[i])):
        wc = WordCloud(colormap='Greys', background_color='white')
        im = wc.generate_from_frequencies(cluster_term[clusters[k]])
        axs[i][j].imshow(im, interpolation='bilinear')
        axs[i][j].axis("off")
        axs[i][j].set_title(clusters[k], **font)
        k += 1


plt.tight_layout()
plt.show()
```

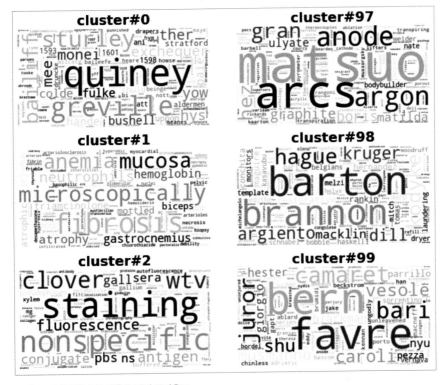

그림 10-2 중심값으로 구축한 단어 클라우드

여기서 알아볼 수 있는 몇 가지 주제가 있다. 클러스터 #5는 수학에 관한 것으로 보이며 클러스터 #3은 음식 준비, 특히 저온살균에 관한 것으로 보인다.

k-평균은 데이터에 대해 많은 가정을 하지 않고 다만 K를 찾고자 한다. k-평균의 한 가지 단점은 크기가 같은 클러스터를 만들려는 경향이 있다는 점이다. 이것은 자연적인 말뭉치에 대한 비현실적인 요구다. 또한 문서 간의 유사성을 특징화하는 데 도움이 많이 되지는 않는다. 더 많은 가정을 하는 알고리즘을 시도해보자. 그러면 이러한 문서들 간의 유사성을 확인할 수 있을 것이다.

10.2 잠재 의미 분석

잠재 의미 분석latent semantic indexing (LSI)은 **특잇값 분해**singular value decomposition (SVD)를 사용하여 문서-단어 행렬을 분해하는 기법이다. SVD에서는 3개의 행렬로 분해한다.

$$M \rightarrow U \Sigma V^T$$

Σ는 내림차순으로 특잇값의 대각행렬diagonal matrix이다. 우리는 상위 K를 가져올 수 있는데, 이것은 원래 행렬의 근사치 역할을 한다. U의 첫 번째 K열은 K차원 공간에 있는 문서를 표시한다. V의 첫 번째 K열은 K차원 공간에 있는 단어를 표시한다. 이를 통해 문서와 단어의 유사성을 비교할 수 있다. Σ의 차원이 많을수록 원래 행렬을 근사화하는 데 사용할 수 있는 차원이 많은 만큼, 일반적으로 구성 요소에 대해 더 큰 숫자를 선택한다. 따라서 우리는 K를 더 높은 숫자로 설정한다.

```
from sklearn.decomposition import TruncatedSVD

K = 100
clusters = ['cluster#{}'.format(k) for k in range(K)]
model = TruncatedSVD(n_components=K)

clustered = model.fit_transform(tfidf)
```

우리가 보관하고 있는 K 특잇값을 살펴보자.

```
model.singular_values_
```

```
array([3529.39905473, 3244.51395305, 3096.10335704, 3004.8882987 ,
       2814.77858204, 2778.96902533, 2754.2942512 , 2714.32865945,
       2652.4119094 , 2631.64362227, 2578.41230573, 2496.86392987,
       2478.31563312, 2466.82942537, 2465.83674175, 2450.22361278,
       2426.99364435, 2417.13989816, 2407.40572992, 2394.21460258,
       2379.89976747, 2369.78970648, 2344.36252585, 2337.77090924,
       2324.76055049, 2319.07434771, 2308.81232676, 2304.85707171,
       2300.6888689 , 2299.08592131, 2292.18931562, 2281.59638332,
       2280.80535179, 2276.55977269, 2265.29827699, 2264.49999278,
       2259.19162875, 2253.20088136, 2249.34547946, 2239.31921392,
       2232.24240145, 2221.95468155, 2217.95110287, 2208.94458997,
       2199.75216312, 2195.85509817, 2189.76213831, 2186.64540094,
       2178.92705724, 2170.98276352, 2164.19734464, 2159.85021389,
       2154.82652164, 2145.5169884 , 2142.3070779 , 2138.06410065,
       2132.8723198 , 2125.68060737, 2123.13051755, 2121.25651627,
       2119.0925646 , 2113.46585963, 2102.77888039, 2101.07116001,
       2094.0766712 , 2090.41516403, 2086.00515811, 2080.55424737,
       2075.54071367, 2070.03500007, 2066.78292077, 2064.93112208,
       2056.24857815, 2052.96995192, 2048.62550688, 2045.18447518,
       2038.27607405, 2032.74196113, 2026.9687453 , 2022.61629887,
       2018.05274649, 2011.24594096, 2009.64212589, 2004.15307518,
       2000.17006712, 1995.76552783, 1985.15438092, 1981.71380603,
       1977.60898352, 1973.78806955, 1966.68359784, 1962.29604116,
       1956.62028269, 1951.54510897, 1951.25219946, 1943.75611963,
       1939.85749385, 1933.30524488, 1928.57205628, 1919.57447254])
```

모델의 components_는 Σ의 가장 높은 K 대각선 값이다. 이제 다음 [표 10-1]에 나타난 대로 구성 요소에 분포된 단어를 살펴보자.

```
cluster_term = pd.DataFrame(model.components_.T, index=ix2term, columns=clusters)
cluster_term = np.round(cluster_term, decimals=4)

cluster_term.loc[['polynomial', 'cat', 'frankfurter']]
```

표 10-1 'polynomial', 'cat', 'frankfurter'에 대한 단어 분포

term	cluster#0	cluster#1	...	cluster#98	cluster#99
polynomial	0.0003	0.0012	...	0.0077	−0.0182
Cat	0.0002	0.0018	...	0.0056	−0.0026
frankfurter	0.0004	0.0018	...	−0.0025	−0.0025

이 표는 단어가 각 클러스터에서 갖는 분포를 나타낸다.

이번에는 'polynomial(다항식)'에 대한 벡터에서 'polynomials'를 찾을 수 있는지 살펴보자. 이를 위해 **코사인 유사도**cosine similarity를 사용한다. 코사인 유사도란 두 벡터 간의 유사성을 확인하는 기법이다. 즉, 두 벡터 사이의 각도를 보고 싶다는 뜻이다. 각도가 평행하면 유사도는 1이어야 하고, 직각이라면 0이어야 하며 반대 방향으로 향할 때는 −1이어야 한다. 따라서 그들 사이의 코사인 각도를 보고자 한다. 두 벡터의 내적dot product은 두 벡터의 크기에 두 벡터 간 코사인 각도를 곱한 것과 같다. 그래서 우리는 내적의 크기를 벡터의 크기로 나눌 수 있다.

사이파이에는 **코사인 거리**cosine distance를 구하는 함수가 있는데 이는 방금 정의한 코사인 유사도에서 1을 뺀 값이다. 우리는 유사도를 원하므로 이 작업을 취소해야 한다.

```python
from scipy.spatial.distance import cosine

def cossim(u, v):
    return 1 - cosine(u, v)

polynomial_vec = cluster_term.iloc[term2ix['polynomial']]

similarities = cluster_term.apply(
    lambda r: cossim(polynomial_vec, r), axis=1)

similarities.sort_values(ascending=False)[:20]
```

```
polynomial       1.000000
nilpotent        0.999999
diagonalizable   0.999999
commute          0.999999
polynomials      0.999999
subspace         0.999999
divisible        0.999998
```

```
satisfies        0.999998
differentiable   0.999998
monic            0.999998
algebraically    0.999998
primes           0.999996
spanned          0.999996
decomposes       0.999996
scalar           0.999996
commutes         0.999996
algebra          0.999996
integers         0.999991
subspaces        0.999991
exponential      0.999991
dtype: float64
```

우리는 'polynomials'이 수학적 주제의 다른 단어들과 마찬가지로 매우 밀접하다는 것을 알 수 있다. 이것은 사람들이 분포 의미론을 언급할 때 자주 사용하는 'semantics'다. 우리는 이러한 표현을 특징으로 사용할 수 있다. 말뭉치가 크고 다양할수록 이러한 표현이 더 일반적으로 적용된다.

이제 다음 [그림 10-3]과 같이 LSI 모델의 단어 클라우드를 구축해보자. k-평균 모델보다 클러스터가 훨씬 많으므로 첫 번째와 마지막 세 개만 살펴본다.

```python
chosen_ix = [0, 97, 1, 98, 2, 99]

fig, axs = plt.subplots(3, 2, figsize=(10, 8))

k = 0
for i in range(len(axs)):
    for j in range(len(axs[i])):
        wc = WordCloud(colormap='Greys', background_color='white')
        im = wc.generate_from_frequencies(cluster_term[clusters[chosen_ix[k]]])
        axs[i][j].imshow(im, interpolation='bilinear')
        axs[i][j].axis("off")
        axs[i][j].set_title(clusters[chosen_ix[k]], **font)
        k += 1

plt.tight_layout()
plt.show()
```

클러스터 #2는 의학 주제와 관련 있어 보이지만 다른 것들은 별로 유익해 보이지 않는다. 행렬의 군집화가 아니라 원래 행렬의 근사치인 만큼 일리가 있다. 하지만 이렇게 하면 차원이 줄어들기 때문에 다운스트림 처리에 사용할 수 있다.

우리 데이터가 관련 문서와 단어의 몇 가지 특징으로 구성된다는 아이디어는 직접적으로 언급될 수 있다.

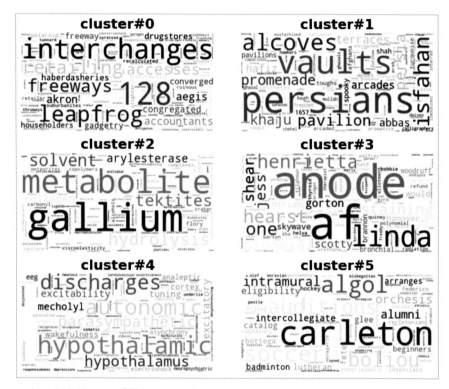

그림 10-3 단어 분포로 구축한 단어 클라우드

10.3 음수 미포함 행렬 분해

음수 미포함 행렬 분해nonnegative matrix factorization (NMF)에서는 문서-단어 행렬이 다른 두 행렬의 곱이라고 가정한다. 이러한 행렬이 곱해지는 차원에는 우리 클러스터가 포함된다. 이것은 우리

에게 문서 행렬과 단어 행렬을 제공하며 각 행렬은 클러스터 간에 분포한다.

$$X = D \cdot T$$

M개의 문서와 N개의 단어가 있고 K개의 클러스터가 필요하다면 X는 M × N 행렬, D는 M × K 행렬, T는 K × M 행렬이다. 사이킷런에는 이러한 행렬을 계산하는 닫힌 형식의 방법이 없으므로 이러한 행렬은 근사치다. 장난감 데이터에 대한 예를 들어보자.

```
from sklearn.decomposition import NMF
```

랜덤 행렬을 만든 다음 두 개의 클러스터로 분할한다.

```
np.random.seed(314)
X = np.array(np.random.randint(1, 20, size=21).reshape(7, 3))

m = NMF(n_components=2, init='random', random_state=314)
D = m.fit_transform(X)
T = m.components_
X
```

```
array([[ 9, 14, 10],
       [11, 15, 17],
       [ 8,  3,  8],
       [17,  4, 13],
       [ 8,  5,  1],
       [ 5, 14,  9],
       [17, 16, 10]])
```

이제 두 행렬의 곱은 원래 행렬과 비슷해야 한다.

```
X_hat = np.dot(D, T)
X_hat
```

```
array([[ 8.82168512, 13.8817222 , 10.31193979],
       [12.94642621, 16.30109226, 13.58360985],
       [ 8.89151218,  3.59533529,  6.43588552],
       [17.69416104,  4.46299878, 11.78275144],
```

```
       [ 5.8818731 ,  3.5849985 ,  4.71678044],
       [ 5.32011204, 14.21139378,  8.44192057],
       [14.75882004, 14.50332786, 13.93210152]])
```

비슷해 보이긴 하지만 절대 백분율 오차^{absolute percentage error}를 살펴보자.

```
100 * np.abs(X - X_hat) / X
```

```
array([[  1.98127639,   0.84484142,   3.11939786],
       [ 17.69478376,   8.67394839,  20.09641264],
       [ 11.14390221,  19.8445095 ,  19.55143095],
       [  4.08330023,  11.57496939,   9.3634505 ],
       [ 26.47658629,  28.30002998, 371.67804413],
       [  6.40224086,   1.50995555,   6.20088253],
       [ 13.1834115 ,   9.35420086,  39.32101525]])
```

대부분의 오차는 15% 미만이지만, 특히 심각한 몇몇 오차가 있다. 이러한 모든 방법들이 그렇듯이 필요에 맞게 조정해야 한다. 일률적으로 적용되는 딱 맞는 크기란 없다.

TF.IDF 행렬에서 실행해보자.

```
model = NMF(n_components=100, init='nndsvdar', random_state=314)

# This will take a few minutes
D = model.fit_transform(tfidf)
T = model.components_
```

이제 **tfidf**의 근사치를 구해보자.

```
tfidf_hat = np.dot(D, T)
```

이제 절대 백분율 오차를 계산할 수 있다. 행렬에 0이 있으므로 0으로 나누지 않으려면 오차값^{fudge factor}을 추가해야 한다.

```
abs_pct_error = 100 * np.abs(tfidf - tfidf_hat + 1) / (tfidf + 1)

np.median(np.array(abs_pct_error))
```

76.86063392886243

이 오차값은 높은 것 같지만, 이 오차가 단어를 어떻게 클러스터링했는지 살펴보자.

```
cluster_term = pd.DataFrame(
    model.components_.T,
    index=ix2term,
    columns=clusters)
cluster_term = np.round(cluster_term, decimals=4)

polynomial_vec = cluster_term.iloc[term2ix['polynomial']]
similarities = cluster_term.apply(
    lambda r: 1-cosine(polynomial_vec, r), axis=1)

similarities.sort_values(ascending=False)[:20]
```

```
satisfies        1.0
polynomial       1.0
polynomials      1.0
spanned          1.0
divisible        1.0
differentiable   1.0
subspace         1.0
scalar           1.0
monic            1.0
commutes         1.0
commute          1.0
nilpotent        1.0
decomposes       1.0
algebraically    1.0
algebra          1.0
primes           1.0
integers         1.0
exponential      1.0
expressible      1.0
subspaces        1.0
dtype: float64
```

비슷한 단어들을 하나로 묶는 데 성공한 듯하다. 이제 [그림 10-4]에 보이는 단어 클라우드를 살펴보자.

```
chosen_ix = [0, 97, 1, 98, 2, 99]

fig, axs = plt.subplots(3, 2, figsize=(10, 8))

k = 0
for i in range(len(axs)):
    for j in range(len(axs[i])):
        wc = WordCloud(colormap='Greys', background_color='white')
        im = wc.generate_from_frequencies(
            cluster_term[clusters[chosen_ix[k]]])
        axs[i][j].imshow(im, interpolation='bilinear')
        axs[i][j].axis("off")
        axs[i][j].set_title(clusters[chosen_ix[k]], **font)
        k += 1

plt.tight_layout()
plt.show()
```

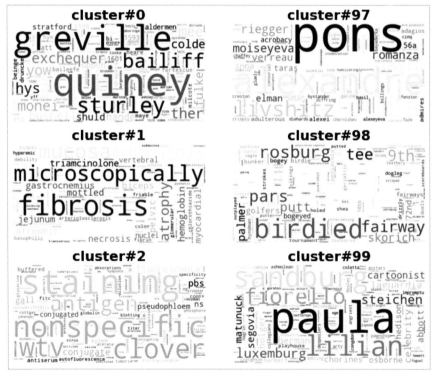

그림 10-4 NMF 클러스터에서 구축한 단어 클라우드

클러스터 #1은 의학 용어와 관련이 있고 클러스터 #97은 댄스와 관련된 것처럼 보인다.

이러한 모든 기술은 궁극적으로 어휘가 정의한 공간과 관련된 변환을 찾는 데 의존한다. 이번에는 텍스트 생성을 모델링하는 기법을 살펴보자.

10.4 잠재 디리클레 할당

잠재 디리클레 할당latent Dirichlet allocation (LDA)[2]의 개념은 문서가 일련의 주제를 기반으로 생성된다는 것이다. 이 과정에서 각 문서가 주제에 따라 배포되고 각 주제는 단어에 따라 배포된다고 가정한다. 각 문서 및 단어는 이러한 분포를 샘플링하여 생성된다. LDA 학습자는 역방향으로 작업하고 관측된 분포 중 가장 가능성이 높은 분포를 식별하려 한다.

이러한 가정은 이전 기술보다 훨씬 더 복잡하다. 벡터 모델에서 단순히 차원을 줄이는 대신 단어 생성 프로세스를 모델링하려고 하기 때문이다.

예를 들어보자.

```python
from sklearn.decomposition import LatentDirichletAllocation

model = LatentDirichletAllocation(
    n_components=K,
    random_state=314,
    max_iter=100)

# this can take a few minutes
clustered = model.fit_transform(tfidf)

cluster_term = pd.DataFrame(
    model.components_.T,
    index=ix2term,
    columns=clusters)
cluster_term = np.round(cluster_term, decimals=4)
```

다른 기법에서도 그랬듯이 'polynomial'에 가장 근접한 단어가 무엇인지 살펴보자.

----

2 옮긴이_ 19세기 독일 수학자의 이름으로, 디리클레 할당은 그의 이름을 따서 지어졌다고 한다.

```python
polynomial_vec = cluster_term.iloc[term2ix['polynomial']]

similarities = cluster_term.apply(
    lambda r: 1-cosine(polynomial_vec, r),
    axis=1)

similarities.sort_values(ascending=False)[:20]
```

```
polynomial      1.0
secants         1.0
diagonalizable  1.0
hino            1.0
secant          1.0
nilpotent       1.0
invariant       1.0
congruence      1.0
jastrow         1.0
szold           1.0
commute         1.0
polynomials     1.0
involution      1.0
kayabashi       1.0
subspace        1.0
galaxies        1.0
quadric         1.0
jo              1.0
beckett         1.0
tangents        1.0
dtype: float64
```

이 결과는 다른 기술들의 결과보다 덜 집중된 것처럼 보인다. 다음 [그림 10-5]와 같이 단어 클라우드를 살펴보자.

```python
chosen_ix = [0, 97, 1, 98, 2, 99]

fig, axs = plt.subplots(3, 2, figsize=(10, 8))

k = 0
for i in range(len(axs)):
    for j in range(len(axs[i])):
        wc = WordCloud(colormap='Greys', background_color='white')
```

```
im = wc.generate_from_frequencies(
    cluster_term[clusters[chosen_ix[k]]])
axs[i][j].imshow(im, interpolation='bilinear')
axs[i][j].axis("off")
axs[i][j].set_title(clusters[chosen_ix[k]], **font)
k += 1

plt.tight_layout()
plt.show()
```

이러한 기술은 문서를 클러스터링하고, 문서 벡터 데이터의 차원을 줄이며, 단어를 함께 그룹화하는 방법을 제공한다. 최근 신경망을 이용한 분포 의미론이 크게 발전하고 있다. 다음 장에서는 이러한 최신 기술 중 일부를 살펴본다.

그림 10-5 주제별 분포로 구축한 단어 클라우드

10.5 연습 문제

이러한 기법이 9장의 분류 문제에서 어떻게 작동하는지 살펴보자. 이를 위해 스파크의 LDA를 사용한다.

먼저 데이터를 로드하자.

```python
import os
import re

import numpy as np
import pandas as pd

from pyspark.sql.types import *
from pyspark.sql.functions import expr
from pyspark.sql import Row
from pyspark.ml import Pipeline
from pyspark.ml.feature import *
from pyspark.ml.clustering import LDA
from pyspark.ml.classification import LogisticRegression
from pyspark.ml.tuning import CrossValidator, ParamGridBuilder
from pyspark.ml.evaluation import MulticlassClassificationEvaluator

import sparknlp
from sparknlp import DocumentAssembler, Finisher
from sparknlp.annotator import *

%matplotlib inline

spark = sparknlp.start()

HEADER_PTN = re.compile(r'^[a-zA-Z-]+:.*')

def remove_header(path_text_pair):
    path, text = path_text_pair
    lines = text.split('\n')
    line_iterator = iter(lines)
    while HEADER_PTN.match(next(line_iterator)) is not None:
        pass
    return path, '\n'.join(line_iterator)

path = os.path.join('data', 'mini_newsgroups', '*')
```

```
texts = spark.sparkContext.wholeTextFiles(path).map(remove_header)

schema = StructType([
    StructField('path', StringType()),
    StructField('text', StringType()),
])

texts = spark.createDataFrame(texts, schema=schema) \
    .withColumn('newsgroup', expr('split(path, "/")[7]')) \
    .persist()

train, test = texts.randomSplit([0.8, 0.2], seed=123)
```

이제 NLP 파이프라인을 구축하자.

```
assembler = DocumentAssembler()\
    .setInputCol('text')\
    .setOutputCol('document')
sentence = SentenceDetector() \
    .setInputCols(["document"]) \
    .setOutputCol("sentences")
tokenizer = Tokenizer()\
    .setInputCols(['sentences'])\
    .setOutputCol('token')
lemmatizer = LemmatizerModel.pretrained()\
    .setInputCols(['token'])\
    .setOutputCol('lemma')
normalizer = Normalizer()\
    .setCleanupPatterns([
        '[^a-zA-Z.-]+',
        '^[^a-zA-Z]+',
        '[^a-zA-Z]+$',
    ])\
    .setInputCols(['lemma'])\
    .setOutputCol('normalized')\
    .setLowercase(True)
finisher = Finisher()\
    .setInputCols(['normalized'])\
    .setOutputCols(['normalized'])\
    .setOutputAsArray(True)
```

불용어를 제거하고 TF.IDF 벡터를 사용하자.

```
stopwords = set(StopWordsRemover.loadDefaultStopWords("english"))

sw_remover = StopWordsRemover() \
    .setInputCol("normalized") \
    .setOutputCol("filtered") \
    .setStopWords(list(stopwords))

count_vectorizer = CountVectorizer(
    inputCol='filtered', outputCol='tf', minDF=10)
idf = IDF(inputCol='tf', outputCol='tfidf')
```

스파크는 LDA를 구현한다. 로지스틱 회귀 분석과 함께 분류자로 사용하자. VectorAssembler를 사용하여 LDA 모델의 출력을 TF.IDF 벡터와 결합한다.

```
lda = LDA(
    featuresCol='tfidf',
    seed=123,
    maxIter=20,
    k=100,
    topicDistributionCol='topicDistribution',
)

vec_assembler = VectorAssembler(
    inputCols=['tfidf', 'topicDistribution'])

logreg = LogisticRegression(
    featuresCol='topicDistribution',
    maxIter=100,
    regParam=0.0,
    elasticNetParam=0.0,
)
```

마지막으로 파이프라인을 조립한다.

```
label_indexer = StringIndexer(
    inputCol='newsgroup', outputCol='label')

pipeline = Pipeline().setStages([
```

```
    assembler, sentence, tokenizer,
    lemmatizer, normalizer, finisher,
    sw_remover, count_vectorizer, idf,
    lda, vec_assembler,
    label_indexer, logreg
])

evaluator = MulticlassClassificationEvaluator(metricName='f1')

model = pipeline.fit(train)

train_predicted = model.transform(train)
test_predicted = model.transform(test)

print('f1', evaluator.evaluate(train_predicted))
```

```
f1 0.9956621119176594
```

```
print('f1', evaluator.evaluate(test_predicted))
```

```
f1 0.5957199376998746
```

이전보다 더 잘 맞는 듯 보인다. 정규화를 시도하고 주제만 사용해보자.

행운을 빈다.

## CHAPTER 11

단어 임베딩

단어 임베딩word embedding은 앞서 논의한 토픽 모델과 유사한 분포 의미론의 일부다. 다만 토픽 모델과 달리 단어 임베딩은 단어-문서 관계에서 작동하지 않는다. 대신 문장 또는 문장에 있는 토큰의 하위 시퀀스와 같은 더 작은 문맥에서 작동한다.

단어 임베딩 분야는 빠르게 진화하는 일련의 기술이다. 그중 가장 인기 있는 기술인 **Word2Vec**은 2013년에 토마스 미콜로프Tomas Mikolov[1] 등이 구글에서 개발한 것으로 이후로도 많은 연구가 이루어졌다. 그 아이디어는 신경망을 사용하여 언어 모델을 구축하는 것이다. 일단 이 모델을 학습하면 신경망의 중간값 중 일부를 입력 항의 대표로 사용할 수 있다.

11장에서는 Word2Vec의 구현에 관해 살펴보며 이 기술의 기본 원리를 명확하게 이해해본다. 최근 접근 방식들이 상당히 리소스 집약적일 수 있으므로 우리는 더 높은 수준에서 논의할 것이다.

11.1 Word2Vec

딥러닝의 개념 중 하나는 은닉층이 데이터의 'higher level(더 높은 수준)' 표시라는 점이다. 이것은 시각피질visual cortex의 분석에서 비롯되었다. 정보가 눈에서 뇌를 통해 이동할 때 뉴런은

---

1 옮긴이_ 머신러닝, 딥러닝 및 자연어 처리 분야에 공헌한 체코 출신 컴퓨터 과학자다.

더 복잡한 모양과 관련 있는 것처럼 보인다. 초기 뉴런 계층은 밝은 점과 어두운 점만 인식하며 이후 뉴런은 선과 곡선을 인식한다. 이 가정을 바탕으로 신경망을 사용하여 언어 모델을 학습하면 은닉층은 단어의 'higher level(더 높은 수준)'을 나타낼 것이다.

Word2Vec이 일반적으로 구현되는 두 가지 방법이 있다. **CBOW**continuous bag-of-word와 **연속 스킵그램**continuous skip gram(보통은 스킵그램)이다. CBOW에서는 가까운 단어를 바탕으로 단어를 예측하는 모델을 구축한다. 한편 스킵그램 접근법에서는 문맥을 예측하는 데 단어를 사용한다.

어느 방법에서든지 모델은 하나의 은닉층이 있는 신경망을 사용하여 훈련된다. 단어를 K차원 벡터로 나타내려 하고 어휘에는 N개의 단어가 있다고 가정해보자. 우리가 학습한 가중치는 벡터가 될 것이다. 그 배경은 신경망이 어떻게 기능하는지에 기반을 둔다. 신경망은 입력 특성의 상위 수준 표현을 학습한다. 이러한 상위 수준 표현은 신경망 모델을 평가할 때 생성되는 중간 값이다. 고전적인 CBOW에서 은닉층에 공급되는 벡터는 이러한 상위 수준 기능들이다. 즉, 우리가 첫 번째 가중치 행렬의 행을 단어 벡터로 간단하게 가져올 수 있다는 의미다.

더 명확하게 이해할 수 있도록 CBOW를 구현해보자. 먼저 `import`를 정의하고 데이터를 로드해보자.

```python
import sparknlp
from nltk.corpus import brown

spark = sparknlp.start()

def detokenize(sentence):
    text = ''
    for token in sentence:
        if text and any(c.isalnum() for c in token):
            text += ' '
        text += token
    return text

texts = []

for fid in brown.fileids():
    text = [detokenize(s) for s in brown.sents(fid)]
    text = ' '.join(text)
    texts.append((text,))

texts = spark.createDataFrame(texts, ['text'])
```

이제 데이터를 얻었으므로 모델을 구축할 수 있도록 데이터를 처리하고 준비해보자.

```python
from pyspark.ml import Pipeline

from sparknlp import DocumentAssembler, Finisher
from sparknlp.annotator import *

assembler = DocumentAssembler()\
    .setInputCol('text')\
    .setOutputCol('document')
sentence = SentenceDetector() \
    .setInputCols(["document"]) \
    .setOutputCol("sentences") \
    .setExplodeSentences(True)
tokenizer = Tokenizer()\
    .setInputCols(['sentences'])\
    .setOutputCol('token')
normalizer = Normalizer()\
    .setCleanupPatterns([
        '[^a-zA-Z.-]+',
        '^[^a-zA-Z]+',
        '[^a-zA-Z]+$',
    ])\
    .setInputCols(['token'])\
    .setOutputCol('normalized')\
    .setLowercase(True)
finisher = Finisher()\
    .setInputCols(['normalized'])\
    .setOutputCols(['normalized'])\
    .setOutputAsArray(True)

pipeline = Pipeline().setStages([
    assembler, sentence, tokenizer,
    normalizer, finisher
]).fit(texts)

sentences = pipeline.transform(texts)
sentences = sentences.select('normalized').collect()
sentences = [r['normalized'] for r in sentences]

print(len(sentences)) # number of sentences
```

59091

이제 텍스트 처리를 마쳤으니 인코딩을 작성해보자. 대부분의 딥러닝 라이브러리에는 이 작업을 수행하는 도구가 있지만 여기서는 직접 해본다.

```python
from collections import Counter
import numpy as np
import pandas as pd

UNK = '???'
PAD = '###'
w2i = {PAD: 0, UNK: 1}
df = Counter()

for s in sentences:
    df.update(s)

df = pd.Series(df)
df = df[df > 10].sort_values(ascending=False)

for word in df.index:
    w2i[word] = len(w2i)


i2w = {ix: w for w, ix in w2i.items()}
vocab_size = len(i2w)

print(vocab_size)
```

7814

패딩용 표식marker과 알 수 없는 단어용 표식을 포함한다. 우리는 문장을 나열하면서 토큰 창을 만들 것이다. 중간 토큰은 우리가 예측하려는 것이고 주변 토큰은 문맥이다. 우리는 문장을 패딩해야 한다. 그렇지 않으면 문장의 시작과 끝에서 단어를 잃게 된다.

토큰 시퀀스를 인덱스 시퀀스로 변환하고, 그 반대로 수행하는 유틸리티 함수도 만들어보자.

```python
def texts_to_sequences(texts):
    return [[w2i.get(w, w2i[UNK]) for w in s] for s in texts]

def sequences_to_texts(seqs):
```

```
    return [' '.join([i2w.get(ix, UNK) for ix in s]) for s in seqs]

  seqs = texts_to_sequences(sentences)
```

이제 문맥창을 만들어보자. 우리는 각 문장을 살펴보고 문장의 각 토큰에 대한 창을 만들 것이다.

```
w = 4
windows = []
Y = []

for k, seq in enumerate(seqs):
    for i in range(len(seq)):
        if seq[i] == w2i[UNK] or len(seq) < 2*w:
            continue
        window = []
        for j in range(-w, w+1):
            if i+j < 0:
                window.append(w2i[PAD])
            elif i+j >= len(seq):
                window.append(w2i[PAD])
            else:
                window.append(seq[i+j])
        windows.append(window)

windows = np.array(windows)
```

너무 많은 메모리를 차지하므로 모든 데이터를 벡터로 변환할 수는 없다. 따라서 생성자generator를 구현해야 한다. 먼저 창 모음을 넘파이 배열로 바꾸는 함수를 작성해보자. 이 함수는 창들을 가져와서 원-핫 인코딩one-hot encoding[2]된 단어를 포함하는 행렬과 원-핫 인코딩된 대상 단어를 포함하는 행렬을 생성한다.

```
def windows_to_batch(batch_windows):
    w = batch_windows.shape[1] // 2
    X = []
    Y = []
    for window in batch_windows:
```

---

2 옮긴이_ 수많은 0과 하나의 1의 값으로 데이터를 구별하는 인코딩 방식이다.

```
        X.append(np.concatenate((window[:w], window[w+1:])))
        Y.append(window[w])

    X = np.array(X)
    Y = ku.to_categorical(Y, vocab_size)
    return X, Y
```

이제 실제로 생성자를 만들어 내는 함수를 작성해보자. 파이썬 생성자를 사용하여 학습하므로 배치 생성자를 만드는 유틸리티 함수가 필요하다.

```
def generate_batch(windows, batch_size=100):
    while True:
        indices = np.arange(windows.shape[0])
        indices = np.random.choice(indices, batch_size)
        batch_windows = windows[indices, :]
        yield windows_to_batch(batch_windows)
```

이제는 모델을 구현할 수 있다. 모델을 정의해보자. 우리는 50차원 단어 벡터를 만들 것이다. 차원 수는 말뭉치 크기에 기반을 두어야 한다. 그러나 명확한 규칙은 없다.

```
from keras.models import Sequential
from keras.layers import *
import keras.backend as K
import keras.utils as ku

dim = 50

model = Sequential()
model.add(Embedding(vocab_size, dim, input_length=w*2))
model.add(Lambda(lambda x: K.mean(x, axis=1), (dim,)))
model.add(Dense(vocab_size, activation='softmax'))
```

첫 번째 계층은 우리가 학습할 실제 임베딩이다. 두 번째 계층은 문맥을 단일 벡터로 축소한다. 마지막 계층은 창의 중간에 있는 단어가 무엇인지 예측한다.

```
print(model.summary())
```

```
Model: "sequential_2"

_____
Layer (type)                 Output Shape              Param #
=================================================================
embedding_2 (Embedding)      (None, 8, 50)             390700
_____
lambda_2 (Lambda)            (None, 50)                0
_____
dense_2 (Dense)              (None, 7814)              398514
=================================================================
Total params: 789,214
Trainable params: 789,214
Non-trainable params: 0
_____
None
```

모델 컴파일하기 위한 설정을 한다. 분류 문제에서는 크로스 엔트로피를 주로 손실함수로 사용한다. 옵티마이저로는 adam 알고리즘을 사용한다.

```
model.compile(loss='categorical_crossentropy', optimizer='adam')
```

이것은 비교적 간단한 Word2Vec모델이지만 우리는 여전히 70만 개 이상의 매개변수를 학습해야 한다. 단어 임베딩 모델은 빠르게 복잡해진다.

50에폭^{epoch}마다 가중치를 저장해보자. 우리는 각 에폭마다 생성자를 50번 호출한다.

```
batch_size = 1000
steps = 100
generator = generate_batch(windows, batch_size)

mc = ModelCheckpoint('weights{epoch:05d}.h5',
                     save_weights_only=True,
                     period=50)

model.fit_generator(generator, steps_per_epoch=steps,
                    epochs=500, callbacks=[mc])
```

이제 데이터를 살펴보자. 먼저 임베딩 데이터를 나타내는 클래스를 구현해보자. 벡터를 비교하기 위해 코사인 유사도를 사용한다.

```
class Word2VecData(object):
    def __init__(self, word_vectors, w2i, i2w):
        self.word_vectors = word_vectors
        self.w2i = w2i
        self.i2w = i2w
        ## 코사인 유사성의 구현은 정규화된 벡터를 사용한다.
        ## 이것은 우리가 어휘의 벡터를 미리 계산할 수 있다는 의미이다.
        self.normed_wv = np.divide(
            word_vectors.T,
            np.linalg.norm(word_vectors, axis=1)
        ).T
        self.all_sims = np.dot(self.normed_wv, self.normed_wv.T)
        self.all_sims = np.triu(self.all_sims)
        self.all_sims = self.all_sims[self.all_sims > 0]

    ## 단어를 벡터로 변환한다.
    def w2v(self, word):
        return self.word_vectors[self.w2i[word],:]

    ## 모든 단어에 대한 입력 단어의 코사인 유사성을 계산한다.
    def _get_sims(self, word):
        if isinstance(word, str):
            v = self.w2v(word)
        else:
            v = word
        v = np.divide(v, np.linalg.norm(v))
        return np.dot(self.normed_wv, v)

    def nearest_words(self, word, k=10):
        sims = self._get_sims(word)
        nearest = sims.argsort()[-k:][::-1]
        ret = []
        for ix in nearest:
            ret.append((self.i2w[ix], sims[ix]))
        return ret

    def compare_words(self, u, v):
        if isinstance(u, str):
            u = self.w2v(u)
        if isinstance(v, str):
            v = self.w2v(v)
        u = np.divide(u, np.linalg.norm(u))
        v = np.divide(v, np.linalg.norm(v))
        return np.dot(u, v)
```

결과를 출력할 수 있는 무언가를 구현해보자. 우리는 Word2Vec에서 몇 가지를 살펴보고 어떤 단어가 다른 단어와 비슷한지 찾아내기를 원한다. 모델이 단어에 관한 정보를 학습한 경우라면 관련 단어가 표시되어야 한다.

단어 유추word analogy도 있다. Word2Vec의 흥미로운 사용법 중 하나는 대수학이라는 뜻의 단어 'algebra'였다. 일반적인 예는 king − man + woman ~ queen이다. 이것은 king 벡터에서 man 벡터를 뺀 다음 woman 벡터를 더한다는 의미로, 그 결과는 대략 queen 벡터다. 이 방법은 보통 어휘가 매우 다양할 때만 잘 작동한다. 우리 데이터셋은 작다 보니 어휘가 더 제한적이다. 모든 단어 간 유사성에 관한 히스토그램을 그려보자.

```python
import matplotlib.pyplot as plt
%matplotlib inline

def display_Word2vec(model, weight_path, words, analogies):
    model.load_weights(weight_path)
    word_vectors = model.layers[0].get_weights()[0]
    W2V = Word2VecData(word_vectors, w2i, i2w)

    for word in words:
        for w, sim in W2V.nearest_words(word):
            print(w, sim)
        print()

    for w1, w2, w3, w4 in analogies:
        v1 = W2V.w2v(w1)
        v2 = W2V.w2v(w2)
        v3 = W2V.w2v(w3)
        v4 = W2V.w2v(w4)
        x = v1 - v2 + v3
        for w, sim in W2V.nearest_words(x):
            print(w, sim)
        print()
        print(w4, W2V.compare_words(x, v4))
        print()
        print('{}-{}+{}~{} quantile'.format(w1, w2, w3, w4),
            (W2V.all_sims < W2V.compare_words(x, v4)).mean())
        print()

    plt.hist(W2V.all_sims)
    plt.title('Word-to-Word similarity histogram')

    plt.show()
```

50번째 에폭에서 나온 결과 중 먼저 'space'와 비슷한 단어들을 살펴보자. 다음은 코사인 유사도에 따라 'space'에 가장 가까운 10개의 단어 목록이다.

```
space 0.9999999
shear 0.96719706
section 0.9615698
chapter 0.9592927
output 0.958699
phase 0.9580841
corporate 0.95798546
points 0.9575049
density 0.9573466
institute 0.9545017
```

이제 'polynomial(다항식)'과 유사한 단어를 살펴보자.

```
polynomial 1.0000001
formula 0.9805055
factor 0.9684353
positive 0.96643007
produces 0.9631797
remarkably 0.96068406
equation 0.9601216
assumption 0.95971704
moral 0.9586859
unique 0.95754766
```

이제 king − man + woman ~ queen 유추를 살펴보자. 우리는 결과 벡터에 가장 가까운 단어인 king − man + woman을 출력한다. 그러면 결과와 queen 벡터의 유사성을 살펴볼 수 있다. 마지막으로 queen의 분위수quantile[3]를 살펴보자. 수가 높을수록 유추는 더 잘 작동한다.

```
mountains 0.96987706
emperor 0.96913254
crowds 0.9688335
generals 0.9669207
masters 0.9664976
kings 0.9663711
```

---

3 옮긴이_ 오름차순(혹은 내림차순) 정렬된 전체 자료를 특정 개수로 나눌 때 기준이 되는 수를 가리킨다.

```
roof 0.9653381
ceiling 0.96467453
ridge 0.96467185
woods 0.96466273

queen 0.9404894

king-man+woman~queen quantile 0.942
```

queen 벡터가 다른 단어의 94%보다 근접하다는 것은 좋은 신호다. 하지만 'ceiling'과 같은 다른 상위 결과 중 일부가 너무 근접하다는 것은 데이터셋이 너무 작아서 일반적인 관계를 학습하기에는 지나치게 특화될 수 있다는 신호다.

마지막으로 [그림 11-1]에 표시된 히스토그램을 살펴보자.

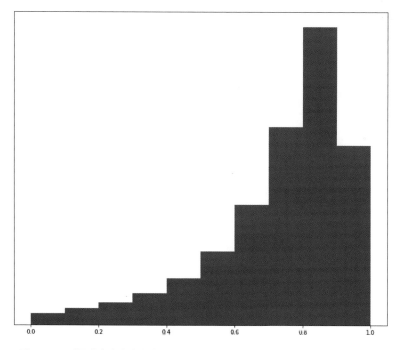

그림 11-1 50에폭에서 단어 간 유사성 히스토그램

대부분의 유사점은 높은 쪽에 있다. 이것은 50에폭에서 단어들이 매우 유사하다는 의미다.

이번에는 다음 [그림 11-2]에 표시된 것처럼 100에폭의 히스토그램을 살펴보자.

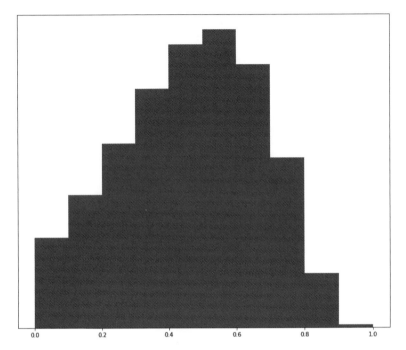

그림 11-2 100에폭에서 단어 간 유사성 히스토그램

히스토그램의 가중치가 중간으로 이동했다. 단어 사이에 더 많은 차이가 있다는 의미다.

이제 [그림 11-3]과 같이 500에폭을 살펴보자. 히스토그램의 질량이 왼쪽으로 이동했으므로 대부분의 단어는 서로 다르다. 단어-벡터 공간에서 단어가 더 분리되어 있다는 뜻이다. 이것은 해당 데이터셋에 과적합하다는 의미일 수 있음을 기억하자.

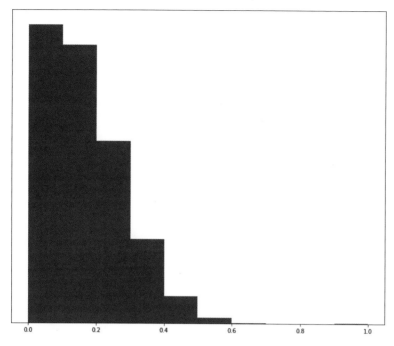

그림 11-3 500에폭에서 단어 간 유사성 히스토그램

Spark NLP를 활용하면 외부에서 학습된 Word2Vec 모델을 통합할 수 있다. Spark NLP에서 이러한 단어 임베딩을 사용하는 방법을 살펴보자. 먼저 Spark NLP에 익숙한 형식으로 파일에 임베딩을 작성해보자.

```python
model.load_weights('weights00500.h5')
word_vectors = model.layers[0].get_weights()[0]

with open('cbow.csv', 'w') as out:
    for ix in range(vocab_size):
        word = i2w[ix]
        vec = list(word_vectors[ix, :])
        line = ['{}'] + ['{:.18e}'] * dim
        line = ' '.join(line) + '\n'
        line = line.format(word, *vec)
        out.write(line)
```

이제 임베딩 애너테이터를 만들 수 있다.

```
Word2vec = WordEmbeddings() \
    .setInputCols(['document', 'normalized']) \
    .setOutputCol('embeddings') \
    .setDimension(dim) \
    .setStoragePath('cbow.csv', 'TEXT')

pipeline = Pipeline().setStages([
    assembler, sentence, tokenizer,
    normalizer, Word2vec
]).fit(texts)
```

모델에서 생성된 임베딩을 밖으로 내보내자.

```
pipeline.transform(texts).select('embeddings.embeddings') \
    .first()['embeddings']
```

```
[[0.6336007118225098,
  0.7607026696205139,
  1.1777857542037964,
  ...]]
```

스파크는 스킵그램 접근 방식을 구현한다. 사용 방법을 살펴보자.

```
from pyspark.ml.feature import Word2Vec

Word2vec = Word2Vec() \
    .setInputCol('normalized') \
    .setOutputCol('word_vectors') \
    .setVectorSize(dim) \
    .setMinCount(5)
finisher = Finisher()\
    .setInputCols(['normalized'])\
    .setOutputCols(['normalized'])\
    .setOutputAsArray(True)

pipeline = Pipeline().setStages([
    assembler, sentence, tokenizer,
    normalizer, finisher, Word2vec
]).fit(texts)
```

```
pipeline.transform(texts).select('word_vectors') \
    .first()['word_vectors']
```

```
DenseVector([0.0433, -0.0003, 0.0281, 0.0791, ...])
```

11.2 글로브

스탠퍼드Stanford 대학교의 제프리 페닝턴Jeffrey Pennington, 리하르트 조허Richard Socher, 크리스토퍼 매닝Christopher Manning이 만든 단어 임베딩 방법론인 **글로브**Global Vectors(GloVe)는 이전 장에서 다룬 잠재 의미 분석(LSI)과 같은 기술과 실제로 더 유사하다. 신경망을 사용하여 언어 모델을 구축하는 대신, 글로브는 단어의 동시 발생 통계co-occurrence statistics를 학습하려고 한다. 단어 유추 작업에서는 많은 일반적인 Word2Vec 모델보다 더 뛰어난 성능을 보여주었다.

글로브의 한 가지 장점은 언어 모델 학습의 반작용으로 관계를 얻는 게 아닌, 직접적으로 관계를 모델링한 결과라는 점이다. Spark NLP에서 글로브를 사용하는 방법을 살펴보자.

```
glove = WordEmbeddingsModel.pretrained(name='glove_100d') \
    .setInputCols(['document', 'normalized']) \
    .setOutputCol('embeddings') \

pipeline = Pipeline().setStages([
    assembler, sentence, tokenizer,
    normalizer, glove
]).fit(texts)

pipeline.transform(texts).select('embeddings.embeddings') \
    .first()['embeddings']
```

```
[[-0.03819400072097778,
  -0.24487000703811646,
  0.7281200289726257,
  ...]]
```

11.3 패스트텍스트

2015년 페이스북은 **패스트텍스트**fastText라는 Word2Vec의 확장 기능을 개발했다. Word2Vec의 일반적인 문제 중 하나는 학습 말뭉치의 어휘에 없는 단어를 처리하는 방법이다.

일부 문제의 경우 이러한 단어들이 지나치게 드물다 보니 다운스트림 프로세스의 결과에 큰 영향을 미치기 어렵다는 가정하에 해당 단어들을 단순히 삭제하는 것이 더 합리적일 수 있다. 임상 말뭉치처럼 전문화된 어휘가 있는 말뭉치에서, 학습 데이터에서는 찾을 수 없는 문서에 중요한 단어를 찾는 일은 드문 일이 아니다. 이처럼 모르는 단어에 대한 문제는 전이 학습을 어렵게 만든다.

전이 학습은 하나의 데이터셋과 작업에 관해 학습된 모델의 일부 또는 전체를 가져와서 다른 데이터셋과 다른 작업에 사용하는 것이다. 사실 Word2Vec 자체가 전이 학습이다. 우리는 종종 인위적으로 고안된 언어 모델링 문제를 해결하는 모델을 구축하고, 다른 NLP 관련 작업에서 해당 모델의 일부를 사용한다.

패스트텍스트는 문자 수준의 정보를 학습하여 단어 임베딩을 이용해 전이 학습을 더 쉽게 만든다. 따라서 토큰의 상위 수준 표현을 학습하는 대신 문자 시퀀스의 상위 수준 표현을 학습한다. 이러한 문자 시퀀스가 학습되면, 단어의 벡터에 대한 단어를 구성하는 문자 시퀀스 벡터의 합을 갖는다.

11.4 변환자

구글 연구원들은 2017년에 **어텐션**attention 모델링을 위한 새로운 접근 방식을 만들었다. 어텐션은 시퀀스 모델링의 개념이다. 고정된 문맥이 없는 시퀀스 모델은 시퀀스 초기부터 이전 정보를 보유하는 기간을 학습해야 한다. 장거리 관계를 더 잘 포착할 수 있다는 건 자동 기계번역에 매우 중요한 점이다. 대부분의 단어는 여러 의미를 가지며, 명확하게 하려면 더 넓은 문맥이 필요하다. 언어학에서 다중 의미가 있는 속성은 다의어 또는 동음이의어로 알려져 있다.

다의어polysemy는 의미는 다르지만 서로 관련이 있는 경우이며 **동음이의어**homonymy는 의미가 관련이 없는 경우다. 예를 들어 'rock'이라는 단어를 살펴보자. 명사로 쓰일 때 'rock'은 돌 조각을 의미한다. 이것은 완전히 다른 의미인 'to rock'과는 전혀 관련이 없다. 한편 동사 'to rock'은 앞뒤로 움직이는 동작을 나타내지만, 로큰롤을 연주하거나 즐기는 것을 의미하기도 한다. 따라서 'rock(돌)'은 'rock(앞뒤로 이동)'의 동음이의어인 동시에 로큰롤을 연주하거나 즐길 수 있다는 의미도 있는 다의어다.

동음이의어와 다의어를 명확하게 구분하는 단서는 보통 문맥의 다른 단어에서 나온다. 아시슈바스와니Ashish Vaswani와 그의 팀이 발표한 논문에서 제시한 예는 Transformer를 두 가지 의미를 가진 'bank'로 정의한다. 첫 번째는 금융 기관이라는 뜻이고 두 번째는 강의 가장자리라는 뜻이다. 이 동음이의어 관계는 번역되지 않는다. 예를 들어 스페인어에서 금융 기관은 'banco'이고 강의 가장자리는 'orilla'다. 따라서 신경망을 사용하여 번역할 때는 두 단어를 다르게 표현하는 것이 유리할 것이다. 그러려면 문맥을 사용하여 단어를 인코딩해야 한다.

이전 방법의 단어 벡터는 이처럼 서로 다른 의미의 집합을 나타낸다. 이렇게 하면 텍스트를 훨씬 더 풍부하게 표현할 수 있지만, 심각한 비용 문제가 발생한다. 이러한 모델들은 학습 및 사용에 있어서 계산적으로 훨씬 더 강력하다. 실제로 2019년 작성 당시부터 현재 대부분의 방법은 GPU 또는 특화된 하드웨어가 없으면 실현할 수 없다.

11.5 ELMo, BERT와 XLNet

새로운 임베딩 기술은 문맥 의존적 방식으로 단어를 표현한다는 개념에 기반을 둔다. 즉, 단순한 조회 기능이 있는 정적 임베딩과는 달리 임베딩을 사용하려면 완전한 신경망 모델이 필요하다는 의미다.

ELMoEmbeddings from Language Models는 2018년 앨런 연구소Allen Institute에서 개발한 언어 모델이다. 학습 중인 언어 모델은 양방향으로 작용하는데, 이는 모델이 단어 앞과 뒤에 오는 단어들을 바탕으로 단어를 예측하는 방법을 학습한다는 의미다. 모델은 문자 수준에서 학습하지만 임베딩 자체는 실제 단어 기반이다.

2018년 발표된 BERTBidirectional Encoder Representation from Transformers는 ELMo와 매우 유사한 작업을 수행하지만 구글의 Transformer를 사용하는 모델이다. 그 취지는 이 모델을 미세 조정할 수 있다는 것이다. 이 작업은 데이터셋에 일반적인 사전 학습 모델을 구축하여 수행된다. 미세 조정을 가능하게 하는 다른 접근 방식도 있지만, BERT 논문의 저자들은 이러한 접근 방법이 단방향 접근 방식이거나 더 전문화된 양방향 접근 방식이라는 점에 주목한다. BERT는 무작위로 마스킹된 단어를 식별하는 모델을 구축함으로써 선택의 문제를 해결하고자 한다.

BERT는 여러 벤치마크에서 높은 점수를 받으며 큰 인기를 얻었다. 그로부터 약 1년 뒤에 **XLNet**이 발표되었다. XLNet은 BERT에 필요한 마스킹 없이 모델을 학습하기 위해 만들어졌다. 그에 따르면 마스킹은 BERT 모델이 학습 시간에 보는 것과 사용 시간에 보는 것 사이에 차이를 만든다. 그 뒤에 XLNet은 계속해서 더 높은 벤치마크를 달성했다.

Spark NLP에서 BERT 임베딩을 사용하는 방법을 살펴보자.

```python
bert = BertEmbeddings.pretrained() \
    .setInputCols(["sentences", "normalized"]) \
    .setOutputCol("bert")

pipeline = Pipeline().setStages([
    assembler, sentence, tokenizer,
    normalizer, bert
]).fit(texts)

pipeline.transform(texts).select('bert.embeddings') \
    .first()['embeddings']
```

```
[[-0.436696469708378296,
  0.5360171794891357,
  -0.051413312554359436,
  ...]]
```

이러한 기술에 관심이 있다면 다음 사항에 주의해야 한다. 새롭고 복잡한 접근 방식을 평가할 때는 항상 제일원리first principle로 돌아가야 한다는 점이다. 먼저 제품에 실제로 필요한 것이 무엇인지 항상 고려해야 한다. 여러분의 제품은 BERT와 XLNet이 높은 점수를 얻은 작업 중 하나와 유사한가? 개발자의 시간, 학습 시간과 하드웨어의 양에 비해 여러분에게 필요한 정확도의 수준은 어느 정도인가? 단지 이러한 기술이 NLP 분야에서 매우 인기가 있다고 해서 모든 애플리케이션에 가장 적합하다는 의미는 아니다.

실제로 이러한 기술들은 감지하기 어려운 방식으로 과적합할 가능성이 있다. 대만의 국립 쳉공 대학교National Cheng Kung University 연구원들은 인수 추론 이해argument reasoning comprehension라는 문답 형식의 상반되는 데이터셋을 만들었다. 여기서 모델은 몇 가지 주장을 하고 결론을 도출하는 텍스트를 가져와야 한다. BERT는 이 작업에서 사람보다 더 높은 점수를 얻을 수 있었다.

연구원들은 모순되는 예제로 데이터셋을 수정했다. BERT 모델은 이 새로운 적대적 데이터셋 에서 평가되었는데, 인간보다 성능이 낮고 더 오래된 데다 단순한 기술로 구축된 모델에 비해 성능이 크게 좋지는 않았다. 모델은 오로지 입력 텍스트만을 기초로 결론을 내릴 수 있어야 한 다. 즉, 다른 예제에서 문장을 사용해서는 안 된다.

11.6 doc2vec

doc2vec은 문서를 벡터로 변환할 수 있는 일련의 기술이다. 종종 우리는 분류와 같은 다른 작 업을 위한 희소 특징으로서 임베딩을 사용하려 한다. 이러한 단어 수준의 특징을 문서 수준의 특징으로 어떻게 결합할 수 있을까?

한 가지 일반적인 방법은 단순하게 단어 수준 벡터의 평균을 구하는 것이다. 이 방법은 벡터 공 간이 의미에 대한 막연한 개념을 나타내기를 바라는 만큼 직관적이다. 따라서 문서의 모든 벡 터를 평균화하면 문서의 'average(평균)' 의미를 구할 수 있다.

이러한 접근 방식의 문제는 단어의 희소성을 고려할 때 발생한다. TF.IDF에 관한 설명을 다시 상기해보면 중요하지 않은 단어가 높은 빈도로 등장하는 경우가 많다. 예를 들어 임상 기록을 떠올려보자. 우리는 모든 기록에서 공통되는 수많은 일반 단어를 찾을 수 있다. 이 단어들은 모 든 문서를 벡터 공간의 얼마 안 되는 위치로 끌어당기므로 문제가 될 수 있다.

모델은 여전히 그들을 분리할 수 있지만, 더 느리게 수렴될 것이다. 심지어 말뭉치 안에 자연적 인 클러스터, 즉 다른 부서의 임상 기록이 있다면 우리는 문서로 빼곡하게 들어찬 다수의 클러 스터를 가지게 된다. 우리가 원하는 것은 고유한 문서에 가장 중요한 단어로 문서를 특성화하 는 것이다. 이를 실현하는 몇 가지 접근 방식이 있다.

IDF 값을 가중치로 사용하여 단어 벡터에 관한 가중치 평균을 구할 수 있다. 이렇게 하면 더 일반적인 단어가 문서 벡터에 미치는 영향을 줄이는 데 도움이 된다. 이 접근 방식은 구현이 간 단하다는 장점이 있다. 실제로 정적 임베딩 기술을 사용할 경우에는 단순히 IDF 값으로 벡터의 크기를 조정할 수 있다. 평가할 때는 이 값을 계산할 필요가 없다. 단점은 이것이 BoW 접근 방식이다 보니 단어 사이의 관계를 고려하지 않는다는 점이다.

또 다른 접근 방식으로 **분산 메모리 단락 벡터**distributed memory paragraph vector가 있다. 이것은 본질적으로 CBOW이지만, 학습해야 할 추가적인 가중치셋이 있다. CBOW에서는 문맥에서 단어를 예측하므로 문맥을 입력으로 나타내는 벡터가 있다. 분산 메모리 단락 벡터의 경우에는 우리 문서 ID의 원-핫 인코딩을 입력으로 연결한다. 이렇게 하면 단어와 동일한 차원으로 문서를 나타낼 수 있다.

doc2vec에 대한 세 번째 접근 방식은 스킵그램 접근 방식인 **분산 BoW 단락 벡터**와 유사하다. 스킵그램이 단어의 문맥을 예측한다는 걸 기억하자. 분산 BoW 벡터에서는 문서 ID로 문서의 문맥을 예측하는 방법을 학습한다.

이 마지막 두 가지 접근 방식은 동시 발생 단어 간의 관계를 학습한다는 이점이 있다. 또한 Word2Vec을 구현할 수 있다면 구현도 비교적 간단하다. 단점은 보유하고 있는 문서만 학습한다는 점이다. 새 문서를 받으면 해당 문서를 위한 벡터를 생성할 수 없다. 따라서 이러한 접근 방식은 오프라인 프로세스에서만 사용할 수 있다.

doc2vec(때로는 paragraph2vec이라고도 함)에 관해 이야기할 때는 구문부터 전체 문서에 이르기까지 다양한 크기의 텍스트에 적용될 수 있다는 점을 염두에 두어야 한다. 그러나 구문을 벡터로 변환하려는 경우에는 이를 토큰화에 통합하는 것도 고려할 수 있다. 토큰으로 구문을 생성한 다음 앞에서 설명한 단어 수준 임베딩 중 하나를 학습할 수 있다.

11.7 연습 문제

이러한 기법이 9장의 분류 문제에서 어떻게 작동하는지 살펴보자.

이번에는 여러분이 코드를 작성해보자. 스파크의 스킵그램 구현, Spark NLP의 사전 학습된 글로브 모델 그리고 Spark NLP의 BERT 모델을 사용하자.

Part **III**

애플리케이션

3부에서는 NLP 애플리케이션을 구축해본다. 각 장의 목표는 Spark NLP를 사용하여 실제 애플리케이션을 구축할 방법을 확립하는 것이다. 그 과정에서 이전 장에서 다룬 주제들을 더 실질적인 방식으로 다룰 수 있다.

앞서 언급했듯이 NLP 애플리케이션을 구축할 때는 소프트웨어 공학, 데이터 과학 및 언어학의 세 가지 관점을 염두에 두어야 한다. 설계, 개발, 실험, 배포 프로세스를 차례로 살펴보자.

한편 3부에서는 더 현실적인 크기의 데이터셋을 사용하고자 한다. 즉, 코드를 실행할 때 시간이 더 걸릴 수 있다는 뜻이다.

Part III

애플리케이션

12장 감성 분석과 감지

13장 지식 베이스 구축

14장 검색엔진

15장 챗봇

16장 객체 문자 인식

감성 분석과 감지

감성 분석sentiment analysis은 텍스트 내용에 따라 일부 감성을 정량화하는 데 쓰이는 일련의 기법이다. 웹에는 사용자가 제품 및 서비스에 관한 댓글을 직접 달고 평가할 수 있는 수많은 커뮤니티 사이트와 전자상거래 사이트가 있다. 하지만 사람들이 제품과 서비스에 관해 논의할 수 있는 유일한 장소는 아니다. 우리는 소셜미디어에서도 댓글과 평가를 사이트의 데이터로 함께 활용함으로써 실제 사용된 언어와 긍정적 또는 부정적 정서 간의 관계를 학습할 수 있다. 이러한 접근 방식은 텍스트 작성자의 감정을 예측하는 범위까지 확장될 수 있다. 감성 분석은 NLP에서 널리 쓰이는 사용법 중 하나다.

이 애플리케이션을 위해 우리는 영화 리뷰를 정량화하는 데 사용할 수 있는 프로그램을 구축하려 한다. 수많은 영화 리뷰어가 좋아요/싫어요 표시나 별표 또는 등급과 같이 정량화할 수 있는 몇 가지 측정 항목을 사용하지만, 이러한 측정 항목은 정규화되지 않는다. 또한 10점 만점 척도를 사용하는 두 명의 검토자는 분포가 서로 다를 수 있다. 한 리뷰어의 분포는 대부분의 영화가 4~6의 범위에 있을 수 있고 또 다른 리뷰어는 6~8의 범위에 있을 수 있다. 우리는 이를 정규화할 수 있겠지만, 다른 지표를 사용하거나 지표를 전혀 사용하지 않는 다른 리뷰어라면 어떨까? 오히려 리뷰를 보고 점수를 생성하는 모델을 만드는 편이 더 나을 수 있다. 이렇게 하면 특정 리뷰어의 점수가 임시 점수가 아닌 리뷰의 텍스트에 기반을 둔다는 것을 알 수 있다.

12.1 문제 진술과 제약

12.1.1 해결할 문제

영화 리뷰의 텍스트를 받아 점수를 생성하는 애플리케이션을 구축하려고 한다. 이 애플리케이션을 사용하여 리뷰를 집계하고 일괄 처리할 것이다. 영화가 얼마나 긍정적 또는 부정적으로 평가되었는지를 보여주는 디스플레이를 사용하여 사용자에게 표시한다. 영화의 긍정적 또는 부정적 평가 표시 외에 다른 측면은 신경 쓰지 않는다. 디스플레이는 다른 콘텐츠에 포함될 것이라고 가정한다.

12.1.2 제약 조건

영화 리뷰 애플리케이션을 생성할 때의 제약 조건은 다음과 같다.

- 영어로 된 리뷰로 작업한다고 가정한다.

- 오프라인 일괄 프로세스이므로 프로그램 속도에는 큰 제약이 없다. 우리는 전체 영화의 95%에 대한 집계 점수를 1분 이내에 반환하려고 한다.

- 모델이 이 작업에서 잘 작동하는지 확인하기를 원하므로 잘 알려진 데이터셋을 사용할 것이다. 인터넷 영화 정보 사이트인 IMDb^{Internet Movie Database} 사용자 리뷰에 기반을 둔 대형 영화 리뷰 데이터셋^{Large Movie Review Dataset}[1]을 사용한다.

- 이 프로그램에 대한 입력은 리뷰의 JSON^{JavaScript Object Notation} 파일이라고 가정한다. 출력은 점수가 된다.

- 모델은 새 데이터에 대해 최소 0.7 이상의 F1 점수를 가져야 한다.

데이터를 살펴보기도 전에 원하는 지표^{metric} 임곗값을 설정하는 것이 비합리적으로 보일 수 있지만 이러한 상황은 일반적이다. 이해관계자들과의 협상은 중요하다. 임의의 임곗값이 설정되었지만 실험 결과, 비현실적인 값으로 밝혀진다면 데이터 과학자는 문제가 예상보다 더 어려운 이유를 이해관계자에게 설명할 수 있어야 한다.

프로젝트 작업에 따라 이 목록은 변경될 수 있다. 누락된 제약 조건은 일찍 발견할수록 좋다.

---

1 ai.stanford.edu/~amaas/data/sentiment/index.html

배포 직전에 제약 조건을 발견하면 수정 비용이 많이 들 수 있기 때문이다. 개발 과정에서 이해 관계자들과 지속해서 소통하기를 원하는 이유다.

이제 제약 조건을 나열했으므로 애플리케이션을 구축하는 방법을 논의해보자.

12.1.3 문제 해결

리뷰가 영어로 되어 있다는 첫 번째 제약은 실제로 우리 작업을 더 쉽게 만든다. 집계 점수를 계산하는 데 걸리는 시간에 관한 두 번째 제약 조건은 우리가 구축할 수 있는 모델의 복잡성을 제어하지만, 가벼운 제약이다. 우리에게는 IMDb 데이터셋이 있으며 프로그램을 빌드할 때 JSON에서 로드할 것이다. 그러나 우리의 모델링 코드는 이러한 제약 조건을 따를 필요가 없다.

12.2 프로젝트 계획

프로젝트를 계획하기 위해 허용 기준이 무엇인지부터 정의해보자. 제품 소유자는 보통 이해관계자의 요청을 통합하여 이러한 사항을 정의한다. 12장에서 여러분은 제품 소유자이자 개발자다.

다음을 수행하는 스크립트가 필요하다.

- JSON 개체의 리뷰가 포함된 파일을 한 줄에 하나씩 가져온다.
- 모델의 출력에 따라 분포 정보를 반환한다.
  - 평균
  - 표준편차
  - 사분위수
  - 최솟값
  - 최댓값

Spark NLP를 사용하여 데이터를 처리하고 Spark MLlib 모델을 사용하여 감성을 예측할 것이다. 이제 이러한 높은 수준의 허용 기준이 있으므로 데이터를 살펴보자.

먼저 데이터를 `DataFrame`에 로드하고 레이블 열을 추가한다.

```
import sparknlp

from pyspark.ml import Pipeline
from pyspark.sql import SparkSession
from pyspark.sql.functions import lit

import sparknlp
from sparknlp import DocumentAssembler, Finisher
from sparknlp.annotator import *

spark = sparknlp.start()

pos_train = spark.sparkContext.wholeTextFiles(
    'aclImdb_v1/aclImdb/train/pos/')
neg_train = spark.sparkContext.wholeTextFiles(
    'aclImdb_v1/aclImdb/train/neg/')
pos_test = spark.sparkContext.wholeTextFiles(
    'aclImdb_v1/aclImdb/test/pos/')
neg_test = spark.sparkContext.wholeTextFiles(
    'aclImdb_v1/aclImdb/test/neg/')

pos_train = spark.createDataFrame(pos_train, ['path', 'text'])
pos_train = pos_train.repartition(100)
pos_train = pos_train.withColumn('label', lit(1)).persist()
neg_train = spark.createDataFrame(neg_train, ['path', 'text'])
neg_train = neg_train.repartition(100)
neg_train = neg_train.withColumn('label', lit(0)).persist()
pos_test = spark.createDataFrame(pos_test, ['path', 'text'])
pos_test = pos_test.repartition(100)
pos_test = pos_test.withColumn('label', lit(1)).persist()
neg_test = spark.createDataFrame(neg_test, ['path', 'text'])
neg_test = neg_test.repartition(100)
neg_test = neg_test.withColumn('label', lit(0)).persist()
```

긍정적인 예를 살펴보자.

```
print(pos_train.first()['text'])
```

```
I laughed a lot while watching this. It's an amusing short with a
fun musical act and a lot of wackiness. The characters are simple,
but their simplicity adds to the humor stylization. The dialog is
funny and often unexpected, and from the first line to the last
```

everything just seems to flow wonderfully. There's Max, who has apparently led a horrible life. And there's Edward, who isn't sure what life he wants to lead. My favorite character was Tom, Edward's insane boss. Tom has a short role but a memorable one. Highly recommended for anyone who likes silly humor. And you can find it online now, which is a bonus! I am a fan of all of Jason's cartoons and can't wait to see what he comes out with next.

이것은 분명히 긍정적인 리뷰로 보인다. 'best'와 같이 좋은 신호처럼 보이는 단어 몇 개를 식별할 수 있다. 이제 부정적인 예를 살펴보자.

```
print(neg_train.first()['text'])
```

I sat glued to the screen, riveted, yawning, yet keeping an attentive eye. I waited for the next awful special effect, or the next ridiculously clichéd plot item to show up full force, so I could learn how not to make a movie.

It seems when they set out to make this movie, the crew watched every single other action/science-fiction/shoot-em-up/good vs. evil movie ever made, and saw cool things and said: "Hey, we can do that." For example, the only car parked within a mile on what seems like a one way road with a shoulder not meant for parking, is the one car the protagonist, an attractive brunette born of bile, is thrown on to. The car blows to pieces before she even lands on it. The special effects were quite obviously my biggest beef with this movie. But what really put it in my bad books was the implausibility, and lack of reason for so many elements! For example, the antagonist, a flying demon with the ability to inflict harm in bizarre ways, happens upon a lone army truck transporting an important VIP. Nameless security guys with guns get out of the truck, you know they are already dead. Then the guy protecting the VIP says "Under no circumstances do you leave this truck, do you understand me?" He gets out to find the beast that killed his 3 buddies, he gets whacked in an almost comically cliché fashion. Then for no apparent reason, defying logic, convention, and common sense, the dumb ass VIP GETS OUT OF THE TRUCK!!! A lot of what happened along the course of the movie didn't make sense. Transparent acting distanced me from the movie, as well as bad camera-work, and things that just make you go: "Wow, that's incredibly cheesy." Shiri Appleby saved the movie from a 1, because she gave the movie the one element that always makes viewers enjoy the experience, sex appeal.

부정적인 리뷰의 명백한 사례다. 여기서 'awful'과 'cheesy'와 같은 부정적인 감정의 확실한 지표로 보이는 많은 단어를 볼 수 있다. 제거하기를 원하는 몇몇 HTML 아티팩트가 보인다.

이제 말뭉치 전체를 살펴보자.

```
print('pos_train size', pos_train.count())
print('neg_train size', neg_train.count())
print('pos_test size', pos_test.count())
print('neg_test size', neg_test.count())
```

```
pos_train size 12500
neg_train size 12500
pos_test size 12500
neg_test size 12500
```

우리는 5만 개의 문서를 가지고 있다. 이러한 경우 긍정과 부정 사이의 분포가 균등하게 이루어지는 것은 인위적이다. 다음 [표 12-1]에 표시된 텍스트 길이를 살펴보자.

```
pos_train.selectExpr('length(text) AS text_len')\
    .toPandas().describe()
```

표 12-1 텍스트 길이 요약

	text_len
count	12500.000000
mean	1347.160240
std	1046.747365
min	70.000000
25%	695.000000
50%	982.000000
75%	1651.000000
max	13704.000000

텍스트 길이 차이가 꽤 나는 듯하며, 이는 유용한 기능이 될 수 있다. 텍스트 길이는 매우 낮은 수준의 정보처럼 보일 수 있지만 종종 텍스트에 대한 유용한 정보가 될 수 있다. 긴 댓글은 폭

언으로 인해 부정적일 가능성이 높다. 이러한 상황에서 리뷰어 ID가 있다면 리뷰어의 일반적인 감정이 무엇인지 알 수 있으므로 더 유용하겠지만 데이터에는 없다.

데이터를 간략하게 살펴보았으므로 이제 솔루션 설계를 시작해보자.

12.3 솔루션 설계

먼저 프로젝트를 두 단계로 나눈다. 첫 번째는 모델 학습 및 측정 단계이고 두 번째는 스크립트 작성 단계다. 자세한 내용은 다음과 같다.

12.3.1 모델 학습 및 측정

모델링 코드의 품질은 종종 간과되기도 하지만 프로젝트의 중요한 부분을 차지한다. 코드는 재사용할 수 있어야 한다. 또한 학문적인 이유뿐만 아니라 비즈니스 목적으로 모델을 재구축해야 할 때도 모델을 재현할 수 있어야 한다. 모델을 개선하기 위해 특정 시점에서 프로젝트로 돌아갈 수도 있다.

모델링 프로젝트를 재사용할 수 있도록 만드는 일반적인 방법 하나는 노트북 또는 노트북 컬렉션을 만드는 것이다. 모델링 프로젝트가 간단하므로 이번 장에서는 다루지 않겠다.

12.3.2 스크립트 작성

스크립트는 JSON 형식의 리뷰 경로로 하나의 인수를 사용한다(한 줄당 JSON 형식의 리뷰 1개). 그러면 리뷰 배포에 대한 JSON 형식의 보고서를 출력할 것이다.

다음은 스크립트의 허용 기준이다.

- 유용한 사용 결과가 있어야 한다.
- 1분 이내에 실행되어야 한다(영화의 95% 분량).
- 다음 형식으로 파일을 출력해야 한다.

```
{
    "count": ###,
    "mean": 0.###,
    "std": 0.###,
    "median": 0.###,
    "min": 0.###,
    "max": 0.###,
}
```

우리가 평균을 낼 점수는 0과 1 사이의 부동소수점 수여야 한다. 많은 분류자가 예측 확률을 출력하지만, 이 스크립트 출력에 대한 가정일 뿐이다.

이제 계획대로 구현해보자.

12.4 솔루션 구현

7장에서 논의한 모델링 프로젝트의 단계를 떠올려보자. 차례대로 단계를 살펴본다.

12.4.1 데이터 호출

데이터를 가져오는 단계다.

12.4.2 데이터 검토

데이터를 살펴보는 단계다.

12.4.3 데이터 처리

우리는 이미 데이터를 가지고 있으며 내용을 살펴보았다. 몇 가지 기본 처리를 수행하고 저장하여 모델에서 더 빠르게 반복할 수 있도록 하자.

먼저 긍정과 부정을 두 데이터셋(훈련, 테스트)으로 결합한다.

```
train = pos_train.unionAll(neg_train)
test = pos_test.unionAll(neg_test)
```

이제 Spark NLP를 사용하여 데이터를 처리해보자. 우리는 글로브 임베딩뿐만 아니라 표제어 추출과 정규화가 이루어진 토큰을 모두 저장할 것이다. 이런 식으로 다양한 기능을 실험할 수 있다.

파이프라인을 만들어보자.

```
assembler = DocumentAssembler()\
    .setInputCol('text')\
    .setOutputCol('document')
sentence = SentenceDetector() \
    .setInputCols(["document"]) \
    .setOutputCol("sentences")
tokenizer = Tokenizer()\
    .setInputCols(['sentences'])\
    .setOutputCol('tokens')
lemmatizer = LemmatizerModel.pretrained()\
    .setInputCols(['tokens'])\
    .setOutputCol('lemmas')
normalizer = Normalizer()\
    .setCleanupPatterns([
        '[^a-zA-Z.-]+',
        '^[^a-zA-Z]+',
        '[^a-zA-Z]+$',
    ])\
    .setInputCols(['lemmas'])\
    .setOutputCol('normalized')\
    .setLowercase(True)
glove = WordEmbeddingsModel.pretrained(name='glove_100d') \
    .setInputCols(['document', 'normalized']) \
    .setOutputCol('embeddings') \

nlp_pipeline = Pipeline().setStages([
    assembler, sentence, tokenizer,
    lemmatizer, normalizer, glove
]).fit(train)
```

원본 데이터와 정규화된 토큰 및 임베딩 등 관심있는 값만 선택해보자.

```
train = nlp_pipeline.transform(train) \
    .selectExpr(
        'path', 'text', 'label',
        'normalized.result AS normalized',
        'embeddings.embeddings'
    )

test = nlp_pipeline.transform(test) \
    .selectExpr(
        'path', 'text', 'label',
        'normalized.result AS normalized',
        'embeddings.embeddings'
    )

nlp_pipeline.write().overwrite().save('nlp_pipeline.3.12')
```

11장에서 다룬 doc2vec의 가장 간단한 버전을 떠올려보자. 여기서 우리는 문서 벡터를 만들기 위해 문서의 단어 벡터를 평균화하는 기술을 사용한다.

```
import numpy as np
from pyspark.sql.types import *
from pyspark.ml.linalg import DenseVector, VectorUDT

def avg_wordvecs_fun(wordvecs):
    return DenseVector(np.mean(wordvecs, axis=0))

avg_wordvecs = spark.udf.register(
    'avg_wordvecs',
    avg_wordvecs_fun,
    returnType=VectorUDT())

train = train.withColumn('avg_wordvec', avg_wordvecs('embeddings'))
test = test.withColumn('avg_wordvec', avg_wordvecs('embeddings'))
train.drop('embeddings')
test.drop('embeddings')
```

이제 그것을 파케이[parquet]² 파일로 저장한다. 이렇게 하면 메모리를 확보할 수 있다.

----

2 옮긴이_ 많은 양의 데이터를 처리하는 데 들어가는 시간과 비용을 절약하는 열 기반 포맷의 처리를 말한다.

```
train.write.mode('overwrite').parquet('imdb.train')
test.write.mode('overwrite').parquet('imdb.test')
```

더 많은 메모리를 사용할 수 있도록 이전에 유지한 데이터를 정리하자.

```
pos_train.unpersist()
neg_train.unpersist()
pos_test.unpersist()
neg_test.unpersist()
```

이제 데이터를 로딩하고 유지한다.

```
train = spark.read.parquet('imdb.train').persist()
test = spark.read.parquet('imdb.test').persist()
```

12.4.4 기능화

모델이 TF.IDF 기능만으로도 얼마나 잘 작동하는지 살펴보자.

```
from pyspark.ml.feature import CountVectorizer, IDF

tf = CountVectorizer()\
    .setInputCol('normalized')\
    .setOutputCol('tf')
idf = IDF()\
    .setInputCol('tf')\
    .setOutputCol('tfidf')

featurizer = Pipeline().setStages([tf, idf])
```

12.4.5 모델

이제 기능을 가지고 있으므로 첫 번째 모델을 구축할 수 있다. 종종 좋은 기준이 되는 로지스틱 회귀부터 시작해보자.

```
from pyspark.ml.feature import VectorAssembler
from pyspark.ml.classification import LogisticRegression

vec_assembler = VectorAssembler()\
    .setInputCols(['avg_wordvec'])\
    .setOutputCol('features')
logreg = LogisticRegression()\
    .setFeaturesCol('features')\
    .setLabelCol('label')

model_pipeline = Pipeline()\
    .setStages([featurizer, vec_assembler, logreg])

model = model_pipeline.fit(train)
```

이제 모델을 저장해보자.

```
model.write().overwrite().save('model.3.12')
```

모델링했으니 예측을 수행해보자.

```
Train_preds = model.transform(train)

test_preds = model.transform(test)
```

12.4.6 평가

훈련과 테스트 데이터셋에서 F1 점수를 계산해보자.

```
from pyspark.ml.evaluation import MulticlassClassificationEvaluator

evaluator = MulticlassClassificationEvaluator()\
    .setMetricName('f1')

evaluator.evaluate(train_preds)
```

```
0.8029598474121058
```

```
evaluator.evaluate(test_preds)
```

```
0.8010723532212578
```

최소 허용 기준을 초과했으므로 우리는 이 모델을 배포할 준비가 되었다.

12.4.7 검토

물론 모델을 개선하는 방법을 파악할 수 있다. 하지만 첫 번째 버전을 얻는 것이 중요하다. 초기 버전을 배포한 뒤에 모델을 개선하는 방법을 모색할 수 있다.

12.4.8 배포

이 애플리케이션의 경우 배포는 단순히 스크립트를 사용할 수 있게 만들 뿐이다. 사실상 오프라인에서의 '배포'는 종종 주문형on demand 또는 주기적으로 실행할 수 있는 워크플로 생성을 포함한다. 이 애플리케이션의 경우 새로운 검토를 위해 실행할 수 있는 위치에 스크립트를 두기만 하면 된다.

```
%%writefile movie_review_analysis.py

"""
이 스크립트는 동일한 리뷰를 포함하는 파일을 가져온다.
분석 결과를 std.out에 출력한다.
"""

import argparse as ap
import json
from pyspark.sql import SparkSession
from pyspark.ml import PipelineModel
```

```python
if __name__ == '__main__':
    print('beginning...')
    parser = ap.ArgumentParser(description='Movie Review Analysis')
    parser.add_argument('-file', metavar='DATA', type=str,
                        required=True,
                        help='The file containing the reviews ' \
                             'in JSON format, one JSON review ' \
                             'per line')

    options = vars(parser.parse_args())

    spark = SparkSession.builder \
        .master("local[*]") \
        .appName("Movie Analysis") \
        .config("spark.driver.memory", "12g") \
        .config("spark.executor.memory", "12g") \
        .config("spark.jars.packages",
                "JohnSnowLabs:spark-nlp:2.2.2") \
        .getOrCreate()

    nlp_pipeline = PipelineModel.load('nlp_pipeline.3.12')
    model = PipelineModel.load('model.3.12')

    data = spark.read.json(options['file'])

    nlp_procd = nlp_pipeline.transform(data)
    preds = model.transform(nlp_procd)

    results = preds.selectExpr(
        'count(*)',
        'mean(rawPrediction[1])',
        'std(rawPrediction[1])',
        'median(rawPrediction[1])',
        'min(rawPrediction[1])',
        'max(rawPrediction[1])',
    ).first().asDict()

    print(json.dump(results))
```

이 스크립트는 일련의 리뷰를 가져와서 단일 점수와 일부 추가 통계치를 집계할 때 사용할 수 있다.

12.5 솔루션 테스트와 측정

이제 애플리케이션을 처음 구현했으므로 지표에 관해 살펴보자. 더 현실적인 시나리오에서는 계획 단계에서 지표를 정의한다. 그러나 구체적으로 참고할 만한 내용이 있다면 이러한 주제 중 일부를 설명하는 편이 더 쉽다.

12.5.1 비즈니스 지표

NLP 프로젝트는 보통 새로운 제품이나 기존 제품 또는 서비스와 연결된다. 이러한 경우 스크립트 출력물이 영화 블로그에 쓰인다고 가정해보자. 아마 여러분은 이미 조회 수를 추적하고 있을 것이다. 이 기능을 블로그에 처음 소개할 때는 A/B테스트를 수행하는 게 좋다. 이상적으로는 블로그에 무작위로 점수를 표시하거나 표시하지 않는 방식으로 테스트를 수행한다. 기술적으로 어려울 때는 초기 배포 중에 일부 항목에만 점수를 표시하고 다른 항목에는 표시하지 않을 수 있다.

이 도구에 의해 생성된 점수와 마찬가지로, 집계된 점수는 블로그 항목에 추가될 수 있지만 조회 수에 큰 영향을 주지는 않는다. 이 기능은 다른 매체에서 언급한 당신의 리뷰를 더욱 매력적으로 만들 수 있다. 또한 추가 지표가 될 수도 있다. 여러분은 방문자가 어디서 왔는지 기록하고 저장할 수 있다.

외부로 보내는 메시지와 알림에 이러한 집계 정보를 포함할 수 있다. 예를 들어 이메일로 사람들에게 새 항목을 통지할 때 제목에 집계를 포함할 수 있다. 또는 항목 제목에 집계를 추가할 수도 있다.

비즈니스 지표를 결정한 뒤에는 기술 지표에 관한 작업을 시작할 수 있다.

12.5.2 모델 중심 지표

감성 분석을 할 때는 일반적으로 분류 지표를 사용한다. 때때로 감성 레이블에는 매우 나쁨, 나쁨, 중간, 좋음, 매우 좋음과 같은 등급이 포함된다. 이러한 상황에서 여러분은 잠재적으로 분류자 대신 회귀 모델을 구축할 수 있다.

정밀도와 재현율처럼 분류기와 함께 사용했던 기존 지표가 있다. 이 지표가 유효하려면 어떤 레이블이 '양성positive'인지 결정해야 한다. 정밀도와 재현율에서 '양성'이란 '양성 테스트'라는 의미다. 이로 인해 그러한 지표를 논의할 때 약간 혼란스러울 수 있다. 이 애플리케이션의 경우 좋은 감성은 양성 레이블을 갖는다고 가정해보자. 정확성은 실제로 양호하리라 예상되는 리뷰의 비율이고 재현율은 실제로 좋은 리뷰를 받을 것으로 예측되는 비율이다.

정밀도와 재현율과 함께 사용되는 또 다른 일반적인 분류 지표는 **F-점수**F-score다. F-점수는 정밀도와 재현율의 조화평균harmonic mean으로, 이러한 지표를 요약하는 편리한 방법이다. 우리는 스파크의 MulticlassClassificationEvaluator를 사용하여 정밀도, 재현율, F-점수를 계산할 수 있다.

분류기 모델을 측정하는 또 다른 방법으로 **로그 손실**log loss이라는 지표를 사용할 수 있다. 로그 손실은 크로스 엔트로피라고도 한다. 그 기본 개념은 관찰된 레이블 분포가 예측된 분포와 얼마나 다른지를 측정하는 것이다. 로그 손실의 장점은 좋은 레이블과 나쁜 레이블의 의미를 긍정과 부정으로 매핑하는 것에 의존하지 않는다는 점이다. 한편 단점은 정밀도와 재현율보다 해석하기 어렵다는 점이다.

모델 지표를 결정할 때는 어느 지표가 실험에 유용한 지표인지, 어느 단일 지표가 이해관계자에게 보고하는 데 가장 적합한지를 결정해야 한다. 이때 이해관계자를 위해 선택한 지표는 데이터 과학 개념에 익숙하지 않은 이들에게도 쉽게 설명할 수 있는 지표여야 한다.

모든 머신러닝 프로젝트의 중요한 부분이 바로 배포다. 이 단계에 대한 지표도 있는지 확인해보자.

12.5.3 인프라 지표

여러분이 선택하는 인프라 지표는 애플리케이션 배포 방법에 따라 달라진다. 이때 애플리케이션은 스크립트이므로 스크립트를 실행하는 데 걸리는 시간을 측정할 수 있다. 인프라 지표를 스크립트에 포함할 수도 있지만, 워크플로 시스템에 배포하는 경우에도 그 값을 측정할 수 있다.

우리는 다른 애플리케이션에 접근할 때 더 일반적인 인프라 지표를 알아본다. 애플리케이션 이면의 기술을 모니터링하는 지표에 관해 이야기했으니, 이제 애플리케이션을 적절히 지원하는지를 확인하는 데 쓸 수 있는 지표를 살펴보자.

12.5.4 과정 지표

소프트웨어 개발 지표는 여러 가지가 있으며 대부분 작업을 추적하는 방법에 따라 달라진다. 예를 들면 티켓 오픈에서 티켓 마감까지 시간 단위 또는 평균 시간당 티켓 수 등이 있다.

이와 같은 애플리케이션에서는 새로운 기능을 개발하지 않으므로 티켓 기반 지표의 의미는 없다. 다만 이를 통해 버그에 대한 반응성을 측정할 수 있다. 이 애플리케이션의 과정은 영화에 대한 리뷰를 평가하는 것으로, 새 영화의 총점을 수집하는 데 걸리는 시간을 측정한다. 이때 집계를 위해 일련의 리뷰를 제출하는 프로세스를 자동화하면 애플리케이션은 개선될 것이다.

머신러닝 기반 애플리케이션의 또 다른 중요한 지표는 새로운 모델을 개발하는 데 걸리는 시간이다. 이와 같은 간단한 모델은 데이터 수집, 데이터 유효성 검사, 모델 학습 반복, 결과 문서화 및 배포를 포함하여 일주일 이상 걸리지 않아야 한다. 새로운 모델을 만드는 데 시간이 지나치게 오래 걸린다면 개발 과정의 어느 부분이 속도를 늦추는지 확인해야 한다. 다음은 몇 가지 일반적인 문제다.

- **모델에서 반복할 때 데이터 문제를 발견함**
  - 이러한 문제를 더 일찍 발견하도록 데이터 유효성 검사를 개선하라.
  - 데이터 문제의 범위를 모르는 상태에서 임시방편으로 문제만 제거하지 말라. 자칫 잘못된 모델이 생성될 수 있다.

- **새 모델이 필요할 때마다 지나치게 많은 데이터 정리 작업이 필요함**
  - ETL 파이프라인을 개선하여 이러한 작업의 일부를 자동화 방식으로 처리하거나, 가능하면 더 나은 데이터 소스를 찾는다.
  - 모델 구축에 필요한 시간을 허비하지 말고 새로운 개발자가 데이터를 정리한다는 사실을 인정하라. 이러한 경우 시간이 지남에 따라 일관성 없는 모델이 발생할 수 있다.

- **새 모델의 점수가 이전 모델과 매우 다름**
  - 현재와 이전 모델에서 사용된 평가 코드를 검토하라. 차이가 유효하거나 측정 코드에 버그가 있을 수 있다.
  - 이러한 변경 사항을 무시하지 말라. 잘못 측정된 더 나쁜 모델을 배포할 수 있다.

애플리케이션의 기술과 프로세스를 측정할 수 있는 방법이 생겼으니 이제부터 모니터링에 관해 이야기해보자. 모델링할 때는 데이터에 대해 가정하는 만큼 데이터 과학 기반 애플리케이션에서 모니터링은 필수다. 다만 이러한 가정은 제작에 적용되지 않을 수 있다.

12.5.5 오프라인 대 온라인 모델 측정

모델 모니터링의 어려운 점은 일반적으로 제작 시 레이블이 없다는 것이다. 따라서 정밀도나 **제곱근평균 제곱오차**root mean square error(RMSE)와 같은 방식으로는 모델을 측정할 수 없다. 우리가 해야 할 일은 제작 시 특징 및 예측의 분포가 실험 도중 본 것과 유사하다는 걸 측정하는 것이다. 이때 오프라인 애플리케이션을 이용하여 측정할 수 있다. 즉, 이 장의 애플리케이션처럼 요청에 따라 실행되는 애플리케이션과, 웹 서비스로 사용할 수 있는 모델과 같은 온라인 애플리케이션을 이용할 수 있다.

이와 같은 애플리케이션으로는 오프라인 측정만 할 수 있다. 우리는 시간이 지남에 따라 집계를 추적해야 한다. 이때 우리는 순진하게도 영화의 평균 점수가 안정적이어야 한다고 가정할 수 있다. 그렇지 않을 수도 있지만, 추세에 따라 리뷰가 전반적으로 변화하고 있는지 모델이 과적합하지는 않았는지 확인하기 위해 데이터를 검토해야 한다.

실시간 애플리케이션으로 배포된 애플리케이션을 살펴볼 때 온라인 지표에 관해 논의한다. 실제로 그 개념은 비슷한데, 온라인 지표는 기능과 점수를 모니터링한다.

이 애플리케이션에 관해 논의해야 할 또 하나의 단계는 검토다. 데이터 과학 기반 애플리케이션은 다른 애플리케이션과 마찬가지로 실제 소프트웨어를 철저히 검토해야 하지만, 방법론도 검토해야 하다 보니 대부분의 다른 소프트웨어보다 검토하기가 더 복잡하다. NLP 애플리케이션은 훨씬 더 복잡하다. 언어학과 자연어 데이터의 이론은 다른 단순한 종류의 데이터만큼 명확하게 모델링되지 않는다.

12.6 검토

검토 과정은 애플리케이션 작성의 또 다른 중요한 부분이다. 개발자는 자신의 프로젝트에 사각지대를 가지기 쉽다. 이것이 우리가 본인의 작업을 검토할 때 다른 사람들과 협업해야 하는 이유다. 이 과정은 기술적이고 인간적인 이유로 어려울 수 있다. 모든 검토 과정 중에서도 가장 중요한 부분은 개인적인 작업이 아니라는 점이다. 검토자와 개발자 모두 협업을 목표로 프로세스에 접근해야 한다. 만약 문제가 발견되면 그것은 기회로 삼을 수 있다. 개발자는 이후 발생할 문제를 피할 수 있고, 검토자는 향후 작업에서 문제를 피할 때 도움이 될 수 있는 것을 배울 수 있다.

검토 단계를 살펴보자.

① **아키텍처 검토:** 다른 엔지니어, 제품 소유자와 이해관계자가 애플리케이션 배포 방법을 검토한다. 이 작업은 개발 계획 단계의 마지막 지점에서 이루어져야 한다.

② **모델 검토:** 개발자 또는 데이터 과학자가 이해관계자의 기대에 부응할 것으로 믿는 모델이 있을 때 수행된다. 모델은 다른 데이터 과학자나 머신러닝 개념에 익숙한 사람들과 함께 검토해야 하며, 이해관계자와 함께 또 다른 검토를 수행해야 한다. 기술 검토에서는 프로젝트의 데이터, 처리, 모델링 및 측정 측면을 다루어야 한다. 비기술 검토에서는 모델이 이해관계자의 기대를 충족하는지 검증하기 위해 모델의 가정과 한계를 설명해야 한다.

③ **코드 검토:** 모든 소프트웨어 애플리케이션에 필요한 과정이다. 코드는 프로젝트를 어느 정도 알고 있는 사람이 검토해야 한다. 검토자가 애플리케이션을 알지 못하면 코드에서 논리적 버그를 잡는 일이 어렵거나 불가능해질 것이다.

현재 우리의 애플리케이션은 매우 간단하다. 스크립트 외에는 아무것도 개발하지 않았으므로 실제 검토할 아키텍처가 없다. 그러나 이를 스크립트로 배포하는 계획은 이해관계자가 검토해야 한다. 깔끔한 데이터셋과 단순한 모델을 가지고 있으므로 모델 검토 역시 간단하다. 하지만 일반적으로는 그렇지 않다. 마찬가지로 우리의 스크립트도 매우 간단하다. 코드 검토에서는 모델이 예상한 데이터를 실행할 수 있도록 작은 테스트 데이터셋을 개발할 것을 제안할 수 있다.

이러한 검토는 모델 개발 중에 이루어진다. 일단 배포할 준비가 되면 배포 준비를 마쳤는지 확인하기 위해 몇 가지를 더 검토해야 한다.

12.6.1 초기 배포

제품 소유자와 데브옵스DevOps[3] (데브옵스가 있는 경우)는 협력하여 프로젝트 배포 방법을 논의해야 한다. 하지만 우리의 프로젝트는 단순한 스크립트에 불과하므로 실제 배포는 없다.

12.6.2 대체 계획

애플리케이션을 배포할 때는 대체 계획도 있어야 한다. 큰 문제가 발생했을 때 문제가 해결될 때까지 애플리케이션을 중단할 수 있는가? 또는 문제가 사라질 때까지 무언가 필요한가? 후자의 경우라면 배포할 수 있는 '더미dummy'를 고려하자. 여러분은 이해관계자들과 함께 세부 사항

---

3 옮긴이_ 소프트웨어 개발자와 정보 기술 전문가 간의 소통, 협업 및 통합을 강조하는 개발 환경이나 문화를 말한다.

을 해결해야 한다. 이상적으로는 개발과 테스트를 안내할 때 도움이 될 수 있으므로 프로젝트 초기에 논의되어야 한다.

12.6.3 다음 단계

마지막으로 배포할 준비가 되면 다음 단계를 결정해야 한다. 현재 우리 상황에서는 모델을 개선할 방법을 논의하고 싶다. 모델 성능이 아주 형편없지는 않지만 최신 기술에는 한참 못 미친다. 어쩌면 우리는 조금 더 복잡한 모델을 만드는 걸 고려할 수 있다. 추가로 우리는 결국 이 모델을 서비스하고 싶다. 이렇게 하면 리뷰 점수를 즉시 매길 수 있다.

12.7 마치며

이제 첫 번째 애플리케이션을 구축했다. 간단한 애플리케이션이었지만 더 복잡한 애플리케이션을 배포하는 방법에 관해 많은 것을 배울 수 있었다. 이어서 13장에서는 다시 오프라인 애플리케이션을 살펴본다. 하지만 단순히 모델의 출력에만 기반하지 않고, 우리가 쿼리할 수 있는 온톨로지ontology[4]를 구축할 것이다.

많은 스파크 기반 애플리케이션은 이러한 오프라인 도구다. 서비스 뒤에서 라이브 모델을 제공하려면 다른 방법을 찾아야 한다. 이에 관한 몇 가지 옵션은 19장에서 논의한다.

감성 분석은 흥미로운 작업이며 우리가 이미 다룬 도구와 기술을 사용한다. 더 복잡한 예들이 있지만, 좋은 개발 프로세스를 사용하면 언제든지 간단한 애플리케이션을 확장할 수 있다.

---

4 옮긴이_ 사람들이 서로 보고 듣고 느끼고 생각하는 것에 관해 합의를 이룬 바를 컴퓨터에서 다룰 수 있는 형태로 표현한 모델이다.

## CHAPTER 13

지식 베이스 구축

이 애플리케이션은 정보를 구성하고 사람과 컴퓨터 모두 쉽게 접근할 수 있도록 허용한다. 이를 **지식 베이스**knowledge base라고 한다. NLP 분야의 포커스가 '전문가 시스템'에서 '통계적 머신러닝' 접근 방식으로 옮겨가면서 지식 베이스의 인기는 최근 수십 년 동안 감소했다.

전문가 시스템expert system이란 **지식**knowledge을 사용하여 결정을 내리는 시스템이다. 여기서 지식은 개체entity, 개체 간의 관계 및 규칙에 관한 것이다. 일반적으로 전문가 시스템에는 소프트웨어가 지식 베이스를 활용하여 의사 결정을 내릴 수 있는 **추론 엔진**inference engine이 있다. 이는 때때로 if-then 규칙의 모음으로 설명된다. 그러나 이러한 시스템들은 그보다 훨씬 더 복잡했다. 지식 베이스와 규칙 집합은 당시의 기술에 비해 상당히 클 수 있으므로 추론 엔진은 수많은 논리적 구문을 효율적으로 평가할 수 있어야 했다.

전문가 시스템은 보통 여러 가지 조치를 취할 수 있다. 이때 해당 조치에 관한 규칙이 있다. 조치를 취할 때가 되면 시스템은 구문 모음을 가지고 있다가 이를 사용하여 최상의 조치가 무엇인지 판단해야 한다. 예를 들어 집의 온도를 제어하는 전문가 시스템이 있다고 가정하자. 우리는 온도와 시간에 따라 필요한 결정을 내릴 수 있어야 한다. 시스템이 히터 또는 에어컨을 전환하거나 아무 작업도 하지 않으려면 현재 온도(또는 온도 측정 집합)와 현재 시각을 규칙 집합과 함께 결합하여 어떤 조치를 할 것인지 결정해야 한다. 이 시스템에는 온도와 시간이라는 소수 개체가 있다. 하나의 시스템에 수천 개의 개체가 있고, 여러 종류의 관계 및 증가하는 규칙 집합이 있다고 상상해보자. 이 정도 크기의 지식 베이스에서 의사 결정을 내릴 때 사용할 수 있는 구문을 해결하려면 비용이 많이 들 수 있다.

이번 13장에서는 지식 베이스를 구축한다. 우리는 위키에서 지식 베이스를 구축하거나 조회하는 도구를 원한다. 이 시스템은 단일 시스템에 적합해야 한다. 우리는 또한 새로운 종류의 개체와 관계를 맺고 지식 베이스를 업데이트하고 싶다. 이러한 시스템은 도메인 전문가가 주제를 탐색할 때 사용될 수도 있고 전문가 시스템과 통합될 수도 있다. 즉, 사람이 사용할 수 있는 인터페이스와 반응형 API가 있어야 한다.

우리의 가상 시나리오는 머신러닝 플랫폼을 구축하는 회사다. 이 회사는 주로 다른 업체에 제품을 판매한다. 영업 엔지니어는 때때로 시스템의 현재 상태와 동기화되지 않는다. 엔지니어는 훌륭하고 적절하게 위키를 업데이트하지만 영업 엔지니어들은 최신 정보를 유지하는 데 어려움을 겪고 있다. 영업 엔지니어는 엔지니어가 영업 데모를 업데이트하는 데 도움이 되는 도움말 티켓help ticket을 만든다. 하지만 엔지니어들은 이를 좋아하지 않는다. 따라서 이 애플리케이션은 영업 엔지니어가 변경된 사항을 더 쉽게 확인할 수 있는 지식 베이스를 만드는 데 사용된다.

13.1 문제 진술과 제약

13.1.1 해결할 문제

우리는 위키로 지식 베이스를 만들고 싶다. 인간과 다른 소프트웨어가 지식 베이스를 쿼리query하는 방법도 필요하다. 우리는 지식 베이스가 단일 시스템에 적합하다고 가정할 수 있다.

13.1.2 제약 조건

- 지식 베이스 빌더는 쉽게 업데이트할 수 있어야 한다. 새로운 유형의 관계를 쉽게 구성할 수 있어야 한다.
- 스토리지 솔루션을 사용하면 새로운 개체와 관계를 쉽게 추가할 수 있다.
- 쿼리에 응답하려면 50GB 미만의 디스크 공간과 16GB 미만의 메모리가 필요하다.
- 관련 개체를 가져오는 쿼리가 있어야 한다. 예를 들어 위키 문서의 끝부분에는 종종 관련 페이지 링크가 있다. 'get related' 쿼리는 이러한 항목을 가져와야 한다.
- 'get related' 쿼리 실행은 500밀리초 미만이 소요된다.

13.1.3 문제 해결

- 지식 베이스 빌더는 위키 덤프를 가져와 XML과 텍스트를 처리하는 스크립트일 수 있다. 이때 더 큰 스파크 파이프라인에서 Spark NLP를 사용할 수 있다.

- 빌드 스크립트는 리소스를 모니터링하고 규정 제한에 가까워지면 경고해야 한다.

- 지식 베이스를 저장하려면 데이터베이스가 필요하다. 여기에는 여러 가지 옵션이 있다. 우리는 비교적 잘 알려진 그래프 데이터베이스인 Neo4j를 사용할 것이다. 그 밖에도 다른 솔루션이 있지만, 그래프 데이터베이스는 본질적으로 지식 베이스를 용이하게 하는 방식으로 데이터를 구조화한다.

- Neo4j의 또 다른 이점은 인간이 쿼리할 수 있는 GUI와 프로그래밍 쿼리를 위한 REST API가 함께 제공된다는 것이다.

13.2 프로젝트 계획

허용 기준을 정의해보자. 다음과 같은 내용을 수행하는 스크립트가 필요하다.

- 일반적으로 압축된 XML 파일인 위키 덤프를 가져온다.

- 기사 제목과 같은 개체를 추출한다.

- 기사 간 링크와 같은 관계를 추출한다.

- Neo4j에 개체 및 관계를 저장한다.

- 지나치게 많은 데이터를 생성할 경우에는 경고한다.

우리는 다음과 같은 작업을 하는 서비스를 원한다.

- 지정된 개체에 대해 'get related' 쿼리를 허용한다. 결과는 적어도 해당 개체의 기사로 연결된 기사여야 한다.

- 500밀리초 이내에 'get related' 쿼리를 수행한다.

- 사람이 사용할 수 있는 프런트엔드frontend가 있다.

- REST API가 있다.

- 실행하려면 16GB 미만의 메모리가 필요하다.

이 모델은 12장의 애플리케이션과 다소 유사하다. 그러나 12장과 달리 이 모델은 머신러닝 모델이 아니라 데이터 모델이다. 우리는 모델을 빌드할 스크립트를 가지고 있지만, 이제는 모델을 서비스할 방법도 필요하다. 또 다른 중요한 차이점은 지식 베이스에는 단순한 점수(예: F1 점수)가 포함되지 않는다는 점이다. 우리가 지표에 관해 더 많이 고민해야 한다는 의미다.

13.3 솔루션 설계

따라서 우리는 Neo4j를 시작해야 한다. 설치를 완료하면 UI를 찾기 위해 `localhost:7474`로 이동한다. 우리는 기성 솔루션을 사용하므로 그래프 데이터베이스를 많이 사용하지는 않을 것이다. 여기에 중요한 사실이 있다.

그래프 데이터베이스는 데이터를 **노드**node와 노드 간 **간선**edge으로 저장하도록 구축한다. 일반적으로 노드는 일종의 개체를, 간선은 일종의 관계를 의미한다. 이때 서로 다른 유형의 노드와 서로 다른 유형의 관계가 있을 수 있다. 데이터베이스 외부에서는 그래프 데이터를 CSV에 쉽게 저장할 수 있다. 노드에는 CSV가 있으며 이 CSV에는 유형에 따라 ID열, 이름 및 속성이 포함된다. 간선의 경우에도 유사하다(간선에 관한 행에는 간선이 연결하는 두 노드의 ID도 있다는 점 제외). 우리는 속성을 저장하지 않을 것이다.

책에 대한 정보를 저장하는 간단한 시나리오를 생각해보자. 이 시나리오에는 작가, 책 그리고 장르라는 세 가지 유형의 개체가 있다. 한편 세 종류의 관계도 있다. 작가는 책을 쓰고 (**wrote**), 작가는(**is a**) 장르 작가이며, 책은 장르에 속한다(**is in**). Neo4j의 경우 이 데이터는 6개의 CSV로 저장할 수 있다. 개체는 그래프의 노드이며, 관계는 다음 [그림 13-1]에 나타난 것처럼 간선이다.

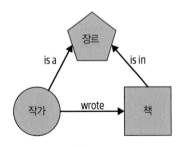

그림 13-1 간단한 그래프 예

회사의 내부 위키에 대한 접근 권한이 없으므로 우리는 실제 위키백과 덤프를 사용한다. 다만 어마어마한 규모의 영어 덤프 대신 간단한 영어 위키 덤프를 사용한다.

간단한 영어는 영어의 부분집합이다. 고유명사와 일부 전문용어를 제외하고 약 1,500개의 단어를 사용한다. 우리가 작성해야 하는 코드를 단순화하는 일에 도움이 되므로 유용하다. 만약 이것이 실제 회사 위키라면 데이터 정리를 몇 번 반복해야 할 것이다. 쉬운 영어 위키백과Simple English Wikipedia[1]의 덤프를 살펴보자.

계획은 다음과 같다.

① 데이터 얻기
② 데이터 탐색
③ 개체 및 관계에 대한 위키 구문 분석
④ 개체 및 관계를 CSV로 저장
⑤ Neo4j에 CSV를 로드

13.4 솔루션 구현

먼저 데이터를 로드하자. 대부분의 위키 덤프는 bzip2 압축 XML 파일로 제공된다. 다행히 스파크는 이러한 종류의 데이터를 처리할 수 있다. 그럼 로드해보자.

```
import json
import re
import pandas as pd
import sparknlp

from pyspark.ml import Pipeline
from pyspark.sql import SparkSession, Row
from pyspark.sql.functions import lit, col

import sparknlp
from sparknlp import DocumentAssembler, Finisher
from sparknlp.annotator import *
```

----

1 *dumps.wikimedia.org/simplewiki*

```
packages = [
    'JohnSnowLabs:spark-nlp:2.2.2',
    'com.databricks:spark-xml_2.11:0.6.0'
]

spark = SparkSession.builder \
    .master("local[*]") \
    .appName("Knowledge Graph") \
    .config("spark.driver.memory", "12g") \
    .config("spark.jars.packages", ','.join(packages)) \
    .getOrCreate()
```

스파크에 XML 구문 분석에 대한 힌트를 제공하려면 (모든 '행'을 포함하는 요소의 이름인) rootTag가 무엇인지 설정해야 한다. 또한 행을 나타내는 요소의 이름인 rootTag도 설정해야 한다.

```
df = spark.read\
    .format('xml')\
    .option("rootTag", "mediawiki")\
    .option("rowTag", "page")\
    .load("simplewiki-20191020-pages-articles-multistream.xml.bz2")\
    .persist()
```

이제 스키마가 어떻게 생겼는지 살펴보자.

```
df.printSchema()
```

```
root
 |-- id: long (nullable = true)
 |-- ns: long (nullable = true)
 |-- redirect: struct (nullable = true)
 |    |-- _VALUE: string (nullable = true)
 |    |-- _title: string (nullable = true)
 |-- restrictions: string (nullable = true)
 |-- revision: struct (nullable = true)
 |    |-- comment: struct (nullable = true)
 |    |    |-- _VALUE: string (nullable = true)
 |    |    |-- _deleted: string (nullable = true)
 |    |-- contributor: struct (nullable = true)
 |    |    |-- _VALUE: string (nullable = true)
```

```
|   |     |-- _deleted: string (nullable = true)
|   |     |-- id: long (nullable = true)
|   |     |-- ip: string (nullable = true)
|   |     |-- username: string (nullable = true)
|   |-- format: string (nullable = true)
|   |-- id: long (nullable = true)
|   |-- minor: string (nullable = true)
|   |-- model: string (nullable = true)
|   |-- parentid: long (nullable = true)
|   |-- sha1: string (nullable = true)
|   |-- text: struct (nullable = true)
|   |     |-- _VALUE: string (nullable = true)
|   |     |-- _space: string (nullable = true)
|   |-- timestamp: string (nullable = true)
|-- title: string (nullable = true)
```

다소 복잡하므로 단순화해야 한다. 얼마나 많은 문서가 있는지 살펴보자.

```
df.count()
```

```
284812
```

데이터를 단순화하는 방법을 파악할 수 있도록 'Paper' 페이지를 살펴보자.

```
row = df.filter('title = "Paper"').first()

print('ID', row['id'])
print('Title', row['title'])
print()
print('redirect', row['redirect'])
print()
print('text')
print(row['revision']['text']['_VALUE'])
```

```
ID 3319
Title Paper

redirect None
```

```
text
[[File:...
[[File:...
[[File:...
[[File:...
[[File:...
[[File:...

Modern '''paper''' is a thin [[material]] of (mostly)
[[wood fibre]]s pressed together. People write on paper, and
[[book]]s are made of paper. Paper can absorb [[liquid]]s such as
[[water]], so people can clean things with paper.

The '''pulp and paper industry''' comprises companies that use wood as
raw material and produce [[Pulp (paper)|pulp]], paper, board and other
cellulose-based products.

== Paper making ==
Modern paper is normally ...

==Related pages==
* [[Paper size]]
* [[Cardboard]]

== References ==
{{Reflist}}

[[Category:Basic English 850 words]]
[[Category:Paper¦ ]]
[[Category:Writing tools]]
```

텍스트가 revision.text._VALUE에 저장된 것 같다. **범주**category 및 **리다이렉트**redirect와 같은 몇 몇 특수 항목이 있는 듯하다. 대부분의 위키에서 페이지들은 서로 다른 여러 범주로 구성된다. 페이지는 여러 범주에 속하는 경우가 많다. 이러한 범주에는 기사로 다시 연결되는 자체 페이지가 있다. 리다이렉트는 기사의 대체 이름에서 실제 항목으로 연결되는 포인터다.

몇 가지 범주를 살펴보자.

```
df.filter('title RLIKE "Category.*"').select('title')\
    .show(10, False, True)
```

```
-RECORD 0------------------------
 title | Category:Computer science
-RECORD 1------------------------
 title | Category:Sports
-RECORD 2------------------------
 title | Category:Athletics
-RECORD 3------------------------
 title | Category:Body parts
-RECORD 4------------------------
 title | Category:Tools
-RECORD 5------------------------
 title | Category:Movies
-RECORD 6------------------------
 title | Category:Grammar
-RECORD 7------------------------
 title | Category:Mathematics
-RECORD 8------------------------
 title | Category:Alphabet
-RECORD 9------------------------
 title | Category:Countries
only showing top 10 rows
```

이제 리다이렉트를 살펴보자. 리다이렉트가 가리키는 리다이렉트 대상은 redirect_title 아래에 저장된다.

```
df.filter('redirect IS NOT NULL')\
    .select('redirect._title', 'title')\
    .show(1, False, True)
```

```
-RECORD 0-------------
 _title | Catharism
 title  | Albigensian
only showing top 1 row
```

이것은 본질적으로 우리에게 동의어synonymy 관계를 제공한다. 따라서 개체는 기사 제목이 된다. 관계는 리다이렉트가 되고 링크는 페이지의 관련 섹션에 있을 것이다. 먼저 개체를 가져오자.

```
entities = df.select('title').collect()
entities = [r['title'] for r in entities]
entities = set(entities)
print(len(entities))
```

284812

동일한 범주 관계를 도입하고 싶을 수 있으므로 범주도 추출한다.

```
categories = [e for e in entities if e.startswith('Category:')]
entities = [e for e in entities if not e.startswith('Category:')]
```

이제 리다이렉트를 가져오자.

```
redirects = df.filter('redirect IS NOT NULL')\
    .select('redirect._title', 'title').collect()
redirects = [(r['_title'], r['title']) for r in redirects]
print(len(redirects))
```

63941

이제 revision.text._VALUE에서 기사를 가져올 수 있다.

```
data = df.filter('redirect IS NULL').selectExpr(
    'revision.text._VALUE AS text',
    'title'
).filter('text IS NOT NULL')
```

관련 링크를 얻으려면 현재 우리가 속한 섹션을 알아야 한다. 이제 텍스트를 여러 섹션으로 나누어보자. 그런 다음 RegexMatcher 애너테이터를 사용하여 링크를 식별할 수 있다. 데이터를 보면 앞의 예제에서 본 것처럼 섹션이 == Paper making ==처럼 보인다. 이에 대한 정규식을 정의하여 공백이 추가될 가능성을 더해보자.

```
section_ptn = re.compile(r'^ *==[^=]+ *== *$')
```

이제 데이터의 파티션을 가져와 섹션에 대한 새로운 행을 생성하는 함수를 정의한다. 기사 제목, 섹션 및 해당 섹션의 텍스트를 추적해야 한다.

```python
def sectionize(rows):
    for row in rows:
        title = row['title']
        text = row['text']
        lines = text.split('\n')
        buffer = []
        section = 'START'
        for line in lines:
            if section_ptn.match(line):
                yield (title, section, '\n'.join(buffer))
                section = line.strip('=').strip().upper()
                buffer = []
                continue
            buffer.append(line)
```

이제 mapPartitions를 호출하여 새 RDD를 만들고 이것을 DataFrame으로 변환한다.

```python
sections = data.rdd.mapPartitions(sectionize)
sections = spark.createDataFrame(sections, \
    ['title', 'section', 'text'])
```

가장 일반적인 섹션을 살펴보자.

```python
sections.select('section').groupBy('section')\
    .count().orderBy(col('count').desc()).take(10)
```

```
[Row(section='START', count=115586),
 Row(section='REFERENCES', count=32993),
 Row(section='RELATED PAGES', count=8603),
 Row(section='HISTORY', count=6227),
 Row(section='CLUB CAREER STATISTICS', count=3897),
 Row(section='INTERNATIONAL CAREER STATISTICS', count=2493),
 Row(section='GEOGRAPHY', count=2188),
 Row(section='EARLY LIFE', count=1935),
 Row(section='CAREER', count=1726),
 Row(section='NOTES', count=1724)]
```

분명히 **START**는 기사의 시작 부분과 첫 번째 섹션 사이의 텍스트를 캡처하는 만큼 가장 흔하므로 거의 모든 기사가 이를 포함할 것이다. 이것은 위키백과에서 가져왔으므로 **REFERENCES**가 그다음으로 가장 흔하다. **RELATED PAGES**는 8,603개 기사에서만 발생하는 듯하다. 이제 Spark NLP를 사용하여 텍스트에서 모든 링크를 추출한다.

```
%%writefile wiki_regexes.csv
\[\[[^\]]+\]\]~link
\{\{[^\}]+\}\}~anchor
```

```
Overwriting wiki_regexes.csv
```

```
assembler = DocumentAssembler()\
    .setInputCol('text')\
    .setOutputCol('document')
matcher = RegexMatcher()\
    .setInputCols(['document'])\
    .setOutputCol('matches')\
    .setStrategy("MATCH_ALL")\
    .setExternalRules('wiki_regexes.csv', '~')
finisher = Finisher()\
    .setInputCols(['matches'])\
    .setOutputCols(['links'])

pipeline = Pipeline()\
    .setStages([assembler, matcher, finisher])\
    .fit(sections)

extracted = pipeline.transform(sections)
```

이제 우리는 어디에서나 발생하는 링크만을 기반으로 관계를 정의할 수 있다. 지금은 관련 링크만 고수하자.

```
links = extracted.select('title', 'section','links').collect()
links = [(r['title'], r['section'], link) for r in links for link in r['links']]
links = list(set(links))
print(len(links))
```

```
4012895
```

```
related = [(l[0], l[2]) for l in links if l[1] == 'RELATED PAGES']
related = [(e1, e2.strip('[').strip(']').split('¦')[-1]) for e1, e2 in related]
related = list(set([(e1, e2) for e1, e2 in related]))
print(len(related))
```

20726

이제 개체, 리다이렉트 및 관련 링크를 추출했다. 이들을 위해 CSV를 생성해보자.

```
entities_df = pd.Series(entities, name='entity').to_frame()
entities_df.index.name = 'id'
entities_df.to_csv('wiki-entities.csv', index=True, header=True)

e2id = entities_df.reset_index().set_index('entity')['id'].to_dict()

redirect_df = []
for e1, e2 in redirects:
    if e1 in e2id and e2 in e2id:
        redirect_df.append((e2id[e1], e2id[e2]))
redirect_df = pd.DataFrame(redirect_df, columns=['id1', 'id2'])
redirect_df.to_csv('wiki-redirects.csv', index=False, header=True)

related_df = []
for e1, e2 in related:
    if e1 in e2id and e2 in e2id:
        related_df.append((e2id[e1], e2id[e2]))
related_df = pd.DataFrame(related_df, columns=['id1', 'id2'])
related_df.to_csv('wiki-related.csv', index=False, header=True)
```

이제 CSV를 얻었으므로 /var/lib/neo4j/import/에 복사하고 다음을 사용하여 가져올 수
있다.

• 개체 로드

```
LOAD CSV WITH HEADERS FROM "file:/wiki-entities.csv" AS csvLine
CREATE (e:Entity {id: toInteger(csvLine.id), entity: csvLine.entity})
```

- 'REDIRECTED' 관계 로드

```
USING PERIODIC COMMIT 500
LOAD CSV WITH HEADERS FROM "file:///wiki-redirected.csv" AS csvLine
MATCH (entity1:Entity {id: toInteger(csvLine.id1)}),(entity2:Entity {id:
toInteger(csvLine.id2)})
CREATE (entity1)-[:REDIRECTED {conxn: "redirected"}]->(entity2)
```

- 'RELATED' 관계 로드

```
LUSING PERIODIC COMMIT 500
LOAD CSV WITH HEADERS FROM "file:///wiki-related.csv" AS csvLine
MATCH (entity1:Entity {id: toInteger(csvLine.id1)}),(entity2:Entity {id:
toInteger(csvLine.id2)})
CREATE (entity1)-[:RELATED {conxn: "related"}]->(entity2)Let's go see what we can
query. We will get all entities related to "Language" and related to entities that
are related to Language (i.e., second-order relations).
```

무엇을 쿼리할 수 있을지 살펴보자. 'Language'와 관련된 모든 개체 및 'Language'와 관련된 관련 개체(2차 관계)를 가져온다.

```python
import requests

query = '''
MATCH (e:Entity {entity: 'Language'})
RETURN e
UNION ALL
MATCH (:Entity {entity: 'Language'})--(e:Entity)
RETURN e
UNION ALL
MATCH (:Entity {entity: 'Language'})--(e1:Entity)--(e:Entity)
RETURN e
'''
payload = {'query': query, 'params': {}}
endpoint = 'http://localhost:7474/db/data/cypher'

response = requests.post(endpoint, json=payload)

response.status_code
```

```
related = json.loads(response.content)
related = [entity[0]['data']['entity']
          for entity in related['data']]
related = sorted(related)
related
```

```
1989 in movies
Alphabet
Alphabet (computer science)
Alphabet (computer science)
American English
...
Template:Jctint/core
Testing English as a foreign language
Vowel
Wikipedia:How to write Simple English pages
Writing
```

우리는 위키 덤프를 처리했고 Neo4j에서 기본 그래프를 만들었다. 이 프로젝트의 다음 단계는 더 많은 노드 유형과 관계를 추출하는 것이다. 간선에 가중치를 부여하는 방법을 찾아보는 것도 좋다. 이렇게 하면 쿼리에서 더 나은 결과를 반환할 수 있다.

13.5 솔루션 테스트와 측정

이제 초기 구현이 완료되었으므로 지표를 살펴보자.

13.5.1 비즈니스 지표

비즈니스 지표는 애플리케이션의 특정 사용 사례에 따라 달라진다. 이 지식 베이스가 회사의 내부 정보를 정리하는 데 활용된다면 우리는 그 사용률을 볼 수 있다. 하지만 시스템이 실제로 비즈니스에 도움이 되는지를 알 수 없고, 단지 사용되고 있다는 사실만을 알려주므로 훌륭한 지표는 아니다. 가상 시나리오를 생각해보자.

이 예를 사용하면 영업 엔지니어는 데모할 기능을 쿼리하여 관련 기능을 가져올 수 있다. 그 결과 도움말 티켓이 줄어들기를 바란다. 이것이 우리가 모니터링할 수 있는 비즈니스 수준의 지표다.

이 시스템을 구현하여 비즈니스 지표에 충분한 변화가 없는 경우에도, 애플리케이션의 기본 개념에 문제가 있는지 아니면 지식 베이스의 품질에 문제가 있는지를 파악하는 데 도움이 될 지표가 여전히 필요하다.

13.5.2 모델 중심 지표

컬렉션의 품질을 측정하는 것은 분류자를 측정하는 것만큼 간단하지 않다. 지식 베이스에 무엇이 있어야 하는지에 대한 직관을 고려하고 이 직관을 지표로 바꾸어보자.

- **희소성 대 밀도**: 지나치게 많은 개체가 다른 개체와 관계가 없을 때는 지식 베이스의 유용성이 줄어든다. 유비쿼터스 비용 자원과 거의 이익이 없는 관계도 마찬가지다. 다음은 연결을 측정하는 데 사용할 수 있는 몇 가지 간단한 지표다.
  - 개체당 평균 관계 수
  - 관계가 없는 개체의 비율
  - 완전히 연결된 그래프에 대한 관계 발생 비율
- 사람들이 질의하는 개체와 관계는 우리가 집중해야 하는 것들이다. 마찬가지로 거의 사용되지 않는 관계는 불필요할 수 있다. 시스템이 배포되고 쿼리가 기록되면 다음 사항을 모니터링하여 사용량을 알아볼 수 있다.
  - 개체를 찾을 수 없는 쿼리 수
  - 특정 기간(일, 주, 월)에 쿼리되지 않은 관계 수

CSV를 출력하는 중간 단계의 이점은 데이터베이스에서 대규모 추출을 할 필요가 없다는 점이다. 이러한 그래프 지표는 CSV 데이터를 사용하여 계산할 수 있다.

지식 베이스의 품질을 측정하는 방법을 알아보았으니 이제 인프라 측정에 관해 이야기해보자.

13.5.3 인프라 지표

우리의 단일 서버 접근 방식이 충분한지 확인하고 싶다. 중소기업일 경우 이 정도면 괜찮다. 회사 규모가 크거나 애플리케이션이 훨씬 더 광범위한 용도로 쓰일 때는 복제replication를 고려할 수 있다. 즉, 데이터베이스가 있는 서버가 여러 대이고 사용자는 로드 밸런서load balancer를 통해 리다이렉트 된다.

Neo4j를 사용하면 :sysinfo를 쿼리하여 시스템 정보를 볼 수 있다. 그러면 사용 중인 데이터의 양에 관한 정보가 제공된다. 이와 같은 애플리케이션의 경우 쿼리할 때의 응답 시간과 새로운 개체 또는 관계를 추가할 때의 업데이트 시간을 모니터링할 수 있다.

13.5.4 과정 지표

이 프로젝트의 경우 일반 프로세스 지표 외에도 다른 사용자가 그래프를 업데이트하는 데 걸리는 시간을 모니터링하려고 한다. 이 그래프를 업데이트하는 몇 가지 방법은 다음과 같다.

- 위키 업데이트를 포착하는 주기적인 업데이트
- 새로운 유형의 관계 추가
- 개체 또는 관계에 속성 추가

이중 첫 번째는 모니터링에 가장 중요하다. 이 애플리케이션의 핵심은 영업 엔지니어를 최신 상태로 유지하는 것이므로 이 데이터를 최신 상태로 유지해야 한다. 이상적으로는 그 과정을 모니터링해야 한다. 한편 이 프로젝트의 목적은 개발자와 데이터 과학자의 작업 부하를 줄이는 것이므로 두 번째와 세 번째를 모니터링해야 한다. 영업 활동 지원에 필요한 작업을 이 애플리케이션을 유지 및 관리하는 작업으로 대체하고 싶지는 않다.

13.6 검토

12장의 많은 검토 단계가 이 애플리케이션에도 적용될 것이다. 여러분은 여전히 아키텍처와 코드를 검토하고 싶으며, 이런 경우에는 모델 검토가 달리 보인다. 머신러닝 모델을 검토하는 대신 여러분은 데이터 모델을 검토하게 된다. 지식 그래프를 구축할 때는 성능 요구 사항의 균형을 맞추는 동시에 도메인에 적합한 방식으로 데이터를 구성해야 한다. 이것은 새로운 문제가 아니다. 실제로 기존의 관계형 데이터베이스에는 이러한 요구의 균형을 맞추는 여러 가지 방법이 있다.

여러분이 주의해야 할 몇 가지 구조적 문제가 있다. 첫째, 한 개 또는 두 개의 속성만 있는 노드 유형이 있다. 이때 여러분은 노드 유형을 서로 연결된 노드의 속성으로 지정할 수 있다. 예를 들어 이름 유형 노드를 정의하고 개체에 연결하도록 할 수 있지만, 이렇게 하면 그래프가 불필요하게 복잡해진다.

고객이 직접 대면하지 않는 한 이러한 종류의 애플리케이션을 사용하면 배포가 더 쉬워진다. 백업 계획은 '간단한' 버전으로 대체하기보다는 사용자와 의사소통을 하는 데 더 신경을 써야 한다.

13.7 마치며

13장에서는 머신러닝 기반이 아닌 애플리케이션을 만드는 방법을 살펴보았다. NLP로 할 수 있는 가치 있는 일 중 하나는 사람들이 내부 정보에 더 쉽게 접근할 수 있도록 돕는 것이다. 물론 이것은 모델을 구축하여 수행할 수 있지만 정보를 구축하여 수행할 수도 있다.

이어서 14장에서는 사람들이 텍스트로 정보를 구성하고 접근할 수 있도록 검색을 사용하는 애플리케이션 구축 방법을 살펴본다.

## CHAPTER 14

검색엔진

앞서 13장에서는 인간과 전문가 시스템이 활용할 수 있도록 텍스트에서 추출한 지식을 구성하는 방법에 관해 논의했다. 그러나 대부분의 사람은 그래프를 통해 데이터(특히 텍스트 데이터)와 상호작용하지 않는다. 사람들은 보통 텍스트로 정보를 검색하기를 원한다. 우리는 6장에서 정보 검색의 기본 개념을 소개하고 텍스트 처리 방법과 TF.IDF 계산 방법을 살펴보았다. 이번 14장에서는 실제 검색 애플리케이션을 구축해본다.

가장 먼저 고려해야 할 것은 우리가 해결하려는 문제다. 특정 사용 사례를 구상하기보다는 사람들이 특정 작업을 해결할 때 사용할 수 있는 애플리케이션을 구축해보자. 우리는 사용자가 맞춤 검색custom search을 할 때 사용할 수 있는 도구를 만들려 한다.

만들려는 애플리케이션은 다음 작업을 수행해야 한다.

    ① 텍스트 데이터 처리

    ② 처리된 텍스트 인덱싱

    ③ 인덱스 쿼리

    ④ 검색 결과에 레이블을 지정하여 검색 경험을 측정하고 개선

우리는 12상과 13상에서 가상 시나리오를 사용했다. 그럼 실제로 우리에게 유용한 도구를 만들 수 있는지 살펴보자. 우리는 지금 사용자다. 사용자가 직접 사용할 도구를 만드는 경우가 흔치 않으므로 이번 연습은 유용하다.

14.1 문제 진술과 제약 조건

14.1.1 해결할 문제

우리는 시간이 지남에 따라 개선될 수 있는 맞춤 검색엔진을 구축하려 한다. 나아가 가능한 한 재사용되기를 바란다. 따라서 우리는 애플리케이션에 몇 가지 추상적 개념을 구축할 것이다.

14.1.2 제약 조건

제목과 텍스트가 있는 문서부터 시작한다. 범주, 작성자, 키워드와 같은 다른 속성도 선택적으로 포함할 수 있다. 모든 데이터를 다시 인덱싱할 필요 없이 검색 결과를 개선할 수 있기를 원한다. 또한 검색엔진을 개선하기 위해 문서-쿼리 쌍에 레이블을 지정할 수 있어야 한다.

14.1.3 문제 해결

우리는 여러 부분을 고려해야 한다. 먼저 Spark NLP로 텍스트를 처리하고 스파크를 사용하여 일래스틱서치로 직접 인덱싱한다. 문서 필드를 활용하는 특수 쿼리를 작성한다. 또한 쿼리와 각 쿼리에 대한 선택 항목을 기록한다.

14.2 프로젝트 계획

이전 프로젝트와 마찬가지로 대용량 파일을 청크chunk[1]로 나눈다. 이 프로젝트는 여러 오픈 소스 기술의 구성에 의존한다.

① 프로세싱 및 인덱싱 스크립트 빌드(Spark NLP, 일래스틱서치)
② 쿼리 기능의 사용자 지정
③ 문서-쿼리 쌍 레이블 지정(doccano[2] 활용)

---

1 옮긴이_ 머릿속에서 하나의 덩어리로 취급되는 단위 개념을 말한다.
2 옮긴이_ 머신러닝 실무자를 위한 오픈 소스 주석 도구다.

처음 세 단계에서는 쉬운 영어 위키백과Simple English Wikipedia 데이터셋을 사용한다. 영어 위키백과는 개인용 컴퓨터에서 작업하기에 적절한 크기의 데이터셋이므로 사용하기 좋다. 위키를 사용할 때의 이점은 검색 결과를 평가하기 위해 특별한 지식이 필요하지 않다는 것이다.

14.3 솔루션 설계

실제 시나리오에서는 처음 두 부분의 코드에 사용자 정의가 필요하다. 우리가 할 수 있는 것은 특수 코드를 분리하는 작업이다. 이를 통해 향후 도구를 더 쉽게 재사용할 수 있다.

인덱싱 스크립트를 작성하기 위해 먼저 인덱싱할 데이터를 구문 분석하고 준비한다. 이 단계는 다른 데이터 소스에 대해서도 다시 구현해야 하는 특수 단계다. 스크립트는 데이터를 인덱싱한다. 이것은 더 일반적인 코드 조각이다. 그런 다음 사용자는 쿼리에서 인덱싱된 문서의 다른 필드를 사용할 수 있도록 쿼리 기능을 작성한다. 마지막으로 레이블링 검색 결과를 살펴본다. 이 결과는 인덱싱 스크립트를 개선하거나 잠재적으로 머신러닝 기반 랭커ranker를 구현하는 데 사용할 수 있다.

14.4 솔루션 구현

구현을 시작하기 전에 일래스틱서치 설치에 관한 적절한 지침을 따르자. 일래스틱서치 도커를 사용하는 것도 고려할 수 있다.

일래스틱서치가 실행되면 텍스트를 로드하고 처리할 수 있다.

```
import json
import re
import pandas as pd
import requests
import sparknlp

from pyspark.ml import Pipeline
from pyspark.sql import SparkSession, Row
```

```
from pyspark.sql.functions import lit, col

import sparknlp
from sparknlp import DocumentAssembler, Finisher
from sparknlp.annotator import *

packages = [
    'JohnSnowLabs:spark-nlp:2.2.2',
    'com.databricks:spark-xml_2.11:0.6.0',
    'org.elasticsearch:elasticsearch-spark-20_2.11:7.4.2'

]

spark = SparkSession.builder \
    .master("local[*]") \
    .appName("Indexing") \
    .config("spark.driver.memory", "12g") \
    .config("spark.jars.packages", ','.join(packages)) \
    .getOrCreate()
```

데이터 로드 및 구문 분석은 서로 다른 데이터셋에 대해 전문화되어야 한다. 출력 결과에 최소한 텍스트 필드와 제목 필드가 포함되어 있는지 확인해야 한다. 검색 확장에 사용할 수 있는 다른 필드를 포함할 수도 있는데, 예를 들면 데이터에 범주를 추가할 수 있다. 이렇게 하면 일부 속성 또는 패싯facet이 있는 결과를 기준으로 필터링하고 있음을 나타내는 또 다른 방법인 패싯 검색faceted search[3]을 할 수 있다.

```
# 데이터 로드 - 이것은 전문화되어야 한다.
df = spark.read\
    .format('xml')\
    .option("rootTag", "mediawiki")\
    .option("rowTag", "page")\
    .load("simplewiki-20191020-pages-articles-multistream.xml.bz2")\
    .repartition(200)\
    .persist()

# 데이터 선택 - 이것은 전문화되어야 한다.
df = df.filter('redirect IS NULL').selectExpr(
    'revision.text._VALUE AS text',
```

---

3 옮긴이_ 사용자 선택에 도움을 주기 위해 서비스하는 검색 방식으로, 기존 검색 기술을 보강하여 검색 결과를 더 좁힐 수 있다.

```
    'title'
).filter('text IS NOT NULL')
# 텍스트 필드와 제목 필드가 있는 DataFrame을 출력해야 한다.
```

이제 데이터를 확보했으니 Spark NLP를 사용하여 처리해보자. 이전에 데이터를 처리했던 방식과 비슷하다.

```
assembler = DocumentAssembler()\
    .setInputCol('text')\
    .setOutputCol('document')
tokenizer = Tokenizer()\
    .setInputCols(['document'])\
    .setOutputCol('tokens')
lemmatizer = LemmatizerModel.pretrained()\
    .setInputCols(['tokens'])\
    .setOutputCol('lemmas')
normalizer = Normalizer()\
    .setCleanupPatterns([
        '[^a-zA-Z.-]+',
        '^[^a-zA-Z]+',
        '[^a-zA-Z]+$',
    ])\
    .setInputCols(['lemmas'])\
    .setOutputCol('normalized')\
    .setLowercase(True)
finisher = Finisher()\
    .setInputCols(['normalized'])\
    .setOutputCols(['normalized'])

nlp_pipeline = Pipeline().setStages([
    assembler, tokenizer,
lemmatizer, normalizer, finisher
]).fit(df)

processed = nlp_pipeline.transform(df)
```

이제 관심 있는 필드를 선택해보자. 우리는 텍스트, 제목, 정규화된 데이터를 인덱싱할 것이다. 실제 텍스트를 저장하여 사용자에게 표시하고 싶다. 그러나 항상 그렇게 되지는 않는다. **통합 검색**federated search에서는 서로 다른 인덱스 및 다른 데이터 저장소에 저장된 데이터를 결합하여 한 번에 모두 검색한다. 통합 검색에서는 제공할 데이터를 복사하지 않는다. 데이터 저장소 간에 검색을 결합하는 방법에 따라 일부 처리된 데이터 형식을 복사해야 할 수 있다. 이러한 경우 모든 항목이 일래스틱서치로 표시된다.

우리는 제목 텍스트와 정규화된 텍스트를 검색할 것이다. 이 필드들이 두 가지의 서로 다른 지표를 사용하는 데 도움이 된다고 생각해보자. 쿼리가 제목과 일치할 경우에는 관련 문서일 가능성이 매우 높지만, 문서는 관련성이 있더라도 제목과 일치하지 않는 쿼리가 많다. 정규화된 텍스트를 검색하면 재현율이 개선되지만, 우리는 제목 일치가 랭킹에 더 큰 영향을 미치기를 원한다.

```
processed = processed.selectExpr(
    'text',
    'title',
    'array_join(normalized, " ") AS normalized'
)
```

이제 **DataFrame**을 있는 그대로 인덱싱할 수 있다. 우리는 데이터를 일래스틱서치에 직접 전달한다. 일래스틱서치 인덱스를 생성할 때는 많은 옵션이 있으므로 일래스틱서치용 API^API for Elasticsearch를 확인해야 한다.

```
processed.write.format('org.elasticsearch.spark.sql')\
    .save('simpleenglish')
```

다음 cURL 명령으로 사용할 수 있는 인덱스를 확인할 수 있다.

```
! curl "http://localhost:9200/_cat/indices?v"
```

```
health status index           uuid                 pri rep docs.count docs.deleted
store.size pri.store.size
yellow open   simpleenglish jVeJPRyATKKzPPEnuUp3ZQ   1   1     220858            0
1.6gb          1.6gb
```

모든 것이 다 있는 듯 보인다. 이제 REST API를 사용하여 인덱스를 쿼리할 수 있다. 인덱스를 쿼리하려면 쿼리할 필드를 선택해야 한다. 우리가 나열한 필드에 주목하자. 필드의 초기 가중치를 추측할 수 있다. 사용자가 데이터를 쿼리하는 방법을 배우면 가중치를 조정할 수 있다.

```python
headers = {
    'Content-Type': 'application/json',
}

params = (
    ('pretty', ''),
)

data = {
    "_source": ['title'],
    "query": {
        "multi_match": {
            "query": "data",
            "fields": ["normalized^1", "title^10"]
        },
    }
}

response = requests.post(
    'http://localhost:9200/simpleenglish/_search',
    headers=headers, params=params, data=json.dumps(data))

response.json()
```

```
{'took': 32,
 'timed_out': False,
 '_shards': {'total': 1, 'successful': 1, 'skipped': 0, 'failed': 0},
 'hits': {'total': {'value': 9774, 'relation': 'eq'},
 'max_score': 54.93799,
 'hits': [{'_index': 'simpleenglish',
   '_type': '_doc',
   '_id': '13iVYG4BfVJ3yetiTdZJ',
   '_score': 54.93799,
   '_source': {'title': 'Data'}},
  {'_index': 'simpleenglish',
   '_type': '_doc',
   '_id': '13iUYG4BfVJ3yeti72Qn',
   '_score': 45.704754,
   '_source': {'title': 'Repository (data)'}},
  ...
  {'_index': 'simpleenglish',
   '_type': '_doc',
```

```
    '_id': 'eHmWYG4BfVJ3yetiIs2m',
    '_score': 45.704754,
    '_source': {'title': 'Data collection'}}]}}
```

이제 쿼리 함수를 구축해보자. **Fields** 인수는 필드 이름 및 부스트의 튜플 목록이다. **부스트**는 본질적으로 다른 필드에 대한 인덱스에서 반환된 점수에 적용되는 가중치다.

```python
def query_index(query, fields=None, size=10):
    data = spark.createDataFrame([(text,)], ('text',))
    row = nlp_pipeline.transform(data).first()
    query = row['normalized'][0]

    if fields is None:
        fields = [('normalized', 1), ('title', 10)]

    headers = {
    'Content-Type': 'application/json',
    }
    params = (
        ('pretty', ''), ('size', size)
    )
    data = {
        "_source": ['title'],
        "query": {
            "multi_match": {
                "query": query,
                "fields": ['{}^{}'.format(f, b) for f, b in fields]
            },
        }
    }
    response = requests.post(
        'http://localhost:9200/simpleenglish/_search',
        headers=headers, params=params,
        data=json.dumps(data)).json()

    return [(r['_source']['title'], r['_score'])
            for r in response['hits']['hits']]
```

이제 레이블을 지정할 집합을 만들어보자. 인덱스에서 'Language'를 쿼리해보자.

```
language_query_results = query_index('Language', size=13)
language_query_results
```

```
[('Language', 72.923416),
 ('Baure language', 60.667435),
 ('Luwian language', 60.667435),
 ('Faroese language', 60.667435),
 ('Aramaic language', 60.667435),
 ('Gun language', 60.667435),
 ('Beary language', 60.667435),
 ('Tigrinya language', 60.667435),
 ('Estonian language', 60.667435),
 ('Korean language', 60.667435),
 ('Kashmiri language', 60.667435),
 ('Okinawan language', 60.667435),
 ('Rohingya language', 60.667435)]
```

실제 언어에 대한 기사를 반환하는 것은 'Language' 쿼리의 매우 합리적인 결과다.

우리는 레이블링에 필요한 정보, 즉 제목과 텍스트를 내보내야 한다. 데이터에 판단과 관련된 추가 필드가 있을 때는 내보낸 필드를 포함하도록 수정해야 한다. 우리는 레이블링을 위한 문서를 만들 것이다. 이러한 문서에는 쿼리, 제목, 점수 및 텍스트가 포함된다.

```
language_query_df = spark.createDataFrame(
    language_query_results, ['title', 'score'])

docs = df.join(language_query_df, ['title'])

docs = docs.collect()
docs = [r.asDict() for r in docs]

with open('lang_query_results.json', 'w') as out:
    for doc in docs:
        text = 'Query: Language\n'
        text += '=' * 50 + '\n'
        text += 'Title: {}'.format(doc['title']) + '\n'
        text += '=' * 50 + '\n'
        text += 'Score: {}'.format(doc['score']) + '\n'
        text += '=' * 50 + '\n'
```

```
        text += doc['text']
        line = json.dumps({'text': text})
        out.write(line + '\n')
```

레이블을 지정해야 할 데이터를 만들었으니 이제 **doccano**를 사용해보자. doccano는 NLP 레이블링을 돕기 위해 제작된 도구다. 문서 분류 레이블링(감성 분석과 같은 작업일 경우), 세그먼트 레이블링(NER와 같은 작업일 경우) 그리고 시퀀스 간 레이블링(기계번역과 같은 작업일 경우)를 허용한다. 이 서비스를 로컬에서 설정하거나 도커로 시작할 수 있다. 도커에서 실행하는 방법을 살펴보자.

먼저 이미지를 가져온다.

```
docker pull chakkiworks/doccano
```

다음으로 컨테이너를 실행한다.

```
docker run -d --rm --name doccano \
  -e "ADMIN_USERNAME=admin" \
  -e "ADMIN_EMAIL=admin@example.com" \
  -e "ADMIN_PASSWORD=password" \
  -p 8000:8000 chakkiworks/doccano
```

doccano를 사용하여 다른 사람에게 레이블을 지정할 계획이라면 관리자 자격 증명을 변경하는 걸 고려해야 한다.

컨테이너를 시작한 뒤에는 `localhost:8000`(또는 `-p` 인수를 수정한 경우 선택한 포트)로 이동한다. 다음 [그림 14-1]과 같은 페이지가 나타난다.

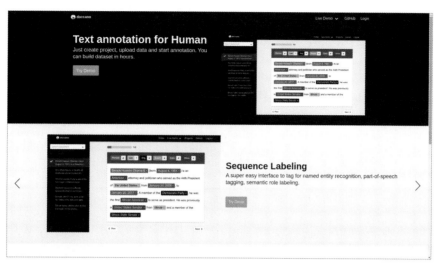

그림 14-1 doccano 방문 페이지

로그인을 클릭하고 **docker run** 명령어로 자격 증명을 사용한다. 그런 다음 [Create Project]를 클릭한다. [그림 14-2]와 같이 프로젝트 필드들이 채워졌다.

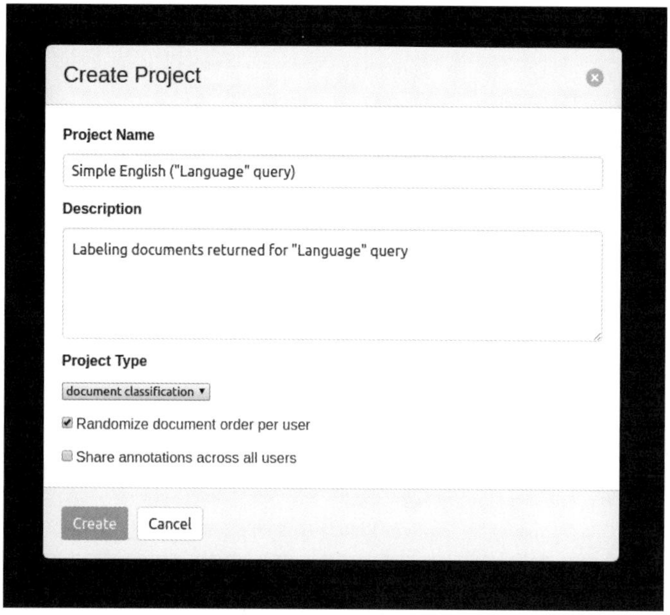

그림 14-2 doccano에서 프로젝트 만들기

그런 다음 [Select a file]을 클릭하고 이전에 만든 `lang_query_results.json` 위치로 이동한다. 그러면 프로젝트에 레이블을 지정할 문서가 추가된다.

이어서 [Labels]을 클릭하고 [New label]을 클릭하자. 필자는 'relevant(관련 있음)', 'partially relevant(일부 관련 있음)' 그리고 'not relevant(관련 없음)'의 세 가지를 추가했다. 기본 데이터에서 이러한 레이블은 생성한 순서대로 표시된다. 예를 들어 'relevant(관련 있음)', 'partially relevant(일부 관련 있음)' 그리고 'not relevant(관련 없음)'을 생성한 경우 해당 표현은 각각 1, 2, 3이 된다.

레이블링 작업을 하는 사람이더라도 해당 작업에 대한 지침을 작성하는 편이 좋다. 이렇게 하면 데이터에 레이블을 지정하는 방법을 생각하는 데 도움이 된다. 진행하면서 그때그때 파악하면 문제가 발생할 수 있다.

다음 [그림 14-3]은 필자가 이 예제 작업을 위해 만든 지침 사례다.

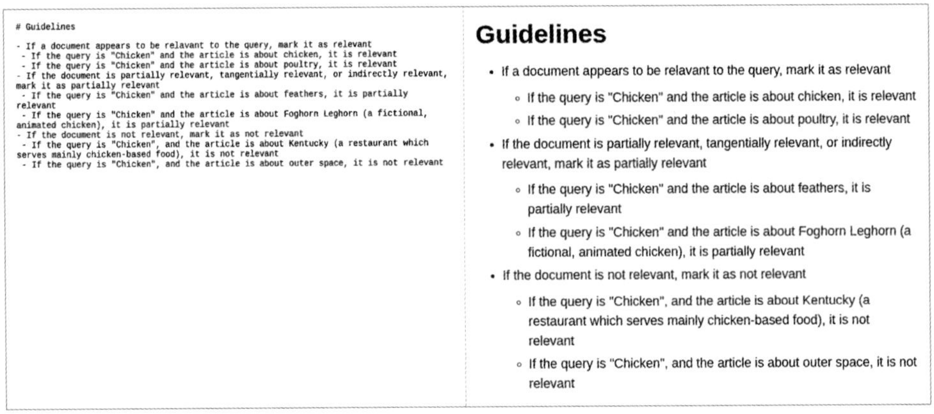

그림 14-3 doccano의 지침

이제 레이블링을 시작할 준비가 되었다. [Annotate Data]를 클릭하고 레이블 지정을 시작한다. 다음 [그림 14-4]는 레이블링 페이지 화면이다.

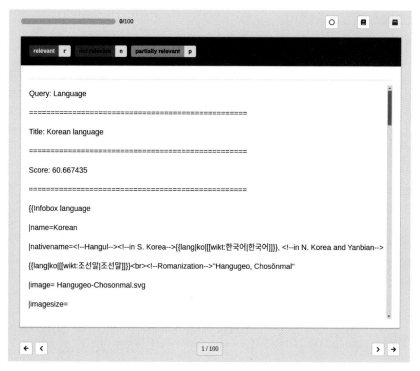

그림 14-4 doccano 레이블링

작업이 완료되면 [Edit Data]를 클릭하여 프로젝트 페이지로 돌아간다. 여기에서 [Export Data]를 클릭하면 데이터를 JSON 또는 CSV로 내보낼 수 있다. 그러나 랭킹을 높이기 위해 쿼리-문서 쌍에 레이블을 충분히 지정하려면 시간이 좀 걸리므로 우리는 이 데이터를 사용하지 않겠다.

14.5 솔루션 테스트 및 측정

이제 인덱스를 만들고 doccano를 사용하여 레이블을 지정하는 방법을 살펴보았으므로 솔루션을 측정하는 방법에 관해 이야기할 수 있다. doccano는 우리, 즉 고객을 위해 문서를 구성하고 검색하는 데 쓰이므로 대부분의 애플리케이션과는 다른 시나리오를 갖는다.

14.5.1 비즈니스 지표

여러분 자신을 위한 애플리케이션을 구축할 때는 '비즈니스' 지표의 개념이 무의미하다. 여러분이 원하는 것은 여러분 자신의 제품에 만족하는 것이다. 그러니 바로 우리의 데이터 모델을 측정해보자.

14.5.2 모델 중심 지표

인덱스를 측정할 때 쓸 수 있는 지표는 많다. 기본적으로 우리는 최고 순위를 원한다. 순위를 측정하는 한 가지 방법은 이진 분류 문제와 유사한 재현율과 정밀도를 사용하는 것이다. 여기서 문제는 우리가 100개의 문서를 반환했을 때 재현율과 정밀도가 해당 문서의 순서를 알려주지는 않는다는 점이다. 이를 위해 순위 지표가 필요하다.

가장 널리 쓰이는 순위 지표 유형 중 하나는 '정규화된 할인 누적 이익'인 **nDCG**normalized discounted cumulative gain이다. 이를 설명하려면 일단 만들어야 한다. **이익**을 나타내는 'gain'부터 정의하자. 이 맥락에서 gain은 텍스트의 정보다. 우리는 문서의 관련성을 gain으로 사용한다.

이어서 **누적 이익**을 나타내는 'cumulative gain'은 선택한 지점까지의 gain 합계다. 해당 시점까지는 순위에 관한 내용이 아무것도 없으므로 목록에서 더 많이 내려갈수록 gain도 내려간다. 우리는 순위를 이용하여 gain을 줄여야 한다. 순위의 로그를 사용하여 목록의 뒷부분보다 목록의 초기 항목을 더 강하게 구분하도록 한다.

마지막 부분은 **정규화**다. 지표값이 0과 1 사이면 지표를 보고 하는 게 훨씬 쉬운 만큼 이상적인 DCG를 결정해야 한다. 직접 계산할 수 없을 때는 선택한 지점을 초과하는 모든 문서가 관련이 있다고 추정할 수 있다. 이제 실제 지표를 살펴보자.

$$K \quad = \text{the chosen cutoff; usual cutoffs are } 5, 10, 50$$

$$r_i \quad = \text{there levance of the } i^{th} \text{document}$$

$$CG_K \quad = \sum_{i=1}^{K} r_i$$

$$DCG_K \quad = \sum_{i=1}^{K} \frac{r_i}{log_2(i+1)}$$

$$IDCG_K \quad = \sum_{i=1}^{K} \frac{max(r)}{log_2(i+1)}$$

$$NDCG_K \quad = \frac{DCG}{IDCG}$$

이제 인덱스가 얼마나 잘 작동하는지 정량화할 수 있다. 스스로 도구를 구축하더라도 데이터 중심 애플리케이션의 품질을 정량화하는 게 중요하다. 인간은 진리의 궁극적인 근원이지만 또한 변덕스럽기 짝이 없다. 지표를 사용하면 평가를 신뢰하게 만들 수 있다.

14.6 검토

혼자 작업할 때는 검토가 더 어렵다. 작업물의 검토를 기꺼이 도와줄 누군가가 있다면 그들은 중요한 외부에서 바라본 시각을 제공할 수 있다. 이러한 봉사자를 위해 우리는 데모를 준비해야 한다. 더 깊이 있는 검토는 더욱 부담스러운 요청이므로 자원봉사자에게 코드 검토까지 부탁하는 건 어려울 수도 있다.

그렇다면 도움 없이 어떻게 품질을 확인할 수 있을까? 우리는 테스트와 문서화에 더 큰 노력을 기울여야 한다. 물론 그로 인해 또 다른 문제가 발생할 수 있다. 품질 추구에 더 큰 노력을 기울일수록 활력을 잃을 수 있다. 즉, 여러분은 이러한 프로젝트를 합리적인 목표와 일정을 저절하게 설정하는 기회로 활용해야 한다.

14.7 마치며

정보 검색은 연구할 내용이 무궁무진한 분야다. 이번 14장은 해당 분야를 탐구하는 출발점이다. 이 장에서 강조한 또 다른 중요한 점은 자신을 위해 구축된 프로젝트의 가치다. 데이터 과학에서 새로운 기술을 익힐 수 있는 전문적인 기회를 찾기란 어려운 일이다. 자신의 목적을 위해 프로젝트를 구축하는 것은 기술을 확장할 좋은 기회가 될 수 있다.

이어서 15장에서는 사용자와 상호작용하는 모델을 구축하는 방법을 살펴본다.

## CHAPTER 15

챗봇

언어 모델을 논의하면서 텍스트를 어떻게 생성할 수 있는지 살펴보았다. 챗봇을 만드는 것 역시 우리가 대화를 모델링한다는 점을 제외하면 그와 비슷하다. 이는 우리가 문제에 접근하는 방식에 따라 요구 사항이 더 복잡해지거나 실제로 더 단순해지도록 만든다.

15장에서는 이러한 모델을 모델링할 수 있는 몇 가지 방법을 논의한 뒤에 생성 모델을 사용하여 응답을 생성하는 프로그램을 구축한다. 그럼 먼저 담화discourse가 무엇인지 이야기해보자.

형태론morphology과 구문론syntax은 형태소가 단어로, 단어가 구와 문장으로 결합되는 방법을 알려준다. 더 큰 언어 행위로 문장을 결합하는 모델링은 쉽지 않다. 여기 부적절한 문장 조합에 관한 아이디어가 있다고 가정하고 몇 가지 예를 살펴보자.

> ① I went to the doctor, yesterday. It is just a sprained ankle(나는 어제 의사에게 갔다. 단지 발목을 삐었을 뿐이다).
>
> ② I went to the doctor, yesterday. Mosquitoes have 47 teeth(나는 어제 의사에게 갔다. 모기는 47 개의 이빨을 가지고 있다).

여기서 ①의 두 번째 문장은 분명히 첫 번째 문장과 관련이 있다. 상식적으로 이 두 문장에서 우리는 화자가 발목 문제로 의사에게 갔다고 추론할 수 있다. 한편 ②는 이치에 맞지 않는다. 언어학 관점에서 문장이란 개념에서 생성된 뒤에, 단어와 구로 인코딩된다. 문장으로 표현되는 개념은 서로 연결되어 있으므로 일련의 문장들 역시 비슷한 개념으로 이어져야 한다. 이것은 대화의 화자가 한 명이든 그 이상이든 상관없이 사실이다.

담화의 화용론pragmatics은 그것을 모델링하는 방법을 이해하는 데 중요하다. 예를 들어 고객 서비스 대화를 모델링할 때는 응답 범위가 제한될 수 있다. 이처럼 제한된 유형의 응답을 **의도**intent[1]라고 하는데 고객 서비스 챗봇을 구현할 때 잠재적인 복잡성을 크게 줄여준다. 만약 일반적인 대화를 모델링하는 경우라면 훨씬 더 어려워질 수 있다. 언어 모델은 순차적으로 발생할 가능성이 있는 것을 학습하지만, 개념을 생성하는 방법을 학습할 수는 없다. 따라서 우리의 선택은 개연성 있는 순서를 모델링하는 무언가를 만들거나 부정행위를 할 방법을 찾는 것이다.

우리는 인식되지 않은 의도에 대해 미리 준비된 답변을 작성하여 속일 수 있다. 예를 들어 사용자가 우리의 단순한 모델이 기대되지 않는다고 말하면 우리는 "죄송합니다. 이해할 수 없습니다."라고 응답하도록 할 수 있다. 대화 내용을 기록할 때는 미리 준비된 답변을 사용하여 우리가 다루는 의도를 확장할 수 있다.

우리가 다루는 예를 이용하여 담화의 전체 텍스트를 순수하게 모델링하는 프로그램을 구축할 것이다. 이는 본질적으로 언어 모델이며 사용하는 방법에 따라 차이가 생긴다.

15장은 스파크를 사용하지 않는다는 점에서 이전 장과 다르다. 스파크는 대량의 데이터를 함께 처리하는 데 적합하지만 대화형 애플리케이션에는 적절하지 않다. 또한 순환 신경망은 대량의 데이터로 학습하는 데 시간이 오래 걸릴 수 있다. 따라서 이 장에서는 작은 데이터로 작업한다. 만약 하드웨어가 제대로 갖춰져 있다면 Spark NLP를 사용하도록 NLTK 처리를 변경한다.

15.1 문제 진술 및 제약

지금부터 스토리 구축 도구를 만든다. 누군가가 그림 동화Grimm fairy tales와 유사한 독창적인 이야기를 작성하는 걸 도와주는 도구다. 이 모델은 이전 언어 모델보다 더 많은 매개변수를 포함한다는 점에서 훨씬 복잡하다. 이 프로그램은 입력 문장을 요청하고 새로운 문장을 생성하는 스크립트가 될 것이다. 사용자는 해당 문장을 가져와서 수정한 다음 입력한다.

---

1 옮긴이_ 챗봇과 대화하는 사용자의 의도를 말한다.

15.1.1 해결할 문제

이야기의 다음 문장을 추천할 시스템을 원한다. 또한 텍스트 생성 기술의 한계를 인식해야 한다. 사용자 또한 이 시스템에 포함시켜야 한다. 관련 텍스트를 생성하는 모델과 출력을 검토하는 시스템이 필요하다.

15.1.2 제약 조건

먼저, 이전 문장과 현재 문장이라는 문맥의 두 가지 개념을 가지는 모델이 필요하다. 사람과 상호작용을 하므로 성능에 크게 신경 쓸 필요는 없다. 대부분의 대화형 시스템은 대기 시간latency이 상당히 짧은 만큼 직관적으로 보이지 않을 수 있다. 그러나 이 프로그램이 생성하는 내용을 고려한다면 1~3초 정도 응답을 기다려야 한다.

15.1.3 문제 해결

4장과 8장에서 논의한 바와 같이 텍스트, 특히 RNN을 생성하는 신경망을 구축할 것이다. 이 모델에서 단어 임베딩을 학습할 수도 있지만, 대신 미리 구축된 **임베딩**을 사용할 수도 있다. 이렇게 하면 모델을 더 빨리 학습할 수 있다.

15.2 프로젝트 계획

이 프로젝트의 대부분 작업은 모델을 개발하는 일이다. 모델이 생성되면 그림 스타일Grimm-style의 동화를 작성하는 데 쓸 수 있는 간단한 스크립트를 작성한다. 일단 이 스크립트를 개발하고 나면 이 모델은 잠재적으로 트위터봇Twitter bot이나 슬랙봇Slackbot을 구동하는 데 쓰일 수 있다.

텍스트 생성을 위한 실제 환경 설정에서 생성된 텍스트의 품질을 모니터링하고자 한다. 이렇게 하면 시간이 지남에 따라 더 많은 대상 학습 데이터를 개발함으로써 텍스트를 개선할 수 있다.

15.3 솔루션 설계

우리의 언어 모델을 떠올려보면 총 3개의 계층을 사용했다.

① 입력

② 임베딩

③ LSTM

④ 고밀도 출력

이전에는 고정된 크기의 문자 창을 입력하고 다음 문자를 예측했다. 이제 텍스트의 더 많은 부분을 고려하는 방법을 찾아야 한다. 여기 몇 가지 옵션이 있다.

많은 RNN 아키텍처는 단어 임베딩을 학습하는 계층을 포함한다. 우리는 단지 더 많은 매개변수를 학습하기만 하면 되므로, 대신 사전 학습된 글로브 모델을 사용한다. 또한 이전과 같은 문자 수준이 아닌 토큰 수준에서 모델을 구축할 것이다.

창 크기를 보통 문장보다 훨씬 더 크게 만들 수 있다. 그러면 동일한 모델 아키텍처를 유지할 수 있다. 단점은 LSTM 계층이 상당히 먼 거리에 걸쳐 정보를 유지해야 한다는 점이다. 우리는 기계번역에 사용되는 아키텍처 중 하나를 사용할 수 있다.

연결 방식을 고려해보자.

① 컨텍스트 입력

② 컨텍스트 LSTM

③ 현재 입력

④ 현재 LSTM

⑤ 2와 4 연결

⑥ 고밀도 출력

현재 입력은 문장에 대한 창이므로, 주어진 문장의 각 창에 대해 동일한 문맥 벡터context vector를 사용한다. 이 접근 방식은 여러 문장으로 확장할 수 있다는 이점이 있다. 단점은 모델이 먼 곳과 가까운 곳에서 정보의 균형을 맞추는 방법을 학습해야 한다는 것이다.

상태 유지 방식을 고려해보자.

① 문맥 입력

② 문맥 LSTM

③ 현재 입력

④ 현재 LSTM, 상태 2로 초기화됨

⑤ 고밀도 출력

이것은 이전 문장의 영향을 줄임으로써 더 쉽게 학습할 수 있도록 도와준다. 그러나 문맥이 우리에게 정보를 적게 전달하므로 양날의 검이다. 우리는 이 방법을 사용한다.

15.4 솔루션 구현

import부터 시작하자. 이번 15장은 케라스에 기반을 두고 진행한다.

```
from collections import Counter
import pickle as pkl

import nltk
import numpy as np
import pandas as pd

from keras.models import Model
from keras.layers import Input, Embedding, LSTM, Dense, CuDNNLSTM
from keras.layers.merge import Concatenate
import keras.utils as ku
import keras.preprocessing as kp
import tensorflow as tf

np.random.seed(1)
tf.set_random_seed(2)
```

알 수 없는 토큰뿐만 아니라 문장의 시작과 끝에도 사용할 수 있는 특수 토큰을 정의해보자.

```
START = '>'
END = '###'
UNK = '???'
```

이제 데이터를 로드할 수 있다. 이때 일부 특수 문자를 대체해야 한다.

```
with open('grimms_fairytales.txt', encoding='UTF-8') as fp:
    text = fp.read()

text = text\
    .replace('\t', ' ')\
    .replace('"', '"')\
    .replace('"', '"')\
    .replace('"', '"')\
    .replace(''', "'")\
    .replace(''', "'")
```

이제 텍스트를 토큰화된 문장으로 처리할 수 있다.

```
sentences = nltk.tokenize.sent_tokenize(text)
sentences = [s.strip()for s in sentences]
sentences = [[t.lower() for t in nltk.tokenize.wordpunct_tokenize(s)] for s in
sentences]
word_counts = Counter([t for s in sentences for t in s])
word_counts = pd.Series(word_counts)
vocab = [START, END, UNK] + list(sorted(word_counts.index))
```

모델에 대한 몇 가지 하이퍼파라미터를 정의해야 한다.

- dim은 토큰 임베딩의 크기다.

- w는 사용할 창의 크기다.

- max_len은 우리가 사용하는 문장의 길이다.

- units은 LSTM에 사용할 상태 벡터의 크기다.

```
dim = 50
w = 10
max_len = int(np.quantile([len(s) for s in sentences], 0.95))
units = 200
```

이제 글로브 임베딩을 로드해보자.

```
glove = {}
with open('glove.6B/glove.6B.50d.txt', encoding='utf-8') as fp:
```

```
    for line in fp:
        token, embedding = line.split(maxsplit=1)
        if token in vocab:
            embedding = np.fromstring(embedding, 'f', sep=' ')
            glove[token] = embedding

vocab = list(sorted(glove.keys()))
vocab_size = len(vocab)
```

원-핫 인코딩 출력을 조회해야 한다.

```
i2t = dict(enumerate(vocab))
t2i = {t: i for i, t in i2t.items()}

token_oh = ku.to_categorical(np.arange(vocab_size))
token_oh = {t: token_oh[i,:] for t, i in t2i.items()}
```

이제 몇 가지 유틸리티 함수를 정의할 수 있다. 이때 문장의 끝을 채워야 한다. 그렇지 않으면 문장의 마지막 단어를 학습하지 않는다.

```
def pad_sentence(sentence, length):
    sentence = sentence[:length]
    if len(sentence)  < length:
        sentence += [END] * (length - len(sentence))
    return sentence
```

또한 문장을 행렬로 변환해야 한다.

```
def sent2mat(sentence, embedding):
    mat = [embedding.get(t, embedding[UNK]) for t in sentence]
    return np.array(mat)
```

시퀀스를 슬라이딩 윈도sliding window 시퀀스로 변환하는 함수가 필요하다.

```
def slide_seq(seq, w):
    window = []
    target = []
    for i in range(len(seq)-w-1):
```

```
            window.append(seq[i:i+w])
            target.append(seq[i+w])
     return window, target
```

이제 입력 행렬을 만들 수 있다. 여기 두 개의 입력 행렬이 있다. 하나는 문맥에서 온 것이고 하나는 현재 문장에서 나온 것이다.

```
Xc = []
Xi = []
Y = []

for i in range(len(sentences)-1):

    context_sentence = pad_sentence(sentences[i], max_len)
    xc = sent2mat(context_sentence, glove)

    input_sentence = [START]*(w-1) + sentences[i+1] + [END]*(w-1)
    for window, target in zip(*slide_seq(input_sentence, w)):
        xi = sent2mat(window, glove)
        y = token_oh.get(target, token_oh[UNK])

        Xc.append(np.copy(xc))
        Xi.append(xi)
        Y.append(y)

Xc = np.array(Xc)
Xi = np.array(Xi)
Y = np.array(Y)

print('context sentence: ', xc.shape)
print('input sentence: ', xi.shape)
print('target sentence: ', y.shape)
```

```
context sentence:  (42, 50)
input sentence:  (10, 50)
target sentence:  (4407,)
```

모델을 만들어보자.

```python
input_c = Input(shape=(max_len,dim,), dtype='float32')
lstm_c, h, c = LSTM(units, return_state=True)(input_c)

input_i = Input(shape=(w,dim,), dtype='float32')
lstm_i = LSTM(units)(input_i, initial_state=[h, c])

out = Dense(vocab_size, activation='softmax')(lstm_i)
model = Model(input=[input_c, input_i], output=[out])

print(model.summary())
```

```
Model: "model_1"

_____
Layer (type)                Output Shape            Param #    Connected to
============================================================================
input_1 (InputLayer)        (None, 42, 50)          0
_____
input_2 (InputLayer)        (None, 10, 50)          0
_____
lstm_1 (LSTM)               [(None, 200), (None,    200800     input_1[0][0]
_____
lstm_2 (LSTM)               (None, 200)             200800     input_2[0][0]
                                                               lstm_1[0][1]
                                                               lstm_1[0][2]
_____
dense_1 (Dense)             (None, 4407)            885807     lstm_2[0][0]
============================================================================
Total params: 1,287,407
Trainable params: 1,287,407
Non-trainable params: 0
_____

None
```

```python
model.compile(
    loss='categorical_crossentropy', optimizer='adam',
    metrics=['accuracy'])
```

이제 모델을 학습할 수 있다. 각자의 하드웨어에 따라 이 작업은 CPU에서 에폭당 4분 정도 걸릴 수 있다. 이것은 거의 130만 개의 매개변수가 있는 가장 복잡한 모델이다.

```
Epoch 1/10
145061/145061 [==============================] - 241s 2ms/step
- loss: 3.7840 - accuracy: 0.3894
...
Epoch 10/10
145061/145061 [==============================] - 244s 2ms/step
- loss: 1.8933 - accuracy: 0.5645
```

일단 이 모델이 학습되면 우리는 몇몇 문장을 생성해볼 수 있다. 이 함수에는 문맥 문장과 입력 문장이 필요하다. 우리는 시작하는 데 필요한 한 단어를 제공할 수 있다. 이 함수는 END 토큰이 생성되거나 최대 허용 길이에 도달할 때까지 입력 문장에 토큰을 추가한다.

```python
def generate_sentence(context_sentence, input_sentence, max_len=100):
    context_sentence = [t.lower() for t in nltk.tokenize.wordpunct_tokenize(context_
sentence)]
    context_sentence = pad_sentence(context_sentence, max_len)
    context_vector = sent2mat(context_sentence, glove)
    input_sentence = [t.lower() for t in nltk.tokenize.wordpunct_tokenize(input_
sentence)]
    input_sentence = [START] * (w-1) + input_sentence
    input_sentence = input_sentence[:w]
    output_sentence = input_sentence

    input_vector = sent2mat(input_sentence, glove)
    predicted_vector = model.predict([[context_vector], [input_vector]])
    predicted_token = i2t[np.argmax(predicted_vector)]
    output_sentence.append(predicted_token)
    i = 0
    while predicted_token != END and i < max_len:
        input_sentence = input_sentence[1:w] + [predicted_token]
        input_vector = sent2mat(input_sentence, glove)
        predicted_vector = model.predict([[context_vector], [input_vector]])
        predicted_token = i2t[np.argmax(predicted_vector)]
        output_sentence.append(predicted_token)
        i += 1
    return output_sentence
```

새로운 문장의 첫 단어를 제공해야 하므로 말뭉치에서 발견된 시작 토큰에서 간단히 샘플링할 수 있다. 필요한 첫 단어의 분포를 JSON으로 저장하자.

```
first_words = Counter([s[0] for s in sentences])
first_words = pd.Series(first_words)
first_words = first_words.sum()

first_words.to_json('grimm-first-words.json')

with open('glove-dict.pkl', 'wb') as out:
    pkl.dump(glove, out)

with open('vocab.pkl', 'wb') as out:
    pkl.dump(i2t, out)
```

사람의 개입 없이 무엇이 생성되는지 살펴보자.

```
context_sentence = '''
In old times, when wishing was having, there lived a King whose
daughters were all beautiful, but the youngest was so beautiful that
the sun itself, which has seen so much, was astonished whenever it
shone in her face.
'''.strip().replace('\n', ' ')

input_sentence = np.random.choice(first_words.index, p=first_words)

for _ in range(10):
    print(context_sentence, END)
    output_sentence = generate_sentence(context_sentence, input_sentence, max_len)
    output_sentence = ' '.join(output_sentence[w-1:-1])
    context_sentence = output_sentence
    input_sentence = np.random.choice(first_words.index, p=first_words)
print(output_sentence, END)
```

```
In old times, when wishing was having, there lived a King whose daughters
were all beautiful, but the youngest was so beautiful that the sun
itself, which has seen so much, was astonished whenever it shone in her
face. ###
" what do you desire ??? ###
the king ' s son , however , was still beautiful , and a little chair
there ' s blood and so that she is alive ??? ###
the king ' s son , however , was still beautiful , and the king ' s
daughter was only of silver , and the king ' s son came to the forest ,
and the king ' s son seated himself on the leg , and said , " i will go
```

```
to church , and you shall be have lost my life ??? ###
" what are you saying ??? ###
cannon - maiden , and the king ' s daughter was only a looker - boy . ###
but the king ' s daughter was humble , and said , " you are not afraid
??? ###
then the king said , " i will go with you ??? ###
" i will go with you ??? ###
he was now to go with a long time , and the bird threw in the path , and
the strong of them were on their of candles and bale - plants . ###
then the king said , " i will go with you ??? ###
```

이 모델은 곧 튜링 테스트를 통과하지 못할 것이다. 이것이 루프에 사람이 있어야 하는 이유다. 스크립트를 작성해보자. 먼저 모델을 저장한다.

```
model.save('grimm-model')
```

스크립트는 일부 유틸리티 기능과 (dim, w과 같은) 하이퍼파라미터에 접근할 수 있어야 한다.

```
%%writefile fairywriter.py
"""
This script helps you generate a fairytale.
"""

import pickle as pkl

import nltk
import numpy as np
import pandas as pd

from keras.models import load_model
import keras.utils as ku
import keras.preprocessing as kp
import tensorflow as tf


START = '>'
END = '###'
UNK = '???'
```

```python
FINISH_CMDS = ['finish', 'f']
BACK_CMDS = ['back', 'b']
QUIT_CMDS = ['quit', 'q']
CMD_PROMPT = ' ¦ '.join(','.join(c) for c in [FINISH_CMDS, BACK_CMDS, QUIT_CMDS])
QUIT_PROMPT = '"{}" to quit'.format('" or "'.join(QUIT_CMDS))
ENDING = ['THE END']


def pad_sentence(sentence, length):
    sentence = sentence[:length]
    if len(sentence) < length:
        sentence += [END] * (length - len(sentence))
    return sentence


def sent2mat(sentence, embedding):
    mat = [embedding.get(t, embedding[UNK]) for t in sentence]
    return np.array(mat)


def generate_sentence(context_sentence, input_sentence, vocab, max_len=100,
hparams=(42, 50, 10)):
    max_len, dim, w = hparams
    context_sentence = [t.lower() for t in nltk.tokenize.wordpunct_tokenize(context_
sentence)]
    context_sentence = pad_sentence(context_sentence, max_len)
    context_vector = sent2mat(context_sentence, glove)
    input_sentence = [t.lower() for t in nltk.tokenize.wordpunct_tokenize(input_
sentence)]
    input_sentence = [START] * (w-1) + input_sentence
    input_sentence = input_sentence[:w]
    output_sentence = input_sentence

    input_vector = sent2mat(input_sentence, glove)
    predicted_vector = model.predict([[context_vector], [input_vector]])
    predicted_token = vocab[np.argmax(predicted_vector)]
    output_sentence.append(predicted_token)
    i = 0
    while predicted_token != END and i < max_len:
        input_sentence = input_sentence[1:w] + [predicted_token]
        input_vector = sent2mat(input_sentence, glove)
        predicted_vector = model.predict([[context_vector], [input_vector]])
        predicted_token = vocab[np.argmax(predicted_vector)]
        output_sentence.append(predicted_token)
```

```
            i += 1
        return output_sentence


    if __name__ == '__main__':
        model = load_model('grimm-model')
        (_, max_len, dim), (_, w, _) = model.get_input_shape_at(0)
        hparams = (max_len, dim, w)
        first_words = pd.read_json('grimm-first-words.json', typ='series')
        with open('glove-dict.pkl', 'rb') as fp:
            glove = pkl.load(fp)
        with open('vocab.pkl', 'rb') as fp:
            vocab = pkl.load(fp)

        print("Let's write a story!")
        title = input('Give me a title ({}) '.format(QUIT_PROMPT))
        story = [title]
        context_sentence = title
        input_sentence = np.random.choice(first_words.index, p=first_words)
        if title.lower() in QUIT_CMDS:
            exit()

        print(CMD_PROMPT)
        while True:
            input_sentence = np.random.choice(first_words.index, p=first_words)
            generated = generate_sentence(context_sentence, input_sentence, vocab,
    hparams=hparams)
            generated = ' '.join(generated)
            ### the model creates a suggested sentence
            print('Suggestion:', generated)
            ### the user responds with the sentence they want add
            ### the user can fix up the suggested sentence or write their own
            ### this is the sentence that will be used to make the next suggestion
            sentence = input('Sentence: ')
            if sentence.lower() in QUIT_CMDS:
                story = []
                break
            elif sentence.lower() in FINISH_CMDS:
                story.append(np.random.choice(ENDING))
                break
            elif sentence.lower() in BACK_CMDS:
                if len(story) == 1:
                    print('You are at the beginning')
                story = story[:-1]
```

```
            context_sentence = story[-1]
            continue
        else:
            story.append(sentence)
            context_sentence = sentence

    print('\n'.join(story))
    print('exiting...')
```

스크립트를 실행해보자. 필자는 스크립트를 사용하여 제안 내용을 읽고 그 요소를 가져와서 다음 줄을 추가할 것이다. 더 복잡한 모델은 편집하고 추가할 수 있는 문장을 만들 수 있겠지만 이러한 모델은 그렇게 많지 않다.

```
%run fairywriter.py
```

```
Let's write a story!
Give me a title ("quit" or "q" to quit) The Wolf Goes Home
finish,f ¦ back,b ¦ quit,q
Suggestion: >>>>>>>> and when they had walked for the time , and
the king ' s son seated himself on the leg , and said , " i will go to
church , and you shall be have lost my life ??? ###
Sentence: There was once a prince who got lost in the woods on the way
to a church.
Suggestion: >>>>>>>> she was called hans , and as the king ' s
daughter , who was so beautiful than the children , who was called clever
elsie . ###
Sentence: The prince was called Hans, and he was more handsome than the
boys.
Suggestion: >>>>>>>> no one will do not know what to say , but i
have been compelled to you ??? ###
Sentence: The Wolf came along and asked, "does no one know where are?"
Suggestion: >>>>>>>> there was once a man who had a daughter who
had three daughters , and he had a child and went , the king ' s daughter
, and said , " you are growing and thou now , i will go and fetch
Sentence: The Wolf had three daughters, and he said to the prince, "I
will help you return home if you take one of my daughters as your
betrothed."
Suggestion: >>>>>>>> but the king ' s daughter was humble , and
said , " you are not afraid ??? ###
Sentence: The prince asked, "are you not afraid that she will be killed
as soon as we return home?"
```

```
Suggestion: >>>>>>>> i will go and fetch the golden horse ???
###
Sentence: The Wolf said, "I will go and fetch a golden horse as dowry."
Suggestion: >>>>>>>> one day , the king ' s daughter , who was
a witch , and lived in a great forest , and the clouds of earth , and in
the evening , came to the glass mountain , and the king ' s son
Sentence: The Wolf went to find the forest witch that she might conjure
a golden horse.
Suggestion: >>>>>>>> when the king ' s daughter , however , was
sitting on a chair , and sang and reproached , and said , " you are not
to be my wife , and i will take you to take care of your ??? ###
Sentence: The witch reproached the wolf saying, "you come and ask me such
a favor with no gift yourself?"
Suggestion: >>>>>>>> then the king said , " i will go with you
??? ###
Sentence: So the wolf said, "if you grant me this favor, I will be your
servant."
Suggestion: >>>>>>>> he was now to go with a long time , and
the other will be polluted , and we will leave you ??? ###
Sentence: f
The Wolf Goes Home
There was once a prince who got lost in the woods on the way to a church.
The prince was called Hans, and he was more handsome than the boys.
The Wolf came along and asked, "does no one know where are?"
The Wolf had three daughters, and he said to the prince, "I will help
you return home if you take one of my daughters as your betrothed."
The prince asked, "are you not afraid that she will be killed as soon as
we return home?"
The Wolf said, "I will go and fetch a golden horse as dowry."
The Wolf went to find the forest witch that she might conjure a golden
horse.
The witch reproached the wolf saying, "you come and ask me such a favor
with no gift yourself?"
So the wolf said, "if you grant me this favor, I will be your servant."
THE END
exiting..
```

여러분은 더 나은 제안을 얻고자 추가 에폭을 수행할 수도 있지만 과적합에 주의해야 한다. 이 모델에 과적합하여 제대로 인식되지 않는 컨텍스트와 입력을 제공하면 더 나쁜 결과가 생성된다.

이제 상호작용할 수 있는 모델이 생겼으니 다음 단계는 챗봇 시스템과 통합하는 것이다. 대부분의 시스템에는 모델을 지원하는 서버가 필요하다. 세부 사항은 챗봇 플랫폼에 따라 다르다.

15.5 솔루션 테스트 및 측정

챗봇 측정은 대부분의 애플리케이션보다 제품의 최종 목적에 더 의존한다. 측정에 사용할 여러 가지 측정 항목을 고려해보자.

15.5.1 비즈니스 지표

고객 서비스를 지원하고자 챗봇을 구축할 때 비즈니스 지표는 고객 만족도를 중심으로 조정된다. 여기서의 사례와 마찬가지로 엔터테인먼트 목적으로 챗봇을 구축할 때는 명백한 비즈니스 지표가 없다. 그러나 만약 엔터테인먼트 챗봇을 마케팅에 사용한다면 마케팅 지표를 활용할 수 있다.

15.5.2 모델 중심 지표

모델이 학습에서 측정하는 것과 동일한 방식으로 실시간 상호작용을 측정하기란 어렵다. 학습에서 우리는 '올바른' 응답이 무엇인지 알지만, 모델의 상호작용적 특성 때문에 명확한 정답이란 없다. 실시간 모델을 측정하려면 대화에 레이블을 수동으로 지정해야 한다.

이제 인프라에 관해 이야기해보자.

15.6 검토

챗봇을 검토할 때는 모든 프로젝트에 필요한 일반적인 검토를 해야 한다. 추가 요건은 실제 사용자의 프록시에 챗봇을 배치하는 것이다. 사용자 상호작용이 필요한 모든 애플리케이션과 마찬가지로 사용자 테스트가 중심이다.

15.7 마치며

15장에서는 대화형 애플리케이션에 필요한 모델 구축 방법을 배웠다. 챗봇의 종류는 실로 다양하다. 여기에서 살펴본 사례는 언어 모델에 기반을 둔 것이지만, 권장 모델을 구축할 수도 있다. 결국 여러분이 어떤 종류의 상호작용을 기대하는지에 달려 있다. 현재 우리 상황에서는 완전한 문장을 입력하고 받는다. 이때 애플리케이션에 제한된 응답셋이 있으면 작업이 더 쉬워진다.

## CHAPTER 16

객체 문자 인식

지금까지 텍스트 데이터로 기록하여 저장하는 부분을 다루었다. 그러나 기록된 데이터의 대부분은 이미지로 저장되며, 해당 데이터를 사용하려면 텍스트로 변환해야 한다. 이것은 다른 NLP 문제와는 다르다. 이 문제에서 우리의 언어학 지식은 그다지 유용하지 않다. 책을 읽는 방식과는 달리 이는 단지 문자 인식일 뿐이다. 말하거나 듣는 것보다 훨씬 덜 의도적인 활동이다. 다행히 문자 체계는 특히 인쇄물에서 쉽게 구별할 수 있다. 다시 말해 이미지 인식 기법이 인쇄된 텍스트의 이미지에서 잘 작동해야 한다는 의미다.

광학 문자 인식optical character recognition (OCR)은 문자로 작성된 언어의 이미지를 가져와서 텍스트 데이터로 변환하는 작업이다. 최신 솔루션은 신경망 기반이며 본질적으로 이미지의 섹션을 문자를 포함하는 것으로 분류한다. 그런 다음 이러한 분류는 텍스트 데이터의 문자 또는 문자열로 매핑된다.

그럼, 가능한 입력 중 몇 가지를 살펴보자.

16.1 OCR 작업의 종류

OCR 작업에는 여러 종류가 있다. 입력되는 이미지가 어떤 것인지, 이미지에 어떤 글이 있는지, 모델의 대상이 무엇인지에 따라 작업이 달라진다.

16.1.1 인쇄된 텍스트와 PDF에서의 텍스트 이미지

문서를 이미지로 내보내는 시스템은 아쉽게도 많다. 일부는 PDF로 내보낼 수도 있지만, 문서를 PDF로 코딩하는 방법이 다양하므로 PDF가 이미지보다 좋지 않을 수 있다. 좋은 소식은 PDF에서 글자들이 (글꼴과 크기 차이를 제외하면) 경조high-contrast 배경으로는 매우 일관적으로 표현된다는 점이다. 이와 같은 문서를 텍스트 데이터로 변환하는 것이 가장 쉬운 OCR 작업이다.

이미지가 실제로 문서를 스캔한 것이라면 이 문제는 복잡할 수 있으며 다음과 같은 오류가 발생할 수 있다.

- **인쇄 오류**

  프린터의 헤드가 더러워져서 얼룩이 생기거나 텍스트에 왼쪽 줄이 생겼다.

- **종이 문제**

  용지가 오래되었거나 더럽거나 구김이 있다. 그러면 대비가 줄어들고 이미지의 일부가 얼룩지거나 왜곡될 수 있다.

- **스캔 문제**

  용지가 기울어져 있다. 즉, 텍스트가 라인에 들어오지 않는다는 의미다.

16.1.2 손으로 직접 쓴 텍스트에서의 이미지

여전히 경조 배경이기는 하지만 문자 일관성이 훨씬 좋지 않은 상황이다. 또한 문서 여백에 메모가 있을 때는 텍스트가 줄 안쪽으로 들어가지 않으므로 문제가 더 어려워질 수 있다. MNIST 데이터베이스의 손 글씨 숫자 데이터셋[1]이 이러한 작업의 예다.

여러분은 이러한 문제를 제한할 방법이 필요하다. 예를 들어 MNIST 데이터셋은 10자로 제한된다. 일부 전자 펜 소프트웨어는 한 사람의 필체를 학습함으로써 문제를 제한한다. 모든 사람의 필체로 이 문제를 해결하기란 훨씬 더 어려울 것이다. 글씨체의 종류가 워낙 다양하다 보니 낯선 사람의 글씨를 읽지 못하는 경우도 종종 있다. 예를 들어 남북전쟁에서 편지로 쓴 글을 인식하면서 학습한 모델은 의사의 메모를 인식하거나 서명을 분석할 때는 쓸모가 없다.

---

1 yann.lecun.com/exdb/mnist/

16.1.3 환경에서의 텍스트 이미지

환경에서의 텍스트 이미지란 예를 들어 거리 사진에서 표지판이 무엇을 가리키는지 식별하는 것이다. 일반적으로 이러한 텍스트는 인쇄되지만 글꼴과 크기는 매우 다양할 수 있다. 스캔 예제에서의 문제와 비슷한 왜곡이 있을 수 있다.

이러한 유형의 이미지에서 왜곡된 텍스트 문제는 스캔할 때보다 더 어렵다. 스캔할 때는 1차원으로 고정되므로 용지가 스캔하는 판과 평평하다고 가정할 수 있다. 하지만 환경에서의 텍스트는 어떤 방식으로든지 회전할 수 있다. 예를 들어 자율 주행 자동차용 OCR 모델을 만들 경우 일부 텍스트는 자동차 오른쪽에, 일부는 자동차 위에 있을 수 있다. 또한 도로에도 텍스트가 있을 것이다. 이는 글자의 모양이 일관되지 않음을 의미한다.

이러한 문제는 종종 제약을 받는다. 예를 들어 대부분의 관할구역에는 신호에 관한 몇 가지 규정이 있다. 이때 중요한 지침이 제한되고 게시된다. 즉, 이미지를 텍스트로 변환하는 대신 특정 기호를 인식할 수 있다. 이렇게 하면 문제가 OCR에서 개체 인식으로 변경된다. 예를 들어 주소 및 마을 이름과 같은 위치 표지판을 인식하려고 할 때도 일반적으로 표지판이 인쇄되는 특정 색상이 있다. 즉, 이것은 당신의 OCR 모델이 단계별로 학습할 수 있음을 의미한다.

```
Is this part of an image...

- a sign
- if so, is it a) instructions, or b) a place of interest
- if a) classify it
- if b) convert to text
```

16.1.4 대상 텍스트 이미지

경우에 따라서는 텍스트를 모두 건너뛰는 게 낫다. 스캔한 문서를 분류할 때는 다음과 같은 두 가지 방법으로 분류할 수 있다. 첫 번째는 텍스트로 변환한 다음 텍스트 분류 기술을 사용하는 방법이다. 두 번째는 단순한 이미지에서 직접 분류를 수행하는 방법이다. 이러한 방법에는 몇 가지 장단점이 있다.

- **대상 이미지를 텍스트로 변환**
  - 장점: 중간 텍스트를 검토하여 문제를 식별할 수 있다. 또한 이미지-텍스트image-to-text 및 텍스트-대상text-to-target 모델을 별도로 재사용할 수 있다(특히 일부 입력이 텍스트이고 일부가 이미지일 경우 유용).
  - 단점: 텍스트로 변환할 때 분류에 도움이 될 만한 이미지의 특징이 손실될 수 있다(예를 들어 편지지 윗부분에 큰 신호를 줄 수 있는 이미지가 있을 경우).
- **대상 이미지를 직접 분류**
  - 장점: 더 간단하다. 두 개의 개별 모델을 개발하고 결합할 필요가 없다. 또한 앞서 언급한 추가 기능이 있다.
  - 단점: 앞서 언급했듯이 문제를 디버깅하기가 더 어렵다. 또한 유사한 이미지-대상 문제에서만 재사용할 수 있다.

여러분은 데이터를 탐색할 수 있으므로 앞에서 설명한 두 가지 접근 방식으로 시작하는 것이 좋다. 오늘날 대부분의 이미지-텍스트 모델은 신경망이므로, 일부 계층을 추가하고 나중에 프로젝트에서 재교육하는 과정이 지나치게 어렵지 않아야 한다.

16.1.5 다양한 문자 체계의 참고 사항

작업의 난도는 사용되는 문자 체계와 관련이 깊다. 돌이켜보면 2장에서는 다양한 문자 제품군을 정의했다. 가능한 문자 수가 훨씬 많다 보니 표어문자 표기 체계logographic system는 특히 어렵다. 여기에는 두 가지 이유가 있다. 첫 번째 분명한 이유는 예측해야 할 클래스가 많고 그만큼 매개변수가 더 많기 때문이다. 두 번째로는 표어문자 표기 체계는 모든 문자가 작은 상자 안의 점, 선, 곡선으로 이루어지다 보니 유사한 모양의 문자가 많기 때문이다.

문자 표기 체계를 어렵게 만드는 다른 이유도 있다. 예를 들어 인쇄된 영어에서 문자는 단일 형태를 갖지만 필기체 영어체는 총 4가지 형태(분리형, 초기형, 중간형, 최종형)를 지닐 수 있다. 아랍어 등 일부 문자는 인쇄된 텍스트에도 여러 가지 형식이 있다. 또한 문자가 발음 구별 기호diacritic를 많이 사용할 때는 번짐 및 왜곡과 같은 문제가 악화될 수 있다([그림 16-1] 참조). 대부분의 아부기다abugidas[2]에서 주의해야 할 내용이다(예: 데바나가리 문자devanagari를 비롯해 폴란드어 및 베트남어와 같은 일부 알파벳).

---

2 옮긴이_ 음절문자와 자모 문자의 특성을 모두 지닌 표기 체계를 가리킨다.

그림 16-1 그으즈어로 기록된 암하라어의 '화요일(Maksannyo)'

16.2 문제 진술 및 제약

이미지를 텍스트로 변환하는 ETL 파이프라인을 구현해보자. 이러한 도구의 일반적인 용도 중 하나는 기존 시스템의 텍스트 이미지를 텍스트 데이터로 변환하는 것이다. 예제는 (가상) 전자 의료 기록을 사용한다. 우리는 구글의 테서랙트^{Tesseract}[3]를 사용하는 한편, 스파크를 사용하여 작업량을 분산시켜 병렬처리할 것이다. 또한 미리 훈련된 파이프라인을 사용하여 텍스트를 저장하기 전에 처리할 것이다.

16.2.1 해결할 문제

이미지를 텍스트로 변환하고 텍스트를 처리한 뒤에 마지막으로 저장하는 스크립트를 작성할 것이다. 향후 이러한 단계를 잠재적으로 확대하거나 개선할 수 있도록 기능을 분리한다.

16.2.2 제약 조건

인쇄된 영어 텍스트의 이미지로만 작업한다. 문서에는 텍스트 열이 하나만 있다. 가상 시나리오에서는 그 내용이 의학적으로 관련이 있을 수 있지만, 실제 구현에는 영향을 미치지 않을 것이다.

16.2.3 문제 해결

이미지를 텍스트로 변환하고 텍스트를 처리한 뒤 저장하는 반복 가능한 방법을 원한다.

---

3 옮긴이_ 다양한 운영체제를 위한 광학 문자 인식 엔진이다.

16.3 프로젝트 계획

해결책은 비교적 간단하다. 먼저 데이터를 파일이 아닌 테서랙트로 전달할 수 있는 스크립트를 작성한다. 그런 다음 첫 번째 스크립트를 사용하여 텍스트를 가져오고, Spark NLP를 사용하여 텍스트를 처리하는 파이썬 스크립트를 작성한다.

16.4 솔루션 구현

테서랙트를 사용하는 사례부터 살펴보자. 이 프로그램의 사용 출력을 살펴보자.

```
! tesseract -h

Usage:
  tesseract --help ¦ --help-extra ¦ --version
  tesseract --list-langs
  tesseract imagename outputbase [options...] [configfile...]

OCR options:
  -l LANG[+LANG]        Specify language(s) used for OCR.
NOTE: These options must occur before any configfile.

Single options:
  --help               Show this help message.
  --help-extra         Show extra help for advanced users.
  --version            Show version information.
  --list-langs         List available languages for tesseract engine.
```

이미지(imagename)와 출력 이름(outputbase)을 전달하기만 하면 된다. 이미지에 있는 텍스트를 살펴보자.

```
CHIEF COMPLAINT
Ankle pain

HISTORY OF PRESENT ILLNESS:

The patient is 28 y/o man who tripped when hiking. He struggled back to his car, and
```

immediately came in. Due to his severe ankle pain, he
thought the right ankle may be broken.

EXAMINATION:
An x-ray of right ankle ruled out fracture.

IMPRESSION:
The right ankle is sprained.

RECOMMENDATION:
- Take ibuprofen as needed
- Try to stay off right ankle for one week

이제 실험할 이미지를 살펴보고([그림 16-2] 참조) 테서랙트로 이미지를 전달해보자.

```
! tesseract EHR\ example.PNG EHR_example
```

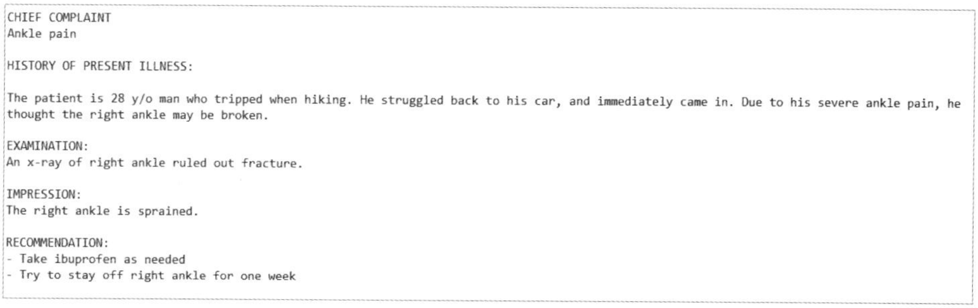

```
CHIEF COMPLAINT
Ankle pain

HISTORY OF PRESENT ILLNESS:

The patient is 28 y/o man who tripped when hiking. He struggled back to his car, and immediately came in. Due to his severe ankle pain, he
thought the right ankle may be broken.

EXAMINATION:
An x-ray of right ankle ruled out fracture.

IMPRESSION:
The right ankle is sprained.

RECOMMENDATION:
- Take ibuprofen as needed
- Try to stay off right ankle for one week
```

그림 16-2 텍스트의 EHR 이미지

테서랙트가 무엇을 추출했는지 살펴보자.

```
! cat EHR_example.txt
```

CHIEF COMPLAINT
Ankle pain

HISTORY OF PRESENT ILLNESS:

The patient is 28 y/o man who tripped when hiking. He struggled back to his car, and
immediately came in. Due to his severe ankle pain, he

```
thought the right ankle may be broken.

EXAMINATION:
An x-ray of right ankle ruled out fracture.

IMPRESSION:
The right ankle is sprained.

RECOMMENDATION:
- Take ibuprofen as needed
- Try to stay off right ankle for one week
```

완벽하게 작동했다. 이제 변환 스크립트를 작성해보자. 스크립트에 대한 입력은 이미지 타입이 되고 실제 이미지는 base64 문자열로 인코딩된다. 임시 이미지 파일을 만들고 테서랙트로 텍스트를 추출한다. 그러면 stdout으로 스트리밍할 임시 텍스트 파일이 생성된다. 새로운 라인을 특수 문자 '~'로 변경해야 어떤 줄이 어떤 입력에서 왔는지 알 수 있다.

```
%%writefile img2txt.sh
#!/bin/bash

set -e

# "image-type base64-encoded-image-data"를 입력한다고 가정한다.

type=$1
data=$2
file="img.$type"
echo $data | base64 -d > $file
tesseract $file text
cat text.txt | tr '\n' '~'
```

스크립트를 사용해보자.

```
! ! ./img2txt.sh "png" $(base64 EHR\ example.PNG |\
    tr -d '\n') |\
    tr '~' '\n'

Tesseract Open Source OCR Engine v4.0.0-beta.1 with Leptonica
CHIEF COMPLAINT
Ankle pain
```

```
HISTORY OF PRESENT ILLNESS:

The patient is 28 y/o man who tripped when hiking. He struggled back to his car, and
immediately came in. Due to his severe ankle pain, he
thought the right ankle may be broken.

EXAMINATION:
An x-ray of right ankle ruled out fracture.

IMPRESSION:
The right ankle is sprained.

RECOMMENDATION:
- Take ibuprofen when needed
- Try to stay off right ankle for one week
```

이제 전체 처리 코드를 살펴보자. 먼저 사전 학습된 파이프라인을 얻을 것이다.

```python
import base64
import os

import sparknlp
from sparknlp.pretrained import PretrainedPipeline

spark = sparknlp.start()

pipeline = PretrainedPipeline('explain_document_ml')
```

```
explain_document_ml download started this may take some time.
Approx size to download 9.4 MB
[OK!]
```

이제 테스트 입력 데이터를 만들어보자. 이미지를 EHRs 폴더에 100번 복사한다.

```
! mkdir EHRs
for i in range(100):
    ! cp EHR\ example.PNG EHRs/EHR{i}.PNG
```

이제 파일 경로, 이미지 타입 및 이미지 데이터를 3개의 문자열 필드로 포함하는 `DataFrame`을 생성한다.

```python
data = []
for file in os.listdir('EHRs') :
    file = os.path.join('EHRs', file)
    with open(file, 'rb') as image:
        f = image.read()
        b = bytearray(f)
    image_b64 = base64.b64encode(b).decode('utf-8')
    extension = os.path.splitext(file)[1][1:]
    record = (file, extension, image_b64)
    data.append(record)

data = spark.createDataFrame(data, ['file', 'type', 'image'])\
    .repartition(4)
```

반복 가능한 데이터 파티션을 가져와서 파일 경로 및 텍스트 생성자를 반환하는 함수를 정의해보자.

```python
def process_partition(partition):
    for file, extension, image_b64 in partition:
        text = sub.check_output(['./img2txt.sh', extension, image_b64])\
            .decode('utf-8')
        text.replace('~', '\n')
        yield (file, text)

post_ocr = data.rdd.mapPartitions(process_partition)
post_ocr = spark.createDataFrame(post_ocr, ['file', 'text'])

processed = pipeline.transform(post_ocr)
processed.write.mode('overwrite').parquet('example_output.parquet/')
```

이제 스크립트에 넣어보자.

```python
%%writefile process_image_dir.py
#!/bin/python

import base64
import os
```

```python
import subprocess as sub
import sys

import sparknlp
from sparknlp.pretrained import PretrainedPipeline

def process_partition(partition):
    for file, extension, image_b64 in partition:
        text = sub.check_output(['./img2txt.sh', extension, image_b64])\
            .decode('utf-8')
        text.replace('~', '\n')
        yield (file, text)

if __name__ == '__main__':
    spark = sparknlp.start()

    pipeline = PretrainedPipeline('explain_document_ml')

    data_dir = sys.argv[1]
    output_file = sys.argv[2]

    data = []
    for file in os.listdir(data_dir) :
        file = os.path.join(data_dir, file)
        with open(file, 'rb') as image:
            f = image.read()
            b = bytearray(f)
        image_b64 = base64.b64encode(b).decode('utf-8')
        extension = os.path.splitext(file)[1][1:]
        record = (file, extension, image_b64)
        data.append(record)

    data = spark.createDataFrame(data, ['file', 'type', 'image'])\
        .repartition(4)
    post_ocr = data.rdd.map(tuple).mapPartitions(process_partition)
    post_ocr = spark.createDataFrame(post_ocr, ['file', 'text'])
    processed = pipeline.transform(post_ocr)
    processed.write.mode('overwrite').parquet(output_file)
```

이제 우리에게는 이미지 디렉터리를 가져오는 스크립트가 있다. 이미지에서 추출된 텍스트 파일의 디렉터리를 생성할 것이다.

```
! python process_image_dir.py EHRs ehr.parquet

Ivy Default Cache set to: /home/alex/.ivy2/cache
The jars for the packages stored in: /home/alex/.ivy2/jars
:: loading settings :: url = jar:file:/home/alex/anaconda3/envs/...
JohnSnowLabs#spark-nlp added as a dependency
:: resolving dependencies :: org.apache.spark#spark-submit-parent...
    confs: [default]
    found JohnSnowLabs#spark-nlp;2.2.2 in spark-packages
...
Tesseract Open Source OCR Engine v4.0.0-beta.1 with Leptonica
Tesseract Open Source OCR Engine v4.0.0-beta.1 with Leptonica
Tesseract Open Source OCR Engine v4.0.0-beta.1 with Leptonica
Tesseract Open Source OCR Engine v4.0.0-beta.1 with Leptonica
Tesseract Open Source OCR Engine v4.0.0-beta.1 with Leptonica
Tesseract Open Source OCR Engine v4.0.0-beta.1 with Leptonica
Tesseract Open Source OCR Engine v4.0.0-beta.1 with Leptonica
Tesseract Open Source OCR Engine v4.0.0-beta.1 with Leptonica
```

16.5 솔루션 테스트 및 측정

온전한 내부 애플리케이션의 경우 실제 비즈니스 지표는 없다. 대신 품질 모니터링에 주목한다. 우리는 이러한 내부 애플리케이션이 불필요하게 오류를 늘리지 않도록 해야 한다.

16.6 모델 중심 지표

우리는 문자 및 단어 정확도로 OCR 모델의 정확도를 측정할 수 있다. 예상 텍스트와 실제 관찰된 텍스트 사이의 편집 거리Levenshtein distance를 계산한 다음 텍스트 크기로 나누어 이 문자 오류율을 측정할 수 있다.

실제 모델 오류율을 모니터링하는 것 외에도 출력에 대한 통계를 가져올 수 있다. 예를 들어 단어들의 분포를 모니터링하면 잠재적으로 문제를 진단할 수 있다.

16.7 검토

OCR 도구와 같은 내부 서비스를 구축할 때는 해당 도구가 필요한 팀과 함께 작업을 검토하는 것이 좋다. 궁극적으로 애플리케이션이 성공을 거두려면 사용자가 기술적 정확성과 사용 가능한 지원 모두에 만족해야 한다. 일부 조직, 특히 규모가 큰 조직에서는 사내 도구를 사용해야 한다는 부담이 클 수 있다. 이러한 도구가 제대로 설계되지 않았거나, 문서화가 부족하거나, 제대로 지원되지 않는다면 다른 팀에서 올바르게 시도해보고 그러한 일을 피할 수 있을 것이다. 다만 이는 잠재적으로 어려운 감정을 불러일으킬 수 있으며 중복된 작업과 팀의 고립으로 이어질 수 있다. 따라서 내부 제품을 검토하고 피드백을 초기에 자주 받는 게 좋다.

16.8 마치며

16장에서는 구조화되지 않은 데이터에서 구조화된 데이터를 추출하는 데 초점을 맞추지 않고, 한 유형의 데이터에서 다른 유형의 데이터로 변환하는 데 초점을 맞춘 NLP 애플리케이션을 살펴보았다. 이것은 언어학과도 다소 관련 있어 보이지만 실질적으로 매우 중요하다. 만약 여러분이 오랜 기간 확립되어 온 산업의 데이터를 사용하는 애플리케이션을 구축한다면, 이미지를 텍스트로 변환해야 할 가능성이 크다.

2부에서는 지금까지 배운 몇 가지 기술을 적용하는 간단한 애플리케이션을 구축하는 것에 관해 설명했다. 또한 NLP 애플리케이션을 성공적으로 구축하는 데 도움이 될 수 있는 구체적이고 일반적인 개발 사례에 관해서도 논의했다. Spark NLP에 대해 이전에 언급한 논점을 다시 살펴보자면, 이 라이브러리의 핵심 철학은 모두에게 적용되는 만능이란 없다는 것이다. 여러분은 자신의 데이터와 NLP 애플리케이션을 알아야 한다.

이어서 3부에서는 애플리케이션 배포를 위한 몇 가지 일반적인 팁과 전략을 설명한다.

IV

NLP 시스템 구축

4부에서는 NLP 시스템을 프로덕션에 적용하는 주제를 다룬다. 각 장에서는 선택한 주제를 설명하고 애플리케이션을 제작할 때 고려할 체크리스트로 마무리한다.

## Part IV

NLP 시스템 구축

17장   다국어 지원

18장   수동 레이블링

19장   NLP 애플리케이션 제작

다국어 지원

NLP 시스템을 구축할 때는 가장 먼저 어떤 언어를 지원할 것인지 결정해야 한다. 이 결정은 데이터 저장에서 모델링, 사용자 인터페이스에 이르기까지 모든 부분에 영향을 미칠 수 있다. 17장에서는 다국어 NLP 시스템을 제작할 때 고려할 사항을 설명한다. 나아가 이 장의 끝부분에서는 프로젝트에 관한 질문 체크리스트도 제공한다.

17.1 언어 유형

여러 언어를 지원할 때 복잡성을 관리할 수 있는 한 가지 방법은 예상 언어 간의 공통성을 식별하는 것이다. 예를 들어 서유럽 언어만 다룰 때는 라틴 알파벳과 그 확장자만 고려하면 된다. 또한 모든 언어가 굴절어$^{fusional\ language}$**1**인 만큼 어간 추출^{stemming} 또는 표제어 추출^{lemmatizing} 이 유효하다. 그들은 또한 (남성, 여성, 무생물 중성자$^{inanimate\ neuter}$와 같은) 유사한 문법적 젠더 체계를 지닌다.

그럼 지금부터 가상의 시나리오를 살펴보자.

---

1 옮긴이_ 종합어의 한 유형으로, 문장 속의 문법적 기능에 따라 단어의 형태가 변화하는 언어다.

17.2 시나리오: 학술 논문 분류

이 시나리오에서 입력은 텍스트 문서, PDF 문서 또는 텍스트 문서 스캔본이다. 출력은 텍스트, 제목 및 태그가 있는 JSON 문서다. 입력할 언어는 영어, 프랑스어, 독일어와 러시아어다. 여러분은 데이터에 레이블을 지정했지만 지난 5년간의 기사에서만 추린 것이다. 이는 게시자가 기사를 제출할 때 태그를 지정하도록 요구하기 시작한 때다. 초기 분류는 수학, 생물학 또는 물리학과 같은 학과 수준일 수 있다. 그러나 우리에게는 하위 분야를 지원할 계획이 필요하다.

첫 번째, 서로 다른 입력 형식을 고려해야 한다. 우리는 이미지와 PDF 문서를 텍스트로 변환하는 OCR 모델이 필요하다. 이를 위해 16장에서 테서랙트와 같은 도구를 사용할 수 있음을 살펴보았다. 만약 만족스러운 모델을 찾을 수 없다면 우리는 텍스트 파일을 사용하여 학습용 데이터셋을 만들 수 있다. 스캔한 문서 중 일부는 문제가 있을 수 있다. 예를 들어 문서가 스캔하는 판과 잘 맞지 않아 텍스트가 비뚤어질 수 있다. 문서가 오래되어 텍스트가 손상되었을 수도 있다. 모델은 이러한 점을 수용해야 한다. 따라서 스캔한 문서를 지원하기 위해 손상되고 왜곡된 텍스트를 생성하는 방법을 찾아야 한다. 일부 문서를 필사할 수는 있겠지만 노동력이 많이 필요하다. 여러분은 그 과정들을 조각조각 쪼개서 글로 옮기는 과정을 더 쉽게 하고자 한다. 말소리를 음성 문자로 옮겨 적는 전사transcription 작업의 또 다른 문제는 여러분이 언어를 모르는 전사기transcriber를 사용하면 오류가 훨씬 더 자주 발생한다는 점이다.

두 번째, 분류 작업을 고려해야 한다. 초기 모델의 경우 우리는 잠재적으로 어휘적 기능과 간단한 선형 분류자를 사용할 수 있다. 학과 수준으로 문서를 분리하는 일은 키워드만으로 할 수 있다. 전문가를 써서 이러한 키워드를 생성하거나 어휘 분석에서 찾을 수도 있다. 이때 이러한 언어에 능통한 도메인 전문가와 함께 키워드를 검토할 수 있다. 미래에는 간단한 어휘 기능이 하위 분야, 특히 고유 키워드가 많지 않은 틈새 하위 분야를 분리하는 데 유용할 것이다. 이러한 상황에서 우리는 조금 더 정교한 모델을 원하게 될 수도 있다. 먼저 우리는 더 복잡한 모델을 가진 BoW로 시작할 수도 있고 RNN으로 바로 이동할 수도 있다. 이때 어느 쪽이든 서로 다른 전처리 및 모델링 프레임워크를 지원할 수 있도록 코드를 구조화해야 한다.

17.3 다양한 언어의 텍스트 처리

프로젝트에서 모델 구축을 논의하기 전에 텍스트를 어떻게 처리할지 결정해야 한다. 앞서 2장과 5장에서 토큰화에 관한 몇 가지 일반적인 고려 사항을 이야기했다. 대부분의 문자 체계는 공백을 단어 구분 기호로 사용한다. 일부는 다른 기호를 사용하며 나머지 문자 체계는 단어를 아예 분리하지 않는다. 또 다른 고려 사항은 단어 합성이다.

17.3.1 합성어

단어 합성이란 두 단어를 하나로 결합하는 것이다. 예를 들어 'moonlight(달빛)'라는 단어는 두 단어의 조합이다. 독일어와 같은 일부 언어에서는 이러한 경우가 더 흔하다. 사실 독일어에서는 단어 분할기word splitter가 독일어의 일반적인 텍스트 처리 기술이다. 'Fixpunktgruppe(고정 소수점 그룹)'이라는 단어를 생각해보자. 문서에 언급된 모든 그룹 구조를 찾으려면 'gruppe'을 분리해야 한다. 이것은 더 생산적인 접미사를 가진 언어에서 잠재적으로 유용할 수 있다.

영어에서는 새로운 단어를 만들 때 접두사 또는 접미사를 추가하는 것만큼 단어를 차용하는 것이 일반적이다. 예를 들어 당기는 데 사용하는 기계에는 'tractor(트랙터)'라는 단어를 사용한다. 'tractor(트랙터)'는 단순히 'puller(끌어당기는 것)'를 의미하는 라틴어다. 그에 비해 그리스어, 아이슬란드어, 만다린어와 같은 일부 다른 언어에서는 이러한 차용이 흔하지 않다. 이러한 언어에서 우리는 이들 단어를 구성 요소 형태소로 분할하는 걸 고려할 수 있다. 이것은 합성어compound word가 모든 문맥에서 합성되지 않을 수 있는 언어에서 특히 중요하다. 이처럼 분리 가능한 단어들은 영어의 일부 구동사phrasal verb와 유사하다. 구동사란 'wake up'과 같은 동사로 여기서 'up'은 동사에서 분리될 수도 있고 아닐 수도 있다.

- I woke up the dog(나는 개를 깨웠다).
- I work tho dog up(나는 개를 깨웠다).

그러나 일부 요소는 분리가 필요하다.

- I woke up her(나는 그녀를 깨웠다).
- I woke her up(나는 그녀를 깨웠다).

독일어 번역 'aufstehen'은 정동사^{finite verb}일 때 접두사를 잃는다.

- zuaufstehen den Hund('to wake the dog up(개를 깨우다)').
- Ich stand den Hund auf('I woke the dog up(나는 개를 깨웠다)').

이렇게 파생된 단어는 종종 기반 단어와 다른 의미를 가지므로 그들을 다룰 필요는 없다. (문서 분류와 같은) 문서 수준 작업에서 이러한 단어가 모델에 영향을 미칠 가능성은 낮다. 검색 기반 애플리케이션에서 이 문제를 처리해야 할 가능성이 더 높다. 첫 번째 반복에서는 이 문제를 다루지 말고 합성어가 일반적으로 검색되는지 여부를 모니터링하기를 권한다.

17.3.2 형태학적 복잡성

2장에서는 언어가 형태소를 단어로 결합하는 다양한 방법에 관해 이야기했다. 만다린어와 같은 분석어^{analytic language}는 과거 시제 등을 표현하고자 소사^{particle}**2**를 사용하는 경향이 있다. 한편 터키어와 같은 합성어들은 문장, 시제, 전치사 등에서 명사의 역할을 표현하는 접사 체계를 가진다. 이 두 가지 언어 사이에는 스페인어와 같은 굴절어가 있는데, 통합어^{synthetic language}만큼 가능한 단어 형태는 많지 않지만 분석어^{analytic language}보다는 더 많다. 이러한 다양한 유형의 형태론에는 어간 추출과 표제어 추출을 고려할 때 절충안이 있다.

가능한 단어 형태가 많을수록 표제어 추출에 더 많은 메모리가 필요하다. 또한 일부 굴절어는 다른 언어보다 더 규칙적이다. 언어가 덜 정규화될수록 어간 추출 알고리즘은 더 어려워진다. 예를 들어 핀란드어 명사는 최대 30개의 서로 다른 형태를 가질 수 있다. 즉, 각 동사에 대해 30개의 항목이 있어야 한다. 핀란드어 동사는 훨씬 더 복잡하다. 만약 여러분이 100만 단어의 어휘를 가지고 있다면 3천만 개 이상의 항목이 필요하다는 뜻이다.

분석어는 어간 추출 또는 표제어 추출을 사용하거나 또는 둘 다 사용할 수 없다. 다만 만다린어는 그러한 처리가 필요 없다. 굴절에서 분석으로 전환되는 언어인 영어 역시 둘 중 하나를 사용할 수 있다. 표제어 추출이 가능한 형태는 거의 없고 어간 추출은 어렵지 않다. 영어로 된 (약동사^{weak verb}라고도 하는) 규칙 동사^{regular verb}를 살펴보자. 동사 'call'은 'call', 'calling', 'called' 및 'calls'와 같은 형태를 지닌다. 명사는 영어에서 훨씬 더 간단하다. 두 가지 형태인

---

2 옮긴이_ 전형적인 굴절어에서 인칭, 수, 성, 격 따위에 따라 변화하는 품사인 동사, 명사, 대명사, 형용사 따위를 제외한 품사의 총칭이다.

단수형과 복수형만 있다. 명사와 규칙 동사의 형태를 결정하는 규칙은 표제어 추출기를 만들기에 충분할 만큼 간단하다.

핀란드어와 같은 합성어는 매우 규칙적이므로 어간 추출 알고리즘은 간단하다. 굴절어의 경우 잠재적으로 결합된 접근 방식을 사용할 수 있다. 불규칙한 형태는 자주 쓰이는 단어에 더 흔하다. 따라서 가장 일반적인 단어에 표제어 추출을 사용하고 어간 추출을 대체 수단으로 사용할 수 있다.

17.4 전이 학습과 다국어 딥러닝

임베딩과 전이 학습의 이면에 있는 아이디어 중 하나는 신경망이 데이터에서 **더 높은 수준**의 기능을 학습한다는 것이다. 이러한 기능을 활용하면 하나의 데이터셋에 대해 학습된 모델 또는 모델의 일부를 가져와서 다른 데이터셋 또는 다른 문제에 사용할 수 있다.

그러나 데이터가 얼마나 다른지는 염두에 두어야 한다. 트위터에 쓰인 영어와 의료 기록에 쓰인 영어의 차이가 전이성transferability을 줄이기에 충분하다면, 영어와 다른 언어 사이의 번역에 얼마나 큰 손실이 발생할지 상상해보라. 즉, 임의의 시작점보다 더 나은 모델을 구축하려 한다면 전이성을 실험해야 한다.

이것은 몇몇 문제에서 다른 문제보다 더 적합하다. 예를 들어 이전 시나리오에서 학술 문서의 분류는 모든 언어에서 유사한 분포를 가질 수 있는 기술 용어들에 따라 달라졌다. 즉, 전이성이 도움이 될 수 있음을 의미한다. 확실히 실험해볼 만한 가치가 있다. 반면 다른 국가의 의료 기록을 처리하는 모델을 구축할 경우라면 언어 간 전이성은 그보다 덜 유용할 것이다. (지역마다 다른 일반적인 질병 등) 근본적인 현상이 다를 뿐만 아니라 문서에 대한 규제 요건도 다르다. 따라서 그 문서들은 언어뿐만 아니라 내용과 목적도 서로 다르다.

단어 임베딩은 전이성에 대한 희망이 있을 만큼 충분히 일반적인 기술이자, 여전히 연구가 진행 중인 주제다. 동일한 단어에 대한 단어 빈도가 다를 수는 있지만 개념의 분포는 더 보편적이라는 아이디어다. 만약 그렇다면 우리는 한 언어의 벡터 공간에서 의미론적 콘텐츠 간의 관계를 보존하는 다른 언어로의 변환을 배울 수 있을 것이다.

이를 수행하는 한 가지 방법은 참조 번역을 기반으로 변환을 학습하는 것이다. L1과 L2라는 두 언어가 있다고 가정해보자. 우리는 L1에서 번역된 단어 목록을 L2로 가져온다. 이러한 각 참조 단어는 L2에 대한 벡터 공간의 한 지점에 매핑된다. 이때 L1은 라틴어이고 L2는 영어라고 하자. 'nauta'라는 단어는 라틴어 벡터 공간에 벡터 w를 갖고, 변환 후의 영어 벡터 공간에 v를 갖는다. 영어에서 'sailor'는 벡터 u를 갖는다. 우리는 u와 v 사이의 유클리드 거리Euclidean distance[3]를 살펴봄으로써 해당 단어의 변환 오류를 정의할 수 있다. 이 차이를 최소화하는 변환이 잘 작동해야 한다. 이때 문제는 서로 다른 문화마다 같은 의미의 단어를 매우 다르게 사용할 수 있다는 점이다. 또한 다의어는 언어마다 다르며, 이 접근 방식은 정적 임베딩에서만 작동한다.

이는 활발한 연구 분야이며 앞으로도 계속 새롭게 발전할 것이다. 이러한 기술에 거는 기대 중 하나는 딥러닝 모델을 구축하는 데 필요한 거대한 말뭉치가 없는 언어에 대해 이러한 고급 기술 중 일부를 사용할 수 있게 만드는 것이다.

17.5 언어 간 검색

여러 언어로 검색 솔루션을 구축할 때는 보통 문서를 언어별로 구분하고 사용자가 검색할 때 언어를 선택하도록 한다. 다국어 색인을 만들 수는 있지만 어려울 수 있다. 여러 접근 방식이 있지만 궁극적으로는 말뭉치의 단어나 개념을 표현할 몇 가지 일반적인 방법이 필요하다. 가능한 접근 방법은 다음과 같다.

먼저 기계번역을 사용하면 모든 내용을 하나의 언어로 번역할 수 있다. 우리 시나리오에서는 모든 문서를 영어로 번역할 수 있었다. 그 장점은 이러한 번역의 품질을 검토할 수 있다는 점이다. 단점은 영어가 아닌 문서의 검색 품질이 떨어진다는 점이다.

반면 변환 모델을 효율적으로 제공할 수 있다면 쿼리 시 사용 가능한 모든 언어로 번역할 수 있다. 이때의 장점은 하나의 특정 언어에 편향되지 않는다는 것이다. 단점은 이러한 인덱스에서 공통 점수를 만드는 방법을 찾아야 한다는 것이다. 그뿐만 아니라 자동 기계번역이 쿼리가 아닌 완전한 텍스트로 구축된다는 문제도 있다. 따라서 여러 의미를 가진 단어일 경우 쿼리가 잘못 번역될 수 있다.

....
3 옮긴이_ 두 점 사이의 거리를 계산할 때 일반적으로 사용하는 방법이다. 이 거리를 사용하여 유클리드 공간을 정의할 수 있다.

자동 기계번역이 옵션이 아닐 때는 단어 임베딩 사용을 고려할 수도 있다. 그러려면 앞서 언급한 변환이 필요하다. 이는 본질적으로 시퀀스 예측 없이 변환 모델을 구축하는 것이다.

17.6 체크리스트

프로젝트에 대해서 다음 질문을 고려해보자.

- 어떤 언어를 지원해야 하는가?
- 어떤 문자 표기 체계를 지원해야 하는가?
- 어떤 유니코드 블록을 지원해야 하는가?
- 상담할 수 있는 언어 전문가가 있는가?
- 텍스트 처리
  - 어떤 언어 유형을 지원해야 하는가?
  - 언어를 지원하는 데 필요한 참조 데이터(표제어, 어간 추출 알고리즘)가 있는가?
- 다국어 분류
  - 다국어 모델이 필요한가? 아니면 언어당 하나의 모델이 필요한가?
  - 레이블이 언어 간에 동일한가? 아니면 비슷한가?
  - 데이터 레이블링을 위한 레이블러labeler가 있는가?
- 다국어 딥러닝
  - 내가 작업하는 언어는 얼마나 다른가?
  - 내가 함께 일하는 문화는 얼마나 다른가?
- 언어 간 검색
  - 사용자가 단일 쿼리로 여러 언어를 검색해야 하는가?
  - 자동 기계번역 모델에 접근할 수 있는가?

17.7 마치며

다국어 애플리케이션을 다루는 일은 복잡할 수 있지만 좋은 기회도 제공한다. 다국어 NLP 애플리케이션은 많지 않다. 이러한 애플리케이션을 만든 경험이 있는 사람도 많지 않다.

다국어 애플리케이션이 어려운 이유 중 하나는 레이블이 지정된 다국어 데이터의 가용성이 낮기 때문이다. 즉, 다국어 NLP 프로젝트에서 레이블링된 데이터를 수집해야 할 때가 많다는 의미다. 18장에서는 수동 레이블링을 살펴본다.

## CHAPTER 18

수동 레이블링

앞서 몇몇 부분에서 수동 레이블링human labeling을 언급했다. 18장에서는 인간이 다양한 종류의 NLP 작업에 대해 실제로 레이블링을 할 수 있는 방법을 살펴본다. 가이드라인과 같은 일부 원칙은 일반 레이블링에 적용할 수 있다. NLP 레이블링 작업에 필요한 특별한 고려 사항은 언어 작업을 처리할 때의 기술적인 측면과 숨겨진 주의 사항에 관한 것이다. 예를 들어 누군가에게 품사에 레이블을 지정하도록 요청하려면 그들이 품사가 무엇인지 이해할 수 있어야 한다. 먼저 몇 가지 기본적인 문제를 살펴보자.

여러분의 실제 입력이 무엇일지 생각해볼 가치가 있다. 예를 들어 분류 작업에 대한 문서를 레이블링할 경우 입력은 명백하게 문서다. 그러나 개체명을 표시할 경우 사람이 전체 문서를 찾아볼 필요가 없으므로 이를 단락 또는 문장으로 나눌 수 있다. 반면 9장에서 논의한 상호 참조 해결coreference resolution에는 장거리 상호 참조가 있을 수 있으므로 전체 문서를 수동으로 작업해야 한다.

또 다른 고려 사항은 여러분의 작업에 도메인 전문 지식이 필요한지 아니면 일반적인 지식이 필요한지 여부다. 전문 지식이 필요하다면 레이블 수집에 더 많은 시간과 비용이 소요될 수 있다. 확실하지 않다면 실험을 봉해 확인힐 수 있다. 전문가(또는 가능하면 전문가 그룹)과 비전문가 그룹이 데이터의 부분집합에 레이블을 표시한다. 비전문가와 전문가가 충분히 높은 수준의 합의에 도달한다면 전문가 레이블링이 없어도 성공할 수 있다. 이 장의 뒷부분에서는 레이블러가 동의하는 빈도를 측정하는 레이블러 간 계약을 살펴본다.

레이블링할 때 우리가 먼저 생각해야 할 부분은 레이블러의 작업을 정의하는 것이다. 얼마나 많은 설명을 해야 하는지에 관한 의견들이 다른 만큼 때때로 논란이 되는 주제이기도 하다.

> **NOTE_ 용어 참고 사항**
>
> 레이블링과 레이블링을 수행하는 사람들을 위한 용어로는 레이블링labeling, 레이블러labeler, 등급rating, 평가rater, 심사judging, 심판 judges 등이 있다. 한편 레이블러를 평가할 때 필요한 사전 레이블링된 예로는 (골든 셋golden set이라고도 하는) 정답 셋ground truth set과 같은 용어가 있다. 이번 18장에서는 '레이블링/레이블러'와 '골든셋'을 사용한다.

18.1 가이드라인

가이드라인은 레이블러에게 작업을 수행하는 방법을 알려준다. 작업에 필요한 세부 사항은 종종 논쟁의 여지가 있다. 여기 다행스럽게도 여러분이 기억할 수 있는 몇 가지 경험적 규칙이 있다.

첫 번째, 가이드라인이 제품에 대해 예상되는 내용을 반영하는지 확인하라. 예를 들어 스팸 이메일 분류기에 대한 레이블을 수집할 때는 스팸이 의미하는 바를 명확히 해야 한다. 사람들은 때때로 뉴스레터나 기타 자동화된 이메일을 스팸spam이라고 부른다. 여러분의 모델은 수동 레이블러의 공정과 비슷할 뿐만 아니라 제품 기능의 역할도 할 것으로 예상된다. 즉, 우리의 작업을 명확하게 정의하는 데 사용할 수 있는 두 가지 기대치가 있다는 뜻이다. 필자는 생각의 실험으로 시작하기를 좋아한다. 만약 필자가 모든 시간과 예산상의 제약을 잊고 제품을 작업하기 위해 다수의 레이블러를 고용한다면 어떻게 될까? 필자는 그들에게 고객이 원하는 사항이 무엇이라고 말할 수 있을까? 정답은 가이드라인을 기초로 한다.

이제 작업에 대한 올바른 정의를 내렸으니 몇 가지 다른 고려 사항만 남았다. 두 번째 규칙은 올바른 레이블이 무엇인지를 지나치게 제약하지 않는 것이다. 일부 작업은 당연히 애매모호하다. 만약 여러분이 이러한 자연스러운 모호성을 제한하려 한다면 여러 가지 문제가 발생할 수 있다. 첫 번째 문제는 모델이 편향성을 보일 수 있다는 점이다. 두 번째 문제는 부자연스럽게 문제를 제한할 경우 레이블러가 고려하지 않은 상황에서 잘못된 결과를 제공할 수 있다는 것이다.

이러한 아이디어를 더 구체화할 수 있는 시나리오를 생각해보자.

18.2 시나리오: 학술 논문 분류

이전 장의 시나리오를 가져오자. 우리는 여러 언어(영어, 프랑스어, 독일어 및 러시아어)로 된 연구 논문을 가져와서 수학, 생물학, 물리학 등을 학과별로 분류하는 애플리케이션을 구축하고 있다. 레이블링 풀labeling pool은 다양한 학과의 학부생과 대학원생으로 구성된다. 레이블러가 연구 논문의 언어를 사용한다고 확신할 때 외에는 무작위로 문서를 제공할 것이다. 이는 영어와 프랑스어를 구사하는 언어학과의 학부생이 프랑스어로 된 물리학 논문을 얻을 수는 있지만 독일어로 된 논문은 얻을 수 없음을 의미한다.

우리의 첫 번째 경험 법칙rule of thumb을 적용해보자. 제품 사용자는 각 문서에 대해 올바르게 구분된 태그가 지정되기를 바란다. 그러나 여러 학문 간의 논문인 만큼 각 문서에 단 하나의 정답이란 없을 수도 있다. 이는 옳고 그름 사이에 다소 모호한 경계를 만든다. 우리는 문제를 합리적으로 제한하고자 몇 가지 간단한 규칙을 정의할 수 있다. 예를 들어 물리학 논문에는 항상 수학적 내용이 포함되지만 철학과 교육학 논문은 예외다. 그러나 이것이 물리학 태그가 있는 모든 논문에 수학 태그가 있어야 한다는 의미는 아니다.

사실 잘못된 긍정을 퍼뜨리는 건 잘못된 부정을 퍼뜨리는 것보다 훨씬 더 좋지 않다. 이와 같은 애플리케이션 사용자는 논문을 검색하거나 탐색할 수 있다. 만약 거의 모든 물리학 논문에 수학 태그가 있다면 수학 논문을 보는 사람들은 모든 물리학 논문을 검토해야 할 것이다. 만약 우리가 여러 레이블을 지원하지 않는다면 학제 간 논문이 검색될 가능성은 떨어질 것이다. 후자의 문제는 레이블러 간의 합의 및 반복 레이블링과 관련된 기법으로 해결할 수 있다. 하지만 지금은 레이블러가 여러 레이블을 지정할 수 없음을 가이드라인에서 명확히 해야 한다. 대신 우리는 주어진 문서에 가장 적합한 학과를 선택하도록 레이블러에게 지시할 것이다.

두 번째 경험 법칙은 작업을 부자연스럽게 제한하지 않는 것이다. 우리는 첫 번째 법칙을 지키는 과정에서 이미 작업을 부자연스럽게 제한했다. 우리는 모든 논문을 한 사람 이상 볼 수 있도록 함으로써 이 문제를 줄여 나가기 시작한다. 즉, 각 문서를 얼마나 많은 사람이 보는가에 따라 작업량이 두 배 이상 증가한다는 것을 의미한다.

따라서 우리 가이드라인은 레이블러들에게 각 문서에 가장 적합한 학과 태그를 선택하도록 지시할 것이다. 이러한 지시는 그들에게 모호성도 가능하다고 경고하는 것이다. 또한 가이드라인에 예시를 포함해야 한다. 필자는 보통 레이블을 식별하기 쉬운 몇 가지 명확한 예와 모호한 예를 함께 보여주고자 한다. 예를 들어 물리학 논문의 명확한 예로는 특수 상대성 이론에 관한 아인슈타인의 논문인 「움직이는 물체의 전기역학On the Electrodynamics of Moving Bodies」을 꼽을 수 있다. 한편 여러분은 레이블러가 모호한 예를 접했을 때 탈선하지 않도록 미리 모호성에 대비하려 한다.

외부 레이블러(다른 조직의 레이블러)를 사용할 때도 사내에서 가이드라인을 테스트해보는 게 좋다. 팀원 몇 명을 불러서 가이드라인을 읽고 몇 가지 예를 판단해보기를 권한다. 그런 다음 제품의 소유자와 가능하면 이해관계자와 함께 예제를 검토하라. 가이드라인을 작성할 때는 많은 가정assumption을 적어야 한다. 다른 사람들이 여러분의 가이드라인을 사용하고 결과를 평가하도록 함으로써 이러한 가정들을 확인할 수 있다.

이제 가이드라인이 나왔으니 레이블 사용을 개선할 수 있는 몇 가지 기술에 관해 이야기해보자.

> **NOTE_ 레이블러를 찾을 수 있는 장소**
>
> 레이블러를 찾을 수 있는 곳은 과제 종류에 따라 달라진다. 일반 지식이 필요한 공개 데이터를 사용하여 작업에 대한 레이블을 수집하려 한다면 Amazon Mechanical Turk 또는 Figure Eight와 같은 크라우드소싱crowdsourcing[1] 솔루션을 사용할 수 있다. 전문 지식이 필요할 때는 비용이 더 많이 들지만 크라우드소싱을 사용할 수 있다. 한편 희귀한 기술이라면 레이블러를 찾아야 할 것이다.
>
> 데이터를 공개할 수 없는 경우라면 조직 내에서 레이블러를 모집해야 할 수 있다. 일부 조직에는 이러한 목적에 대비한 자체적인 정규직 레이블러가 있다.

18.3 레이블러 간 동의

레이블러 간 동의inter-labeler agreement란 레이블러들 간의 일치를 말한다. 서로 다른 레이블러에 의해 동일하게 레이블링된 사례의 비율에 대한 지표를 가리킬 때 쓰는 용어다. 그 개념은 수동 레이블링에서 다음과 같은 용도로 많이 활용된다.

첫째, 모델이 실질적으로 얼마나 잘 작동할 수 있는지를 결정하는 데 이 용어를 사용할 수 있다. 예를 들어 우리 시나리오에서 여러 레이블러가 레이블링한 문서의 85%가 동일한 레이블로

---

1 옮긴이_ 기업 활동의 전 과정에 소비자 또는 대중이 참여할 수 있도록 일부를 개방하고 참여자의 기여로 기업 활동 능력이 향상하면 그 수익을 참여자와 공유하는 방법이다.

지정되어 있다면, 이 작업 모델에서는 인간 수준에서 수행했을 때 85%의 정확도를 얻을 수 있다. 이 정확도가 항상 정확하게 맞을 필요는 없다. 특히 레이블러가 모델 기반 권장 사항을 승인하는 작업만 필요한 경우 훨씬 높은 정확도를 볼 수 있다. 이것은 모델 기반 권장 사항이 인간에게 유리하게 작용하기 때문이다.

레이블러 간 동의의 또 다른 용도는 작업에 어려움을 겪고 있거나 실제로 레이블링을 하지 않는 레이블러를 찾는 것이다. 다른 레이블러들과 일치율이 낮은 레이블러가 있다면 그들의 작업을 검토하는 것이 좋다. 이에 관한 많은 설명이 있을 수 있는데 가능한 이유는 다음과 같다.

- 가이드라인이 모호하다.
- 가이드라인을 다른 레이블러들과 다르게 해석한다.
- 그들은 그 문제에 대해 서로 다른 전문성을 가지므로 서로 다른 결론을 내린다.
- 그들은 가이드라인을 읽지 않았고 아마도 레이블링을 위해 노력하지 않는다.

잘못된 의도로 인한 결과라고 하기 전에 다른 설명은 배제해야 한다. 만약 처음 두 가지 설명 중 하나에 해당한다면 여러분은 가이드라인을 적절하게 조정할 수 있다. 세 번째 설명에 해당할 때는 해당 결론이 제품에 유효할지 여부를 고려해야 한다. 만약 결론이 유효하다면 그 레이블은 괜찮지만 문제는 처음 생각했던 것보다 더 어려워질 수 있다. 반면 결론이 유효하지 않다면 여러분은 가이드라인에 이러한 종류의 예에 대한 지침을 포함해야 한다. 만약 잘못된 의도로 인한 결과라고 생각될 때는 데이터에 노이즈가 추가되므로 이러한 레이블은 삭제해야 한다.

한편, 레이블링이 되지 않은 데이터에 대해 검증된 레이블 예제의 골든셋을 사용하여 레이블링의 품질을 측정할 수도 있다. 이 골든셋은 여러분의 데이터와 유사한 공개 데이터셋에서 가져온 것일 수도 있고 직접 큐레이팅한 것일 수도 있다. 이렇게 하면 여러 레이블러에게 예제를 보여주지 않더라도 잠재적으로 문제가 있는 레이블을 생성하는 레이블러를 찾을 수 있다. 다만 이처럼 검증된 레이블은 여전히 가정에 기반을 둘 수 있으므로 가정이 틀릴 경우 레이블러가 잘못된 레이블을 생성한다고 잘못 나타낼 수 있다.

레이블러 간 일치의 가장 유용한 활용 사례는 모호한 예를 찾는 것이다. 레이블러 간 일치를 검토하고 레이블의 품질이 우수하다고 판단되면 다른 레이블을 사용하여 레이블의 모호성 여부를 나타낼 수 있다. 우선 우리는 이러한 모호한 예를 찾아야 한다. 연구 논문의 4분의 1 분량에 여러 레이블이 있을 때는 다중 클래스 문제가 아닌 다중 레이블 문제로 간주할 수 있다. 소수의 문서에만 여러 레이블이 있을 때는 대부분의 레이블을 지지거나 (한데 묶인 레이블을) 임의로 사용할 수 있다. 그렇지 않으면 여러 레이블의 유효성 검사^{validation}를 하거나 홀드아웃 셋$^{hold-out\ set}$에 유지할 수도 있다. 이렇게 하면 학습 데이터가 일관되게 유지되지만, 유효한 다른 레이블이 들어와도 영향이 없다. 레이블의 모호성을 처리하는 데 사용할 수 있는 또 다른 기술은 반복 레이블링이다. 이렇게 하면 레이블러를 사용하여 서로의 작업을 익명으로 확인할 수 있다.

18.4 반복 레이블링

레이블링을 반복하면 작업량을 크게 늘리지 않고도 레이블의 품질을 개선할 수 있다. 레이블링 작업을 최소한 두 단계로 나누는 것이다. 첫 번째 단계에서는 모호성 및 도메인 전문 지식의 부족으로 인해 오류가 있을 수 있음을 레이블러가 이해하고, 적절한 레이블을 신속하게 할당한다. 그다음 단계에서는 더 많은 전문 지식을 가진 레이블러가 레이블을 검증하거나 무효화한다. 우리 시나리오에서는 이것이 어떻게 보일지 살펴보자.

첫 번째 과제는 논문의 언어를 아는 학부생 레이블러에게 보내는 연구 논문이다. 그 뒤에 해당 논문은 (마찬가지로 논문의 언어를 아는) 첫 번째 레이블러가 지정한 학과 대학원생에게 보낸다. 두 번째 레이블러인 졸업생은 첫 번째 레이블러의 작업만 검증한다.

여기에는 몇 가지 장단점이 있다. 장점은 작업비가 높은 졸업생의 업무량이 적은 만큼 비용을 절감할 수 있다는 것이다. 학과에 배정된 연구 논문을 해당 학과의 누군가가 검토한다는 것도 장점이다. 단점은 각 학과와 언어에 맞는 대학원생이 필요하다는 점인데, 바꿔 말하면 찾지 못할 수도 있다는 뜻이다. 이때 여러분은 대학원생들이 자신에게 익숙한 학과를 대표하도록 자원하는 걸 허용함으로써 이러한 요구 사항을 완화할 수 있다. 예를 들어 러시아어를 하는 물리학과 졸업생은 러시아어로 수학을 하는 일에 자원할 수 있다.

그 밖에도 반복 레이블링을 사용하면 복잡한 작업을 일련의 간단한 작업으로 단순화할 수 있다. 특히 텍스트 관련 레이블링에 유용하다. 그러면 텍스트 관련 레이블링의 몇 가지 특별한 고려 사항을 살펴보자.

18.5 텍스트 레이블링

지금까지 다룬 내용의 대부분은 일반적으로 레이블링에 적용된다. 이번에는 텍스트를 레이블링할 때 명심해야 할 몇 가지 고려 사항을 살펴보자.

18.5.1 분류

분류하는 문서의 크기에 유의해야 한다. 트윗이나 그와 유사한 작은 텍스트를 분류하는 경우 레이블러는 작업을 빠르게 처리할 수 있어야 한다. 시나리오와 같이 더 큰 텍스트라면 레이블러가 피로해질 우려가 있다. 레이블러의 이러한 피로감은 개별 작업(문서 분류) 시 시간이 오래 걸리거나 많은 작업 후에 레이블러가 주의를 덜 기울일 때 발생한다. 인간은 본래 게으르다는 주장은 논쟁의 여지가 있으며, 우리가 컴퓨터를 만든 이유이기도 하다. 즉, 레이블러는 (때로는 의도치 않게) 작업을 수행하는 쉬운 방법을 찾을 것이다(예: 문서에서의 특정 단어 검색). 하지만 이러한 레이블은 품질이 좋지 않다.

만약 여러분이 이 작업을 더 작게 만들고 싶다면 다음과 같은 두 가지 방법으로 수행할 수 있다. 첫 번째, 레이블러가 초록abstract을 분류하도록 한다. 즉, 레이블러가 가진 작업에 대한 정보량은 적지만 더 빠르게 작업을 처리할 수 있다. 두 번째, 가이드라인을 사용하여 레이블러들에게 개별 작업에 많은 시간을 소비하지 않도록 조언한다. 이때 후자의 접근 방식을 사용하려면 문서를 여러 사람에게 확실하게 전달해야 한다.

18.5.2 태그 지정

텍스트 레이블링의 두 번째 유형은 태깅, 즉 태그 지정tagging이다. 레이블러에게 텍스트의 일부를 식별하도록 요청하는 것으로, 문서에서 개체명을 찾는 작업 등이 그러한 예다. 시나리오에서는 태그 지정을 사용하여 문서에서 전문용어를 찾을 수 있다. 그런 다음 분류 모델에 다운스트림으로 제공되는 개념 추출 애너테이터annotator를 구축하는 데 사용될 수 있다. 문서기 몇 개의 문장을 합친 것보다 더 길면 개별 작업은 매우 어려워질 수 있다. 특히 개체명 인식과 같은 작업을 수행할 때는 문서를 문장으로 나누고 문서 대신 문장에서 개체를 식별하는 작업을 고려해야 한다.

이러한 종류의 작업에서 고려해야 할 또 다른 주의 사항은 언어학 지식이 필요할 수 있다는 점이다. 예를 들어 폴란드어로 작성된 논문을 접수한다고 가정해보자. 다른 언어들은 품사 분석기tagger가 포함된 처리 파이프라인에서 지원되지만 폴란드어에는 이러한 모델이 없다. 게다가 품사를 식별하는 일은 일반적인 지식이 아닐 수 있다. 여러분은 폴란드어뿐만 아니라 폴란드어 문법을 전문적으로 아는 사람을 찾아야 한다. 일부 폴란드어 사용자는 그에 관한 지식을 가지고 있지만, 레이블러를 찾을 때는 이 요구 사항을 명시해야 한다.

18.6 체크리스트

프로젝트에 대해서 다음 질문을 고려해보자.

- 입력 내용(문서, 문장, 메타데이터 등)은 무엇인가?

- 입력은 분할할 수 있는가?

- 이 작업에는 도메인 전문 지식이 필요한가? 아니면 일반적인 지식이 필요한가?

- 가이드라인 체크리스트
  - 이 작업이 제품의 기능을 지원하는 방법을 설명할 수 있는가?
  - 이 작업은 얼마나 모호한가? 여러 개의 정답이 있을 수 있는가?
  - 작업에는 어떤 제약이 있는가?
  - 누가 함께 이 가이드라인을 테스트할 수 있는가?

- 레이블러 간의 합의 체크리스트
  - 모든 예제에 대해 여러 레이블러를 가용할 여유가 있는가? 아니면 일부라도 가능한가?
  - 레이블러의 정확성을 측정할 수 있는 골든셋이 있는가?

- 반복 레이블링 체크리스트
  - 본인의 작업을 여러 단계로 나눌 수 있는가?
  - 각 단계에 적합한 레이블러가 있는가?

- 텍스트 레이블링 체크리스트
  - 어떤 종류의 텍스트 레이블링 작업을 수행하고 있는가?
  - 작업 규모가 큰가? 규모를 더 작게 만들 수 있는가?
  - 작업에서 사용하는 언어에 대한 기술적 지식이 필요한가?

18.7 마치며

레이블 수집은 인간의 판단 측정에 도움이 될 수 있는 모든 애플리케이션에 필요한 소중한 기술이다. 레이블링된 데이터를 직접 생성할 수 있다면 불가능한 작업도 가능해진다.

지금까지 레이블 수집에 관해 이야기했으므로, 애플리케이션을 배포하려면 어떻게 해야 하는지 살펴보자.

## CHAPTER 19

NLP 애플리케이션 제작

이 책에서는 NLP 애플리케이션을 구축하는 데 사용할 수 있는 다양한 접근 방식과 기법을 설명했다. NLP 애플리케이션을 계획하고 개발하는 방법도 논의했다. 이제 NLP 애플리케이션 배포에 관해 이야기해보자. 또한 생산 환경에 모델을 배포하는 방법에 관해서도 알아보자.

모델 배포 방법을 논의하기에 앞서 제품의 요구 사항부터 알아야 한다. 모델이 일괄 처리에 사용하는 경우와 개별적인 웹 서비스에 사용하는 경우 각각의 배포 방법을 변경해야 한다. 또한 모델에 어떤 종류의 하드웨어가 필요한지를 알아야 한다. 여기에서 논의할 몇 가지 사항(예를 들면 프로덕션에서 사용 가능한 하드웨어)은 모델링을 하기 전에 미리 고려해야 한다.

작업하기 가장 수월한 상황은 애플리케이션이 내부 클러스터에서 일괄 처리로 실행될 경우다. 즉, 성능 요구 사항은 조직의 내부 사용자만을 기반으로 하며 데이터 보안도 더 간단해진다. 하지만 모든 일이 이렇게 간단하지는 않다.

생산 품질 시스템을 배포할 때 고려할 또 하나의 중요한 사항은 애플리케이션이 지나치게 많은 리소스를 차지하지 않고도 사용자 요구 사항에 맞춰 빠르게 작동하도록 하는 것이다. 이번 19 장에서는 NLP 시스템 성능을 최적화하는 방법을 살펴본다.

먼저 최적화하려는 항목을 고려해야 한다. 사람들이 성능 테스트라고 말할 때는 보통 프로그램이 실행되는 데 걸리는 시간과 차지하는 메모리의 양을 테스트하는 것을 가리킨다. 문서 크기의 변동 가능성 때문에 NLP 기반 애플리케이션 성능 테스트는 더 어려워질 수 있다. 또한

Spark NLP와 같은 애너테이션 프레임워크는 입력보다 훨씬 더 많은 데이터를 생성할 수 있으므로 디스크 사용량을 최적화하는 것도 중요하다. Spark NLP는 분산 프레임워크인 만큼 분산 시스템으로서의 성능도 고려해야 한다.

분산 시스템은 개별 시스템의 모든 성능 요구 사항을 고려하고 클러스터가 효율적으로 사용되는지 확인해야 한다. 이는 다시 말해 리소스를 불필요하게 제한하지 않고 프로세스에 할당된 리소스를 사용하고 있다는 의미다.

애플리케이션이 제작 단계에 있더라도 아직 수행해야 할 작업이 있다. 우리는 소프트웨어와 모델의 성능을 모니터링해야 한다. 19장에서는 애플리케이션을 실행하고 싶을 때 해야 할 작업에 관해 이야기한다.

모든 애플리케이션을 활성화하는 첫 번째 단계는 제품 소유자와 이해관계자가 만족하는지를 확인하는 것이다. 일부 애플리케이션의 경우에는 요구 사항의 기능을 시연할 수 있음을 보여주는 것만큼이나 간단한 일이다. 하지만 NLP 기반 애플리케이션에서는 이 작업이 더 어려울 수 있다. NLP가 작동하는 방식에 대한 관점이 잘못된 경우가 종종 있기 때문이다. 이것이 테스트가 중요한 이유다.

19장의 체크리스트는 이 책의 다른 장보다 훨씬 많다. NLP 애플리케이션 배포가 매우 복잡할 수 있기 때문이다. 조금 벅차 보일 수도 있겠지만, 이러한 질문에 대한 답을 활용하면 우리 프로젝트의 범위를 더 명확하게 파악할 수 있다.

그럼 모델 배포부터 시작해보자.

19.1 Spark NLP 모델 캐시

이 책의 여러 장에 걸쳐 Spark NLP의 사전 학습된 모델을 사용했다. 이러한 모델은 로컬 캐시에 저장된다. 파이프라인의 개별 단계에 대한 모델뿐만 아니라, 사전 학습된 파이프라인 역시 텐서플로 모델과 마찬가지로 로컬 캐시에 저장된다.

이 책에서 신경망을 탐색할 때는 케라스를 사용했다. 케라스는 신경망 라이브러리를 위한 고급 API다. 한편 텐서플로는 실제 연산을 수행하는 프레임워크다. 다만 텐서플로 모델은 운용자 시스템뿐만 아니라 작업자 시스템에서도 필요로 하는 또 다른 것이다. Spark NLP는 해당 컴퓨터가 인터넷에 접속하는 한 캐시 설정을 처리한다. 인터넷에 접근할 수 없을 때는 HDFS와 같은 공유 저장소에 파일을 저장하고 해당 위치에서 로드하도록 코드를 수정할 수 있다.

이 모델 캐시를 사용하려면 영구 디스크 저장소에 대한 접근 권한이 필요하다. 대부분의 배포 시나리오는 이 요구 사항을 충족하지만, 아마존 람다^{Amazon Lambda}에 배포하려 할 때는 좋은 방법이 아니다.

스파크는 보통 실시간 NLP 애플리케이션에 적합한 솔루션은 아니다. 캐시가 성능을 높여주지만 스파크의 오버헤드는 최소화한다. 스파크 외부에서 실행되는 사전 학습된 파이프라인인 Spark NLP를 사용할 수 있지만, 외부 시나리오에 배포하기 전에 성능 테스트부터 해야 한다.

고려해야 할 또 다른 사항은 제작 환경에서의 메모리 가용성이다. Spark NLP는 정적 임베딩을 위한 메모리 내 키-값 저장소로 RocksDB를 사용한다. 이때 환경이 해당 메모리 로드를 지원할 수 있는지 확인해야 한다. 스파크를 사용할 때는 임베딩을 위한 메모리가 (거의 확실히) 충분하다.

Spark NLP가 모델에 엑세스하는 방법을 이야기했다. 이제 텐서플로와 통합하는 방법을 살펴보자.

19.2 Spark NLP와 텐서플로 통합

텐서플로는 대부분의 데이터 과학자가 파이썬 인터페이스에서 사용하지만 C++와 CUDA로도 구현된다. Spark NLP는 스칼라^{scalar}로 구현되었으므로 파이썬 인터페이스뿐만 아니라 JVM에서도 실행된다. Spark NLP는 자바 인터페이스를 통해 텐서플로와 통신한다. 그러려면 이러한 모델을 사용할 모든 시스템에 텐서플로를 설치해야 한다. 불행히도 이것은 JAR 파일 외부에 종속성이 있음을 의미한다.

파이썬 Spark NLP 패키지를 사용할 때는 텐서플로가 종속되어 있으므로 문제가 되지 않는다. 이러한 종속성 때문에 여러분은 애플리케이션을 실행하는 모든 생산 시스템에 이 소프트웨어를 설치할 수 있어야 한다. 또한 GPU의 텐서플로에 대한 종속성도 다르므로 GPU를 사용할지 여부도 확인해야 한다.

GPU가 학습 시간을 크게 높일 수 있는 이유는 GPU가 일괄 병렬처리를 수행할 수 있도록 구축되었기 때문이다. 이는 행렬 연산에 유용하다. 그러나 모든 시스템에 이를 위한 적절한 하드웨어가 있는 것은 아니다. 즉, 프로젝트에 GPU를 지원하려면 추가 투자가 필요할 수 있다. 개발 시스템에서 학습할 경우에는 몇몇 간단한 GPU 학습에 적합한 공통 비디오 카드가 있다. 학습은 모델을 제공하는 것보다 훨씬 더 계산 집약적이므로 학습을 위해 GPU 지원만 필요할 수 있다. 일부 모델은 GPU에서 모델을 평가하는 속도가 엄청나게 느릴 정도로 복잡하다. 이처럼 복잡한 모델을 사용하고자 할 때는 하드웨어 인프라를 처리하는 팀과 협력해야 한다. 그들은 시스템을 요청해야 하며, 적절한 시간 내에 모델을 제공할 수 있는지 확인하기 위해 성능 테스트를 수행해야 한다.

Spark NLP와 관련된 배포 고려 사항을 설명했으니 이제 복합 시스템 배포를 논의해보자.

19.2.1 스파크 최적화의 기본

스파크 기반 프로그램 및 그에 따른 Spark NLP 기반 프로그램을 최적화하는 데 있어서 중요한 측면은 지속성^{persistence}이다. 지속성에 관해 이야기하기 위해 스파크의 구성 방식부터 살펴보자.

DataFrame에 대한 참조가 있을 경우, 스파크는 느리기 때문에 클러스터의 실제 데이터를 참조할 필요는 없다. 즉, 데이터를 로드하거나 문자열을 소문자로 변환하는 것과 같은 몇몇 간단한 변환을 수행하려 해도 데이터가 로드되거나 변환되지 않는다는 의미다. 대신 스파크는 실행 계획을 세운다. 이 실행 계획에 더 많은 지침을 추가하면 **유향 비순환 그래프**$^{directed\ acyclic\ graph}$(DAG)가 형성된다. DataFrame에서 데이터를 요청하면 스파크가 작업을 생성하도록 트리거^{trigger}한다. 작업은 여러 단계로 나뉜다. 참조를 가진 객체에 대한 데이터를 생성하는 데 필요한 일련의 처리 단계다. 이러한 단계들은 각 파티션에 대해 하나씩 실행자^{executor}에게 분배되는 작업으로 분할된다. 실행자는 프로세서가 있는 만큼의 작업을 실행한다.

DataFrame을 유지하면 스파크가 실제 데이터를 인식하고 저장한다. 이 기능은 특정 데이터셋을 재사용할 때 유용하다. 예를 들어 로지스틱 회귀 모델을 학습할 때 데이터에 대한 반복이 발생한다. 반복할 때마다 스파크가 디스크에서 다시 로드되지 않도록 학습 데이터가 포함된 DataFrame을 유지해야 한다. 다행히도 로지스틱 회귀를 위한 학습 코드에 구현되어 있으므로 여러분이 직접 수행할 필요는 없다.

데이터가 유지되는 방식을 제어하는 매개변수가 있다. 첫 번째는 디스크 사용 여부다. 디스크에 데이터가 계속 남아 있으면 더 많은 공간이 생기지만 다시 로드하는 데 시간이 훨씬 더 오래 걸린다. 두 번째 매개변수는 메모리 사용 여부다. 디스크 또는 메모리를 사용하거나 둘 다 사용할 수도 있다. 둘 다 선택할 경우 스파크는 메모리에 저장할 수 있는 내용을 저장했다가 필요할 때마다 디스크에 'spill'[1]한다. 또한 오프 힙 메모리off-heap memory[2]를 사용하도록 선택할 수도 있다.

자바의 메모리에는 두 부분이 있다. 하나는 힙 또는 온 힙 메모리on-heap memory로, 자바 객체가 저장되는 부분이다. JVM 가비지 컬렉터는 힙에서 동작한다. 또 다른 부분은 오프 힙 메모리다. 자바는 JVM이 사용하는 클래스, 스레드 및 기타 데이터를 오프 힙 메모리에 저장한다. 오프 힙 메모리 공간에 데이터를 유지한다는 것은 JVM에 할당된 메모리로 제한되지 않는다는 의미다. JVM이 오프 힙 메모리 공간을 관리하거나 제한하지 않으므로 자칫 위험할 수 있다. 힙 메모리를 지나치게 많이 차지하면 프로그램에 메모리 부족 오류를 나타내는 OutOfMemoryError가 발생한다. 한편 힙이 아닌 메모리를 지나치게 많이 차지하면 잠재적으로 시스템이 다운될 수도 있다.

영구 데이터를 저장할 위치를 구성하는 것 외에도 데이터의 직렬화 여부를 결정할 수 있다. 직렬화된 데이터를 저장하면 공간을 더 효율적으로 활용할 수 있지만 CPU 사용량이 그만큼 더 많아진다. 마지막 매개변수는 복제replication다. 이를 사용하면 데이터가 서로 다른 작업자에게 복제되므로 작업자가 실패할 경우 유용하다.

지속성을 유지하면 불필요하게 작업을 재실행하지 않아도 되지만, 한편으로는 작업을 효율적으로 수행할 수 있어야 한다. 파티션이 지나치게 크면 실행자가 파티션을 처리할 수 없다. 이때 실행자에 더 많은 메모리를 추가할 수 있지만 그 결과 CPU 사용률은 떨어진다. 한편 작업자가 여러 개의 코어를 가지고 있지만, 하나의 코어에서 하나의 파티션만 처리하는 데 대부분의 메모리를 사용할 경우에는 다른 모든 코어가 낭비된다. 대신 파티션의 크기를 줄여야 한다. 하지만 여러분은 다른 극단적인 방법을 취하고 싶지는 않다. 스파크는 데이터를 섞어야shuffle 할 수 있으므로 파티션에 오버헤드가 있다. 이로 인해 집계 및 그룹별 작업이 매우 비효율적으로 수행된다. 각 파티션의 이상적인 크기는 200MB여야 한다.

---

1 옮긴이_ 스파크 메모리 관리에서 사용하는 용어로 '채우다'라는 의미로 해석할 수 있다.

2 옮긴이_ '힙 밖에 저장한다'라는 의미로 가비지 컬렉터(GC)의 대상 메모리가 아니라는 뜻이다.

스파크 개발자는 성능을 개선할 새로운 방법을 지속적으로 연구하고 있으므로 각 버전의 프로그래밍 가이드를 확인하여 애플리케이션을 최적화하는 새로운 방법이 있는지 확인해야 한다.

스파크 작업을 최적화하는 방법에 대해 이야기했으니 이제 성능 향상을 위한 몇 가지 설계 수준의 고려 사항을 알아보자.

19.2.2 설계 수준의 최적화

NLP 애플리케이션을 설계할 때는 파이프라인을 관리 가능한 부분으로 나누는 방법을 고려해야 한다. 단일 파이프라인을 가지고 싶을 수 있지만 그로 인해 몇 가지 문제가 발생한다. 첫 번째 문제는 여러분의 작업에 모든 것이 포함되므로 코드를 유지하기가 더 어렵다는 점이다. 코드를 유지 관리할 수 있는 구조로 구성하더라도 런타임 오류는 진단하기 더 어려워진다. 두 번째 문제는 작업 설계의 비효율성이다. 데이터 추출이 메모리 집약적이지만, 일괄batch 모델 평가가 메모리 집약적이지 않으면 평가 중 불필요하게 리소스를 차지한다. 대신 데이터 추출과 모델 평가라는 두 가지 작업을 해야 한다. 여러분은 (아파치 에어플로Apache Airflow, 데이터브릭스 작업 스케줄러Databricks job scheduler 등과 같은)클러스터의 작업 오케스트레이터job orchestrator를 사용해야 한다. 여러분의 애플리케이션이 데이터를 로드하고 모델을 일괄 작업으로 실행할 경우, 코드를 더 쉽게 관리할 수 있는 청크로 나누기 위해 만들 수 있는 잠재적인 작업 목록은 다음과 같다.

- 데이터 준비
- 기능 생성
- 하이퍼파라미터 조정
- 최종 학습
- 지표 계산
- 모델 평가

이 항목들을 잠재적으로 결합할 수도 있지만, 클러스터의 다른 점유자를 고려하고 워크플로의 여러 부분에서 필요한 리소스도 염두에 두어야 한다.

또 다른 중요한 측면은 파이프라인이 소비하고 생산하는 데이터와 파이프라인을 모니터링하는 부분이다. 이상한 문서나 빈 문서 또는 평소보다 300배 더 큰 문서로 인한 '미스테리mysterious한'

오류가 많이 발생한다. 여러분은 파이프라인에서 정보를 기록해야 한다. 때때로 이것은 그 자체로 빅데이터를 만들어낸다. 파이프라인을 디버깅하지 않는 한 각 문서에 대한 정보를 출력하거나 처리 중인 내용을 기록할 필요는 없다. 대신 최솟값, 평균 및 최댓값을 추적할 수 있다. 추적해야 할 기본값은 문서 크기와 처리 시간이다. 이 기능을 구현하는 게 문제들을 빠르게 해결하는 첫 번째 단계다.

19.2.3 프로파일링 도구

성능 검사에 사용할 수 있는 다양한 프로파일링 도구가 있다. 이러한 도구에는 각각 사용해야 할 문맥context이 있다. 먼저 **JMH**Java Microbenchmark Harness를 살펴보자.

JMH는 코드에서 최소 단위 작업을 테스트할 수 있는 JVM 프레임워크다. 예를 들어 사용자 데이터 구조를 활용할 때 JMH를 사용하여 삽입 및 검색을 테스트할 수 있다. JMH는 애플리케이션을 테스트하는 것보다 라이브러리를 테스트하는 데 더 유용하다. 대부분의 애플리케이션 코드는 여러 라이브러리 함수에 의존하다 보니 크기가 작지 않기 때문이다. 하지만 모니터링에는 사용할 수 없다. 코드의 일부를 실행(및 재실행)하는 별도의 프로그램을 컴파일하여 작동한다.

VisualVM은 JVM 애플리케이션을 위한 무료 프로파일러다. 생성된 클래스 인스턴스의 개수뿐만 아니라 메서드의 소요 시간을 추적할 수 있다. 성능 문제가 발견되면 조사할 때 사용할 수 있는 매우 훌륭한 도구다. 한 가지 단점은 하나의 컴퓨터에서만 애플리케이션을 실행할 수 있다는 것이다. VisualVM은 애플리케이션의 JVM을 검사하는 애플리케이션을 실행하므로 성능에 좋지 않은 영향을 미칠 수 있다.

19.2.4 모니터링

NLP 애플리케이션을 모니터링하기를 원한다면 강글리아Ganglia를 추천한다. 필자가 좋아하는 애플리케이션으로, 강글리아를 사용하면 클러스터에서 실시간으로 CPU와 메모리 사용률을 볼 수 있다. 메소스Mesos[3] 및 쿠버네티스Kubernetes [4]와 같은 최신 리소스 관리자들은 유사한 기능

---

3 옮긴이_ 컴퓨터 클러스터를 관리하는 오픈 소스 프로젝트다.

4 옮긴이_ 컨테이너화된 애플리케이션의 자동 배포, 스케일링 등을 제공하는 관리 시스템으로 오픈 소스 기반이다.

들을 가진다. 애플리케이션을 안정적으로 실행해야 할 때는 강글리아 또는 리소스 관리자가 사용할 수 있는 리소스 모니터링이 필수다.

이제 애플리케이션에 사용되는 리소스를 조사하는 방법을 알았으니 애플리케이션이 소비하고 생성하는 데이터에 대해 생각해볼 차례다.

19.2.5 데이터 리소스 관리

NLP 애플리케이션에는 세 종류의 데이터가 사용된다. 먼저 애플리케이션이 처리하는 데이터인 입력 데이터가 있다. 입력 데이터의 예로는 문서의 말뭉치, 개별 문서 또는 검색 쿼리가 있다. 두 번째로는 애플리케이션이 생성하는 데이터인 출력 데이터가 있다. 출력 데이터의 예로는 직렬화 및 주석 처리된 문서의 디렉터리, 애너테이션된 문서 객체 또는 문서와 관련성 있는 점수 목록이 포함된다. 세 번째는 애플리케이션에서 구성^{configuration} 용도로 사용하는 데이터다. 구성 데이터의 예로는 학습된 모델, 기본형 사전 또는 불용어 목록이 있다.

19.2.6 NLP 기반 애플리케이션 테스트

다른 소프트웨어와 마찬가지로 NLP 애플리케이션을 구축할 때도 먼저 소프트웨어 테스트를 개발해야 한다. 테스트 주도 개발은 실제 애플리케이션 코드를 작성하기 전에 예상되는 동작을 코드로 나타내는 좋은 방법이다. 하지만 필자 경험상 이런 일은 거의 일어나지 않는다. 제품의 작동 방식에 대한 명확한 개념이 없거나 즉시 결과를 보여줘야할 때는 테스트 주도 개발이 어려울 수 있다. 특히 코드를 작성하면서 테스트를 작성해야 할 때는 코드 자체를 테스트하는 것이 아니라 테스트를 통과하도록 만들어진 코드를 테스트할 위험이 있다. 따라서 애플리케이션을 구축하기 전에 항상 테스트 계획을 세우는 것이 좋다. 다른 종류의 테스트도 살펴보자.

19.2.7 단위 테스트

가장 잘 알려진 테스트 유형은 **단위 테스트**$^{unit\ test}$다. 단위 테스트는 코드의 기능 단위를 테스트하는 것이다. 예를 들어 도우미 함수를 사용하여 POS 태그를 추출하는 구문 청커^{chunker}가 있을 때, 도우미 함수에 대해 별도의 테스트를 작성해서는 안 된다. 이 도우미 함수는 청커의 별도 기능이 아니라 청크 기능의 일부다. 단위 테스트에는 테스트 중인 코드만 필요하며 네트워크, 리소스, 프로덕션 데이터, 기타 서비스 등을 요구해서는 안 된다. 코드에서 이러한 항목을 가정한다면 그들은 **모의**로 제공된다. **모킹**mocking은 필요한 구성 요소의 외관을 만드는 기술이다. 데이터를 사용하여 필요한 최소한의 데이터 샘플을 추출하거나 소량의 가짜 데이터를 생성할 수 있다.

19.2.8 통합 테스트

시스템의 구성 요소를 구축한 뒤에는 다른 구성 요소와 함께 작동하는지 확인해야 한다. 이것을 통합 테스트integration test라고 한다. 종종 통합 테스트는 단위 테스트 프레임워크에서 구현되므로 '단위unit' 테스트로 잘못 언급될 수 있다.

통합 테스트의 가상 예제를 위해 우리의 연구 논문 분류자 프로젝트를 살펴보자. 이 논문을 대학의 데이터베이스에 제출하는 데 사용하는 기존 시스템과 통합하려면 두 세트의 통합 테스트가 필요하다. 첫 번째는 분류 서비스가 데이터베이스를 관리하는 코드와 어떻게 통합되는지를 테스트한다. 두 번째는 분류자가 논문 제출 시스템의 UI와 어떻게 통합되는지를 테스트한다.

19.2.9 기초 안정성 테스트와 정밀 테스트

시스템이 전체적으로 예상대로 작동하는지 여부를 확인하는 데 도움을 줄 테스트가 필요하다. 이와 같은 테스트에는 일반적으로 두 종류가 있다. 첫 번째는 **기초 안정성 테스트**smoke test다. 기초 안정성 테스트는 가능한 한 많은 코드를 테스트하여 눈에 띄는 문제가 있는지 확인한다. 그 비유는 배관 테스트에서 나온 것이다. 정화 시스템에서 누수가 발견되길 바란다면 파이프에 연기를 주입할 수 있다. 연기가 나는 것을 보면 문제가 어디에 있는지 알 수 있다. 일반적으로는 시스템의 주요 용도를 다루는 스모크 테스트를 원한다.

두 번째는 **정밀 테스트**sanity test나. 징밀 테스트는 시스템이 '규칙적인' 입력으로 작동하는지 확인하는 데 쓰인다. 기초 안정성 테스트나 정밀 테스트가 실패하면 배포해서는 안 된다. 배포 후에 시스템에서 버그를 발견하면 향후의 기초 안정성 테스트에서 재현해야 한다. 이것을 회귀 테스트regression test라고 한다. 회귀 테스트는 실수로 다시 버그가 발생하지 않도록 도와준다.

19.2.10 성능 테스트

기능 테스트가 완료되면 시스템의 다른 측면을 테스트할 수 있다. **성능 테스트**performance test부터 시작해보자. 이 장의 앞부분에서 애플리케이션의 성능을 최적화하는 방법을 설명했다. 새 버전의 애플리케이션이 성능 문제를 유발하는지 여부를 확인하려면 자동화된 테스트가 있어야 한다. 이 기능은 성능 모니터링과 함께 사용할 수 있다. 다만 성능이 중요한 요구 사항이 아닐 경우에는 이러한 종류의 테스트는 건너뛰는 편이 합리적이다. 한편으로는 생산 환경과 유사한 환경을 만드는 데 드는 비용 때문에 성능 테스트를 건너뛰기도 한다. 이때는 성능 테스트의 규모를 변경해야 한다. 유사 생산 환경이 없는 상태에서 애플리케이션 성능을 테스트할 수는 없지만, 구성 요소의 성능을 테스트할 수는 있다. 이 경우 전반적인 문제를 파악하지는 못하지만, 로컬 성능 테스트를 통해 특정 구성 요소 또는 기능에 성능을 저하하는 버그가 있는지를 테스트할 수 있다. 이전 장에서 살펴본 프로파일링 도구를 사용하면 코드에서 시간 또는 메모리를 가장 많이 차지하는 영역의 핫스팟을 찾을 수 있다. 로컬 성능 테스트는 이러한 영역에 중점을 두어야 한다.

19.2.11 사용성 테스트

비기능 테스트nonfunctional test의 또 다른 중요한 유형으로 **사용성 테스트**usability test가 있다. 애플리케이션이 단순한 일괄 처리일 경우 이러한 종류의 테스트는 크게 필요하지 않다. 그러나 고객과 같은 실제 최종 사용자가 있는 애플리케이션이라면 이러한 테스트가 필요하다. 사람들이 NLP 기반 시스템으로 작업할 때는 때때로 기대치가 높아질 수 있다.

예를 들어 우리가 감성 분석 도구를 만든다고 가정해보자. 이 도구는 감정을 예측하고 예측한 내용의 용어들을 강조 표시한다. 모델은 학습된 말뭉치에 대해 통계적으로 의미가 있는 단어를 식별할 수 있지만, 인간은 그 단어들을 어리석은 것으로 생각할 수 있다. 이처럼 높아진 기대치를 찾으려면 실제 사용자와 가능한 한 비슷한 테스트 사용자를 찾아야 한다. 소프트웨어에 익숙한 동료만 사용한다면, 그들은 시스템이 할 수 있는 작업을 더 현실적으로 이해할 수 있을 것이다. 사용자가 이처럼 높은 기대치를 가졌다면 기대치를 더 잘 설정하도록 사용자 경험user experience을 수정하는 방법을 고려해야 한다.

특히 언어에 관한 한 직관은 확신할 수 없으므로 우리의 가정을 시험해볼 필요가 있다. 그러나 이해관계자의 가정을 테스트하기란 더 어렵다. 애플리케이션이 통과해야 하는 또 다른 테스트가 있는데 바로 데모demo다.

19.2.12 NLP 기반 애플리케이션 데모

NLP 기반 애플리케이션을 적절히 시연(데모)하는 것은 의사소통 기술만큼이나 기술적인 문제다. 제품 소유자와 이해관계자에게 작업물을 보여줄 때는 소프트웨어 공학, 데이터 과학과 언어학이라는 세 가지 NLP 관점에서 애플리케이션을 설명할 준비가 되어 있어야 한다. 데모를 작성할 때는 좋지 않은 결과를 생성하는 데이터 및 언어의 에지 케이스edge cases [5]를 찾아내고 시스템을 '중단'해야 한다. 때로는 이러한 결과가 합리적일 수도 있지만, 누군가가 그러한 시스템에 대해 기술적으로 이해하지 못한다면 결과는 우스꽝스럽게 보일 수 있다. 고객이 이와 같은 예를 발견하면 전체 데모를 중단시킬 수 있다. 만약 미리 찾아낸 데이터가 있다면, 해당 데이터가 올바르게 지정된 결과인 이유 또는 해당 데이터의 수정 방법에 관한 설명을 준비해야 한다. 때로는 이러한 문제를 '수정'하는 작업이 기술적인 것보다 더 미학적이다. 이것이 프로젝트의 초기 단계부터 사용자 경험을 고려해야 하는 이유다.

문제를 수정하는 작업들은 겉보기에 좋지 않지만 통계적으로는 정당화될 수 있으므로 당혹스러울 수 있다. 예를 들면 체리픽cherry-pick [6]의 유혹이 있을 수 있다. 이러한 수정 작업은 비윤리적일 뿐만 아니라 그들의 발견을 생산으로 옮기는 더 나쁜 일이다. 문제가 '실제' 문제가 아니라 해도 가능한 한 솔직해지도록 노력해야 한다. 소프트웨어 공학, 데이터 과학 그리고 언어학을 아는 사람들의 교차점은 작으므로 이해관계자는 설명을 이해하는 데 어려움을 겪을 수 있다. 만약 완전히 배포된 뒤에 문제가 발견된다면 여러분의 설명은 추가적인 회의론에 부딪힐 것이다.

다른 애플리케이션과 마찬가지로 배포했다고 해서 작업이 끝나지는 않는다. 이제는 애플리케이션을 모니터링해야 한다.

---

5 옮긴이_ 최대 또는 최소의 범위에서 작동 시 발생하는 문제를 말한다.
6 옮긴이_ 특정 커밋의 변경 사항을 가져오는 작업을 가리킨다.

19.3 체크리스트

각 체크리스트의 다음과 같은 질문을 고려해보자.

19.3.1 모델 배포 체크리스트

- 조직에서만 사용되는 내부 애플리케이션인가? 아니면 외부 애플리케이션인가?
- 애플리케이션이 (개인 건강 정보와 같은) 민감한 데이터를 사용하는가?
- 모델이 일괄 처리에서 사용되는가? 아니면 실시간으로 사용되는가?
- 성능(시간) 요구 사항은 무엇인가?
- 이 모델에는 (GPU 또는 8기가 이상의 메모리와 같은) 특정 하드웨어가 필요한가?
- 새 모델은 어느 정도의 주기로 배포해야 하는가?
- Spark NLP 모델 체크리스트
  - 캐시가 없거나 비어 있으면 애플리케이션을 인터넷에서 내려받을 수 있는가?
- Spark NLP 및 텐서플로 통합 체크리스트
  - 개인이나 데브옵스가 생산 시스템에 텐서플로를 설치할 수 있는가?
  - GPU를 사용하는가? 사용하지 않는가?
  - 모델을 제공하려면 GPU가 필요한가?

19.3.2 확장 및 성능 체크리스트

- 애플리케이션을 실행하는 데 시간이 얼마나 걸리는가?
- 애플리케이션을 실행할 때 얼마나 많은 메모리가 필요한가?
- 애플리케이션이 실행되지 않을 때 얼마나 많은 메모리가 필요한가?
- 애플리케이션에 필요한 디스크 공간은 얼마나 되는가?
- 애플리케이션은 어떻게 병렬화할 수 있는가?
- 일괄batch 형식인 경우 애플리케이션을 실행하기 가장 좋은 타이밍은 언제인가?
- 실시간일 경우 애플리케이션에서 예상하는 초당, 분당, 시간당 호출 수는 얼마인가?
- 실시간일 경우 필요에 따라 확장scale out할 수 있는가?

- 프로파일링 도구
  - 애플리케이션이 실행 중일 때 리소스 모니터링에 사용할 도구는 무엇인가?
  - 매우 높은 수준의 성능을 요구하는 코드가 있는가?

19.3.3 테스트 체크리스트

- 누가 나의 애플리케이션을 배포하는가?

- (통합 테스트, 기초 안정성 테스트, 성능 테스트 등의) 배포 테스트가 있는가?

- 애플리케이션을 어떻게 시연하는가?

- 애플리케이션을 어떻게 모니터링하는가?

- 민감한 데이터를 다뤄야 하는가?

- 애플리케이션의 성능을 어떻게 검토할 것인가?

- NLP 기반 애플리케이션 테스트
  - 단위 테스트의 적용 범위는 얼마나 되는가?
  - 어떤 시스템/구성 요소와 통합하는가?
  - 기초 안정성/정밀 테스트는 누가 진행하는가?
  - 글로벌 성능 테스트는 할 수 있는가?
  - 성능 핫스팟은 어디에 있는가?
  - 애플리케이션의 실제 사용자가 있는가?
  - 잠재적 사용자가 이 제품을 사용해본 적이 있는가?

- MLP 기반 애플리케이션 데모
  - 나의 작업을 누구에게 시연하는가? (기술자나 도메인 전문가의) 배경은 무엇인가?
  - 시스템 제한 사항은 무엇인가?
  - 잠재적으로 문제가 있는 결과가 있다면 이유는 무엇인가? 또는 어떻게 수정해야 하는가?

19.4 마치며

19장에서는 NLP 애플리케이션을 사용하기 전에 필요한 마지막 단계를 설명했다. 그러나 이것으로 끝이 아니다. NLP 애플리케이션의 처리, 모델링, 테스트 및 기타 모든 것을 개선할 방법을 고민해야 한다. 이번 장에서 논의한 아이디어는 개선을 위한 출발점이다. 소프트웨어 개발의 어려운 점 중 하나는 문제와 실수를 찾아내는 게 궁극적으로 좋은 것이라고 받아들이는 일이다. 만약 소프트웨어에서 문제가 발견되지 않는다면 정말 놀랄 만한 일이다.

이 책에서는 소프트웨어 개발자, 언어학자 그리고 데이터 과학자라는 세 종류의 모자를 써 보는 것에 관해 이야기했다. 또한 NLP 애플리케이션을 구축할 때 이러한 세 가지 관점을 모두 고려해야 할 필요성에 관해서도 논의했다. 어려워 보일 수 있지만 성장할 수 있는 기회이기도 하다. 설명하기에는 어려워도 통계적으로 정당화될 수 있는 오류가 있기는 하지만, NLP 애플리케이션이 직관적인 무언가를 수행했을 때는 상당한 성취감을 느낄 수 있다.

무언가를 추가하거나 '수정'하는 일과 그것을 세상에 내보내고자 하는 일 사이에는 항상 균형이 필요하다. 소프트웨어 공학, 언어학과 데이터 과학의 가장 큰 장점은 작업할 때 반드시 실수가 있기 마련이라는 걸 보장해 준다는 점이다. 여러분 이전의 모든 사람과 이후의 모든 사람 역시 실수했고 실수할 것이다. 중요한 것은 우리가 그러한 실수를 수정하여 조금 덜 틀리게 만드는 것이다.

이 책을 끝까지 읽어주셔서 감사드린다. 필자는 NLP뿐만 아니라 NLP를 알리는 세 가지 분야 모두에 열정적이다. 여기에도 실수가 있을 수 있지만, 시간이 지나면서 더 나아지기를 소망한다.

부디 행운을 빈다.

INDEX

감성 분석 313

감정 표현적 기능 58

강글리아 425

개체명 인식 245

객체 문자 인식 29

겐심 102

경사 하강법 124

과적합 138

관계 추출 260

광학 문자 인식 385

교감적 기능 58

교차 검증 98

구 53

구문구조트리 53

구문론 53

구문 분석기 54

구어 48, 51

굴절접사 52

그레이디언트 부스트 트리 208

그으즈어 63

글로브 305

기능형태소 53

기초 안정성 테스트 427

나이브 베이즈 207

넘파이 126

다운스트림 44

단어 가방 159

단어 빈도 188

단어 임베딩 28, 291

단위 테스트 426

데바나가리 문자 62

데브옵스 331

도메인 특화 NER 247

도커 30

랜덤 포레스트 206

레터박스 59

로만 야콥슨 57

로지스틱 회귀 208

루씬 102

맞춤법 검사기 40

맵리듀스 75, 77

머신러닝 7

메소스 425

메타 언어적 기능 58

멱법칙 202

모킹 427

문서 빈도 188

문서 어셈블러 40, 104

문어 49

문장 53

문장 경계 감지 216

문장 분할기 40

문장 탐지기 105

INDEX

ㅂ

바움-웰치 알고리즘 224

반언어적 특징 49

변환자 40, 89

병렬화 71

병음문자 50

분류 195

분산 71

분산 메모리 단락 벡터 310

분석어 53, 404

분포 의미론 269

불리언 검색 180

불용어 115, 186

붓꽃 데이터셋 86

비터비 알고리즘 217

빌딩 블록 28

ㅅ

사용성 테스트 428

사용역 55

사운덱스 52

사이킷런 93, 101

사회언어학 55

상호 참조 255

선형 회귀 208

성능 테스트 428

성문 파열음 52

섹션 분할 226

셈어파 62

소프트웨어 공학 7

손실함수 124

수동 레이블링 29, 409

수어 48

수형접합문법 54

순전파 126

순환 신경망 140, 216

스레드 72

스레드 풀 72

스키마 40

스팸 410

스페이시 101

시간에 따른 역전파 140

시적 기능 58

시퀀스 모델링 216

실질형태소 52

ㅇ

아나콘다 30

아다마르 곱 130

아부기다 62

아브자드 61

아파치 메소스 78

아파치 스파크 8, 77

아파치 얀 78

아파치 피그 77

아파치 하둡 77

아파치 하이브 77

애너테이션 8, 39

애너테이션 라이브러리 100

애너테이터 39

어간 추출 153

어간 추출기 40

어서션 상태 257

어조 50

언어학 7, 51

엘먼 신경망 141

역문서 빈도 188

역 인덱스 174

역전파 126

연속 스킵그램 292

오더링 81

오프 힙 메모리 423

원-핫 인코딩 295

유니코드 65

유클리드 거리 406

유향 비순환 그래프 82, 422

은닉 마르코프 모형 216, 217

음 51

음성학 51

음소 51

음수 미포함 행렬 분해 279

음운론 51

음절문자 62, 63

의도 368

의미론 55

의사 결정 208

의존형태소 52

인공 신경망 119

인코딩 64

일반 NER 247

 ㅈ

자동 포매팅 42

자립형태소 52

자바 가상 머신 72

자연어 처리 7

잠재 디리클레 할당 284

장단기 메모리 140, 142

전이 학습 55

정규화 158

정밀 테스트 427

정보 추출 245

정형 데이터 35

제곱근평균 제곱오차 330

제곱오차 124

제스처 이론 48

조건부 무작위장 216, 232

주제 모델링 28

주피터 노트북 30

지시적 기능 58

지식 베이스 333

지프의 법칙 180

직렬화 80

집계 함수 35

집약 함수 35

 ㅊ

챗봇 367

청크 232

체로키어 63

최소주의 프로그램 54

추정자 93

 ㅋ

코사인 유사도 277

쿠버네티스 425

클라이언트 모드 78

클러스터 75

클러스터 모드 78

클로저 80

INDEX

ㅌ

탄력적 분산 데이터셋 80

탄설음 52

토크나이저 40, 106

토큰화 148

통합어 53

트라이 250

ㅍ

파생접사 52

파이썬 29

파이프라인 8, 97

파티셔닝 80

패스트텍스트 306

패싯 검색 354

팬더스 37

퍼셉트론 109, 120

퍼셉트론 접근법 109

평균제곱오차 125

표어문자 50

표어문자 표기 체계 64

표제어 108

표제어 추출 153

표제어 추출기 40, 108

표준중국어 50

풀링 140

품사 분석기 40, 109

품사 태깅 226

프로세스 72

피그 라틴 77

피니셔 112

필터 139

ㅎ

하둡 분산 파일 시스템 77

함수형 라이브러리 100

합성곱 신경망 119, 139

해싱 트릭 191

핵중심구조문법 54

행동 촉구적 기능 58

형식형태소 52

형태론 52

형태소 52

형태통사론 53

형태통사론적 체계 62

화용론 55, 57

회귀 195

회귀 트리 208

휴리스틱 기반 158

희소 벡터 161

A

abjads 61

abugida 62

aggregatefunction 35

analytic language 53, 404

annotation 39

annotator 39

Apache Hadoop 77

Apache Hive 77

Apache Mesos 78

Apache Pig 77

Apache YARN 78

artificial neural network(ANN) 119

ASCII 64

assertion status 257

automatic formatting 42

 B

backpropagation 126

backpropagation through time(BPTT) 140

bag-of-words(BoW) 159

Baum−Welch algorithm 224

BERT 307

Binarizer 91

bound 52

 C

CBOW 292

chunk 232

classification 195

client mode 78

closure 80

cluster 75

cluster mode 78

conditional random field 216

content 52

continuousbag-of-word 292

continuous skip gram 292

convolutional neural network 119

convolutional neural network(CNN) 139

coreference 255

cosine similarity 277

CRF 232

CrossValidator 98

 D

decision 208

derivational affix 52

Devanagari 62

DevOps 331

directed acyclic graph(DAG) 422

Directed Acyclic Graph(DAG) 82

distributed memory paragraph vector 310

distribution 71

distributional semantics 269

doc2vec 309

doccano 360

DocumentAssembler 40, 104

document frequency(DF) 188

domain-specific NER 247

 E

Elman network 141

ELMo 307

Embeddings from Language Models 307

estimator 93

Euclidean distance 406

 F

faceted search 354

fastText 306

filter 139

Finisher 44, 112

flap sound 52

forward propagation 126

FOXP2 48

functional 52

INDEX

G

Ganglia 425

generic NER 247

Gensim 102

gestural theory 48

Global Vectors(GloVe) 305

glottal stop 52

GNU parallel 76

gradient boosted tree 208

H

Hadamard product 130

Hadoop Distributed File System(HDFS) 77

hashing trick 191

HPSG 54

heuristic–based 158

hidden Markov model 216

Hidden Markov model(HMM) 217

HTCondor 76

human labeling 409

I

inflectional affix 52

information extraction 245

intent 368

inverse document frequency(IDF) 188

inverted index 174

Irisdataset 86

J

Java Microbenchmark Harness 425

Java Virtual Machine(JVM) 72

JMH 425

K

k–평균 270

k–means 270

knowledge base 333

Kubernetes 425

L

latent Dirichlet allocation(LDA) 284

lematizer 108

lemma 108

lemmatization 153

Lemmatizer 40

letterbox 59

linguistics 51

llinear regression 208

logistic regression 208

logogram 50

logographic system 64

long short–term memory(LSTM) 140

loss function 124

LSTM 142, 234

Lucene 102

M

Mandarin 50

MapReduce 75, 77

matplotlib 37

mean squared error(MSE) 125

Mesos 425

minimalist program(MP) 54

MinMaxScaler 93

mocking 427

morphemes 52

morphology 52

morphosyntactic system 62

morphosyntax 53

N

Naïve Bayes 207

named-entity recognition(NER) 245

nDCG 364

n-gram 163

NLP 라이브러리 100

nonnegative matrix factorization(NMF) 279

normalization 158

normalized discounted cumulative gain 364

numpy 126

O

off-heap memory 423

one-hot encoding 295

optical character recognition(OCR) 385

overfitting 138

P

pandas 37

paralinguistic feature 49

parallelization 71

perceptron 109, 120

PerceptronApproach 109

performance test 428

pexec 76

phone 51

phoneme 51

phonetics 51

phonology 51

phrase 53

phrase structure tree(PST) 53

Pig Latin 77

Pinyin writing system 50

Pipeline 97

POS tagger 109

POS Tagger 40

power 202

pragmatics 55, 57

process 72

R

random forest 206

recurrent neural network(RNN) 140, 216

RegexMatcher 201

registers 55

regression 195

regression tree 208

resilient distributed dataset(RDD) 80

Roman Jakobson 57

root mean square error(RMSE) 330

S

sanity test 427

scikit-learn 93, 101

seaborn 37

semantics 55

Semitic 62

INDEX

sentence **53**

sentence–boundary detection(SBD) **216**

SentenceDetector **105**

Sentence Segmenter **40**

sentiment analysis **313**

serialization **80**

sign language **48**

simple Boolean search **180**

sociolinguistics **55**

spaCy **101**

spam **410**

sparse vector **161**

SpellChecker **40**

SQLTransformer **90**

squared error **124**

Stemmer **40**

stemming **153**

stop word **115**

StopWordsRemover **202**

StringIndexer **94**

structured data **35**

syllabary **62**

syntactic parser **54**

synthetic language **53**

term frequency(TF) **188**

thread **72**

thread pool **72**

Tokenizer **40, 106**

tone **50**

transfer learning **55**

Transformer **89**

tree–adjoining grammar(TAG) **54**

trie **250**

Tsalagi **63**

unbound **52**

unit test **426**

usability test **428**

UTF–8 **65**

VectorAssembler **92**

verbal language **48, 51**

Viterbi algorithm **217**

Word2Vec **291**

word embedding **291**

written language **49**

XLNet **308**

Zipf's law **180**